未来を拓く児童教育学
現場性・共生・感性

目白大学人間学部児童教育学科　編

序　文

目白大学学長　佐藤　郡衛

　本書は、目白大学人間学部児童教育学科が総力をあげて刊行するものです。児童教育学科は、2009年に開設された本学では一番新しい学科ですが、すでに多くの卒業生を送り出し、小学校教員をはじめ、有為な人材を輩出してきました。現在、全国で200校を超える大学で小学校教員養成課程を設置していますが、本学の児童教育学科は、教育現場の実践的課題の解決を図り、実践力の高い教員の養成を目指しています。特に、「発達と支援」「多文化共生」「感性と表現」「教育現場と実践」「学校教育」という5系列から児童教育にアプローチし、「現場力」を鍛えることを重視してきました。本学の児童教育学科のこれまでの歩みについては、本書の第Ⅲ部を参照ください。

　本学の児童教育学科は、研究と実践との関わりを強く意識してきました。これまでは、大学の教育や研究は、一段高いところに立って教育実践や学校現場を「啓蒙」したり、専門家として「指導」したり、あるいは研究という「専門用語」により実践を説明したりしてきたという問題を抱えてきました。実践の側も、こうした研究に対して、実践からかけ離れた説明に終始したものとして受け止めたり、「啓蒙」や「指導」が実践と乖離したもので役に立たないものとして聞き流したりしており、研究に対する不信感を募らせてきました。このため、実践の場では研究と一線を画すという不幸な関係が続いてきたように思います。本学では、こうした関係を変えたいと願い、様々な取り組みを行ってきました。

　私たちが構想する教育学は、教育実践や教育活動を客観的に分析し、その学問的意味を解説するだけではなく、学校現場や教師が日々直面している課題や困難を緻密に分析し、それを学校や教師に返し、共にその解決について考えていくことを目指しています。本書は、こうした大学での教育学の講義や研究と学校現場との新しい関係づくりを目指したものです。

　本書の第1の特徴は、学校や教師が抱えている主要な課題を取り上げて、その解決を考えていくことができるような内容になっています。つまり、教育実践を単に記述したり、その実践の仕組みやそれを規定する要因などを明らかにしたりするだ

けではなく、学校や教師が抱えている課題の解決という直接的な貢献を目指しているということです。「現場力」を鍛えるためには、教育現場が抱えている問題、さらには新しい教育実践上の課題などを取り上げて、その解決のヒントを見つけていく必要があります。本書では「教育現場と実践」「学校教育」という柱をたてて、そこで具体の様々な実践的課題を取り上げて、その課題とその解決策を考えることができるような構成になっています。

　第2の特徴は、これからの学校教育の目指すべき方向性を明確にして、そのために必要な能力とその育成のあり方について考えることができるようになっています。最近、学校のみで通用する「学力」から社会で有用な能力を重視する傾向が強まっています。それは「21世紀型能力」と呼ばれていますが、大きく3つのカテゴリーにまとめられます。第1に批判的思考力と問題解決力、コミュニケーションとコラボレーション、創造性と革新性などの「考える力と協力する力」、第2に情報リテラシー、メディア・リテラシー、ＩＣＴリテラシーなどの「デジタル・リテラシー」、そして、第3に生活と職業、個人的責任および社会的責任（文化的差異の認識および受容能力を含む）などの「キャリアと社会生活上のスキル」です。本書では、こうした能力について、「発達と支援」「多文化共生」「感性と表現」などの領域で具体の課題を設定し、今後、それらにどのように対処するかを示すような内容になっています。

　第3はこれまでの児童教育学科の取り組みを通して「児童教育学」という新しい教育の枠組みを構築しようとしている点です。これまでの教育学は、教育を理想化、抽象化し、実際の学校現場が直面している問題との乖離を促してきたように思います。改めて、教育実践上の課題から出発し、目の前の教育を理解し解釈する枠組みを再構築する必要があります。既成の教育学の理論や枠組みからではなく、実践への内在的な参画を通して、子どもの人間形成や発達を支えていくための枠組みが必要です。本書では、「グローバル時代における児童教育学の課題とは」という第I部で、新しい教育研究のあり方について議論がなされています。ここにも、これまでの教育学にない特徴があらわれています。

　本書は、実践との協働という観点から言えば、目白大学児童教育学科にご協力いただいている多くの方々、多くの実習校や教育委員会との共同の成果物でもあります。ここに改めて多くの方々に感謝申しあげます。本書が、新しい教育研究の在り方や新しく生じている教育実践上の課題解決のヒントになれば幸いです。

目次◉未来を拓く児童教育学

序文　目白大学学長 佐藤郡衛..003

第I部
グローバル時代における児童教育学の課題とは

第1章　児童教育研究の視座構造 ●多田孝志...........................011
第2章　グローバル時代における児童教育学の構図 ●田尻信壹..................022

第II部
児童教育学で育てたい能力とは

発達と支援　【緒言】雪吹誠..035
第1章　子どもの発達とスポーツ支援 ●雪吹誠.........................037
第2章　モニタリングを活用した学習支援の提案 ●渡邉はるか 050
第3章①　生涯発達の過程 ●浅野志津子.................................064
　　②　障がい児の発達支援に関わる教育相談の体験的考察 ●小室哲範....071
　　③　生涯を通じた健康づくりの重要性 ●枝元香菜子 077

多文化共生　【緒言】中山博夫..087
第4章　21世紀型能力と教員研修 ●中山博夫...........................089
第5章　多文化共生に活かす視点・『コンテクスト』 ●藤谷哲..................103
第6章　「聴くこと・語ること」からはじめる多文化共生教育の実践
　　　●横田和子・岩坂泰子..122

感性と表現　【緒言】小林恭子 137

第7章　積極的に音楽に取り組む感性の育て方●小林恭子 139

第8章　「アート・コミュニケーション」活動の教育的効果●佐藤仁美 153

第9章①　絵本を大学生と「読み合う」●宮地敏子 167

　　②　無理なく・無駄なく・快く自己表現を可能にする児童文化論

　　　　●宇田川光雄 178

　　③　清方の感性●江川あゆみ 189

教育現場と実践　【緒言】田尻信壹 197

第10章　グローバル時代の人間形成と深い対話による学習方法の創造

　　　　●多田孝志 199

第11章　小学校低学年における地図利用指導の変遷についての考察

　　　　●小林昌美 214

第12章　社会科系教科教育法での博物館活用による教材開発力の育成

　　　　●田尻信壹 228

第13章①　ボランティア活動は他の体験学習と何が違うのか●新村恵美 242

　　②　人と動物の共生●島本洋介 248

　　③　「児童と英語」の授業より：Aiken Drumと日本の童謡による活

　　　　動案の一例●仁志田華子 256

学校教育　【緒言】山本礼二 263

第14章　学校評価を学校経営に活かす●山本礼二 265

第15章　小大連携によるESD実践の取り組み●田部俊充 280

第16章　今、教育現場が求める教師の力●塩澤雄一 293

第17章①　外国語の絵本に出会うということ●栗原浪絵 307

　　②　学校経営改革における管理職のリーダーシップと若手教師への支

　　　　援●青木　一 313

　　③　震災後の学校教育の変遷●澤井史郎 321

　　④　小学校の理科教育とICT活用指導力●北澤　武 328

第Ⅲ部
目白大学人間学部児童教育学科の記録

２０１４年公開講座「教育の多様性」●【緒言】多田孝志／【各パネリスト
の意見・全体総括】横田和子 337

目白大学人間学部児童教育学科の活動 ●渡邉はるか..349

目白大学人間学部児童教育学科の歩み ●中山博夫.....................................355

目白大学人間学部児童教育学科の教育を受けて ― 一期・二期・三期生の
記録 ―●渡邉はるか 361

あとがき　目白大学人間学部長・児童教育学科長　多田孝志 373

編集後記　目白大学人間学部児童教育学科図書編集委員会 379

第 I 部
グローバル時代における
児童教育学の課題とは

児童教育研究の視座構造
グローバル時代における児童教育学の構図

第1章

児童教育研究の視座構造

多田　孝志

はじめに

　教育は世代間の文化の伝承と再創造の営みであり、教育の究極的な目的は人類が自然と共存し希望ある持続可能な社会を実現することにある。

　児童教育を包含する教育学は、基本的には、哲学に起源をもち、哲学・歴史学・社会学・心理学などの諸学を基礎に据え発展してきた。このことは教育学の裾野を広げるとともに、個の「学」としての堅牢さが不十分であるとの批判も受けてきた。

　しかし、教育学が堅牢な概念形成をなされない要因は、その深遠さ、広範囲さにある。

　たとえば、教育実践という営みは高度で複雑な活動である。協同的であると同時に、個別・臨床的であり、伝統文化の継承とともに、未来志向性をもつ取り組みでもある。本書のテーマである児童教育においては、とりわけこの傾向が顕著である。

　児童教育研究においては、教育の理論研究者としての考察もさることながら、その究極の目的である、希望ある未来社会の担い手である人間の育成を希求し、「事実としての子供たちに成長」を具現化するための理論・実践の探究にこそ、その特色と使命を求めるべきであると考える。

　児童教育に係わる明確な研究の方途はいまだ混沌としている。現在の段階では、教育現場の実相を丁重に見取る構えこそが重要ではなかろうか。そこから紡ぎ出される実践知とも呼ぶべき結晶を整理し、体系化することにより、理念・観念にとど

第Ⅰ部　グローバル時代における児童教育学の課題とは　　011

まらない、児童教育学創造の方途を探究していくことができると考える。

本稿においては、事実として学習者を成長させた事例をよりどころに、児童、学習方法、指導者に焦点をあて、児童教育研究の視座構造を考察していくこととする。

児童理解の基盤

長い教師生活の過程で、さまざまな児童・生徒・学生たちに出会ってきた。彼らとの交流は、心揺さぶられ、思考を深め、視野を広げる機会となった。筆者が教師として、人間として成長できたとしたら、それは彼らとの出会いによるものといって過言ではない。そのプロセスは児童を理解することの意味を感得する道程でもあった。

(1) 全人的捉え方

教師としての初任校は、東京葛飾区の小学校であった。ここでの子供たちとの出会いは、深い児童理解の意味を体感させてくれた。衝撃的であったのは6年生の担任として、問題行動児とされていたSを受け持ったことであった。伸長・体重ともに大人に近く、腕力の強いSは、脳に器質的障害があるとされ、刺激を受けると凶暴となり暴れた。机を3階の教室から窓外に投げ、給食時には、すべての食材をトレーにぶちまき混ぜ合わせて啜りこみ、授業中は、ウー、ウーとうなり声を上げ、ときには椅子に座ったまま教室内を徘徊した。大規模校のこの学校では、低学年のときから、1ヶ月ずつ、Sをクラス替えさせていた。私は、若く、柔道部出身で体力があるとのことからか担任とされた。

Sを1年間、正常に保たせたのは子供たちの力であった。いつも剽軽でいたずら坊主のMは「Sはウサギが好きだよ」といって、放課後や休み時間に飼育係を一緒にやった。女の子たちは「Sちゃんは、女子にはやさしいよ」と言って、交代で座席の隣に座り、学習の手助けをしてくれた。Sの徘徊がなくなったのはこのためであった。優秀児であったTがいつもSに寄り添い、心の安定を保つよう配慮してくれたことにも感心させられた。「Sルール」とは、ソフトボールで、Sがバットに当てるまで何回でも振ってもよい特別ルールであり、子供たちの創作であった。

必ずしも順調な日々ではない。私の出張中、校庭で、他のクラスの男の子の言葉に刺激され、腕に噛みついた。そのときHの側に駆け寄り「S！、噛むならオレを噛め」と叫んでくれたのは、やんちゃなNであったという。当時母が、末期癌で近

くの病院に入院中であった。母を空き時間に見舞いにいったその留守に、図書館の本箱を次々と押し倒したこともあった。クラスの子供たちはそれを全員でもとに戻してくれた。三月の卒業式、壇上に上がったSを見上げながら、声が詰まってなかなか呼名できなかった。

　彼らとの日々を想起するとき、児童理解の基本は、全人的捉え方と思えてならない。科学の世紀とされる19世紀以降、理性偏重の風潮が教育界を席巻してきた。現実的には知識の多寡が人間の能力と尺度として図られ、受験知の向上が教育の主要の役割とされてきた。しかし、下町の小学生たちが体現した、課題解決力、協調力、行動力、響感力などに支えられた言動は、総合力としての人間の能力とは、理性のみでなく感性や直感力、さらには多様な体験を包含していることを事実として示した。

　その後も、多くの子供たちとの出会い体験から、可能性を信じ、期待しつつ教育活動を展開していけば、一人一人がよき潜在能力を発揮していくことを実感してきた。

（2）育むべき資質・能力、技能

　児童理解とは対象としての児童への理解を深めるものであるとともに、その理解を児童の成長に結びつける視点がなくてはならない。それでは、児童教育とは、どのような資質・能力や技能を育ませる教育なのであろうか。

　未来をつくる教育として登場したESD教育（education for sustainable development）は、批判的に考える力、未来像を予測して計画を立てる力、多面的総合的に考える力、コミュニケーションを行う力、他者と協力する態度、つながりを尊重する態度、進んで参加する態度の7つの能力態度の育成をねらいとしている。これらは、児童教育が育んでいくべき資質・能力、技能でもあろう。付言すれば、私はこれに加えて感受性の豊かさを提唱したい。東日本大震災後、岩手、宮城、福島を訪れた私は、過酷な状況下でも、人の優しさや寂しさなどを受けとめる感受性(Sensitivity)が人々をつなぐ「きづな」の基になっていることを知り、心打たれたからである[1]。

　育むべき資質・能力、技能を考察するとき、思い浮かべるのは、ブラジル高原の一角、ベロオリゾンテ（美しき地平線）の小さな補習授業校での教育実践活動である。この学校での3年間の勤務経験が、私の教師としての信念を形成した[2]。

　この小さな学校には、小1〜中3までの全学年に49名の子供たちが在籍していた。校舎は民家借用、庭は穴だらけ、机も椅子も足りず、転入生があると板で手作りし

第Ⅰ部　グローバル時代における児童教育学の課題とは　　013

た。教師は山梨から派遣された若いＨ先生と二人、授業は週５日あり、午前・午後の二部制で行われた。私は午前中複式で小一・小二の子供たちを受け持ち、午後からは小５・小６を同じく複式で受け持ち、中学生の国語科の授業も担当していた。

ないないづくしの学校ではあったが、そこには創造と相互扶助と自立の精神に溢れていた。主な活動を列挙してみよう。

- ●合い言葉「気づき・考え・実行する」による自立的・主体的活動
  狭い庭を利用したスポーツの創造、全校清掃の実施、中学生の小学生への学習支援等
- ●午前部、午後部の交代時間を利用した全校集会での年齢差を越えた自由討論と合唱
- ●詩作の奨励、詩の箱の設置と全校集会での朗読
- ●号令のない修学旅行　（日系移民の開拓地訪問、海岸部の自然探訪）

日本では目立たない中学生もリーダーであり、学芸会では全員が主役となる。この学校の教育活動の特質は、教師も子供たちも、自分たちの学校を自分たちに手でよくしていこうとする意識をもち、主体的に行動し実行していったことであった。厳しい状況をむしろ活用し、仲間とともに智恵を出し合い、最良の活動を創造していったことにある。

児童理解とは、児童を全人的に捉えるとともに、その潜在能力を発揮させ、伸長させることにつながらねばならない。その要諦は指導者が、育むべき資質・能力、技能についての認識を深めておくことにある。

（3）自己成長と「とき」

児童理解における「とき」の重要性を指摘しておく。子供たちが成長する過程は右肩上がりの直線状ではない。フラット状態で変化がないように見えた子どもが、何らかの契機に急にその能力を発揮することがよくある。必要なのは成長への活力を蓄える「とき」なのである。

子供たちが、なんらか行動をしていく動機についてのDeci and Ryanの、自己決定理論(Self-Determination Theory)　における以下の分類は、「とき」を考察する拠り所となる。「無動機」(amotivation)：行動への意欲が欠如した状態。「外的調整」(external regulation)　：外的動機付けの中で最も自己決定性が低く、報酬を得るためや罰をうけないため２行動する。外的な力によってのみ行動が引き起こされる。「取り入れ的調整」(introjected regulation)：　一応価値観の内面化が始

まっているが、まだ真に自分自身のものになっていない。しかし、外的な力によるものではなく自分の力で行動するようになる。「同一視的調整」(identified regulation)：行動の目的や調整の必要性が認識され、その行動を個人的に重要なものとして受け入れるようになる。「統合的調整」：自分自身の価値観や目標と行動が一致している。矛盾や葛藤がなく行動する[3]。

　自分に問い返し、自己相対化しながら、改めて新しい自分を創り出していくためには、内なる自分に問い直し自己確認することが必要である。自己確認があって、はじめて新たな課題への発想が生起し、そこから自己変革も可能になるのである。自己決定理論に依拠すれば「外的調整」による行動の繰り返しは、受け身形の姿勢を定着させる危惧がある。取り入れ的調整から「同一視的調整」「統合的調整」に至るには「とき」が必要なのである。

　教育における「とき」には長短がある。短い「とき」とは学習活動の現場における「とき」である。教師にとっては待つことといってよい。子供たちが自己に問いかけ、新たな自己見解をまとめる「とき」である。長期の「とき」とは、成長のプロセスを見守る時空である。植物の栽培を例にとれば、肥料を与え日に当て、ときには寒さに耐えさせながら、花開くことを期待し、見守ることである。「とき」とは、人間成長の苗床なのである。

② 学習方法の考察

　児童教育学科の教育活動の特質は学習方法に顕著に表れている。その基調は「社会の複雑化への対応する教育（diversity of the society ）」としての「多様性の尊重と活用」である。

（1）多様との出合いによる協同的な学び

　集団で学ぶことの意義は、最大のメリットは他者の存在である。他者の発言に、自分では予想できなかった視点や感覚などが含まれていることが多々ある。それに出合うことにより、戸惑いや疑問を経て、新たなものの見方や感じ方を認識することができる。多様な異質との出合いであればなおさら学びが豊かになる。また解法・合意に至る方法がひとつではないことにも気づいていける。

　多様との出合いによる協同的な学習の実例を本学科創設以来、伝統行事となって

いる、大学祭における「学習発表会」にみてみよう。毎年1年生たちが、「地球の未来を考える」をテーマにグループ・プレゼンテーションに取り組んでいる。

この学習発表会では、以下の事項を学生たちに周知させている。

●全員が当事者であり、参加すること。一人一人が役に立つ場面を設定すること。

●文献調査だけでなく、現地調査や専門家への聴き取りなど多様な方法を活用すること。

●課題設定や調査、発表方法の検討等の各学習ステージで自分の意見を勇気を出して述べること。友達の意見をよく聴き、異なる意見を大切にし、活用すること。

●調査結果の報告だけでなく、自分たちの考え提言をし、また行動すること。

3ヶ月余の準備期間を経て、パワーポイントや動画を使いプレゼンテーションを行う。その際、再現、スキット、模擬会議、現地レポート、朗読など多様な発表方法を駆使する。7年間の発表会の継続は、学習の文化の継承となり、毎年質的な向上をもたらし、学生たちに多様との出合い、協同して学習することの意味を感得させ、技能を習得させていった。

こうした多様との出合い、異質を生かした協同学習は、全学生参加の期末集会、岩槻キャンパスでの深夜の月食観察、12月のクリスマスソングの演奏、陶磁器・ガラス器の実作、学科新聞の刊行などさまざまな学校行事、ゼミナール活動、また日々の授業の中で展開されている。

（2）現場性と身体性

2014年10月26日の夜9時過ぎ、東京駅に八重洲南口地下広場には、児童教育学科の学生たちが集まり、座り込み、横たわる姿が見られた。どの表情にも満足感が漂っているように見えた。この日、山手線1周40キロ走破する「心・和・感〜山手ウオークラリー」が行われたのである。実行委員の学生たちが、全行程にチエック・ポイントを決め、到着時間を予測し、安全対策をした。全教職員も協働したこの新たな伝統行事は、参加した学生たちに、座学では得がたい貴重なものを体感させた。

現代の青少年に、もっとも欠けているのは身体ごとリアル「体験」をすることではなかろうか。体験には、感動体験、成功体験、協働・共生体験や挫折・失敗体験などがある。こうした心揺さぶられる体験を数多くさせることが人間としての成長に有用である。

体験の神髄は、「現場性と身体性」にある。現場に行くことによって、事実を深く認識できたり、問題の本質に気づかされたりする。体験は、多様な潜在能力の発

揮させる機会となる。体験の場では、子供たちが思いもかけぬ能力を発揮することはよくある。教室では目立たない子が、野外では活発に活動し、友だちに当てにされ、役に立つ自分に気付いたりする。また、体験は「胆力」を培う機会ともなる。「胆力」とは、ものごとに対した時、臆せずに立ち向かう気力であり、勇気である。多様な体験は、胆力を育むための通過儀礼の意味をもつ。

体験は、本物の知と出合い、地域や世界とのつながりを実感し、心揺るがす感動をもたらすなど、人間としての総合力を高める機会となる。児童教育学科でのボランティア活動の義務化、学校のさまざまな教育活動への参加の奨励など多様な体験活動の計画的な持ち込みは、現場性と身体性のもたらす教育の有用性を活用する意図によるのである。

（3）深さの追求

現代の教育における深刻な問題は、「浅さ」にあるのではなかろうか。皮相的な人間関係、気楽さをよしとする軽薄な会話、自分をごまかし表面上体裁を繕ったりする悲しむべき傾向が青少年の世界に蔓延しているように思えてならない。

未来に担い手を育成する児童教育において殊に重視すべきは、深い思考力、深い響感力、深い対話力などの「深さ」を追求する意志を啓培し、そのための技能を習得させることにある。

植村直己の生き方のあこがれ、彼の足跡を追った日々があった。その旅のひとつが冬のエベレスト街道のトレッキングであった。天候に恵まれ、幸運にもエベレストを眼前に望む地まで行くことができたが、この旅程でシェルパの人々の思いやりに感動した。疲れた人々の荷物を全てもち、疲労で歩けなくなった人の前をゆっくりゆっくり勇気付けるように歩んでくれる。振り返っては笑顔を見せ、そっと手をかす、こうした何気ない所作に遠来の登山者への気使いが感得できた。

こうしたシェルパの人々に植村直己は仲間として迎え入れられたという。4000メートルの高地に、植村が長期にホームスティしたクムジュン村があった。よく晴れた日、エベレストが遠望できる丘の上で植村のホームスティ先の主人であり、高名なシェルパでもあるペンバ・テンジンさんに語り合うことができた。テンジンさんに、植村の人柄を問うと「直巳はみんなから好かれていた。あんないいやつはいない、息子と思っていた」と繰り返し語っていた。

なぜ植村は、現地の人々に敬愛されたのか、そのことを詳しく知りたくて、帰国後明治大学山岳部で活躍された平野真市氏にお会いした。平野氏は植村の先輩であ

り、ザイルをつないだ仲でもあった。平野氏は「植村は、シエルパの人たち同じように働き、同じものを食べるのです。どんなに疲れていてもテントの設営や食事の用意まで一緒にするのです。こだわりがなく、差別の気持ちは全くありませんでした」と語ってくれた。最後に「多田さん、あなたは植村によく似ていますね」と言ってくださったのは望外の喜びであった。

　世界各地を旅してきた。その長い旅の途上で多くの人々と巡り合い啓発されてきた。熱砂の国クウエートでは、アラブの若者たちに柔道を指導し、共に汗を流し、いくたびも感動を共有した。カナダの高校に赴任し、生活し、多文化共生社会に生きる人々の智恵を知った。ケニアでは、ストリートチュルドレンの自立を支援し続ける日本人女性や、民族の誇りの伝承を使命とし、私費で学校づくりに献身するマサイの若者と語りあった。ガラパゴスでは若い女性ガイドから自然保護の大切さを知らされた。家族で中近東、アジア、南米、北米、アフリカ、欧州に長期の旅をしてきた。その旅程で、道に迷い、忘れ物をし、子どもが病気になる等の多くのトラブルが発生した。そんなとき現地の人々の親切に何回となく救われ、勇気付けられた。

　国際性とかグローバル意識とは、流れるような外国語の能力や煌びやかな学芸の才気や事業のスケールの大きさではない。その要諦は、ものごとの本質を洞察し、他者の思いや心情を感じ取れる「深さ」であるように思えてならない。

③ 指導者研究

　児童教育の指導者、ことに教師に求められる要件について考察していこう。教育学者村井実は、教師の果たすべき役割は、「相手のやる気を動かす働きが、教師に求められるまず第一の要件である。次いで、相手のそのやる気の動きを見て取り、不断に力づける働きが第二の要件である。さらに機を見て適切に指導・指南する働きが第三の要件である」と記し、さらに相手となる子どもたちや若者たちの「『よく生きよう』とする、生まれながらの働きへの生き生とした感覚」を備えていることの重要性を指摘している[4]。この村井の指摘は、教師の役割の基本を示している。佐藤学は、21世紀の学校教育について論じ①知識基盤社会への対応＝「量」から「質」へ、「意欲」から「意味」へ　②リスク格差社会への対応（学ぶ権利の保障、多様性に開かれた平等）、③共生社会への対応（多文化教育）、④市民社会の成熟への対応（市民性の教育）の４つの方向を示した[5]。

村井の示す教師の役割の基本を念頭にいれつつ、佐藤の提示する21世紀の学校教育の方向に対応するための教師の姿勢や新たな役割について考察していく。

（1）冒険心

　全国各地の教師たちとともに、実践を共創し、語り合ってきた。その交流の中で痛感させられるは、教師たちの疲弊と自信の喪失の傾向である。地道に質の高い実践を創ろうとする教師にその傾向は顕著に思える。新たな時代に対応した人間形成のためには、教師たちに瑞々し精神性を取り戻すことが不可欠である。

　確かに、次々と打ち出される教育施策への対応、常識を欠く保護者の存在は、教師を疲弊させている。しかし教師は未来を創る教育の主体的推進者なのである。そのことに思いを馳せ、質の高い実践を企画・構想・実施するために、冒険をするとよい。「自由とは、人間が完成を目指して行う冒険のために欠かすことのできない条件である」、このブラジルの教育学者パウロ・フレイレ（1921～1997）の言葉は、教育実践の本質を示している[6]。

　島根県の知人の教師たちは、歴史的事実を検証するため数年かけて丸太船をつくり、韓国までの渡航を企て実施した。バンクーバーの高校に勤務してきたが、教師たちの冒険心に刺激を受けた。海洋カヤックで海に乗り出し、ミュージカルを演出していた。授業においても、実際の事件をテーマとした模擬裁判、フィールズ賞受賞者と生徒との対話等々、既成の教授法を越える活動を開発していた。

（2）柔軟な発想

　冒険心と共に、重視したいのは「柔軟性」である。それは発想の転換と言ってもよい。子供たちに発言や所作の意味を柔軟に捉える、予定調和的授業の展開に疑問を感じる、混沌・混乱を停滞ではなく創発のための時間と認識する、固定観念を打破する、自分の考え方をいったん放棄して異なる立場や角度から考え直す、こうした姿勢を意識的にもつことが、佐藤の提示した21世紀の教育課題に対応した人間形成を具現することにつながる。

　優れた教師の要件に臨機応変の対応力がある。授業場面を想定すると、臨機応変の対応力を可能にするのは、ねらいの分析と学習過程の工夫である。と同時に教師の柔軟な発想が学びを広げ、深める原動力となる。柔軟性は、生来の資質のみではない。自己トレーニングによって育まれていくことを付記しておきたい。

（3）新たな教師に役割

21世紀の学校教育を推進する教師の新たな役割を下記に集約する。

企画・構想者：柔軟な思考で、学習の成果を高めるための学びの企画・構想・立案する。

支援・援助者：児童・生徒の学習が広まり、深まるための援助をする。

学習者教師：時代を見通し、学習目的や方法へのあくなき探求心をもつ。

共創者：同僚教師と個性や智恵を出し合い、協働して課題の解決に取り組む。

先導者：人生の先達として児童・生徒を先導していく。

おわりに

児童教育学科の教育活動の目的とは、一人一人に「よき人間としての生き方の哲学をもたせる」ことにある。自己の生き方への哲学をもつためには、次の三点が重要である。その一は、挫折や失敗を生かす姿勢をもつことである。耐えがたい挫折や悔やみきれない失敗は人生には必ず起こる、それをどう生かすかでその後の人生は変わってくる。第二は胆力を培うことである。自己の人生の折節に、一歩前に進む勇気、時には逆境に耐えて留まる、そうした真の勇気（胆力）を発揮することが、自己の生き方を培っていく。第三に、智恵を育むことである。厳しい状況も視点を変え、人とつながり、さまざまな工夫すると、高みをめざす契機ともなる。与えられた条件下で最善をもたらすのは智恵である。

最後に人間としての教養を高める意味を記しておく。それは知識の多寡ではなく、知性の高さでもなく「人の心が分かること」ではなかろうか。その教養の豊かさが人間としての品格を形成し、自己の生き方に誇りと自信をもたせ、よき人生に導いていく。

児童教育とは、人間の生き方を探究する理論と実践の領域なのである。

注

(1) 佐藤学・諏訪哲郎・木曽功・多田孝志編 (2015)『持続可能な社会のための教育』、教育出版。

(2) 多田孝志 (1983)『光に中の子供たち』、毎日新聞社　に詳記している。

(3) Richard M Ryan and Edward L. Deci (2000) Intrinsic and Extrinsic Motivations:Classic Definitions and New Directions, Contemporary Educational Psyehology 25 . 参照。

(4) 村井実 (2010)『新・教育学の展望』、東洋館出版、pp.162-163。

(5) 佐藤学 (2011)「21 世紀の学校における国際理解教育」、日本国際理解教育学会編『国際理解教育』17、明石書店、pp.96-102。

(6) パブロ・フレイレ、三砂ちづる訳 (2011)『新訳被抑圧者の教育学』、亜紀書房。

第2章

グローバル時代における児童教育学の構図

田尻　信壹

はじめに

　今日の学校教育は大きな転換期を迎えている。その状況はカタストロフィー（大変動）と言っても過言ではない。20世紀後期から顕著となったグローバル化の進展は、学校教育の在り様を抜本的に変えることになった。欧米諸国や日本などの先進諸国では、大量生産と大量消費を特徴とした近代産業社会から、情報通信技術の進展を背景とした高度知識社会（ポスト産業社会）へと変貌した。このような状況の変化は、児童生徒の生活や学習のあり方に多大な影響を与えることになった。

　日本においては、1970年代から、学校教育のシステムは深刻な危機を迎えた。この頃から顕在化した、いじめや不登校の増加は、多くの国民によって管理主義的で画一的な教育システム、詰め込み教育と過酷な受験競争などの弊害として認識された。当時の文部省（現、文部科学省）は、その対策として学習内容や授業時数の削減などを伴う「ゆとり教育」へと大きく舵を切ったが、その実態は学力低下問題と言う形で世論の痛烈な批判に直面することになった。教育学者の佐藤学は、勉強を嫌悪する子ども達の状況を「『学び』からの逃走」[1]と形容し、その根底には生産性と効率性を重視した日本（東アジア）型教育システムの終焉と破綻があったことを指摘した。

　佐藤の指摘は、児童生徒が習得した知識一般を学力と称し、その定着度をテストで一律に計測するような、近代産業社会に立脚する教育観や学力モデルがもはや有

効性を失ったことを意味した。これからの学校教育においては、単に知識の多寡（量）ではなく、知識をいかに創造し運用できるかが重要な鍵であり、そのことを根底に置いた資質・能力論の議論が展望されることになった。そして、そこではコンピテンシー（Competency）、リテラシー（Literacy）、スキル（Skills）などの新たな概念地図によって、児童生徒に期待される資質・能力像が語られようとしている。また、これらの概念地図は、第1章「児童教育研究の視座構造」で示された「児童生徒理解」「指導者研究（教師研究）」「学習方法」をめぐる議論の通奏低音(パッソ・コンティヌオ)となっている。

　本章では、近年の我が国の教育改革を20世紀後期以降の世界各国の教育改革の潮流と関連付けて整理し、そこから導き出された児童生徒に期待される資質・能力像について考察することである。そして、この作業からグローバル時代における児童教育学の構図を明示したいと考える。

 世界の教育改革と「21世紀型能力」

　本節では、まず始めに、グローバル化の影響のもと世界各国でどのような教育改革が展開されているか、その潮流を概観する。次に、日本の教育改革をその潮流の中に位置付けるとともに、新たな資質・能力モデルとしての「21世紀型能力」に着目し、その内容の整理を通してグローバル時代における我が国の児童教育学の方向性を展望する。

（1）DeSeCoプロジェクトと21世紀型スキル運動

　今日の世界では、欧米諸国を中心に、グローバル化によって引き起こされた社会的変動に対応した新たな資質・能力概念が提唱され、それに基づく教育改革が展開されている。このような動きの規範となっているのが、OECD（経済協力開発機構）のDeSeCo（Definition and Selection of Competencies, コンピテンシーの定義と選択）プロジェクトとアメリカ合衆国が中心となって進める21世紀型スキル（21st Century Skills）運動の、2つの潮流である[2]。日本を始めとした世界各国では、この2つの動きの影響のもとに、様々な教育改革が推進、展開されている。

（2）　高等教育段階の資質・能力モデルとしての「学士力」

　今日の日本においては、グローバル化、情報通信技術の高度化と利活用、コミュニティを基盤とする社会への転換、資源の有限化、少子高齢化、知識基盤社会の進展という、6つの社会状況の変化[3]に対応できる人材の育成が目指されている。高等教育段階では、社会の変化に対応できる21世紀型市民の資質・能力モデルとして「学士力」が、文部科学省より提示された（2008年）[4]。そして、今日の大学教育では、カリキュラムを作成する際、学士力で示された資質・能力との関係を示すことが求められている。表1「『学士力』で求められる資質・能力の内容」を見ると、そこでは、高等教育に課せられてきた各学問分野の専門的知識・技能の理解に留まらず、コミュニケーション・スキル、論理的思考力、問題解決能力からなる汎用的技能、自己管理力、チームワーク、リーダーシップ、生涯学習力、創造的思考力など、人間力の総体としての資質・能力の育成について期待されていることが分かる。

表1　「学士力」で求められる資質・能力の内容

「学士力」の定義	学士課程で育成する 21 世紀型市民の内容に関する参考資料
知識・理解	学問分野の知識の体系的な理解
汎用的技能	コミュニケーション・スキル
	数量的スキル
	情報リテラシー
	論理的思考力
	問題解決能力
態度・指向性	自己管理力
	倫理観
	チームワーク、リーダーシップ
	生涯学習力
総合的な学習経験と創造的思考力	これまでに獲得した知識・技能・態度などを総合的に活用し、自らが立てた新たな課題にそれらを適用し、その課題を解決する能力

出典：国立教育政策研究所(2013)『(平成24年度プロジェクト研究調査研究報告書)社会の変化に対応する資質や能力を育成する教育課程編成の基本原理[改訂版]』国立教育政策研究所、p.15。著者により一部改変

「学士力」では、従前から大学教育に求められてきた高度な専門的知識・技能の習得と並んで、これまでは就職後の企業内でのOJT(On-the-Job Training)に求められていた問題解決力や自己調整力も大学教育において獲得することが目指されるとともに、他者との協力・参加を通じての協同的学習の推進が期待されることになった。「学士力」は児童教育学のカリキュラムを検討する際においても、重要な視点として意識しなければならない要件と言えよう。

　現在、日本国民が習得すべき資質・能力モデルとしては、前述の「学士力」のほかにも、内閣府による「人間力」(2003年)、厚生労働省による「就職基礎能力」(2004年)、産業経済省による「社会人基礎力」(2006年) など、様々な資質・能力モデルが提示されている。これらの動向は、大学教育では教養知を習得させ、就職後の企業におけるOJTによって社会人としての資質・能力を育成し開花させるという日本型終身雇用制に基づく社会人育成法の瓦解とそれに代わる新制度の検討が提起されたことを意味する。

（3）初等・中等教育段階の資質・能力モデルとしての「21世紀型能力」

　グローバル人材や21世紀型市民の育成をめぐる議論は、高等教育及び社会人教育の段階に留まるものではなく、初等・中等教育段階においても喫緊の課題となっている。日本では、この問題はOECDのPISA 調査に代表される、各種の国際学力調査に基づく議論として展開されてきた。現行学習指導要領の解説では、「総説」の「改訂の経緯」において、日本の児童生徒は読解力や知識・技能を活用する問題に課題があり、読解力等に関わる児童生徒間の格差は拡大していることが、小・中・高校の全教科において共通に記述された。また、その背景には児童生徒の学習意欲や学習習慣・生活習慣に課題があることが言及された。

　現行学習指導要領の解説に示された議論は、世界各国が推進する教育改革の動向と通底している。我が国においては、近年、世界の教育改革の動向とリンクする形で国立教育政策研究所 (以下「国政研」と略記する) による「21世紀型能力」の推進が提起された。「21世紀型能力」とは、国政研が2009年度から5カ年計画で進めたプロジェクト「教育課程の編成に関する基礎的研究」で示された資質・能力論である。そこでは、「21世紀型能力」とは「21世紀を生き抜く力をもった市民」としての日本人に求められる能力であると定義され、基礎力、思考力、実践力の3層からなる構造モデルが示された (図1「21世紀型能力の構造モデル」を参照)[5]。この3層構造の中で「21世紀型能力」の中核に位置付けられるのが思考力である。

そして、思考力を内側から支えるのが基礎力であり、思考力の外側にあって3つの能力の最上位に位置付けられるのが実践力である。では、それぞれの能力について、説明する。

思考力[6]は、問題解決・発見力・創造力、論理的・批判的思考力、メタ認知・適応的学習力から構成される。論理的・批判的思考力とは、学習活動のさまざまな問題解決のプロセスで発揮される分析、総合、評価などに関わり、物事を多様な観点から論理的に考察する思考力のことである。問題解決・発見力・創造力とは、問題を発見したり解決したり、新しいアイデアを生み出したりする思考力である。メタ認知・適応的学習力とは、自らの学習の遂行状況を成果基準から照らしてモニターし制御する思考力である。ここでの思考力は、新たな事態や状況に対して適切な解答を提案できる力を意味する。

基礎力[7]は言語、数、情報（ICT）を目的に応じて道具として使いこなすスキル（言語スキル、数量スキル、情報スキル）である。21世紀の知識基盤社会においては、

図1　21世紀型能力の構造モデル

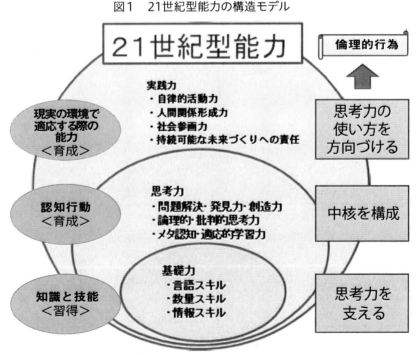

出典：国立教育政策研究所（2013）『（平成24年度プロジェクト研究調査研究報告書）社会の変化に対応する資質や能力を育成する教育課程編成の基本原理［改訂版］』国立教育政策研究所、p.26。
（筆者による一部改変）

伝統的な３R's(読み書き、計算）の能力に留まらず、コミュニケーションや高次な情報処理に係わるリテラシーが必要とされている。

　実践力[8]は３層構造の外面部にあって、思考力の使い方を方向づける機能を持つ。構成要素として、自律的活動力、人間関係形成力、社会参画力、持続可能な未来づくりへの責任が含まれる。これら４つの要素は、自己形成、他者との人間関係形成、社会や未来形成に係わる実践力をそれぞれ意味する。実践という言葉は倫理的行為を指す概念であり、そのため、実践力は、道徳的・倫理的次元を中心に身につけた基礎力や思考力を現実の社会や環境に適用する際に求められる能力として位置付けられる。

　以上の議論を整理するならば、「21世紀型能力」は社会の変化に適切に対応できる資質・能力のことであり、社会の中で「生きる力」として様々な場面で活用していくことが求められる。そのため、学校の全教育活動を通じての育成が期待されている。

② 21世紀を生きる市民に期待される資質・能力像への展望

　「21世紀型能力」が提案された背景には、21世紀を生きる市民に必要とされる資質・能力の在り方が大きく変貌したことがあげられる。グローバル時代に求められる資質・能力が、従前のような「学んだ力としての学力」ではなく「学ぶ力としての学力」に変わったことが背景にある。その結果、資質・能力に関する新しい概念枠が必要となった。本節では、「学ぶ力としての学力」の観点から、コンピテンシー、リテラシー、スキルなどの諸概念を検討し、これらの概念がもつ今日的意義と有用性について検討する。

（1）コンピテンシー、リテラシー、スキルとは何か

　国政研のプロジェクトでは、「21世紀型能力」は社会の変化に対応できる汎用的な資質・能力として位置付けられている。また、その習得と育成にあたっては、「生きる力」との関連性が重視されるとともに、学校での全教育活動を通じて、とくに教科での深い学びが不可欠とされる[9]。

　近年、グローバル人材や21世紀型市民の育成に向けての資質・能力を表す言葉として、コンピテンシー、リテラシー、（ジェネリック・）スキルなどが使われて

いる。これらの言葉は資質、能力、(汎用的)技能などの訳語を当てる場合もあるが、カタカナで用いられる場合が一般的である。これらの言葉が日本語に翻訳されないで用いられている理由としては、コンピテンシー、リテラシー、スキルなどの概念がこれまでの資質・能力モデルのスキームとは根本的に異なる位相のものであることに由来する。

今日、児童生徒が習得した知識一般を学力と称し、その定着度を一斉テストで計測するような学力モデルは見直しに迫られている。そして、新たな資質・能力モデルへの議論が巻き起こることになった。そこでは、知識の多寡(量)ではなく、知識をいかに創造しどのように活用していくかが重要な鍵となっている。その結果、新たな資質・能力論のキーワードとして着目された概念が、コンピテンシー、リテラシー、スキルであった。では、これらの概念について整理し今日的意味を検討する。

コンピテンシー[10]とは、特定の職務を遂行し高い水準の業績をあげることのできる個人の特性を意味する。一般には、DeSeCoプロジェクトで規定された3つのキー・コンピテンシー(①社会的、文化的、技術的ツールを相互作用的に活用する力、②多様な社会グループにおける人間関係形成能力、③自立的に行動する能力から構成)として認識されている[11]。

リテラシー[12]は、古くは「識字能力」の訳が当てられていたが、今日では「メディアリテラシー」「数学的リテラシー」「機能的リテラシー」「市民的リテラシー」など、特定の技能、領域、性質、主体とリテラシーとを結合させて用いられるなど、多義的かつ広範に使われている。PISAの定義によれば、リテラシーとは多様な状況において問題を設定し、解決し、解釈する際に、その教科領域の知識や技能を効果的に活用して物事を分析、推論、コミュニケートする児童生徒の力とのことである[13]。

スキル[14]とは、論理的な探究や推論の方法を適用するための手続き的知識を意味しており、そこではスキルと知識は認知的要素として一体的に扱われることになる。

これらの3つの概念に共通することは、これらが個々バラバラに存在する命題的な知識ではなく、様々な心理的・社会的なリソースを活用して特定の文脈の中で複雑な課題に対応できる総合的で汎用的な力を意味していることである。ここで示された資質・能力の実体は、前節で議論した「21世紀型能力」の内容と重なる。突き詰めて言うならば、コンピテンシー、リテラシー、スキルなどの視座から構築された資質・能力の構図が「21世紀型能力」に他ならない。グローバル化や知識基

盤社会化が進展した21世紀の社会における資質・能力モデルである「21世紀型能力」とは、知識を蓄積し効率的に再生するための術ではなく、習得した知識を活用して解を求めたり新たな知識を創造したりするための術に他ならない。そのための基盤となるコア概念が、コンピテンシー、リテラシー、スキルであると言える。

（2）構成主義的学習理論の構築に向けて

　現代の学習理論・学習概念は、「児童生徒理解」「指導者研究（教師研究）」「学習方法」の児童教育学の各領域と密接に絡み合いながら、行動主義（20世紀初頭～1950年代）、ゲシュタルト心理学とヴェルツブルク学派（20世紀初頭）、認知心理学（1950年代後半～1960年代）、構成主義（1970年代～1980年代）、社会構成主義（1980年代末～現在）の強い影響のもとに展開してきた。では、現代の学習理論・学習概念について簡略に説明する[15]。

　20世紀前半には、学習は強化刺激を通じての反応の強まりとしての認識されていた（行動主義）。このような見方は学習を過度に機械的に理解しているとの批判（ゲシュタルト心理学とヴェルツブルク学派）を経て、20世紀後半には、学習は情報処理として理解されるようになった（認知心理学）。その後、学習者の能動的な役割に焦点が当てられることになり、学習とは情報を記録・理解することではなく、それを解釈することであるとされた（構成主義）。1980年代後半以降、社会相互の役割の重要性が強調されることになった（社会構成主義）。以上が現代の学習理論・学習概念の歩みである。

　現代の学習理論・学習概念は、20世紀後期のグローバル化の進展を分水嶺にして、大きく変貌した。すなわち、現代は構成主義・社会構成主義の影響のもとに、学習者の能動的活動を通して知識を再構成して行くことが求められることになった。このような学習においては、他者との交流を通じての協同的な学びが重視される。そのため、このような学びを設計する上で不可欠になる思考の道具が、コンピテンシー、リテラシー、スキルなどの概念が示す自己形成力、他者との人間関係形成力、社会や未来形成に係わる実践力などである。このような力を拠り所にすることで、学習理論・学習方法の革新は、児童生徒のより深い学びの実現と、生涯にわたって学び続ける教師養成への途を開くことになる。児童教育学の領域である「児童生徒理解」「指導者研究（教師研究）」「学習方法」は、「学習方法」（学習理論・学習方法の革新）を中間項として、「児童生徒理解」（児童生徒のより深い学びの実現）と「指導者研究（教師研究）」（生涯にわたって学び続ける教師の養成）を結びつけることになろう。

おわりに

　現在、近代産業社会に基盤を置いて確立した多くの学問体系は脱構築化の過程にある。児童教育学もその例外ではない。また、近代学校制度も歴史的転換期に直面している。しかし、どのような事態に直面しようとも、児童教育学に求められる不変の使命は、第1章で示されているように、「『事実としての子どもたちに成長』を具現化するための理論・実践」への飽くなき探究であろう。

　本章では、世界各国で進展している教育改革の動向に着目し、そのキーワードとなるコンピテンシー、リテラシー、スキルに焦点を当てて、21世紀の資質・能力像について整理し、検討してみた。その結論は、21世紀における学びは知識の「量」の時代から「質」の時代への転換を促すことで、すべての児童生徒に21世紀という未曾有の変動の時代をより良く生きるための術を身に付けさせることである。

　ポスト産業社会においても、児童教育学が教育実践の基礎となる知見を提供する学問領域であり、現実の学校や児童生徒の実態を直接の研究対象とすることに変わりがない。児童教育学は他の学問分野（ディシプリン）と峻別された独立峰ではなく、様々な学問領域を取り込んだ小宇宙(コスモス)として認識する必要があろう。また、そこには現代社会の様々な課題が流れ込んでくる。そのため、児童教育学研究のスタンスは、極めて学際的で臨床的な性格を有することになろう。

　目白大学人間学部児童教育学科の使命は、21世紀をより良く生きる市民としての資質・能力を備えた児童生徒の育成を目指して、教室、学校、地域社会のそれぞれの場で最良の学習と教育環境をデザインし、その実現に向けて実践することができる教育人材を養成していくことである。そこでは、専門的知識・技能だけでなく、社会的スキルや人格特性をも含めた包括的な資質・能力の育成が求められている。

　本書では、これからの各章において、21世紀に求められるコンピテンシー、リテラシー、スキルと学習・教育環境の在り方を「発達と支援」「多文化共生」「感性と表現」「教育現場と実践」「学校教育」の5系列からなる学びに集約し提示する。教師や研究者、教職を目指す学生、児童生徒の保護者、学校教育に関心を寄せる方々に目白大学人間学部児童教育学科の取り組みを通して、今日の教育改革の最前線を認識して、「児童生徒理解」「指導者研究（教師研究）」「学習方法」のそれぞれの領域を考察する上での一助になることを期待する。

注

（1）佐藤学（2000）『「学び」から逃走する子どもたち（岩波ブックレット524）』岩波書店。
（2）国立教育政策研究所(2013)『平成24年度プロジェクト研究調査研究報告書）社会の変化に対応する資質や能力を育成する教育課程編成の基本原理［改訂版］』国立教育政策研究所、p.13。
（3）同上書、pp.45-57。
（4）中央教育審議会（2008）『学士課程教育の構築に向けて（答申）平成20年12月24日』中央教育審議会。
（5）国立教育政策研究所、前掲書、pp.26-27。
（6）国立教育政策研究所、前掲書、p.28。
（7）国立教育政策研究所、前掲書、pp.26-27。
（8）国立教育政策研究所、前掲書、pp.28-29。
（9）国立教育政策研究所、前掲書、p.26。
（10）森下佳代（2006）「大学生と学力・リテラシー」山内乾史・原清治編（2010）『論集日本の学力問題（下巻）学力の最前線』日本図書センター、p.151。
（11）OECDにおける「キー・コンピテンシー」について（http://www.mext.go.jp/b_menu/shingi/chukyo/chukyo3/004/siryo/05111603/004.htm. 2015年2月20日確認）
（12）森下、前掲論文、pp.153-157。
（13）森下、前掲論文、p.155。
（14）楠見孝（2011）「批判的思考とは　市民リテラシーとジェネリックスキルの獲得」楠見孝・子安増生・道田泰司編『批判的思考力を育む　学士力と社会人基礎力の基盤形成』有斐閣、p.7。
（15）エリック・デ・コルテ、佐藤智子訳（2013）「学習についての理解の歴史的発展」OECD教育研究革新センター編著、立川慶裕・平沢安政監訳『学習の本質　研究の活用から実践へ』明石書店、pp.45-51。

参考文献

・秋田喜代美、藤江康彦（2010）『授業研究と学習過程』放送大学教育振興会。
・石井英真（2015）『今求められる学力と学びとは　コンピテンシー・ベースのカリキュラムの光と影（日本標準ブックレット14）』日本標準。
・苅谷剛彦、志水宏吉編（2004）『学力の社会学　調査が示す学力の変化と学習の課題』岩波書店。
・佐藤学（1996）『教育方法学』岩波書店。
・東京大学学校教育高度化センター編（2009）『基礎学力を問う　21世紀日本の教育への展望』東京大学出版会。
・日本学校教育学会編集委員会（多田孝志、和井田清司、黒田友紀）編（2013）『グローバル時代の学校教育』三恵社。
・文部科学省国立教育政策研究所、JICA地球ひろば編（2014）『文部科学省国立教育政策研究所、JICA地球ひろば共同プロジェクト　グローバル時代の国際教育のあり方国際比較調査

最終報告書（第1・第2分冊）』JICA 地球ひろば・国際開発センター。

・D.S. ライチェン、R.H. サルガニク編、立川慶裕監訳（2006）『キー・コンピテンシー　国際標準の学力をめざして』明石書店。

・P. グリフィン、B. マクゴー、E. ケア編、三宅なほみ監訳（2014）『21世紀型スキル　学びと評価の新たなかたち』北大路書房。

第II部
児童教育学で
育てたい能力とは

発達と支援

多文化共生

感性と表現

教育現場と実践

学校教育

発達と支援

緒言

雪吹　誠

　今日の子ども（幼児、児童、生徒）に求められるコンピテンスと、教育者や支援者に求める支援とは何か。第1章から第3章までの各章では、子どもの発達とスポーツ支援、モニタリングを活用した学習支援、生涯発達の過程、障がい児の発達支援、生涯を通じた健康づくりの必要性について、これまでの授業実践や研究を通して、グローバル時代となった教育実践者・支援者に必要な方向性を明示している。

　まず、第1章「子どもの発達とスポーツ支援」（雪吹　誠）は、教育者や支援者には、子どもの発達である身体発育と機能発達における発達段階や個人差を理解することにふれている。またスポーツや運動を行う過程で育まれる能力には、身体、情緒、社会性の獲得があり、文部科学省の学習指導要領において重要視されている「21世紀型能力」の三層構造である「基礎力」「思考力」「実践力」と類似性があることを示している。特に、「21世紀型能力」の中核である「思考力」は、スポーツを支援する教育者や支援者の指導方法により、幼少期から育てることができ、その後の「実践力」の育成へと繋げることができることを考察している。これらのことから、教育者や支援者である大人に必要な、子ども達のより良い発達、将来の明るく豊かな生活をおくるためのスポーツ支援について考察している。

　次に、第2章「モニタリングを活用した学習支援の提案」（渡邉はるか）では、通常の学級における特別な教育的ニーズのある子どもの学びを支えることと学級全体の子どもの学びを支えることには、連続性があることを指摘している。これからの学習支援で求められることは、単に学習成果をあげるのではなく、子どもが自己の学習プロセスにいかに関わるかである。自らの学びと向き合い、学びを創造することが肯定的な学業適応感につながる。教育者や支援者に求められることは、その為の土台作りである。現在、インクルーシブ教育システムが推進される中、特別な教育的ニーズのある子どもも含めて、通常の学級全体で学ぶ環境をいかに作っていくかが大きな課題となっている。本稿は、多様な子どもたちが共に学ぶ環境の中で、

いかに学びを支え、適応感を育てていくかについて示唆を与えるものとなるだろう。

　また、第3章では、三人の論者が「発達と支援」のこれからの方向性を、多様な分野から多面的に取り扱っている。第一論文「生涯発達の過程」（浅野志津子）は、胎児期から死ぬまでの人の生涯発達について、エリクソンの心理社会的発達論を基盤にして人生のいくつかの段階を、実例を挙げながら発展的に考察した。乳児期の発達課題である基本的信頼、児童期の勤勉性、青年期のアイデンティティ、成人期の生殖性、老年期の自我の統合を取り上げ、最後に、成年期以降の発達課題として、新たに「自己向上志向」をもつことを提言した。第二論文「障がい児の発達支援に関わる教育相談の体験的考察」（小室哲範）は、障がい児・者に関わる相談員や教員にとって、筆者の体験上重要と思われる5点について述べてある。すなわち、「カウンセリングにおける前提」の理解が重要なこと。「障がい児・者」を持つ保護者の心の解放には、同じ様な体験をした人同士の語り合いが重要であること。福祉は申請主義であり、障がい児・者を支えるには「福祉の知見」が必要であること。保護者相談には、「成長・伸び」の情報が重要であること。他機関の積極的利用が望まれること、であると提案している。第三論文「生涯を通じた健康づくりの重要性」（枝元香菜子）は、健康寿命の延伸、生活習慣予防、子どもの体力・運動能力の低下の食い止めなど様々な健康課題に対し、生涯を通じて健康づくりに取り組む必要があり、中でも身体活動を行うことの重要性について考察した。健康の維持増進には、身体活動の増加とともに自分に合った運動を選択し習慣化していく必要がある。そのためには、子ども期に様々な身体活動経験を通じて自己教育力と、生涯にわたって健康について考えていくことのできる姿勢を育成していくことが大切であることを、本研究では明らかにしている。

第1章

子どもの発達とスポーツ支援

雪吹　誠

はじめに

PISAやPIAACなどの国際調査にもOECDのDeSeCoプロジェクト（1997〜2003）に取り入れられた、「キー・コンピテンシー」の概念が、世界の教育動向に大きな影響を与えている。欧米諸国などは独自に21世紀に求められる資質・能力を定義し、それを基礎にしたナショナルカリキュラムを開発する取り組みが潮流となっている。近年、グローバル化社会に適応した人材育成について世界的規模で21世紀型能力（スキル）が検討されている。日本でもこの21世紀型能力を念頭に中央教育審議会などで検討され平成20年度版学習指導要領に反映された。

平成20年度以降の学習指導要領等の改訂のもととなった中央教育審議会答申(平成20年1月)では、「生きる力」が「変化の激しいこれからの社会を生きるための知・徳・体の『確かな学力』、『豊かな心』、『健やかな体』のバランスのとれた力」であること、「確かな学力」が「基礎・基本を確実に身に付け、自ら課題を見付け、自ら学び、自ら主体的に判断し、行動し、よりよく問題を解決する資質や能力」であること、「豊かな心」が「自らを律しつつ、他人とともに協調し、他人を思いやる心や感動する心などの豊かな人間性」であること、「健やかな体」が「たくましく生きるための健康や体力など」であることが示された。

また、平成20年度版学習指導要領の小学校体育科や中学保健体育科の目標には、共通した語句として①心と体を一体としてとらえ②生涯にわたって運動に親しむ資

質と能力を育て③楽しく明るい生活を営む態度を育てる、とある。さらに、運動や健康・安全についての理解、健康の保持増進や体力については、小学校体育科では、「適切な運動の経験を通して育むこと」、中学校保健体育科では、「運動の合理的な実践を通して育むこと」が示されている。しかし、指導要領の中で重要なことは、学習指導要領に頻出する「子どもの発達段階を考慮」した適切な指導や支援が必要なことである。

　子どもの発達には、身体的、情緒的、知的、社会的などの発達がある。しかし、幼児教育や児童教育を学ぶ者にとって自身の専門的分野のみの発達段階を理解してさえいれば、適切に教育ができるというものではない。なぜなら、幼少期、児童期の身体発達（機能発達を含む）は人間の一生の中でもっとも変化の大きい（多い）時期であり、幼少期から児童期、青年期から成人へとつながっていく重要な時期だからである。さらに、近年の児童期（文部科学省の区分でいう6歳から11歳）の身体発達は男女で若干のズレはあるが、幼児期後半から続く安定的に発達していく時期と急激な発育をみせる第二次性徴期の前半が含まれる。

　機能発達においては、身体発達の段階ごとに、人間の各種の機能についても発達していく。身体及び機能発達は、順序性を持っており、機能発達においては一つひとつの発達段階の機能を十分に定着させることで、次の機能発達が加わることによってより複雑で高度な機能を獲得していく。確実にこの時期に獲得した体力や運動技能は、文部科学省が求めている、将来の健康的で充実した生活を送るための基盤となる。

　子どもの発達段階ごとの特徴と重視すべき課題（文部科学省）[1]では、子どもの発達段階に応じた支援の必要性の中に、幼児期、学童期（小学校低学年・高学年）ごとの課題が示されている。

　そこで本章では、子ども達が成人へと成長した時に、身体と心などのバランスのとれた健康で活動的な生活が営めること（楽しく明るい生活を営むこと）ができることを目的に、スポーツの意義と効果、身体発達と運動機能発達などの概観から、教育者や支援者となる大人が子どもに必要とされるスポーツや運動による支援について考えていく。

① 子どもの発達段階

　人間の発達には段階と順序性があり、各年代の発達段階に応じた支援が必要である。本節では、大人へと変化していく過程である、乳・幼児期から青少年期までの身体発達・（運動）機能発達についてみていく。

（1）「発育」「発達」のことばの概念

　最初に、「発育」「発達」とはどういった意味で捉えられているのか、使われているのかを確認しておく。

　様々な研究分野により「発育」「発達」の言葉の捉え方が異なっており、各研究分野や研究者において、統一的な概念で「発育」「発達」の言葉を用いることは難しい。保健体育的立場から用いられる言葉の概念として、「発育」を身体の形態的な変化（量的変化）、「発達」を身体の機能的変化と捉えることが多い。また、教育学的立場からは、「発達」は、時（年齢）の経過に伴う個体の変化とし、「発達」を要因と条件の大きく二つに分けている。本節では、保健体育的立場の「発育」「発達」の言葉の概念を主に用いる。

（2）身体発育の概観

　高石ら[2]の身長の発育曲線の特徴（図１）から出生後から20歳までを4期に区分した。

　第1は、胎児期から乳幼児期を経て幼児期前半にいたる急激な発育を示す時期であり「第1発育急進期」とよばれている。第2は、それ以降から10歳ごろまでの比較的発育が緩やかな時期である。この時期は着実なテンポで発育していく。第3は、男子と女子では異なるが、11歳から15歳ごろにかけて再度急激な発育がおこる時期である。思春期とよばれる「第2発育急進期」である。第4は、その後再び緩やかな発育となり、やがて発育が停止するまでの漸減期である。

　また、身長や体重以外の神経系などの発育については、スキャモンの発育パターン（図２）から4種類（リンパ型、神経型、一般型、生殖型）に分類されている。

　リンパ型に属する組織の発育は、小児期には成人の2倍近くになり、次第に減少しやがて成人の大きさに戻る特徴を示す。

　神経型に属する組織の発育は、乳・幼児期に顕著にみられ、それ以後はゆるやか

図1　身長の発育曲線(模式図)　　図2　スキャモンの発育曲線図

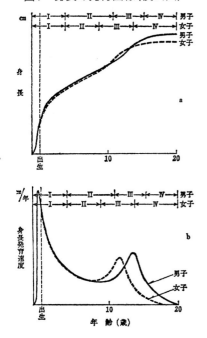
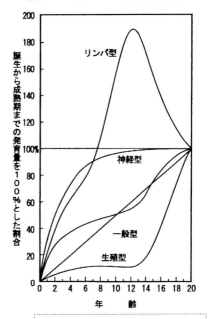

リンパ型：胸腺など
神経型：脳、脊髄、眼球など
一般型：身長、体重、骨、筋肉、消化器など
生殖型：睾丸、卵巣など

な発育をし、成人の値になる。

　一般型に属する組織は、非常に多い。身長、体重などの身体計測値の発育経過はこの型である。出生後の急激な発達後に緩やかな増加を示し、思春期に最も急激な発育を示す。

　生殖型に属する組織は、思春期までは非常にゆっくりと発育し、思春期に4分類でもっとも急激な発育を示す。

　さらに、身体発育を考える上で、念頭に置いておかなければならないのは、個人差である。身体発育においては、両親から受け継ぐ遺伝的要素と子どもが発達していく過程で様々な環境的要素により、基準とされる発育段階の時期にズレが生じる。

(3)（運動）機能発達の概観

　機能的な発達については、乳児期のような質的変化だけでなく、どこまで遠くに跳べるか、どのくらい長く続けられるかという量的な機能発達が見られる。また、

児童期にかけては、多種多様な技能の獲得最適期ともいわれている。

　機能発達には順序性があり、頭部から脚部へ発達していく特徴を示す。これは、筋肉組織の運動制御が頭部から脚部へと徐々に進むことを意味している。また、中心部から周辺部へと発達する。これは、筋肉の制御が身体の中心部から遠心部へと進行することを示している。

　しかし、ほぼ万人の子どもは共通して発達の順序通りに発達していくが、特徴や能力を獲得する速さは個々人の子どもで異なる。これを発達の可変性というが、基礎的運動スキルの習得における年齢的な変動があることを示す。さらに、可変性は、その子ども独特の遺伝や周囲の環境と結びついており、これら全ての要因により異なる速度で発達する。ゆえに、出生後の機能発達を考える場合には、発達の個人差が大きく、画一的な測定値などで発達状態を判断することは難しいことを理解しなければならない。

　この他にレディネスという概念がある。これは、ある特定課題を習得するためには、その前段となる技能や能力が獲得されていなければならないという条件のことである。ボールを投げることを獲得するためには、ボールを握ることができなければ投げる行為自体ができないように、特定の課題獲得を求める場合には、その前段の技能や能力を獲得しているかを見極める必要がある。

　以上のことから、子どもの発達には、内的要因と外的要因の2つがあることである。外的要因は、家庭・学校・社会環境に代表されるような子どもがおかれている複雑な環境である。内的要因は、人類誕生以来基本的には遺伝子の働きにより発育・発達をコントロールしていることである。この2つの要因に影響されるヒトの発育過程は、身体の形態面・機能面において、大きな変動を示す時期(出生の周辺期・思春期・更年期)が何度か出現する。

② 21世紀型能力とスポーツの意義・効果

　21世紀型能力は第1部第2章で詳しく述べられているため、本節での詳細な説明は省くこととし、本節では、スポーツ（学校教育では体育）の効果について21世紀型能力との類似性についてみていく。

第Ⅱ部　児童教育学で育てたい能力とは　　041

（1）スポーツの意義・効果

①スポーツ振興法におけるスポーツの意義・効果について

　昭和36年制定のスポーツ振興法を基に平成13年から23年までの施策目標を定めたスポーツ振興計画１総論の中にスポーツの意義についての記述がある。

　ア　スポーツは、青少年の心身の健全な発達を促すものであり、特に自己責任、克己心やフェアプレイの精神を培うものである。また、仲間や指導者との交流を通じて、青少年のコミュニケーション能力を育成し、豊かな心と他人に対する思いやりをはぐくむ。さらに、様々な要因による子どもたちの精神的なストレスの解消にもなり、多様な価値観を認めあう機会を与えるなど、青少年の健全育成に資する。

　イ　スポーツを通じて住民が交流を深めていくことは、住民相互の新たな連携を促進するとともに、住民が一つの目標に向い共に努力し達成感を味わうことや地域に誇りと愛着を感じることにより、地域の一体感や活力が醸成され、人間関係の希薄化などの問題を抱えている地域社会の再生にもつながるなど、地域における連帯感の醸成に資する。

　ウ　スポーツを振興することは、スポーツ産業の広がりとそれに伴う雇用創出等の経済的効果を生み、我が国の経済の発展に寄与するとともに、国民の心身両面にわたる健康の保持増進に大きく貢献し、医療費の節減の効果等が期待されるなど、国民経済に寄与する。

　エ　スポーツは世界共通の文化の一つであり、言語や生活習慣の違いを超え、同一のルールの下で互いに競うことにより、世界の人々との相互の理解や認識を一層深めることができるなど、国際的な友好と親善に資する。

つまり、スポーツ振興法においてのスポーツの意義・効果については、

　ア　青少年の健全育成

　イ　地域コミュニティの醸成

　ウ　経済発展への寄与

　エ　国際友好・親善への貢献

の４つとなる。

②スポーツ基本法におけるスポーツの意義・効果について

2011年6月に制定されたスポーツ基本法の前文に、スポーツは、「世界共通の人

類の文化である」と明言し、スポーツの効果や重要性について、

> スポーツは、心身の健全な発達、健康及び体力の保持増進、精神的な充足感の獲得、自律心その他の精神の涵(かん)養等のために個人又は集団で行われる運動競技その他の身体活動であり、今日、国民が生涯にわたり心身ともに健康で文化的な生活を営む上で不可欠のものとなっている。・・＜中略＞・・
> スポーツは、次代を担う青少年の体力を向上させるとともに、他者を尊重しこれと協同する精神、公正さと規律を尊ぶ態度や克己心を培い、実践的な思考力や判断力を育む等人格の形成に大きな影響を及ぼすものである。
> また、スポーツは、人と人との交流及び地域と地域との交流を促進し、地域の一体感や活力を醸成するものであり、人間関係の希薄化等の問題を抱える地域社会の再生に寄与するものである。さらに、スポーツは、心身の健康の保持増進にも重要な役割を果たすものであり、健康で活力に満ちた長寿社会の実現に不可欠である。
> ……＜中略＞……また、スポーツの国際的な交流や貢献が、国際相互理解を促進し、国際平和に大きく貢献するなど、スポーツは、我が国の国際的地位の向上にも極めて重要な役割を果たすものである。
> ……＜以下、略＞……
>
> (スポーツ基本法，前文を一部抜粋)

と示されている。

また、スポーツ基本法の基本理念が示されている、第二条2では、

> スポーツは、とりわけ心身の成長の過程にある青少年のスポーツが、体力を向上させ、公正さと規律を尊ぶ態度や克己心を培う等人格の形成に大きな影響を及ぼすものであり、国民の生涯にわたる健全な心と身体を培い、豊かな人間性を育む基礎となるものであるとの認識の下に、学校、スポーツ団体（スポーツの振興のための事業を行うことを主たる目的とする団体をいう。以下同じ。）、家庭及び地域における活動の相互の連携を図りながら推進されなければならない。

と示された。

　以上の内容から、スポーツには、豊かな人間性を育み、楽しく明るい生活を営むための①「基礎的な力」である体力の育成、保持増進、自立心やその他の精神育成

効果、②他者との交わりから、他者尊重や共同精神、規律や公正さを尊重する態度など「実践的な思考力や判断力」を育む効果、③地域や国際社会などとの交流を促進し、希薄化した地位社会を再生する効果などがあると考えられる。

（2）21世紀型能力とスポーツの意義・効果について

　国立教育政策研究所 (2013) で、「21世紀型能力」とは「21世紀を生き抜く力をもった市民」としての日本人に求められる能力であると定義され、基礎力、思考力、実践力の3層からなる構造モデル（図3）が示された。ここで「21世紀型能力」の中核をなすのは「思考力」である。まず、基礎力、実践力について述べていく。

　発達やスポーツにおいての21世紀型能力の「基礎力」は、身体的発達や機能発達などの基礎的運動能力に例えることができる。また、言語スキルや数量的スキル、情報スキルにおいても、スポーツを行っていく上で必要な身体の使い方や目的把握のための知識を習得するために、必然的に必要になってくる能力と例えることができる。

図3　21世紀型能力の構造モデル[3]

21世紀型能力のスポーツによる「実践力」とは、実際の試合や競技会の際に発揮されるものである。例えば、チームスポーツである対戦型スポーツの場合、練習時から様々な場面でコミュニケーションを駆使しながら、目的を達成するためにチーム全員が協同しなければならない。この繰り返しを行うことで人間関係能力が育まれ、成人となった後も草チームやスポーツクラブに参加する態度が育まれる。

最後に、スポーツや体育で育まれる21世紀型能力の「思考力」について述べる。なおここでは、思考力における批判的思考力について述べる。

まず前提に、しっかりとした教育者や支援者の指導がなされていることが条件である。マックブライド（McBride）(1999) は、体育と批判的思考力について4段階モデルを提案し、学習者が必要とする①認知的な計画、②認知的な行動、③認知の結果、④心理運動的な結果の４つをあげている。「学ぶことを学習する」重要な過程に子どもを関与させる非指示的な指導法は、体育の授業における批判的施行に好ましい影響を与える[4]。これは、指導や支援の方法を変化させるだけで、ただの技術を獲得する画一的指導が、批判的思考力を同時に育成する指導へと変化する。

以上のように21世紀型能力として育む能力と、スポーツや体育で育まれる能力にかなりの類似性があることが理解できる。しかし、平成20年版学習指導要領の総則、改訂の経緯にある「思考力・判断力・表現力等をはぐくむために、・・(中略)・・学習活動を発達の段階に応じて充実させる」と示されている。同様に、学習指導要領の中では、「子どもの発達段階に応じて」の文言が頻出することからも、教育者と支援者は子どもの発達の現状を理解し、最終的な教育目標「明るく楽しい生活を送る」ための目標達成のため、幼児期、学童期、青年期においては特に発達段階に適した教育者の支援が必要になる。

③ スポーツや運動による発達支援

第１節では身体発達や機能発達の概観について述べた。本節では、各年代において必要な支援について、文部科学省が捉えている子どもの発達段階ごとの特徴と重視すべき課題から考察する。

（1）子どもの発達において重視すべき課題

文部科学省は、乳幼児期の子どもの発達において重視すべき課題としては、①愛

着の形成②人に対する基本的信頼感の獲得③基本的な生活習慣の形成④十分な自己の発揮と他者の受容による自己肯定感の獲得⑤道徳性や社会性の芽生えとなる遊びなどを通じた子ども同士の体験活動の充実、があげられている。

学童期においては、区分を低学年と高学年にわけて示されているが、小学校低学年では、①「人として、行ってはならないこと」についての知識と感性の涵養や、集団や社会のルールを守る態度など、善悪の判断や規範意識の基礎の形成②自然や美しいものに感動する心などの育成（情操の涵養）、小学校高学年では、①抽象的な思考の次元への適応や他者の視点に対する理解②自己肯定感の育成③自他の尊重の意識や他者への思いやりなどの涵養④集団における役割の自覚や主体的な責任意識の育成⑤体験活動の実施など実社会への興味・関心を持つきっかけづくり、であると示されている。

（2）個人差の考慮

運動・スポーツ指導を行う際に、すべての子どもに対して同じように働きかけたり、同じように期待したりすることは非常に難しいことである。例えば、運動能力測定では、男子は走・投・跳のような筋力を伴うものに優れているが、バランス能力やスキップなどの神経支配能力は、女子の方が早く発達する傾向が見られる。また、運動能力・運動技能の獲得には、運動経験の差による違いが、さらには子どもがおかれている諸環境の差による違いが関係するといわれている。

このように発育発達の進み方は、急激に形態・機能発達する上に性差、年齢差、経験差、子どもの周辺環境の差などにより個人差が見られるため、運動・スポーツ指導は、すべての子どもに同じように働きかけたり、同じように期待したりすることは非常に困難である。子ども一人ひとりの個人差を考えながら望ましい方法や援助を模索していくことが重要である。

（3）幼児期の支援

上記に示したように、幼児期は個人差が大きく、画一的に機能発達の支援を行うことは無理なことである。しかし、教育者や支援者は運営効率を重視するまたは、集団指導の場合は個別対応の紛らわしさから、個人差の固まりである集団に対して画一的な技能指導を行うことがある。

筆者の指導経験の中に、幼児期のボール投げの指導がある。筆者が行っていた指導では、投球フォームを教えず、ボールをどうしたいか、目的（ボールをなるべく

高く、なるべく遠くに投げるなど）のためにはどのように身体を使ったらできるのか、教育者が幼児の身体の発達段階を考慮してボールがどうあればよいかだけを提示する指導を行っていた。これは、身体発達の概観でも述べたように、まだ骨と筋、神経系が発達しきれていない時期であり、身体を自分の意志で精巧に操作することができないことや個人差などで、できる幼児、できない幼児がいる。それで問題ないのである。この時期は、上記で述べた批判的思考力を身につけさせることである。今現在の発達段階における最大限の身体の活用を自分なりに考え、身体を動かしていくことが大事であり、ボールを高く、遠くへ投げられないから投球フォームを教える指導ではない。もちろん、発達が早くまた、兄がいてキャッチボールを普段から行っている子どもは早期に投球フォームを獲得している者もいる。しかし、発達段階がフォームに耐えられるだけの身体や機能発達がなければ、所詮投球フォームは完成しないのである。

　まだ子どもが投球フォームを習う発達段階に来ていないにもかかわらず、保護者が形だけのフォームを教えてしまった例がある。この子どもは常に親から教えてもらったフォームで投げようとするあまり、ロボットのようなカクカクとした不自然な動きで投球し、指導者が「教えてもらったことは考えないで自由に投げてごらん」と誘導しても、その子どもは頑として教えてもらったフォームで投げ続けたことがある。もちろん、身体や機能の発達に適した段階の自然な投げ方よりも目的の結果はひどいものであった。

　このように、教育者や親も含めた指導者は発達段階を理解せず、フォームという形だけを教えてしまったがために、子どもが本来持っている（育った）能力を下方修正してしまうことがある。子ども達の発達を阻害しないよう、教育者は、発達段階の理解や指導方法についてより深く理解し支援していくべきである。

（4）児童期の支援

　児童期の運動能力獲得であげられるのは、ゴールデンエイジ理論[5]である。この理論には賛否両論があるのは事実であるが、あくまでも子どものよりよい運動機能発達、多種多様な動きや技能を獲得するという観点からすると一つの指標を示すものと考えられる。特に児童期は、身体発育の途上であり、運動能力に関係する筋や神経系の発達においても完成されるわけではないからである。つまり、筋や神経系の発達途中にある児童期は、もっとも多種多様な動きを習得しやすい時期であると捉えることができ、将来子ども達が選択するかもしれないスポーツなどの技能の基礎を身につける時期であると考えることができる。

以上のことから、児童期においては個人差を考慮しつつその技能ができるできないに関わらず、多種多様な動きやスポーツを経験させ、子どもの将来に役立つ経験を積極的にさせることが、教育者や大人である支援者には求められる。さらには、たくさんの運動やスポーツ経験を支援していくことは、技能獲得だけでなく、スポーツなどを通して経験する過程が持っている精神的、社会的な発達も支援することになると考えられる。

おわりに

　本章では、日本の求めている21世紀型能力の育成と、スポーツが育むことができる能力の類似性から、より良い子どもの発達のためのスポーツ支援について考察してきた。これらのことから、教育者や支援者は、子どもの発達を理解し、一生の中で発達時期による特徴、発達段階の個人差を知り、適切なスポーツ（運動・遊び）による支援を行うことで、よりよく子どもの身体・機能は発達していく。また、スポーツは、現在求められている21世紀型能力の要素を持ち合わせている。座学でないからだを使って行うスポーツは、実社会よりかなり小さな集団の中に、21世紀型能力を育む特徴・効果を有している。

　ゆえに、子どもの健全な発達を促し成人へとつなげるために、教育者や支援者は、個々人の子どもの発達段階、個人差を考慮し、子どもの時代には多種多様なスポーツ（遊び）の実践を通して、その時代に獲得しなければならない情緒的発達や社会性の発達など多面的発達を促すことが重要になる。

注

(1) 文部科学省「子どもの徳育の充実に向けた在り方について（報告）」
　　（http://www.mext.go.jp/b_menu/shingi/chousa/shotou/053/gaiyou/attach/1286156.htm　2015 年 3 月確認）
(2) 高石昌弘、樋口　満、小島武次（1981）「からだの発達　改訂版」，大修館書店、p.16。
(3) 国立教育政策研究所 (2013)『平成 24 年度プロジェクト研究調査研究報告書』社会の変化に対応する資質や能力を育成する教育課程編成の基本原理 [改訂版]』国立教育政策研究所、p.13。
(4) David L.Gallahue、杉原　隆（監訳）(1999)「幼少年期の体育　発達的視点からのアプローチ」大修館書店、p.118。
(5) 神経系が大部分発達し、かつ可塑性（神経細胞の構造及び機能が刺激によって変化し、その変化が保持される性質）がかなり残っている時期をゴールデンエイジと定義し、様々な

運動経験をさせ、基本技術をしっかりと習得させるべき時期とする理論。

参考文献

・文部科学省（2008）『小学校学習指導要領解説　体育編』東洋館出版社。
・文部科学省（2011）『スポーツ基本法』
（http://www.mext.go.jp/a_menu/sports/kihonhou/attach/1307658.htm　2015年3月確認）
・文部科学省（2011）「スポーツ基本法　リーフレット」
（http://www.mext.go.jp/component/a_menu/sports/detail/__icsFiles/afieldfi
le/2011/08/24/1310250_01.pdf　2015年3月確認）
・文部科学省「子どもの徳育の充実に向けた在り方について（報告）」
（http://www.mext.go.jp/b_menu/shingi/chousa/shotou/053/gaiyou/attach/1286156.htm
2015年3月確認）
・文部科学省（2012）、『幼児期運動指針ガイドブック』
・国立教育政策研究所(2013)『平成24年度プロジェクト研究調査研究報告書)社会の変化に対
応する資質や能力を育成する教育課程編成の基本原理[改訂版]』国立教育政策研究所
・JA　Harris, CM Jackson, DG Patterson, & RE Scammon(1930),「The measurement of
man」, University of Minnesota Press.
・高石昌弘、樋口　満、小島武次（1981）「からだの発達　改訂版」, 大修館書店。
・猪飼道夫、高石昌弘（1967）「身体発達と教育」, 教育学叢書19, 第一法規出版, p.280。
・David L.Gallahue、杉原　隆（監訳)(1999)「幼少年期の体育　発達的視点からのアプロー
チ」大修館書店。

第2章

モニタリングを活用した学習支援の提案

渡邉　はるか

はじめに

　「特殊教育」から「特別支援教育」への転換という流れの中で障害のある子ども
の学校教育をめぐる状況は大きく変化した。かつての障害の種類と程度に基づいて
特別な場で行う「特殊教育」から、障害のある子ども一人ひとりのニーズを把握し
て、適切な指導と必要な支援を行う「特別支援教育」へという転換は、障害のある
子どもが学ぶ場や学びの対象となる子どもを広げただけではなく、多様な学びの在
り方、支援の在り方の発展にも大きく貢献した。このような変化の中で、障害のあ
る子どもの学びをめぐる関心にも変化が生じてきた。特別支援教育がスタートした
当初は校内委員会の設置や特別支援教育コーディネーターの指名等の子どもを取り
巻く環境整備といったハード面の課題を中心に議論がなされてきた。概ね体制整備
がなされた現在では、より子どもを中心とした学びそのものに関する課題へと議論
の中心がシフトしてきている。

　本稿では、主に通常の学級に在籍している発達障害のある子ども及びその疑いが
ある子どもの学びに焦点をあてる。特別支援教育の現状を整理した後、Schunk,
Dale H. &Zimmerman, Barry J.（2006）の自己調整学習の理論、Adrian F.
Ashman（1994）のPBIの理論、渡邉（2012）の学習支援モデルを取り上げ、子
どもが自己の学びと向き合い、学びの創造を通じて肯定的な学業適応感を形成する
学習支援の在り方を検討する。

① 特別支援教育において対象となる子ども

　文部科学省（2002）は「通常の学級に在籍する特別な教育的支援を必要とする児童生徒に関する全国実態調査」により約6.3％に知的発達に遅れはないものの、学習面や行動面で著しい困難を示す児童生徒がいることを報告した[1]。この報告により通常の学級に在籍している児童生徒に対する支援の必要性に大きな注目が集まった。その後、文部科学省の特別支援教育の在り方に関する調査研究協力者会議（2003）による「特別支援教育の在り方について（最終報告）」では、従来の特殊教育の対象だけではなく、LD・ADHD・高機能自閉症を含めて障害のある児童生徒も対象とすることが明記された[2]。さらに学校教育法施行規則の一部を改正する省令（平成18年4月1日より施行）により、小中学校等に在籍する"学習障害者又は注意欠陥多動性障害者である児童又は生徒のうち心身の故障に応じた特別の指導を行う必要があるものを教育する場合には、特別の教育課程によることができる"ことが規定された。さらに"特別の教育課程の対象である情緒障害者を自閉症者と情緒障害者とに区分すること"が併せて規定された。これにより、発達障害のある子どもが新たに通級による指導の対象として位置付けられた。さらに学校教育法等の一部を改正する法律（平成19年4月1日施行）により、新たに対象となった児童生徒に対して"障害による学習上又は生活上の困難を克服するための教育を行うものとする"ことが規定された。こうした法整備により支援対象の拡大と教育的支援の拡充がなされたのである。

　文部科学省（2014）による特別支援教育資料（平成25年度）によると、現在、

表1　通級による指導を受けている児童生徒数の推移(公立)

区分	自閉症			学習障害			注意欠陥多動性障害		
	小学校	中学校	計	小学校	中学校	計	小学校	中学校	計
平成18年度	3562	350	3912	1195	156	1351	1471	160	1631
19	4975	494	5469	2156	329	2485	2406	230	2636
20	6301	746	7047	3149	533	3682	3087	319	3402
21	7195	869	8064	4039	687	4726	3659	354	4013
22	8031	1117	9148	5542	1113	6655	5277	521	5798
23	9007	1335	10342	6455	1358	7813	6312	714	7026
24	9744	1530	11274	7714	1636	9350	7596	921	8517
25	10680	1628	12308	8795	1984	10769	9105	1219	10324

出典：文部科学省(2013)特別支援教育資料平成25年度より、一部抜粋

第Ⅱ部　児童教育学で育てたい能力とは　　051

通級による指導を受けている児童生徒数（小・中学校）は、表1で示したように自閉症、学習障害、注意欠陥多動性障害それぞれ増加傾向にある[3]。制度改革により特に学習障害、注意欠陥多動性障害の子どもが教育的支援を受ける機会は飛躍的に増加した。また、かつては情緒障害として支援を受けていた自閉症の子どもも、より自閉症に特化した専門的な教育を受ける機会につながったと言える。

② 特別支援教育の現状

　2002年の文部科学省の調査で6.3％と報告された子どもの多くが、いわゆる発達障害のある子どもだと考えられる。特別支援教育のスタートにより、新たに支援の対象となったことは既に指摘したが支援は十分に行き届いているのだろうか。文部科学省初等中等教育局特別支援教育課（2012）の「通常の学級に在籍する発達障害の可能性のある特別な教育的支援を必要とする児童生徒に関する調査結果について」から、現在の状況を概観し、課題を整理する。

　同調査によると、担任教員により知的発達に遅れはないものの学習面又は行動面で著しい困難を示すとされた児童生徒の割合は推定値6.5％であり、学習面の困難を示す児童生徒は推定値4.5％、不注意又は多動性-衝動性の困難を示す児童生徒が推定値3.1％、対人関係やこだわり等の困難を示す児童生徒が推定値1.1％である。6.5％の子どもの内、校内委員会において現在、特別な教育的支援が必要だと判断されている児童生徒は18.4％にとどまっており、必要と判断されていない児童生徒は79.0％、不明の児童生徒は2.6％だと報告されており、担任と校内委員会の認識にずれが見られる。また必要と判断されなかった79％の児童生徒に関しては、担任が困難を示すと認識しながら校内委員会では検討されていない場合も含まれることが指摘されている[4]。

　次に担任が困難を示すとした6.5％の児童生徒に対する支援の状況とその6.5％の内、校内委員会において支援の必要性があると判断された18.4％の児童生徒に対する支援の状況を整理したのが表2である。

　まず6.5％の児童生徒全体を見た場合、授業時間内の教室内の個別の配慮・支援は44.6％になされており、校内委員会で支援が必要だと判断された18.4％を上回っている。校内委員会の判断とは関係なしに通常の学級では、担任による努力と工夫で様々な支援が展開されていることを示している。このことは評価できる一方で、

表2　学習面、行動面で困難を示す児童生徒に対する支援の状況

	担任*	校内委員会**
通級による指導（自校、他校両方を含む）	3.9%	17.0%
個別の指導計画の作成	9.9%	43.2%
特別支援教育支援員の対象	8.5%	32.4%
授業時間内の教室外の個別の配慮・支援	9.3%	24.4%
授業時間内の教室内の個別の配慮・支援	44.6%	73.7%

*担任により困難を示すと回答された6.5%の児童生徒
**6.5%の内、校内委員会により支援が必要だと判断された18.4%の児童生徒

出典：文部科学省（2012）「通常の学級に在籍する発達障害の可能性のある特別な教育的支援を必要とする児童生徒に関する調査結果について」をもとに作成

校内委員会との連携体制が不十分であるという問題を指摘できる。担任1人での支援には限界がある。次に担任と校内委員会を比較した場合、全ての項目において校内委員会において支援の必要性があると判断された児童生徒に対する支援の割合が上回っていることがわかる。校内委員会との連携、校内委員会における支援の必要性の判断の有無により、支援の状況にはかなりの差があると言える。さらに困難がありながら支援に結びついていない子どもの存在が指摘でき、このことは大きな課題である。

③ 困難を示すが適切な支援に結びつかないという現状

　筆者は2008年4月から2012年3月まで、週1日から2日程度の学習サポーターとして活動した経験がある。活動内容は、主に学習面や行動面で気がかりな児童に関して学級担任又は保護者から相談を受け、必要に応じた行動観察、担任又は保護者との面接、心理アセスメント、コンサルテーションの実施、さらに授業中の個別支援及び教室全体の支援を行うことであった。本稿では渡邉（2012a）の活動実践[5]を再検討することで、通常の学級における特別支援教育の課題をあらためて整理する。

（1）C小学校の概要

　C小学校は首都圏近郊のA県B市に位置し、児童数は全校で約480名程度であっ

た。特別支援学級を持たない学校であったが、文部科学省（2002年、2014年）の報告と同様に通常の学級に学習面や行動面で著しい困難を示す子どもが在籍しており、特別支援教育コーディネーターの指名、校内委員会の設置はなされていた。この地域における特別支援教育関連のリソース機関としては市立教育相談センター、公立及び民間の医療機関、特別支援学校があった。

（2）相談対象者の実態から

渡邉（2012a）の研究で報告した4年間の支援データの再検討を行い、担任や保護者により支援の必要性が認識されている児童と実際に公的な支援を受けた児童の実態を分析した。

4年間で延べ66人の相談を受けたが、校内委員会で支援の必要性が検討された児童は一部である。通級による指導を受けている児童4人を含む外部の医療機関や支援機関と結びついている児童16人は校内委員会で支援の対象として共通の認識がなされており、担任による授業中の配慮・支援に加えて、様々な連携体制の中で支援が展開された。一方で、校内委員会で十分な検討がなされていない児童は、通級による指導や特別支援教育支援員の配置といった公的な支援サービスではなく、通常の学級において担任やボランティアの支え、クラスメイトと保護者の支え、本人の努力により学校生活を送っていた。もちろん通常の学級における努力と工夫で十分に対応できた場合もあるが、本来ならば、より専門的な支援を必要としていたが行き届かなかったという現状は否定することができない。特に外部相談機関と結びつかなかった場合、診断を受けていないことにより困難を認識していながら支援に結びつかないという問題が見られた。明確な診断がないことにより担任あるいは保護者のどちらか一方の理解が得られず支援に結びつかないことや支援員や補助教員等の公的な加配につながらないことが問題である。支援を必要とする子どもと適切な支援を結びつける為には、診断の有無にこだわらず、ニーズがある場合は支援を受ける－提供することが当然の社会になる必要がある。「特別」ではない特別支援教育が求められている。

4　特別な教育的ニーズという概念

明確な診断を受けていないものの発達障害のある子どもと同様に学校生活を送る

上で様々な困難がある子どもがいる。緒方（2005）は制度上の制限により支援を
必要としている子どもへの支援が限定されてしまうことを危惧し、教育の場では、
医学モデルや障害モデルではなく、支援の必要性という観点が必要であり、ニーズ
モデルを強調している[6]。中央教育審議会（2005）の「特別支援教育を推進する
ための制度の在り方について(答申)」では、"医学的診断の確定にこだわらず、常
に教育的ニーズを把握しそれに対応した指導等を行う必要があるが、こうした考え
方が学校全体に浸透することにより、障害の有無にかかわらず、当該学校における
幼児児童生徒の確かな学力の向上や豊かな心の育成にも資するものと言える"と指
摘している[7]。

　一人ひとりがどのような支援ニーズをもっているかという視点をもつことは、よ
り多くの子どもと支援を結び、通常の学級全体の教育を活性化させることにもつな
がる。診断の有無にかかわらず支援を必要とする子どもを幅広く"特別な教育的ニー
ズのある子ども（Special Educational Needs Children）"として捉えることが求
められる。

⑤　学校不適応と学習面の困難

　通常の学級に在籍する特別な教育的ニーズのある子どもの学校生活を支える上で
重要となるのが、学習面の支援である。学齢期の子どもにとって学校生活の大半の
時間を占める学習面の困難は大きな課題である。不注意、多動性 - 衝動性、対人関
係やこだわり等の行動面の困難は、実は学習面の困難とも深く関与する。授業への
集中の困難、じっと座っていることの困難、仲間と協力することの困難は、しばし
ば学習の困難へと発展するものである。学齢期の子どもにとって、学習面の不適応
は、学校不適応へ発展する可能性がある問題である。

　文部科学省（2003）の「今後の不登校への対応の在り方について（報告）」の中
で、"学習障害、注意欠陥/多動性障害等の児童生徒については、周囲との人間関
係がうまく構築されない、学習のつまずきが克服できないといった状況が進み、不
登校に至る事例は少なくない"と指摘している[8]。全般的な知的発達に遅れはない
が、認知発達や社会性の発達に遅れや偏りがあり、このことが学習面の困難と関連
している。また石井・上野（2007）は小中学校の情緒障害通級指導学級を対象と
して、不登校傾向の子どもに見られる学習面の困難の実態を以下のように報告して

いる。小学校では47.5％、中学校では26.1％にLD関係の困難（聞く、話す、読む、書く、計算する、推論する）が見られたが、実際にLDの診断があるのは小学校で６％、中学校で８％であり、診断の数値を大きく上回っている[9]。つまり学習面の困難を主訴とするLDの児童生徒に限らず、ADHDや高機能自閉症等の児童生徒や診断名がない児童生徒においても学習面の困難があることが考えられる。また困難領域の重複から問題が複雑化することが考えられ、学習面の支援の必要性が強調できる。

⑥ 学業適応感とセルフモニタリング

渡邉（2011）によると、児童の「学校が楽しい」「学校が好きである」という学校生活適応感に影響する要因に、「勉強が楽しい」「わかったという満足感がある」という学業満足感がある。一方、「勉強中、誰かの助けがほしい」「勉強で困っている」という学業困難感は、学校生活適応感に直接は影響しない[10]。そこで学校生活を支える為には特に学業満足感の育成が重要だと考える。

日々の学習で「できる」「わかる」という経験が楽しいという気持ちや達成感につながる。そこで学業達成の為には、適切な目標の設定と目標を達成する為の能力や手段が必要とされる。Schunk, Dale H. ＆Zimmerman, Barry J.（2006）の自己調整学習の理論によると、"熟達した学習者は、優れた習得目標を設定し、効果的な学習方略を実行し、目標の進行をモニターおよび評価し、学習を促進するための環境を整備し、必要な援助を要請し、努力し続け、方略を調整し、今の目標が達せられると、もっと効果的な新しい目標を設定する"[11]。これら一連の行動を通すことで学業適応感につながることが仮定される。

そこで目標設定や方略使用において重要な役割を果たすのが、モニタリングという機能である。自己調整学習におけるモニタリングは、基本的には自らの状態に対して、自らが判断・評価するものであり、セルフモニタリングとほぼ同義で用いられる。セルフモニタリングに関しては、「課題に対する自己の反応、過去体験等について判断すること（井上,1997）」[12]や「現在進行中の課題における理解状況の自己診断（植木,2004）」[13]等の定義がなされている。

ここで学習面に焦点をあてた渡邉（2012b）の学業モニタリングという概念を紹介する。学業モニタリングは、Schunk, Dale H. ＆Zimmerman, Barry J. の自己調整学習の理論をもとにしており、自己の学力に関する認知や学習場面における

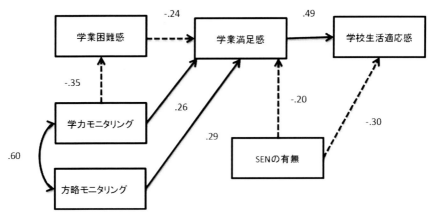

図1　学業適応感と学業モニタリングの関係モデル

点線：負の影響　実線：正の影響
誤差変数は省略
モデルの適合度（χ2(df=7,N=355)＝11.528,n.s、GFI=.989、AGFI=.967、NFI=.983、TLI=.985、CFI=.993、RMSEA=.043、AIC=39.528）

方略使用に関する認知のことであり、学業適応感や学業の状況に関して判断したり、評価したりする力のことでもある。渡邉（2012b）は学業適応感とセルフモニタリングの関係性についてパス解析を用いたモデル（図1）を提案し、モデルに基づき学習面で困難がある子どもに対する学習支援の事例検討を行い、学業モニタリングを促す学習支援をすることにより学業適応感と学校生活適応感に肯定的な影響を及ぼす可能性を示している[14]。

⑧ 作文支援の事例検討

上記の学習支援モデルをもとにした作文の個別支援の事例分析、本人によるアンケート調査、保護者への聞き取り調査から学業モニタリングを促す学習支援の効果及び日常生活や学校生活とのつながりについて検討する。

（1）事例の概要

対象は、通常の学級に在籍する書字障害のある小学生（男児、D児とする）である。D児は書字及び作文の困難を主訴としてF大学付属教育相談室で小学校3年生の頃より支援を受けている。保護者の気づきは、4歳の頃に保育園の先生から「絵

が下手」「他の子と遊び方が違う」と指摘されたことに始まる。その後、福祉センターでADHDの疑いを、小学校入学後には教育センターでLDの疑いを指摘されている。3年生の頃にF大学付属教育相談室で書字障害の可能性を指摘され、以後、個別支援を受けている。筆者は4年生10月よりD児を担当している。D児への支援は不定期であるが、6年生8月までの間に個別指導、心理検査、コンサルテーションを含めて全12回実施している。

（2）作文支援の概要

　全12回中、作文支援を行った8回のテーマと活動内容の概要を表3に示す。

　支援では、Schunk, Dale H. &Zimmerman, Barry J.（2008）の自己調整学習の理論を土台とし、渡邉（2012b）のモデルに基づき、作文を書く為のプランニング及び学習活動のプロセスと結果のモニタリングを行うことで自分なりの学習方略を身につけること、学習（特に作文）に対する自信をつけさせることを重視した。D児の困難は、テーマに対して具体的に書きたいことを絞ること、全体の構成を考えることであり、いくつか候補を挙げ、メモをつくること、メモをもとに順番や内容の構成を考えることを方略として教えた。毎回必ずはじめにプランニングさせることで、見通しをもたせ、明確な目標に向かって取り組めるように支援した。さらに活動をモニタリングすることで適宜、修正を図り、自己の学習過程や結果に関する認知を高めるように支援した。

（3）支援の経過

　＃1～＃3の時期は、作文に対する苦手意識が強く、課題に取り掛かるまでにかなりの時間を要した。いざメモ作成をすると文章化されたメモになってしまい、作成に時間がかかった。また書き出しの言葉を決めることが苦手で、支援者がヒントとなる言葉をいくつか挙げ、選択してもらっていた。＃4では、簡略化したメモ作

表3　教育相談室における作文支援の内容

#	実施年月	テーマ	活動内容
1	2012年10月	作文「日本を紹介しよう」	メモ作り、構成、作文
2	2012年11月	学校に関する作文を書こう	テーマ決め、メモ作り
3	2013年2月	作文「学校のクラブ」	メモをもとにした構成、作文
4	2014年1月	意見文「東京オリンピックに対する賛否」	メモ作成、意見決め、構成、作文
5	2014年3月	作文「日本を紹介しよう」②	メモ作成、構成、作文、過去作品との比較
6	2014年4月	図書の紹介文（穴埋めプリント）	情報の読み取り、要約
7	2014年6月	最近読んだ本の紹介文	トーク、メモ、構成、作文
8	2014年8月	読書感想文の下書きを書こう	トーク、メモ、構成、作文

＊学校生活が落ち着いている時期（2013年4月から12月）は来所無し

成の為、最初に口頭でやり取りをし、支援者がホワイトボードにキーワードを書き出してみた。それをもとにメモ作成を試みたところ、ヒントがあることでスムーズなメモ作成ができ、D児には「メモを文章で書くのは大変だから簡単にした方が良い」という気づきが生まれた。＃4では初めて意見文に取り組み、思いや述べるだけではなく根拠となる理由が必要であることを伝えた。ワークシートを使用して自分の考えと理由をセットで示すようにさせたところ、「セットで考えると、いつもより書きやすかった」と反応があった。＃5では＃1と同じテーマで作文をした。前回の方略を活用し、自ら理由を加えることができた。過去の作文と比較したところ、「詳しい説明ができるようになった」「わかりやすい文が書けるようになった」と自己評価された。

　＃6〜8ではD児にとって夏休みの宿題で最大の課題ともいえる読書感想文の為の準備をした。＃6では短文を読み、概要を伝える課題に取り組んだところ、抜き書きの穴埋め問題はできるが、自分の言葉で表現する問題では困難が見られた。口頭では自分の言葉で表現することができるが、いざ書く段階になると問題文にある文字化された情報に引っ張られてしまうことがわかった。そこで書く前に内容について自分の言葉で伝える「トーク」を行ってから、メモ作成に取り組むことを提案した。隣に問題文や本があると、そこに書かれた文字情報の影響を受ける為、見ないで「トーク」をすることにした。すると自分の言葉を文章化することができた。この時期には簡略化されたメモ作成ができるようになっていた。書き出しの言葉を決めることは相変わらず苦手であったが、支援者が選択肢を用意するのではなく、口頭でやり取りをする中で、自分で決めることができるように変化していた。

（4）家庭、学校での作文の取組

　6年生の終わり頃（3月初旬）、母親から、これまでの家庭や学校での作文に対する取組を聴き取った。4年生はじめまで授業中に作文があると真っ白の状態で持ち帰ることが多く、家庭で母親の支援を必要としていた。教育相談室と同じような方略で取り組んでいたが、当時はD児の作文というよりも母親の作文となっていた。またこの頃、教育センターのアドバイスで作文がある時には事前に担任からテーマを教えてもらい、家庭でメモを作成してから臨むことで、授業中に少しでも自分の力でできるような支援もしていた。5年生になると担任が代わった。これまでと同様に作文に対する直接的な支援はないものの、日常の学校生活ではさり気ない支援があり、学校生活全体としては比較的落ち着くようになっていった。一方、家庭で

は自分の力でやりたいという想いが強くなり、しだいに母親の支援を拒否するようになっていった。しかし1人でできない状況は変わらず、結局、6年生になる間際まで母親による支援が必要であった。6年生の後半頃、やっと自分の力で取り組めるようになっていった。

（5）学業適応感と学業モニタリングの変化

　作文課題に対するD児の取組が変化した背景には、作文に対する構えの形成がある。D児は、これまでの経験から「行事の後は作文がある」という流れを理解しており、「運動会の時は既に作文のことを考えながら取り組んでいた」と話している。見通しをもって準備することで、いざ作文を書く時に備える力を身につけたのである。また作文を繰り返し書く中で、自分なりの作文に対するアプローチの仕方が定まってきたことも影響しているのではないだろうか。これは教育相談室や家庭での支援を継続した結果だと考える。6年生2月末にD児に行ったアンケートでは、「メモ作成は役立つ」、「自分が作文を書く時のやり方を知っている」と評価している。さらに「今後、自分の力で書けそうだ」とも評価しており、学業モニタリングの力が身に付き、肯定的な学業適応感につながったと解釈することができる。

　以下にD児の変化の様子を示す。まず1年から6年までの作文に対する苦手－得意の位置づけに対する自己評価の結果を写真1に示す。母親の報告にもあるように白紙で持ち帰っていた4年生までは、苦手寄りの位置を示していたが、しだいに得意寄りに変化している。苦手意識はだいぶ解消することができたと考える。実際の作文への取組にも変化が見られており、モニタリングが機能し、自分なりの作文方略の習得が肯定的な感情につながっていると考える。

　次に4年生、6年生で実施した学業適応感（学業満足感、学業困難感）、学業モニタリング（学力モニタリング、方略モニタリング）、学校生活適応感の結果を表4に示す。学力モニタリングは変化が見られなかったものの、方略モニタリングは上昇し、学業適応感と学校生活適応感においては共に肯定的な変化が見られた。モデルでは学業困難感に直接、影響するのは学力モニタリングであるが、平均点の比較では変化は見られていない。そこで項目レベルでの変化を検討したところ、「授業中、自分がどこまでわかっているか気づくことができる」が3から4に、「テストの時、大体何点とれるか予想できる」が4から3に変化しており、結果として平均の変化は見られなかった。自分の学力に関するメタ認知ができるようになったということは、課題遂行に直結しており、適切な方略使用スキルとつながったことで、学業困難感が低下し、学業満足感が上昇するという肯定的な変化に結びついたのだ

写真1　作文の苦手−得意に対する自己評価の変遷

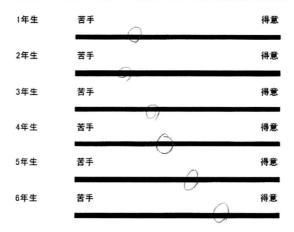

表4　学業適応感と学業モニタリングの変化

	学業満足感	学業困難感	学力モニタリング	方略モニタリング	学校生活適応感
1回目（4年）	2.50	3.40	2.80	1.17	1.75
2回目（6年）	3.25	2.60	2.80	2.50	3.00
判定	↗	↘	→	↗	↗

＊数値は4段階評価の平均点

と考える。

　今回、苦手意識のある作文課題でモニタリングを促す支援を行い、自分に合った方略を見つけ出していったことが作文に対する肯定的な自己評価につながった。学校生活全般を対象としたアンケートからは、プランニングとモニタリングは作文以外の学習場面でも機能していたことが推察され、その結果として学業適応感の育成につながったと考えることができる。このプランニングとモニタリングの般化過程に関しては、詳細な検討をしておらず、今後も引き続き検討が必要な課題である。また実際の学校生活では、モデルに挙げた要因が全てではくその他にも複雑な要因が影響していることが考えられる。D児の変化は、教育相談室、家庭、学校での様々な支援の相乗効果の結果だとも言える。さらなる要因の分析、場面-全体の分析についても今後の検討課題である。

⑨ 通常の学級における学習支援モデルの適用

　本稿で取り上げた学習支援モデルは、これまで個別指導における支援実践で、その効果を検討し、学校外での支援が学校生活にも影響する可能性を示してきた。重要なことは、家庭や学校と十分な連携をした連続性のある支援である。今回は家庭での取組と併せて、般化を図った。学校での担任による取組はできなかったが、家庭、学校と情報を共有することで一貫した支援方針を土台として般化を支えてきた。今後さらにインクルーシブ教育システムが推進される中、多様な子どもたちが共に学ぶ環境作りが課題である。紹介した学習支援モデルは、特別な教育的ニーズのある子どもを含む通常の学級の子ども全体を対象に検討したものであり、通常の学級における全体の学習場面でもモニタリングを促し、肯定的な学業適応感、学校生活適応感の育成に貢献することが期待できる。学校全体で取り組むことにより、特別ではない特別支援教育の発展にも貢献することが期待できる。

　一人ひとりの学習のプロセスや結果に関するモニタリングを促す指導は、非常に手間がかかるものであるが、プランニング、実行、修正を1セットとしたAdrian F. Ashman（1994）のPBI（Process Based Instruction）は通常の学級で導入事例があり、その効果が認められている[15]。PBIで実施されている学習活動のプランニングとその修正には、モニタリングが必要不可欠であり、モニタリングを促す支援が鍵となる。学級全体で導入する場合は、Ashmanのプランニングワークシートに加え、自己評価ワークシートを活用して方略の明確化及び方略の効果に関する評価、さらに学業適応感の自己評価の活動を通して、学習に関するメタ認知を育てることが期待できる。一人ひとりの学びを支える上では、本人がそのプロセスにいかに関わるかが重要である。ここでは教員には定期的なフィードバックと必要に応じた軌道修正が求められる。特に特別な教育的ニーズのある子どもの場合は、方略活用の失敗や歪んだ自己評価をしやすいという問題があり、支援者や教育者がさり気なく支えていくことが必要である。大切なことは自分の力で取り組めたと感じることができる支援であり、何れ支援がなくても取り組めるようなステップが用意されていることである。こうした支援を通じて、自らの学びと向き合い、学びを創造できる子どもを育成することが今後の教育では求められている。

参考文献

(1) 文部科学省（2002）『通常の学級に在籍する特別な教育的支援を必要とする児童生徒に関する全国実態調査』。

(2) 文部科学省（2003a）『特別支援教育の在り方について（最終報告）』。

(3) 文部科学省（2013）『特別支援教育資料平成25年度』。
（http://www.mext.go.jp/component/a_menu/education/micro_detail/__icsFiles/afieldfile/2014/05/30/1348287_1.pdf　2015年3月4日確認）

(4) 文部科学省（2012）『通常の学級に在籍する発達障害の可能性のある特別な教育的支援を必要とする児童生徒に関する調査結果について』（http://www.mext.go.jp/a_menu/shotou/tokubetu/material/__icsFiles/afieldfile/2012/12/10/1328729_01.pdf　2015年3月7日確認）

(5) 渡邉はるか（2012a）『特別支援教育における専門家との連携の実践　学習サポーターとしての教育相談の取り組みから』日本特殊教育学会第50会大会発表論文集、日本特殊教育学会。

(6) 緒方明子（2005）『教育の立場から』LD研究14(3)、日本LD学会、pp.289-294。

(7) 中央教育審議会（2005）『特別支援教育を推進するための制度の在り方について(答申)』。

(8) 文部科学省（2003b）『今後の不登校への対応の在り方について（報告）』。

(9) 石井恵子・上野一彦（2008）『発達障害のある児童生徒の不登校傾向について―情緒障害通級指導学級の実態調査を通して―』LD研究17（1）、日本LD学会、pp.90-96。

(10)渡邉はるか（2011）『児童の学業適応感が学校生活適応感へ及ぼす影響の検討―重回帰分析による再検討―』特殊教育学研究49（4）、日本特殊教育学会、pp.351-359。

(11)バリー・J. ジマーマン、ディル・H. シャンク編、塚野州一監訳（2006）『自己調整学習の理論』北大路書房 。

(12)井上正明（1997）『「生きる力」の育成と自己評価の方法』明治図書。

(13)植木理恵（2004）『自己モニタリング方略の定着にはどのような指導が必要か―学習感と方略知識に着目して―』教育心理学研究52、日本教育心理学会、pp.277-286。

(14)渡邉はるか（2012ｂ）『特別な教育的ニーズのある子どもの学業適応感とセルフモニタリング』学位論文（筑波大学大学院人間科学総合研究科障害科学専攻）。

(15)エードリアンF. アッシュマン、ロバートN.F. コンウェー編、渡部信一訳（1994）『PBIの理論と実践　教室で役立つ実践プログラム』田研出版。

生涯発達の過程

浅野　志津子

① 生涯発達の意味

（1）生涯発達に含まれる時期

　人は生涯にわたって発達を続ける。生涯発達心理学では、成長が目に見えて感じられる乳幼児期から成人するまでの期間だけではなく、老年期まで拡張されて各時期の特徴や連続性が研究されている。

　さらに、近年は、赤ちゃんはこの世に誕生したときからではなく、胎児期にもさまざまな能力を発達させていることが見出されている。例えば、赤ちゃんは母親の胎内にいるときから母親の声を聞いていて、生まれた直後から母親の声を聞き分けることができる[1]。生涯発達は受胎から死ぬまでの人の成長・変化の過程である。

（2）発達の二面性

　一般に発達というと、能力が増大するとか成長するという上昇傾向をさすと考えられがちであるが、発達とは、獲得と消失の両面を含み、各発達段階でその比率が変化しながら推移していくのである[2]。老年期は一般的な意味では発達というよりも老化、身体的・知的能力の低下など衰退のイメージが強いが、おばあちゃんの知恵のように実践知が豊富になったり、多面的に考える英知がすぐれていたり、人生

の最終段階になって死が見えてくるからこそ獲得する考え方もある。逆に、乳児期においても、衰退する能力もある。言語能力を例にとると日本人の赤ちゃんは生後6ヶ月〜8ヶ月ではアメリカ人の赤ちゃんと同じぐらい英語のraとlaを聞き分けることができるが、生後10ヶ月〜12ヶ月になると、聞き分ける能力が減衰してしまい、日本人とアメリカ人の差が生じてくる[3]。

　人間の発達には正と負の両面があるということを知っていれば、体力や記憶力の衰えを感じるようになっても、いたずらに悲観せずに、できることを模索することができる。発達過程に関する知識は、私たちが実際にその段階を迎えたときに役立つだけでなく、将来の道程を少しでも予測しておくことができればそれ以前の段階にいるときに準備することも可能であり、より充実した支援や生活へとつながることであろう。

発達の諸理論

　生涯発達心理学では、発達を論じるときに年齢区分が用いられることが多い。また、取り上げられる発達の側面は各研究者によって異なる。性のエネルギーに焦点をおいたフロイト（1856〜1939）の心理・性的発達段階、子どもたちの思考力や推理力の発達を4段階に分けたピアジェ（1896〜1980）の認知発達論、コールバーグ（1927〜1987）の道徳性の発達理論などがある。

　エリクソン（1902〜1994）は、人生を8段階に分けて、各時期に社会の中で学ぶべき心理社会的な発達課題（危機）があるとしている。発達課題（危機）は肯定的な面と否定的な面の二つが対の形で提示されており、肯定的な面が強ければその発達課題がうまく達成される。例えば、乳児期の発達課題（危機）は、「基本的信頼」対「不信」であり、「基本的信頼」に通じる肯定的な面が多ければ社会に順応できる。しかし否定的な「不信」も必要で、人はある状況がどのくらい信頼でき、どのくらい不信を抱かなければならないのかを見分けなければならないから、肯定面と否定面の割合が重要なのである[4]。

　以下ではエリクソンの理論を参考にしながら、実際の例をあげて発達について考察したい。

③ 乳幼児期

　エリクソンによると、乳児期の発達課題（危機）は「基本的信頼」対「不信」である。乳児は与えられるものが心地よければ、世話をしてくれる母親を通して世界を信頼し、母親が一時的にいなくても、もどってきて自分の要求に答えてくれるという自分と世界の対応関係を学び、信頼感を発展させていく。

　しかし、母親が世話をせず、ネグレクトや虐待の中で育った子どもは発達課題達成の遅れをとりもどせるのであろうか。内田[5]は、虐待され、廊下の隅のトタン小屋に閉じ込められて育った六歳と五歳の姉弟の発達について詳細に報告している。救出時は姉弟とも歩行もできず、ことばも話せなかった。しかし、姉は救出後、乳児院で担当保育士になつき、急速にことばを獲得していき、弟は、担当保育士が交代して新しい保育士になついた後は言語の回復が加速した。姉はその後結婚し子どもに恵まれ、弟は社会人として巣立っていった。発達には可塑性があり、周囲の手厚い援助があれば、ある時期を過ぎても回復できることもあることをこの例は示している。

　家庭で十分愛情を注いでもらえなかった子どもたちが新しい環境に入ってきたときに、暖かくケアしていくことによって、健全に発達していく道が開けるであろうことを心に刻んでおきたい。

④ 児童期

　児童期の発達課題（危機）は「勤勉」対「劣等感」である。原始社会ではインディアンは子どもたちに遊具の弓矢を与え、子どもたちは道具の使い方を学ぶ。現代社会では子どもたちは学校で読み書きなどのスキルを学び、大人の生活に備える。勤勉性とは「あることに忙しいとか、あることを完全に学ぶこととか、（ジャングルや工場で）仕事をすることを意味する」とエリクソンは述べている[6]。子どもたちは作業や学習のときに道具を使い、ものを産み出そうとし、勤勉に努力して仕事を完成させる喜びを知る[7]のが児童期である。

　しかし、この段階の危険は、劣等感が増大してしまうことである。エリクソンは「この問題に対応するには、子どもができることをどのように強調すればよいか理解」

している教師が必要であるとしている[8]。テストなどができないとき、子どもは「自分は頭が悪いから」などと劣等感の塊になっていることがよくある。筆者は塾で教えていたとき、どんなに点数が低くても、答案をみたときに先ず褒めることにしていた。教師が「絶対に褒めるべきところを見つけるぞ」と心に固く決めておけば、良い点は結構見つかるものである。あるいは、間違えた問題を「宝の山ノート」と名づけたノートに記載するなど、失敗は成功のもとであることを常に思い出させ、劣等感を和らげる工夫が随所で必要となる。

　勤勉性がどのように養われるかは、学生たちの意見によると、「勉学に励む」「きちんと勉強する」というように教科の学習の中で習得される面もあるが、「まじめに何事も取り組ませる」「勉強・遊びと何ごとにもがんばって取りくむ」というように広く生活面でも育まれる。日本とアメリカの小学校を観察比較した恒吉[9]は、給食指導の相違を詳しく描写し、集団行動が協調的、効率的に行われるように明確な目標や手順が事細かく示されている日本の特徴として、「指導を教科に限らずに、他の場でも総合的に行おうとする全人格的態度である」と述べている。外国で生活してみると、日本人の勤勉さが高く評価されていることを経験する人も多いであろう。小学校で習得したいスキルとして、論理的思考力、コミュニケーション力、創造力など他にも多く存在するが、勤勉性も重要な発達課題であり、今後も国際化の中で日本人の特質として誇ることができるように学校のさまざまな場面で身につけていきたい人格の側面である。

⑤ 青年期

　青年期の発達課題（危機）は「自我同一性」対「同一性拡散」であり、自我同一性は、近年は英語のままアイデンティティという単語が用いられることが多い。アイデンティティとは、簡単に言えば、自分は何者なのだ、この社会でどのように生きていくのかという存在意識である。

　エリク・エリクソン自身、自分の出自が分からず、自分は誰なのかという問題を幼少期から抱えていて、後年、アイデンティティの概念を産出することになった。エリクの実父は不明で、エリクの容貌からして北欧系のデンマーク人らしいが、母親は一切を明かさなかった。母親が結婚したユダヤ人の養父はエリクを実子として育てたが、エリクは養父とは全く似ていないために、自分は何者なのかという問題

に苦しめられて成長した。エリクは結婚後、ナチス台頭のためアメリカに移住し、アメリカ市民権を申請するとき、今までの養父のユダヤ姓ホンブルガーをミドルネームに残しながらもエリクソンというアメリカ風の姓をつけた。北欧では父親の名前のあとにソン（son＝息子）をつけて自分の姓にする習慣があり、そのことを知っていたエリクの息子が自分の姓はエリクソンだと提案し、それが一家の新しい姓となったという逸話がある。エリクソンは自分が自分自身の創始者になると述べて[10]、この新しい姓が気に入っていた。エリクソンの生育歴を知ると、親の存在が子どものアイデンティティに及ぼす影響が大きく、親は子どもに真実を隠してはいけないことが分かる。

　また、エリクソンはモラトリアムという概念を提示している。モラトリアムというのは、猶予期間という意味で、アイデンティティは形成されておらず、まだ進むべき道の選択はできないが、試行錯誤していろいろな経験を積んでいる時期である。

　文豪の夏目漱石も大学を卒業してから生活のためにいくつかの教職についたが、文学とは何かという自分の立ち位置を見つけたのは英国留学中であり[11]、帰国後しばらくしてから朝日新聞に入社して職業作家になっている。漱石がモラトリアムの時期を経て、文学に対する自己のアイデンティティを確立したのは、34歳ごろのことである。この例からも分かるように、アイデンティティは青年期以降の人生で形成・修正していくこともできる。

　大学の卒業時に自分のアイデンティティと一致した職業選択ができればよいが、そうでなくとも、学校時代にいろいろ経験し力をつけておけば将来進路を調整していくことが可能になるので、常日頃から努力しておくおことが肝要である。

⑥ 成人期以降

　成人期の発達課題（危機）は「生殖性」対「停滞」である。生殖性とは子どもを産み育てることであるが、ここではもっと広く生産性や創造性も包含する。

　最近では、女性がキャリアを積むことに忙しくて、気がついたら出産に適さない年齢になっていることも多い。自分の子どもがもてなくなってしまった女性たちは、「卵子は女性が産まれたときから体の中にあり、自分が35歳になると卵子も35歳となり、不妊治療をしても子どもが産まれる割合は10人につき1～2人である」（日本産科婦人科学会治療成績報告2013）という生物学的な卵子老化の知識を学校

で教えてくれていたならばもっと早く子どもを産み育てるという選択をしたのにと嘆いている。生涯発達という視点が学校教育の中にはあまり存在せず、今日的な問題に対する対応は後手にまわりがちである。しかし、ブルーナーが「教育の過程」[12]の中で、どの教科でも知的性格をそのままに保って、発達のどの段階の子どもにも効果的に教えることができると述べているように、成人期以降の課題を性的な羞恥心が増大する前の児童期に教えることも可能である。

　老年期の発達課題（危機）は「自我の統合」対「絶望」である。自我の統合とは自分の一生を振り返って、良きも悪しきも丸ごと自分のものとして受け入れ、今まで出会った人たちのことも受け入れることである。そうでないと、人生をやり直すには時間がなく、死の恐怖に囚われ、絶望に陥ってしまう。

　ここで、筆者は成人期以降の発達課題に「自己向上志向」を提言したい。成人が学習を行うときに自分の視野を広げたいという意欲をもっていると学習が継続しやすいことが分かっている[13]。青年期までの学校を卒業した後も時代の変化や人生の局面に対処するために学習が必要である。学ぶという向上心をもっていれば、ものごとを多面的に考えることができ、よりよい選択ができ、充実した人生を送ることができるようになると考えられる。それゆえ、成人期の大人だけでなく、その基盤となる子どもたちにも自己向上心を養うような援助が望まれる。

注

(1) DeCasper, A.J. & Fifer, W.P. (1980) Of human bonding: newborns prefer their mothers' voices. Science, 208(4448),pp.1174-6.

(2) Baltes,P.B. (1987) Theoretical propositions of life-span developmental psychology: On the dynamics between growth and decline. Developmental Psychology, 23, 5, pp.611-626.

(3) Kuhl, P. K., Stevens, E.,Hayashi, A., Degushi, T., Kiritani, S.,&Iverson, P. (2006) Infants show a facilitation effect for native language phonetic perception between 6 and 12 months. Developmental Science, 9, F13–F21.

(4) R.I. エヴァンズ著、岡堂哲雄・中園正身訳 (1981)『エリクソンは語るアイデンティティの心理学』新曜社、p.190。

(5) 内田伸子 (1999)『発達心理学　ことばの獲得と教育』岩波書店、p.262。

(6) (4) を参照。

(7) エリク・H・エリクソン著、西平直・中島由恵訳 (2011)『アイデンティティとライフサイクル』誠信書房、p.251。

(8) (7) を参照。

(9) 恒吉僚子（1992）『人間形成の日米比較』中公新書、p.177。

(10)ローレンス・J・フリードマン著　やまだようこ・西平直監訳、鈴木真理子・三宅真季子訳
　　（2003）『エリクソンの人生　上　アイデンティティの探求者』新曜社、p.243。

(11)夏目漱石（1978）『私の個人主義』講談社、p.170。

(12)J.S. ブルーナー著、鈴木祥蔵・佐藤三郎訳（1986）『教育の過程』岩波書店、p.179。

(13)浅野志津子（2010）『生涯学習参加に影響を及ぼす学習動機づけと学習方略―放送大学学
　　生を対象にして―』風間書房、p.269。

第3章 ②

障がい児の発達支援に関わる教育相談の体験的考察

小室　哲範

はじめに

本著で多田は、体験は「胆力」を生み、本物の知と出会うきっかけである、としている。本論は、筆者の教員として、ことばの教室の担任として、家庭児童相談員として、学校教育相談員としての体験をもとに、「胆力」を生んだとまでは言わないが、ある種の「回帰点」になったと思ういくつかの体験を取り上げ、相談員[1]としての「障がい児の発達支援」のあり方について検討していきたい。

先行研究の検討

「相談員としての回帰点」という課題の性質上、先行研究は殆ど無いが、課題を「相談員の職能発達（成長）」と捉えるなら次の5点をあげることができる。
(i) 初心者カウンセラーの変容過程（葛西・土橋）[2]
　　修士課程1年次に自己の内省力を高めておくことが、修士課程2年次の自己効力感を高める、としている。
(ii) 学校教育相談における教師カウンセラーの成長過程（第2報）[3]（林・大日方）
　　教師カウンセラーは経験を積むにつれ、「他者に対する無力感（不安・葛藤・ジレンマ）」は減っていくが、「自己に対する否定感」「技法に対する拒絶感」

「役割に対する不全感」は経験者と初心者では差がないとしている。そして、教師カウンセラーの養成には、システマティック・アプローチを提唱している。

(iii) ロジャースかぶれ（國分）[4]

20歳までしか生きられない子の育て方について相談された國分は、霜田静志から「その問いは、心理学になじまない、君の人生哲学で答えよ。」と指導を受けた、としている。

(iv) 障害児を持つ親の教育相談（梶谷）[5]

「目の前が真っ暗になりました。」と語る母親に対する面談28回目までの相談事例報告である。特に、悩みを語る母親の胸の内の記述や、母親同士の交流の輪が芽生えていく時期の記述は興味を引く。

(v) 教師の職能発達（小室）[6]

教師の職能発達は、これまでの自己概念と対立や矛盾を自覚した時に自己の行動変容が必要であると認知される。職能発達に決定的に必要なのは、「経験を重ねる」ことではなく、「経験の受け止め」であるとした。

② 私の体験より

（1）体験その1 「私は、一緒に死のうと思った。」
－「危機的状況」の母親のことばに接した時の心構えをつくる－

先に述べた梶谷は、「目の前が真っ暗になった。」「私たち夫婦に障害児が生まれるはずがない。」「子どもが障害児なんて絶対認めたくない。」と語られたとしている。筆者もまた、梶谷のような言葉の他に、「一緒に死のうと思った。」「今すぐ戦争が始まればいいと思った。」「生誕後2ケ月経つが、親にその事実を伝えられないでいる。どうしたらいいか。」「私の人生は終わった。」といった母の言葉と、打ちひしがれた姿での相談を何度か受けたことがある。

最初に、「このような言葉と姿」に接した時は、本当に対応に苦慮した。形だけの、「そう、死にたいと思ったのですね。」「苦労したのですね。」といった言葉だけの対応では、済まないのではないか、との思いである。今にして思えば、こうした言葉に対して「心静かに聴く」、「聴くことしかできない」という心構え、耐性、技術が全くなかったのであろう。國分の言う「人生哲学」がなかったのだろう。

このような時期に、あるカウンセリング研修会に出る機会があった。そこで、「対

応に苦慮した時のあり方」について、話題にして頂くことができた。その時、カウンセリングの「4つの前提的仮説」（友田）[7]の重要性について指導を受けた。その概略は次のとおりである

○第1の仮説は、人間は誰でも、成長し発展へと向かう資質を持っている。実際には、その資質を十分に発揮できないのが現実の人間の大半であるかもしれない。しかし、現実はどのようであろうとも「資質を持っていること」そのことは全ての人間に言える、というものである。

○第2の仮説は、この療法は、知性的な面におけるより情緒的な要素、すなわち感情的な面に重みを置いている、というものである。

○第3の仮説は、問題となって表面化し現象化している事柄解決ではなく、パーソナリティ全体の再体制化が必要である。「問題解決」は2次的で「個人の成長」が一次的であり、本質的である、というものである。

○第4の仮説は、個人の過去より現在の場面を重視する、というものである。この仮説の説明の中で、特に「現実はどうであれ誰でも成長への資質を持っている」との説明と「カウンセリングで問題解決は出来ない、パーソナリティを変えることが目的」との説明はその後の筆者の心の支えになった。

更に、この研修を受けて次の3点も意識するようになった。

①現場のカウンセリングの研修では、「技術研修」が多い。しかし、理論の元になる（前提的仮説）ことの研修も重要ではないか。

②教育相談員も困ったら、「聞いてもらえる人（スーパーバイザー等）・組織」を持っていることが重要である。

③教育相談とカウンセリングは「聴くこと」という根は同じだが別物である。カウンセリングは「傾聴」「受容」「共感」を大切にし、「再体制化」を図るが、教育相談には「助言」「環境調整」「情報提供」が欠かせない。

（2）体験その2　「先生本当にわかる？」
－障がい児を持つ親の心が本当にわかるのは同じ様な体験者－

カウンセリングで共感的理解が大切とはよく言われることである。筆者は、障がい児の母親と面談していて、「共感的理解」を示したつもりで「苦悩を語る母」に対して「わかります。」と応答したことがあった。そうしたところ母親からすかさず「先生本当にわかる？」と切り返された。この後、どう対応したかは覚えていないが、大変動揺した感じは今でも残っている。こうしたことから、「私には、こう

した母の本当に深い所の感情は解らない。」と思うようになった。「障がい者を持っている母親の気持ちを解り合えるのは同じ障がい者を持っている母だけである。」と思うようになったのである。そこで、この後は「母親面談」の場で、「解ります。」という言葉は禁句とし、母親同士が語り合えるネットワークを大切にするようにした。

この「同じような体験をしたもの同士の話し合い」を自主的に行ったのが盲目のピアニスト辻井伸行の母親、辻井いつ子[8]である。息子が全盲と知らされた時、「悪い夢をみているようで現実を受け止められなかった」彼女は、同じ全盲の童話作家、福沢美和を訪ねていった。そこで福沢のポジティブな生き方に感銘を得、「一番得意なことを伸ばしてみよう」と決心したというのだ。

これらのこと記した彼女の一連の著作は、これまで私が体験したこと、感じてきたこととオーバーラップする部分が多い。そこで、障がい児を持つ母親に、「読んでみますか」と、彼女の著作を薦めることもある。

（3）体験その3　「先生、チュッパチャップス買って」
－支援には福祉の知見が欠かせない・福祉は申請主義－

筆者は本来教育界の人間だが、前述したとおり市役所の福祉事務所で5年間の相談業務についたことがある。その福祉業務の一つとしてある夏、療育事業に参加したことがあった。その中で、筆者が小学校1年生位まで2年程関わったAさんと一緒になった。彼はもう40歳も過ぎていた。昼食時になり、彼は仲間と一緒にビールを飲んでいた。その彼が私を見つけ、「先生、チュッパチャップス買って。」と語りかけて来た。最初、私はその言葉の意味と真意を計りかねた。よく聞いたら、30円か50円の棒のついたあめ玉を買ってほしいと言うのである。彼は私と目が合った瞬間に30年前に戻っていたのであろうか。買ってやるとそれを舐めながら私の後をついて来た。

その彼を見ていて「当時の私は福祉サービスのことと、学校を出た後の彼等の人生を巡る諸問題についての知見が本当に乏しかった。」との思いにとらわれたことであった。彼は、いまB型作業所で仕事をしているとのことであったが、当時の私はこの言葉すら知らなかった。当時、私に福祉の知見があれば、彼と、将来を心配する母親に対し、満足はできなかったかも知れないが、少なくとも心配の量は減らしてやることができたのではないかと思う。例えば「障がい者年金」という制度などは本当に福祉に関係して初めて知った制度であった。

私は、福祉関係者として、保育園、幼稚園、小・中学校を巡回した経験から、当

時の私同様、相談員や教員は、福祉サービスに対して本当に知識が乏しいという印象を持った。このことについて、福祉関係者と話したこともあったが、「福祉関係者の方々もそう思っている。」とのことであった。ただ、この時「それでは福祉関係者が教育のことをどれだけ知っているか。」といったらこれも問題である、と指摘されたことも付け加えておきたい。

また、福祉で仕事をした体験から、「福祉は申請主義である」という印象を持ったことも強調しておきたい。福祉では（行政ではと言ってもいいかも知れない）どのような「サービス」を受けるにしても「申請」しなければならないのである。申請するためには、その前に「サービス」としてどのようなものがあるかを知らなければならない。勿論、障がい児を持つ保護者が、最初からどのような福祉サービスがあるのか知っている訳がない。誰かが知らせなければならない。そのような時、相談員や教員は、障がい児を持つ保護者にとって重要な情報資源であると思うのである。

このようなことから教育相談員や教員は、生誕時から、或いは生誕前からの福祉サービスについて、もっと目を向けるべきであると主張しておきたい。このことは、「指導計画」「支援計画」作成の礎にもなるものと思うからである。

（4）体験その4　我が子の成長している姿を教えて
－親と会う時は褒め言葉を最低10個用意せよ－

「発達障がいのお子さんの親に会うのだが、その相談会に一緒に参加してほしい。」といった要請をよく受ける。私はこの時必ず「先生が、瞬時に言える、出来ればその褒めることがあった日時を指定できるほどの褒め言葉を最低10個用意しておいてください。」とお願いすることにしている。これは、相談員としてある母親から「今度、学校に呼ばれているのだけれど、学校が言うのはわが子のダメな事ばかりである。何か伸びている所はないのだろうか。親は伸びていることを聞きたいのに。」という言葉を聞いたことがきっかけになっている。

先生方が保護者を呼び出す時は、「何か改善を求めて」である。そこを「問題点」から切り出すのではなく、「お子さんには、こういった良さ、伸びたところがある。そこでもっと伸ばすためにはどうすればいいかを一緒に考えよう。」と持ち出した方が双方にとって良い結果を生むのではないかと思うのである。

おわりに

　教育相談員の「母親・(保護者) 支援」には、A、保護者の不安や悩みを共感的に受け止める心理支援　B、障害児を取り巻く支援情報の提供　C、専門指導機関と協働しての子ども理解支援などがあろう。この中で、A、Bについては本論で触れたので、最後にC、専門機関との協働について記しておきたい。先生方は専門機関、ことに医療機関に対する問い合わせについて不安を訴えることがある。しかし、このことは何も心配はいらないことである。先生方には「丁寧な応対を期待して大丈夫です。」「積極的に相談するように。」と勧めている。

注

(1)　文部科学省 (2013)『スクールカウンセラー等活用事業実施要領』。

(2)　葛西真記子・土橋佳奈美 (2012)『初心者カウンセラーの変容過程』鳴門教育大学研究紀要、第 27 巻、pp.169-183。

(3)　林　民和・大日方　重 (1999)『学校教育における教師カウンセラーの成長課程 (第 2 報)』大阪教育大学実践学校教育研究第 3 号、pp.129-158。

(4)　國分康孝 (1999)『ロジャースかぶれ』日本カウンセリング学会会報、59 号。

(5)　梶谷健二 (1994)『障害児を持つ親の教育相談』大阪教育大学幼児学研究、pp.35-42。

(6)　小室哲範 (1987)『教師の職能発達に関する一考察』学校教育研究 2 、学校教育学会編、pp.92-105。

(7)　友田不二男 (1970)『非指示的療法』、pp.4-8。

(8)　辻井いつ子　本文で引用した内容は、2014 の「GOGO!! むらやま夢大学」の講演会の内容をもとにしている。同様な内容の著書が多数ある。

＊「障害」という用語の記述については基本的には「障がい」を使用したが引用等で、「障害」とあるものはそのまま「障害」としてある。

第3章③

生涯を通じた健康づくりの重要性

枝元　香菜子

はじめに

21世紀を生きる我々にとって、「健康」は生涯を通じて考えていかなければならない問題である。2008年に「生きる力」を育むにあたって改訂された小学校体育科の学習指導要領では、「生涯にわたって運動に親しむ資質や能力の育成」、「健康の保持増進」、「体力の向上」の3つの具体的な目標が重要なねらいであることが示されており [1]、子どものうちから「健康」について学び、生涯を通じて健康な生活を営むための基礎づくりをしていくことが求められている。近年、大人だけでなく子どもにおいても肥満や体力低下が問題視されている。その原因は、食の欧米化とともに、環境やライフスタイルの変化に伴う身体活動の減少が大きく影響している [2]。最近の研究では、子どものうちからすでに動脈硬化が始まっていることも明らかにされており [3]、子ども期における運動・生活習慣の重要性も示されている。「動かない子ども達」はやがて成長し、「動かない中高年者」となる。そして、また「動かない中高年者」により新たな「動かない子ども達」がうまれる。このような悪循環に陥らないためにも、今、子どもの健康を改善し、一人ひとりの健康意識を高めていくことは極めて重要である。ゆえにこれからの児童教育学において、健康教育は欠くことのできない重要分野の一つであると考えられる。

世界に類をみないスピードで高齢化が進む我が国では、健康上の問題で日常生活が制限されることなく生活できる期間である「健康寿命」 [4] をいかに延伸するかと

いうことが重要な課題となっている。「健康寿命の短縮」、「寝たきりや要介護」につながる三大因子として挙げられる、「メタボリックシンドローム」、「ロコモティブシンドローム」、「認知症」については、単に加齢によるものだけでなく、家事や仕事の自動化や交通手段の発達に伴う身体活動の減少が大きく影響を与えていると言われている[5]。また、年代を問わず定常化した長時間の座位行動（座り過ぎ）が身体不活動を招き、肥満、体重増加、糖尿病、一部のがん、冠動脈疾患、死亡の危険因子になっていることがシステマティックレビューにおいて示されている[6]。このように身体活動量の低下は現在だけでなく未来の健康に大きな影響を及ぼすことから、一人ひとりが生き生きと豊かな生活を送るためには、生涯を通じて身体活動量を増加させ、座位行動の時間を減らしていくことが重要である。

本稿では、健康についての概念を確認した上で、我が国の健康づくり政策に触れながら、身体活動の重要性に焦点を当て習慣化へつなげる手立てについて考察していく。これらの作業は、今を生きる我々だけでなく、未来ある子ども達への情報提供、更には児童教育における健康支援のための一資料になりうると考えられる。

1 健康とは

「健康」という言葉は、「身体に悪いところがなく心身がすこやかなこと」と記されている（『広辞苑』第六版、2008、p.898）。1946年に制定された「WHO憲章」では、「健康とは、身体的、精神的および社会的に完全に良好な状態であって、単に病気や虚弱でないということにとどまるものではない。」（原文：Health is a state of complete physical, mental and social well-being and not merely the absence of disease or infirmity）と定義されている[7]。また、我が国において同年に制定された「日本国憲法」においても、「すべて国民は、健康で文化的な最低限度の生活を営む権利を有する」と述べられている[8]。これらの健康概念は、人間が人間らしく生きるために国際的な協力のもとで、あるいは日本政府の行うべき指針として人々に与えられたことに大きな意義をもつと言われている[9]。このように、我々の健康は身体・精神的だけでなく社会的にも保証されている。近年は、多様性を考慮し、個別的な健康水準やQuality of Life（QOL）、生きるプロセスなども重視するようになってきた。

また、健康増進（ヘルスプロモーション）という言葉が様々なところで用いられ

るようになり、定着しつつある。定義としては、「人々がみずからの健康をコントロールし、改善することができるようにするプロセス」（オタワ憲章）が知られている。ヘルスプロモーションの活動として、「健康のための政策づくり」、「健康を支援する環境づくり」、「地域活動の活性化」、「個人の能力を高めること」、「ヘルスサービスの方向転換」が挙げられる[10]。健康のための環境づくりをしていくとともに、個人への働きかけも重要視されている。つまり、健康に生きるための環境を整備していくと同時に、一人ひとりが健康実現のために実践力を養っていくことが必要である。ゆえに、健康についての情報や教育により、ライフスキルを高めていくことが求められる。

② 健康づくりのための政策

　我が国における健康増進に係る取り組みとして、1978年より国民健康づくり対策が行われてきた。第3次国民健康づくり対策として2000年から新世紀の道標となる健康施策、すなわち、21世紀において日本に住む一人ひとりの健康を実現するための、新しい考え方による国民健康づくり運動である「21世紀における国民健康づくり運動（健康日本21）」がスタートした[11]。2006年には、健康づくりのための運動所要量が見直され、生活習慣病を予防するための身体活動量・運動及び体力の基準値が「健康づくりのための運動基準2006―身体活動・運動・体力―」において示された[12]。ここでの対象は健康な成人であったことから、2013年にはライフステージに応じた健康づくりのための身体活動（生活活動・運動）を推進することで「健康日本21（第二次）」の推進に資するよう、今までの基準を改定し、「健康づくりのための身体活動基準2013」が策定された[13]。この政策の特長として、こどもから高齢者までの基準を検討していることや身体活動の増加の有効性を明確化していること、名称を従来の「運動基準」から「身体活動基準」に改め、身体活動（生活活動及び運動）全体に着目していることが挙げられる。各年代別の基準として以下のように定められている。

●18〜64歳

　歩行又はそれと同等以上の強度の身体活動を毎日60分行う。

　息が弾み汗をかく程度の運動を毎週60分行う。

表1　各年代における身体活動基準

血糖・血圧・脂質に関する状況	身体活動（生活活動・運動）※1			運動		体力（うち全身持久力）
健診結果が基準範囲内 ・ 65歳以上	強度を問わず、身体活動を毎日40分（＝10メッツ・時/週）	今より少しでも増やす（例えば10分多く歩く）※4	—	運動習慣をもつようにする（30分以上・週2日以上）※4	—	—
健診結果が基準範囲内 ・ 18〜64歳	3メッツ以上の強度の身体活動※2を毎日60分（＝23メッツ・時/週）		3メッツ以上の強度の運動※3を毎週60分（＝4メッツ・時/週）		性・年代別に示した強度での運動を約3分間継続可能
健診結果が基準範囲内 ・ 18歳未満	—		—		
血糖・血圧・脂質のいずれかが保健指導レベルの者	医療機関にかかっておらず、「身体活動のリスクに関するスクリーニングシート」でリスクがないことを確認できれば、対象者が運動開始前・実施中に自ら体調確認ができるよう支援した上で、保健指導の一環としての運動指導を積極的に行う。					
リスク重複者又はすぐ受診を要する者	生活習慣病患者が積極的に運動をする際には、安全面での配慮がより特に重要になるので、まずかかりつけの医師に相談する。					

※1 「身体活動」は、「生活活動」と「運動」に分けられる。このうち、生活活動とは、日常生活における労働、家事、通勤・通学などの身体活動を指す。また、運動とは、スポーツ等の、特に体力の維持・向上を目的として計画的・意図的に実施し、継続性のある身体活動を指す。
※2 「3メッツ以上の強度の身体活動」とは、歩行又はそれと同等以上の身体活動。
※3 「3メッツ以上の強度の運動」とは、息が弾み汗をかく程度の運動。
※4 年齢別の基準とは別に、世代共通の方向性として示したもの。

出典：厚生労働省「健康づくりのための身体活動基準2013（概要）」、2013、p.1より転載

●65歳以上

　横になったままや座ったままにならなければどんな動きでもよいので、身体活動を毎日40分行う。

●18歳未満（参考）

　現段階での定量的な基準は定められていない。

　18歳未満の子どもについても積極的に身体活動に取り組み、子どもの頃から生涯を通じた健康づくりが始まるという考え方を育むことが重要である。

　また世代共通の方向性としては、「今より10分多く毎日からだを動かす」（＋１０プラス・テン）ことが健康づくりのための身体活動指針（アクティブガイド）で推奨されている[14]。同時期に子どもにおける身体活動ガイドラインとして「アクティブチャイルド60min」が刊行されており、からだを使った遊び、生活活動、体育、スポーツを含めて、毎日60分からだを動かすことが成果を支える最低限の基準として設定されている[15]。

　このように、子どもから大人まで年代を問わず、身体活動量を高めていくことは、

健康増進ために不可欠であることがうかがえる。

③ 身体活動の習慣化の重要性

　健康づくりのための介入研究は様々なところで行われ、生理機能、身体機能、認知機能に一定以上の成果をあげている[16]。また身体活動量が多いほどメンタルヘルスが良好であること、さらに身体活動を通じて様々な人と交流し社会性を養えることも報告されている[17]。しかし、運動教室などの介入後の問題点として運動継続率の低さも挙げられている[18]。Dishmanらは、身体活動や運動を始めても3〜6ヶ月後には約半数の人がやめてしまうと報告しており、運動の継続率向上には、運動習慣の獲得が重要であると述べている[19]。「健康づくりのための身体活動基準2013」においても、生活習慣病等及び生活機能低下のリスクの低減効果を高めるためには、身体活動量を増やすだけでなく、適切な運動習慣を確立させることなどで体力を向上させるような取り組みが必要であると述べられている[20]。

　個々の身体活動を如何にして習慣化させるか。運動習慣がない人にいきなり運動を推奨してもなかなか実践に移行できないことが想定される。まして継続していくことは不可能に近いだろう。常行らは、運動非実施者においては運動行動を起こし、段階を踏みながら目標数値に到達するスモールステップが重要であると述べられている[21]。ゆえに運動の実践に抵抗がある者にとっては、第1段階として取り組みやすい身体活動を毎日積み重ねていくことが身体活動の習慣化を確立する手段の一つになると考えられる。

　昨年、筆者は、生活活動は誰もが必ず日常生活の中で行っている活動であるため、運動よりも取り組みやすく健康改善に効果的ではないかという仮説を立て、日常生活で実践可能な身体活動に着目した研究を行った（2015年3月提出　修士論文「日常生活で実践可能な身体活動の増加が閉経後女性の脂質代謝に及ぼす影響―食後中性脂肪に着目して―」[22]）。運動習慣のない閉経後女性を対象に4週間、内容・時間・強度・頻度を問わず現状より生活活動を主とした身体活動量を増加するよう依頼した。その結果、身体活動量は歩数：約600歩／日、活動時間：約5分増加したが、身体指標および糖脂質関連項目等の血液指標（以下、健康指標）に変化は認められなかった。健康指標に改善が認められなかった理由として、一つ一つの活動の強度が弱いうえに身体活動量の増加量が少なかったことが推察された。日誌より身体活

動の内容については、徒歩での移動や階段を使うことによる歩数の確保、家事を増やしてこまめに動くなどによる活動が挙げられ、生活活動だけでもわずかながら身体活動量を増やすことはできた。しかし、活動時間の増加が推奨されている＋10に到達していないという視点で考察すると、一つ一つの活動継続時間が短いことや、生活活動だけでは活動が限られてしまった可能性が考えられた。身体活動を増加するためにはある程度の教示をすることの必要性が示唆された。この研究において、生活活動を主とした身体活動の増加では、健康指標において十分な成果が得られないことを考慮すると、それらに加えて運動を取り入れていくことが更なる健康増進を図るためには重要であると考えられる。近年、様々な研究により連続運動でなく細切れ運動の効果も実証されている[23]。長時間の運動を行うことに抵抗があったり、時間の確保が難しかったりする場合でも、細切れ運動を積み重ねることで身体活動量を増加することができる。また、細切れ運動は身体的・精神的にも実践しやすく、習慣化にもつながることが期待される。

　以上のように、身体活動の習慣化のためには、年齢、性別、体力レベル、志向、生活スタイル、過去の運動経験などを考慮し、自分に合った身体活動を選択し実践していくことが必要であることが考えられる。

おわりに

　ここまで、健康の概念や我が国の政策に触れながら、身体活動の重要性について述べてきた。身体活動量を高め習慣化していくには、自分に合った活動を選択し実践していくことが求められる。しかし、取り組み始めから習慣化に至るまでは決して簡単でないことは誰もが認識しているだろう。習慣化をしていくに際し、竹中は、「子ども時代への対応が急務であり、これからは子どもの成長過程および成長後の生活習慣のあるべき姿を考慮した取り組みが必要である」と述べている[24]。また、「身体活動の習慣づけは、強制や指示から生じるものではなく、実践者自身が自己決定を行い、自分の意思で行動を選択することが前提であり、いかに行動を生じさせ、継続をさせていくかが課題である。」と述べている[25]。さらに、花井は、子どもは経験したことは「できる」が経験しないことは「できない」、「できない」まま成長してしまったことが体力・運動能力の低下に影響していることを述べ、子ども期の遊びや運動による経験が少ないことを懸念している[26]。これらに加え、過去の運動経験が現在の運動習慣と関連があることも踏まえると、子どものうちに正しい健康の知識を学ぶとともに、様々な身体活動経験を通して、自分自身で行動を選択

し実践していく力を身に付けていく必要があると考えられる。

　生涯学習や知識基盤社会化、グローバル化が進む21世紀にあたっては、これまで以上に、全ての人々が生涯にわたって主体的に生き生きとした健康な生活を送ることのできる社会を創出していくことが求められている[27]。その中で、健康教育の理念は、全ての人々が、生涯に渡って、あらゆる社会場面で、主体的に生き生きと過ごしていくことのできる自己教育力を培うことにあると言われている[28]。国立教育政策研究所が示した21世紀型能力の三層構造である「基礎力」、「思考力」、「実践力」に基づいて考えてみても、正しい知識をもとに自己を見つめ、問題個所やライフスタイル、将来など様々なことを考慮しながら自己決定を行い、実践につなげていくといった自己教育力の育成は欠かすことが出来ない。

　一人ひとりが生涯にわたって健康を維持増進していくためには、子ども期に様々な身体活動経験を通して自己教育力の育成を図るとともに、一時的な対処ではなく、長い目で健康について考えていくことのできる姿勢も育てていくことが大切であると考えられる。

注

(1)　文部科学省（2008）『小学校学習指導要領解説 体育編』、p.9。

(2)　日本体育協会（2010）『アクティブチャイルド60min.―子どもの身体活動ガイドライン』サンライフ企画。

(3)　原光彦、伊東三吾（2008）「子どもの身体活動の必要性」『日本臨床スポーツ医学会誌』Vol.16 No.3、pp.360-368。

(4)　厚生労働省、健康日本21（第二次）の推進に関する参考資料、2012。

(5)　「一般財団法人　ロコモ認知症予防療法協会　メタボとロコモ」(http://locomo.name/metabolic.html　2015年4月12日確認)。

(6)　ここでは以下の2つの文献を参考とした。
　　柴田愛、石井香織、井上茂、岡浩一朗（2014）「成人を対象とした座位時間を減らすための介入研究のシステマティックレビュー」『運動疫学研究』Vol.16 No.1、pp.9-23。
　　Owen N, Healy GN, Matthews CE, Dunstan DW (2010) Too much sitting: The population-health science of sedentary behavior, Exerc Sport Sci Rev, Vol.38 No.3, pp.105-113.

(7)　特定非営利活動法人　日本健康教育養成機構　編著（2011）『新しい健康教育―理論と事例から学ぶ健康増進への道』保健同人社、pp.87-88。

(8)　「電子政府の総合窓口e-Gov　日本国憲法」(http://law.e-gov.go.jp/htmldata/S21/S21KE000.html　2015年4月12日確認)。

(9)　町田和彦、岩井秀明（2008）『21世紀の予防医学・公衆衛生』杏林書院、p.4。

(10) 渡邉正樹（2002）『健康教育ナビゲーター―知っておきたいキーワード210』大修館書店、p.10。

(11)「厚生労働省　21世紀における国民健康づくり運動（健康日本21）」（http://www.kenkounippon21.gr.jp/kenkounippon21/about/tsuuchibun/e-1.html　2015年4月12日確認）。

(12) 厚生労働省（2006）「健康づくりのための運動基準2006」。

(13) 厚生労働省（2013）「健康づくりのための身体活動基準2013」。

(14) 厚生労働省（2013）「健康づくりのための身体活動指針（アクティブガイド）」。

(15) 日本体育協会、前掲書。

(16) ここでは以下の4つの文献を参考とした。
糸谷圭介、前田慶明、川口清隆、村上雅仁、加藤順一（2012）「地域在住高齢者に対する介護予防のための運動教室の効果検証」『理学療法科学』Vol.27 No.1、pp.97-100。
村田伸、村田潤、大田尾浩、松永秀俊、大山美智江、豊田謙二（2009）「地域在住高齢者の身体・認知・心理機能に及ぼすウォーキング介入の効果判定」『理学療法科学』Vol.24 No.4、pp.509-515。
森田友美、今村裕行、森脇千夏 他（2000）「中高年高脂血症女性を対象とした地域健康教室の効果」『日本総合健診医学会雑誌』Vol.27 No.3、pp.242-248。
佐藤公子、堂本時雄、平本正典 他（2014）「日常生活における歩行とレモン摂取の変化が閉経期中高年女性の身体組成・血液生化学諸指標に与える影響」『日衛誌』Vol.69 No.1、pp.39-48。

(17) ここでは以下の2つの文献を参考とした。
石井香織、柴田愛、足立稔、岡浩一朗（2013）「子どもの身体活動および座位活動がメンタルヘルスに及ぼす影響を解明するための縦断的研究」『第28回健康医科学研究助成論文集』、pp.10-19。
厚生労働省　前掲書。

(18) ここでは以下の2つの文献を参考とした。
花岡美智子（2005）「中高齢者における運動実施の効果」『石川看護雑誌』Vol.3 No.1、pp.5-10。
Dishman RK（1994）Motivating older adults to exercise, South Med J, Vol.87 No.5, pp.79-82.

(19) 同上。

(20) 文部科学省、前掲書。

(21) 常行泰子、山口泰雄、高折和男（2011）「高齢者の運動ステージと運動セルフ・エフィカシーに影響を及ぼす健康要因と社会心理的要因に関する研究」『体育学研究』Vol.56 No.2、pp.325-341。

(22) 枝元香菜子（2015）「日常生活で実践可能な身体活動の増加が閉経後女性の脂質代謝に及ぼす影響―食後中性脂肪に着目して―」（2015年3月提出：修士論文）。

(23) ここでは以下の2つの文献を参考とした。
Murphy MH, Blair SN, Murtagh EM（2009）Accumulated versus continuous exercise for health benefit : A review of empirical studies, Sports Med, Vol.39 No1, pp.29-43.
宮下政司（2010）「運動における食後中性脂肪の上昇抑制効果：最近の実証研究からの報告」

『肥満研究』Vol.16 No.2、pp.100-104。

(24)竹中晃二（2005）『身体活動の増強および運動継続のための行動変容マニュアル』ブックハウス・エイチディ、p36。

(25)同上。

(26)野井真吾（2007）『学校で実践！子どものからだ・心づくり（「子ども力の育成」第3巻）』教育開発研究所、p.198。

(27)特定非営利活動法人　日本健康教育養成機構　編著、前掲書、p.20。

(28)同上。

多文化共生

緒言

中山　博夫

　多文化共生のためには、どのような学びが必要とされるのだろうか。第4章から第6章までの各章では、多文化共生社会を創出するために、どのような教育が必要であるかが論じられている。

　まず、第4章「21世紀型能力と教員研修」（中山博夫）では、多文化共生社会・持続可能な社会の実現を見据えた教員研修について論じている。その際に国立教育政策研究所が提案する21世紀型能力について分析・考察を行い、21世紀型能力を基に、多文化共生社会・持続可能な社会に生きる児童・生徒に求められる能力や、その能力を育成するための教育の在り方について論じている。21世紀型能力は、「思考力」、「基礎力」、「実践力」によって構成される。そして「実践力」は、「自律的活動力」、「人間関係形成力」、「社会参画力」、「持続可能な未来づくりへの責任」という4つの要素で構成される。それらは、自律した自己、他者や集団との関わり、社会や未来を切り拓く力であり、多文化共生社会・持続可能な社会の担い手にとって必要とされる力であると考える。

　多文化共生のための教育に関する考察においては、マレーシアのペナン州で学んだ初等教育における多様な価値観の涵養と、タイのバンコクの小学校で学んだ仏教思想による人間形成についても紹介している。多文化共生は、単なる異文化理解でもたらされるものではなく、人間教育が大切なのである。また、持続可能な社会のためにはESD（持続可能な開発のための教育）の考え方が重要であることを指摘している。そして、多文化共生社会・持続可能な社会を実現する児童・生徒を育てる教育実践を推進する教員にはどのような研修が求められるかを検討し提案している。その内容は、多文化共生社会・持続可能な社会の価値観を理解するだけではなく、コミュニケーションアクティビティーやマイノリティーの立場を理解する体験型研修等の研修や、多文化共生教育やESDの授業研究である。

　次に、第5章「多文化共生に活かす視点・『コンテクスト』」（藤谷哲）では、イ

ンクルージョン、ダイバーシティ、グローバル人材育成等、さまざまな切り口から、多文化共生とそのための教育の在り方について考察している。筆者の思考は、止まるところを知らずに飛び回る。まずは担当する授業での学生との会話を切っ掛けとして、日本国籍を持たない者が公立学校では「教諭」にはなれず、「期限を附さない常勤講師」にしかなれないという現実から始まり、生まれ育った神戸の多文化状況、そして目白大学が所在する新宿区の多文化状況へと、論は進んでいく。さらに、外国人児童・生徒教育、オーストラリアやニュージーランドの多文化教育へと論は、どんどん膨らんでいく。コンテクストやＱＣ（Quality Control：品質管理）ストーリーへと筆者の思考は止まるところを知らない。多角的な視点から多文化共生とそのための教育・学習材の提案とを論じた意欲的な論考である。

　さらに、第6章「「聴くこと・語ること」からはじめる多文化共生教育の実践」（横田和子・岩坂泰子）では、「聴くこと・語ること」を軸とした実践を通して多文化共生の社会づくりを担う教師の媒介者・ファシリテーターとしての資質を検討している。まず「聴くこと・語ること」を軸としたいくつかの実践（「インタビュー詩」「沈黙を破る」）を報告した。これらの実践で学習者は教室内の他者の存在と出会い、その多文化性に気づくこと、「聴くこと・語ること」の面白さや深さ、またその困難さに気づくことが期待される。更に、これらの対話が教室内に留まらず、教室の向こう側に届き、社会の変容を促す力となるために、アレン・ネルソンの平和活動を事例として、「聴く・語る」経験を練り上げていくことの意味を問うた。学習者の自己変容を促し、社会の当事者として自らの想いやニーズをことばにしていくことをエンパワーする教師の課題として、自ら当事者として生きること、弱さを否定せずに、弱さをも力に変えて行く態度が求められることを論じている。

第4章

21世紀型能力と教員研修

中山　博夫

はじめに

　21世紀の人類社会に必要とされることは、多文化共生かつ持続可能な社会の実現である。多文化共生と持続可能性の観点から、国立教育政策研究所が提案する21世紀型能力を考察し、そのような能力を培う教育実践を行うための教員研修の在り方について考えてみたい。

　グローバル化が進行し、国境を越えての人、モノ、金、情報の移動が容易にかつ頻繁になされるようになった。青木はグローバル化による一元化・画一化に対抗し、「個人と個人の文化が、各々の魅力を積極的に外に向けた形で表現しあう世界」[1] を「多文化世界」と述べている。そのような世界こそが、多文化共生社会であると考える。今や、多文化共生が求められる時代が到来している。だが、多文化共生からはほど遠い現実もある。日本国内における在日韓国・朝鮮人の状況はどうであろうか。通名で学校に通う児童・生徒が存在することは事実である。また、ヘイトスピーチ（憎悪表現）も繰り返し行われている。そして日本には、それを禁止する法律も条令もないというのが現状である。

　永田は「地球温暖化や世界金融危機など、私たちは皮膚感覚で否応なしに持続不可能性を感じる」[2] と述べているが、首肯できる。地球温暖化や熱帯林の消失等のグローバルな問題は、年々深刻化している。また、世界の各地で紛争が勃発し続けている。世界の富の偏在も大きな問題になっている。

第Ⅱ部　児童教育学で育てたい能力とは　　089

こうした時代に対応した新たな教育活動が要請されている。本論考では、多文化共生社会、持続可能な社会の実現に向けた多文化共生教育やESD等の教育活動について考察し、そのために必要とされる教員研修の在り方について探究し、それを提言したい。

多文化共生社会・持続可能な社会と21世紀型能力

（1）多文化共生社会

　多文化が混在する社会は現実の問題となっている。それは、アメリカ合衆国やカナダといった移民国家だけの問題ではない。2014年6月の法務省登録外国人統計[3]によれば、総数で2,086,603人の外国人が、日本国内で生活していることになっている。在日韓国・朝鮮人を主体とした特別永住者363,893人のようなオールドカマーに加え、日系南米人や東南アジア等からのニューカマーの人たちが増加しているのである。

　東京都新宿区の2012年の外国人登録者数は、33,835[4]人である。その多くが大久保地区に居住している。大久保地区を歩くと韓国料理屋等が立ち並び、外国にいるような雰囲気を醸し出している。そして、新宿区立大久保小学校の過半数の児童のルーツは、外国にあるという。地方に目を移してみよう。愛知県豊田市の2013年の外国人登録者数は、13,247人[5]である。その内の日系ブラジル人を中心とした多くの人たちが、保見団地に住んでいる。そこではゴミの出し方や騒音等によるトラブルが多発し、機動隊が出動する事態も発生したことがある。現在は、NPO法人保見ヶ丘国際交流センター[6]等のボランティア団体が共生への道を探っている。多様な文化的背景、異なる価値観をもつ人々と共に生きていかなければならない、そんな時代が到来しているのである。

　また食糧を始め、日本人の生活は世界中の人々と結びついている。農林水産省の統計[7]によれば、2013年度の日本の食糧自給率は39％に過ぎない。日本人の生活は、世界の人々との結び付きを無視しては成り立たないのである。その世界の人々とは、多様な文化的背景、異なる価値観をもつ人々である。そのような人たちと良好な関係を結ぶことができなければ、また交渉する力がなければ、日本は自国の食料を賄うことが困難になる可能性があるのである。

　多文化共生は、21世紀の日本にとって重要な問題なのである。

（2）持続可能な社会

　地球規模での問題が顕在化している。地球温暖化、熱帯林の消失、オゾンホールなどの地球環境問題をよく耳にする。地球温暖化の原因は複雑であり軽々に語れない。だが、確かに温暖化は進んでいる。8月の北極圏の広い地域が、すでに氷に覆われた白い世界ではなくなってしまったことは周知の事実である。氷河が後退していることも事実である。2006年にニュージーランドのマウントクックに出かけた。タスマン氷河は後退の過程にあり、末端部は湖になっていた。地球温暖化と海面上昇は関係しているといわれる。南太平洋の島国ツバルは、水没の危機に瀕している。海面上昇は、南太平洋の島国だけの問題ではない。海面が上昇し続ければ、日本の海岸線から砂浜が浸食されていき、ついには消えてしまうことも考えられる。

　熱帯林の消失も大きな問題になっている。熱帯林は東南アジア、中南米、中部アフリカに広がっている。その熱帯林がどんどん減少しているのである。国立環境研究所によれば、地球上の森林面積は1990年から2000年までの10年間に、約9400万ヘクタール減少している。すなわち、10年間で日本全体のおよそ2.5倍の森林が消失したことを意味している。[8] その原因は商業伐採や農地開発等である。マレーシア領ボルネオ（サバ州・サラワク州）では、80％もの熱帯林が伐採による打撃を受けていると聞く。[9] また、東南アジアの国々ではエビの養殖池を造るために、マングローブ林が伐採されていることは有名である。以前、タイ中部の地方都市ピサヌロークから北部の里山に出かけたことがある。そこで見た光景は、一面焼かれてしまった大地にトウモロコシやキャッサバが植えられているというものだった。それは、山岳民族の焼き畑農業ではない。土地もない貧しい農民が森林を焼いてしまい、そこにトウモロコシやキャッサバの栽培をしていたのである。

　熱帯林からは繊維製品や染料がつくられたり、燃料として利用されたりするだけではない。高血圧、白血病、パーキソン氏病等の特効薬の基礎成分、麻酔薬、緩下剤、抗生物質等の近代医療品の多くが、熱帯植物に依存している[10]。

　人類は熱帯林から多くの恩恵を受けているにもかかわらず、その熱帯林を消滅させてしまう方向に向かっているのではないだろうか。

　その他にも、オゾンホールや酸性雨、PM2.5等による大気汚染等、さまざまな環境問題が国境を越えて顕在化してきているのである。

　また、世界各地では紛争が絶えない。西アジアの国々やウクライナのニュースは、毎日のように伝えられている。そして、富の格差は国際的にも拡大しているし、ま

た日本国内においても拡大している。

　以上のような問題は、人類に持続不可能性という脅威を突きつけている。

（3）21世紀型能力

　国立教育政策研究所は、21世紀に必要とされる力として21世紀型能力を提案している。この21世紀型能力というものは、社会の変化に対応して、新しい解を生み出せる力である。つまり、21世紀という変化の時代において、困難な問題に立ち向かい、その解決方法を見出し行動できる実践力なのである。それは、「『21世紀を生き抜く力をもった市民』として日本人に求められる能力」[11]として考えられている。そして、その社会の変化とは、「グローバル化」、「資源の有限化」、「少子高齢化」という課題としての変化と、「知識基盤社会の進展」、「コミュニティを基盤とする社会への転換」、「情報通信技術（ICT）の高度化と利活用」といった解決策となりうる変化を指している[12]。「グローバル化」、「資源の有限化」、「少子高齢化」といった課題は、その多くの部分は多文化共生の問題、持続可能性の問題と重なる。すなわち、21世紀型能力とは多文化共生社会・持続可能な社会を実現するための実践力ということもできる。そして、国立教育政策研究所では、21世紀型能力を以下の図のようにまとめた。

　21世紀型能力は図1のように、「思考力」、「基礎力」、「実践力」によって構成される。「一人ひとりが自ら学び判断し自分の考えを持って、他者と話し合い、考えを吟味して統合し、よりよい解や新しい知識を創り出し、さらに次の問いを見つける力」として「思考力」が位置づけられる。そして「思考力」支えるものが、「言語、数、情報(ICT)を目的に応じて道具として使いこなすスキル」としての「基礎力」である。「実践力」とは、「日常生活や社会、環境の中の問題を見つけ出し、自分の知識を総動員して、自分やコミュニティ、社会にとって価値のある解を導くことができる力、さらに解を社会に発信し協調的に吟味することを通して他者や社会の重要性を感得できる力」である[14]。

　その「実践力」は、「自律的活動力」、「人間関係形成力」、「社会参画力」、「持続可能な未来づくりへの責任」という4つの要素で構成される。それらは、自律した自己、他者や集団との関わり、社会や未来を切り拓く力であり、多文化共生社会・持続可能な社会の担い手にとって必要とされる力であると考える。

図1　21世紀型能力の構造モデル[13]

② 多文化共生社会・持続可能な社会に生きる児童・生徒に培う力

(1) 多文化共生に対応する力

　多文化共生に対応する力として考えられるものとして、異文化理解とコミュニケーション力がある。それらの力を育成するために、さまざまな実践が積み重ねられてきた。
　異文化理解教育の実践は数多い。だが、それらの実践にどれだけの効果があっただろうか。ヘイトスピーチ（憎悪表現）のニュース等を聞くと疑問に思えてしまう。よく目にする実践は3Fである。すなわち、「Food」「Fashion」「Festival」である。確かに、民族料理、民族衣装、外国の祭り等への興味をかき立てたであろう。だが、それは表面的な興味で終わっていないだろうか。実際に異文化を持つ人たちと共に生活する力は育ったのだろうか。多文化共生社会の担い手は育ったのだろうか。多文化共生は、自分が慣れ親しんでいる文化と他者が持つ文化との間で折り合いをつ

けるものである。また、利害の対立に折り合いをつけるものである。そのような力は育ったのか。疑問が残る。

　少し、海外での研修の見聞を紹介したい。そこから多文化共生を考えてみたい。マレーシアのペナン州を訪問した。マレーシアはイスラームを国教とする国である。朝6時15分、まだ暗い街にモスクから礼拝を呼びかけるアザーンが響いてくる。イスラームの国に来ているのだという実感がわく。だが、ペナン州は中国系の住民が多い。彼らの宗教は仏教である。文化や信仰のちがいによる衝突はないのだろうか。マレー系優遇政策に対する中国系の不満はあるものの比較的に落ち着き治安もよいようである。学校教育の調査を行った。ルクネガラという国策の一環として、複合民族が統一された社会の実現が目指され、初等教育の目的の1つは多様な価値観の涵養であった[15]。教育の果たす役割は大きいと感じた。

　タイのバンコクや地方都市の小学校を何度も訪問している。そこで実感したことは、学校教育の中で仏教の教えが大きな働きをしているということである。朝の集会では国歌や校歌を歌う。その後、流行歌を歌ったり踊ったりすることもある。その集会の最後に経文を唱える情景を見たことがある。仏教の戒律とタンブンの考え方[16]が、学校教育の中にも浸透しているのだと考えた。それが道徳教育になっているのである[17]。世界各地で、宗教がさまざまな対立の原因になっているのは事実である。だが、タイの場合には仏教が穏やかな国民性を形成しているのではないだろうか。ここでも、学校教育の重要性を感じた。

　マレーシアのペナン州での学びは、多様な価値観の涵養である。タイでの学びは、宗教による人間形成である。タイの事例は直接多文化と関係しない。だが、人間形成には何が必要かという問いに大きな示唆を与える。多文化共生には人間形成が重要なのである。表面的な異文化理解ではない。

　日本の異文化理解教育に戻ろう。日系ブラジル人の研究者であるハタノは、「4F」の異文化体験プログラムを提案している。「4F」とは、第1に「Fact」である。事実として過去に何があったかを学ぶことである。第2は「Fear」である。少数派である不安や孤独を体験することである。第3は「Frustration」である。少数派であるがゆえの受け入れられない悔しさや挫折感を体験することである。第4は「Fairness」である。公正とは何か、公正を築くためにはどうすべきかを考えることである[18]。ハタノの提案は、表面的な異文化理解とは一線を引くものであり、首肯できる。児童・生徒の内面に働きかけ、彼らの生き方に変革を迫ることが必要なのではないだろうか。深い意味での異文化を理解する力が、21世紀の児童・生

徒には必要なのだと考える。それが、21世紀型能力における「自律的活動力」「人間関係形成力」の1つの形ではないだろうか。そして、多文化共生における「社会参画力」、「持続可能な未来づくりへの責任」へと繋がっていくと考える。

　では、次にコミュニケーション力について考えてみたい。コミュニケーション力を重視した教育活動の1つに、外国語活動・小学校英語活動[19]がある。学習指導要領には、その目標は以下のように規定されている。

　外国語を通じて、言語や文化について体験的に理解を深め、積極的にコミュニケーションを図ろうとする態度の育成を図り、外国語の音声や基本的な表現に慣れ親しませながら、コミュニケーション能力の素地を養う。

　その内容は、外国語を通した異文化体験活動とコミュニケーションの体験活動ということができる。そして、それらを通してコミュニケーション力の素地を培うのである。

　だが、コミュニケーション力は、外国語だけによって培われるのではない。母語による言語能力が重要なのである。母語によるコミュニケーション力が、総体的なコミュニケーション力の土台になるのであり、母語による豊かな言語活動が大切なのである。母語におけるコミュニケーションについては、多田が提唱する「共創型対話」に注目したい。多田は「共創型対話」を「参加者が協力して、より良い結果を希求していき、その過程で創造的な関係が構築できる対話」[20]であると定義している。また「共創型対話」を、「多様な文化・価値観をもつ人々が、対立や摩擦を乗り越え、二十一世紀の市民社会を構築するための基本技能」[21]であると位置づけている。まさに多文化共生のために必要なコミュニケーション力なのである。学校教育全体の中で「共創型対話」の指導を行うことを基盤とすることによって、外国語活動・小学校英語活動は、多文化共生に対応したコミュニケーション力を育成しうる可能性を持つ。

　そして、塚本の指摘のように、「子どもたちを当初から英語漬けにしてしまうのではなく、世界の多言語状況を認知させた上で、言語教育をするのが賢明」[22]という点も重要だと考える。英語は数多い言語の1つなのである。外国語活動・小学校英語活動は、吉村が指摘しているように、「多言語・多文化主義や共生原理に基づく要請によるものとは考えにくい」[23]教育活動である。それを、母語を基盤とした多言語・多文化を意識した指導によって、多文化共生社会に対応したコミュニケーション力を培う教育活動にしていきたいと考える。

　コミュニケーション力は、21世紀型能力である「自律的活動力」や「人間関係

形成力」の源泉であり、「社会参画力」の基盤となると考える。

（2）持続可能な社会に対応した力

持続可能な社会に対応した教育とはESDである。それは、持続可能な社会の担い手を育成する教育である。その内容は、環境教育、国際理解教育、エネルギー教育、世界遺産教育、地域文化に関する教育等に関連している。

では、持続可能な社会とはどのような社会なのだろうか。ユネスコ・アジア文化センター（ACCU）の『ESD教材活用ガイド』制作プロジェクト委員会は、以下の考えを示している。

①世代間の公平（子どもたちの世代に同じものを残せるか？）

②世代内の公平（いま世界に生きるすべての人々にとって公平な社会かどうか？）

③経済・社会・環境の3分野の調和[24]

つまり、ESDは、世代内・間の公平、経済・社会・環境の調和を構築する担い手を育成する教育なのである。現実の社会を見てみると、南北問題が大きく横たわっている。北の豊かな暮らしをする人々と、南の貧困問題を抱えて生きる人々の間に存在するギャップは凄まじいものである。環境問題を考えてみると、地球温暖化、熱帯林の消失、オゾン層の破壊等の問題により、現在の地球環境を子や孫の代に残せるのだろうかという不安が頭をよぎる。経済を最優先とした政策の推進によって、環境が悪化し、人間として尊厳を持った生き方や文化を大切にした生き方が蔑ろにされてはいないだろうか。人類の築いてきた文明、社会は継続することができるのだろうか。脳裏に暗雲が立ちこめる。

そのような厳しい現実に立ち向かい、ESDは世代内・間の公平、経済・社会・環境の調和を構築する担い手を育成することを目指している。そして、日本ユネスコ国内委員会は、ESDの実践を通して、以下の育みたい力と学び方・教え方を示している。

○育みたい力

●体系的な思考力（問題や現象の背景、多面的・総合的なものの見方）

●持続可能な発展に関する価値観（人間の尊重、多様性の尊重、非排他性、機会均等、環境の尊重等を見出す力）

●代替案の思考力（批判力）

●情報収集・分析能力

●コミュニケーション能力

●リーダーシップの向上[25]

　厳しい現実の中で、持続可能な社会に対する価値観と哲学をしっかりと持って、さまざまな情報を集め、困難な問題に対して協働して問題解決する能力がESDで必要とされる能力なのである。日本ユネスコ国内委員会が提案した「育みたい力」の内容は、ものの見方・考え方、価値観、実践的行動力、態度等の変容を迫るものである。桑原は、それらの中核にあるESDの価値観について、「環境を尊重することが核となり、そのうえで人間が互いを尊重しあうということを意味していると言えよう」[26]と指摘しているが、首肯できる。

　持続可能な社会に対応した力とは、21世紀型能力の「持続可能な未来への責任」に向けた「社会参画力」を、「思考力」によって現実の力にするものであると考える。そして、その「思考力」は日本ユネスコ国内委員会が提案した「育みたい力」が、ほぼそのまま当てはまると考える。

③ 21世紀の教員と教員研修

（1）多文化共生社会・持続可能な社会を実現する教員の力

　多文化共生社会・持続可能な社会の担い手を育てる教員には、どのような力が必要なのだろうか。それを、21世紀型能力の観点と前章の考察から考えた。

　多文化共生社会の担い手を育成する教員については、以下の通りである。

●さまざまな異文化を柔軟に受けとめ、多文化を尊重する心情と態度

●複眼的な歴史観と公正さを持って、マイノリティーの立場も考えて、協同して問題解決し、代替案を考えだし、発見・創造する力

●コミュニケーションや文化の体験を重視し、多文化共生に向けた指導法を工夫する力

●コミュニケーションや文化の体験を重視し、多文化共生に向けた授業を推進する力

●基礎的英語運用能力と多言語や多文化について学ぼうとする意欲と態度

　多文化共生のためには、さまざまな異文化を尊重できることが、まず大切である。そして、公正さを基準としてマイノリティーとの関係を考え、問題解決、発見・創造を協同して行えることも重要である。その際、偏狭なナショナリズムに囚われず、事実を直視する力も必要である。在日韓国・朝鮮人の問題等からは、特に複眼的な

歴史観が大切だと考える。そして実際に教育実践を進めるためには、コミュニケーションや文化の体験を重視し、多文化共生に向けた教材開発をし、指導法研究を行い、実際に授業を推進する力が必要である。また、基礎的な外国語運用能力や言語や文化を学ぼうとする意欲と態度も必要である。それらは、教師自身の21世紀型能力と教育活動推進のための実践力と考える。

　次に、持続可能な社会の担い手を育成する教員には以下の力が必要と考えた。
●持続可能な社会・開発に関する価値観
●体系的な思考力・代替案の思考力
●情報収集・分析能力
●コミュニケーションを駆使して、参加体験型の学習を指導する能力

　まず、持続可能な社会・開発に関する価値観、すなわちESDの価値観を持っていることが基本的に必要である。そして、地球温暖化、熱帯林の消失、オゾンホール等の地球環境問題、世界で頻発する紛争、富の偏在等の複雑な問題に立ち向かうためには、教員自身が体系的な思考力・代替案の思考力を備えていることが重要である。さまざまに思考を展開し、児童・生徒の学習をデザインするためには、情報収集や集めた情報の真偽を確かめ分析する力が必要である。そしてコミュニケーションを駆使して、参加体験活動を組み立て、未来を拓く学習活動を展開する力が必要である。持続可能性の問題においても、以上のような力は、教師自身の21世紀型能力とその指導力だと考える。

（2）教員研修への提言

　これまでの考察を踏まえて、多文化共生社会・持続可能な社会の担い手を育てるための教員研修について提言したい。
　では、多文化共生社会の観点からの教員研修について提言したい。
①異文化を楽しむ教員研修
②歴史学習・人権学習
③マイノリティーの立場を理解する体験型教員研修
④コミュニケーション・アクティビティー[28] の体験型教員研修
⑤多文化共生を目指した授業研究
⑥ALT等を講師とした外国語講習会
　まずは、さまざまな文化を教員自身が楽しむ研修が大切であろう。異文化を快いものと受けとめる心情を育てることからスタートしてはどうかと考えた。東京の大

久保地区のような多文化共生地域で、さまざまな食文化のよさを味わうこともよいであろう。国際交流イベントに参加したり、NGOの国際協力活動に参加したりしてもよいのではないだろうか。また、海外スタディツアーも有効であると考える。

　そして、複眼的な目を持って歴史について深く学び、人権についても絶えず学び続けることが大切だと考える。ヘイトスピーチ（憎悪表現）などは、異文化を忌避するだけではなく、相手の人格そのものを否定しているではないか。人権意識は重要である。

　ハタノが提案した「4F」、すなわち「Fact」、「Fear」、「Frustration」、「Fairness」の異文化体験プログラムを、実際に教員自身が体験することが重要である。児童・生徒の指導のためには、教員自身がその内面において深くマイノリティーの立場に思いを寄せるということがなければ指導は難しいのではないだろうか。

　次に、実際に指導法を工夫し授業を遂行するための能力を高める教員研修が重要である。コミュニケーション・アクティビティーを体験的に学ぶ教員研修は、コミュニケーション・スキルの活用法を、教員自身が応用可能な形で体験的に習得することができ、授業活性化に活かすことができるのである。それらの中には外国語活動・小学校英語活動の授業に直接活用できるものもある。そして、やはり学校現場では授業研究が重要である。授業研究を進める中での児童・生徒の成長の姿は、教師を勇気づけるものである。また、さまざまな外国語にふれる機会の確保し、教員の視野を広げることも大切だと考える。

　次に、持続可能性の観点からの教員研修について提言したい。
①持続可能な社会・開発に関する価値観を培う教員研修
②参加体験型学習アクティビティーの体験型教員研修
③コミュニケーション・アクティビティーの体験型教員研修
④参加体験型の学習によるＥＳＤの授業研究

　まず、持続可能な社会・開発に関する価値観を培う教員研修が基盤となる。地球温暖化、熱帯林の消失、オゾンホールなどの地球環境問題、世界各地で頻発する紛争や蔓延する疾病、富の格差の拡大等について、職員室で新聞等のニュースを順番に紹介し合うこともよいと考える。その際、自己の意見や問題解決のための代替案を発表するとさらによいであろう。次に、参加体験型学習アクティビティーの体験型教員研修についてである。これは、参加体験型学習のアクティビティーの方法を学ぶだけではなく、アクティビティーを体験的に学ぶ中で、体系的な思考力、代替案の思考力、情報収集・分析能力を高めるのである。つまり、21世紀型能力の中

核である「思考力」を鍛えるのである。ブレイン・ストーミング、ウェビング、フォトランゲージ、ロールプレイ、ランキング、ディベート、ゲーム、シミュレーションなどのアクティビティー[29] がよく紹介されている。コミュニケーション・アクティビティーの体験型教員研修は、多文化共生の観点からも提言しているが、これも教員を協同させ、授業を活性化させるものを持っている。やはり授業研究は、教員研修の要である。それは、持続可能性に関する教員研修でも重視しなければならないものである。

おわりに

多文化共生と持続可能性の観点から、国立教育政策研究所が提案する21世紀型能力を考察し、そのような能力を培う教育実践を推進するための教員研修の在り方について考えてきた。21世紀型能力の育成は、多文化共生や持続可能性のための力を培うこととの中核に位置付けられるものであると考える。そして、多文化共生と持続可能性とを見つめてみると、両者の根底にある重要な概念は公正ではないかと考える。公正な社会の担い手を育てるための教員研修の重要性を噛みしめている。

そして、協同的な生き方を追求する児童・生徒を育成する教員の在り方が重要だと考える。ネパールで医療活動に従事した岩村昇の話を紹介したい。結核の巡回検診をしていた岩村は、ある村で重症患者の老婆を見つけた。岩村は老婆を町の病院まで移送することにした。だが、その移送手段は老婆を負ぶっての5日の山行以外なかった。最初の2日間は老婆の孫が負ぶって歩いた。だが、彼も疲弊しきってしまった。そこを通りがかった青年が、老婆を負ぶることを申し出てくれた。彼は謝礼をあてにしていなかった。岩村の、なぜ老婆を負ぶってくれるのかという問いに彼はこう答えた。「サンガイ・ジウネ・コラギ（みんなで生きるためです）」岩村は心から感動したという。この言葉には、多文化共生・持続可能な社会の根本精神が宿っているのではないだろうか。公正な社会を実現し「みんなで生きる」、それこそが21世紀には求められているものであり、そのための教育活動と教員研修が重要なのだと確信している。

注

(1) 青木保著（2003）『多文化世界』、岩波書店、p.26。
(2) 永田佳之（2010）「第5章 持続可能な未来への学び－ ESD とは何か」、五島敦子 / 関口知

子編著『未来をつくる教育ＥＳＤ 持続可能な多文化社会をめざして』、明石書店、p.98。

(3) 法務省「在留外国人統計」(http://www.moj.go.jp/housei/toukei/toukei_ichiran_touroku.html 2015 年 3 月 10 日確認)。

(4) 新宿区「住民基本帳人口 外国人住民国籍別男女別人口」(http://www.city.shinjuku.lg.jp/kusei/file02_00029.html 2015 年 3 月 10 日確認)。

(5) 豊田市「豊田市外国人統計」(http://www.city.toyota.aichi.jp/division/an00/an03/1252144_17396.html 2015 年 3 月 10 日確認)。

(6) 1998 年に保見ヶ丘日本語教室が開かれた。その教室が発展して、NPO 法人保見ヶ丘国際交流センターが発足した。日本語教育だけではなく、教育、社会保険や労働災害等の外国人支援の問題に取り組んできた。現在は共生のための地域づくりに向けた活動を行っている。

(7) 農林水産省「平成 25 年度食料自給率をめぐる事情」(http://www.maff.go.jp/j/zyukyu/zikyu_ritu/pdf/25mekuji.pdf 2015 年 3 月 10 日確認)。

(8) 国立環境研究所「いま地球がたいへん！－環境を守る NIES のかつやく－」(http://www.nies.go.jp/nieskids/qa/project2/nettai/q01.html 2015 年 3 月 10 日確認)。

(9) モンガ・ベイ「マレーシア領ボルネオで熱帯雨林の 80％が伐採」(http://jp.mongabay.com/news/2014/jp0717-borneo-rainforest-logging.html 2015 年 3 月 10 日確認)。

(10) 地球の環境と開発を考える会（1988）『破壊される熱帯林－森を追われる住民たち－』岩波書店、pp.21 － 22。

(11) 国立教育政策研究所（2013）『教育課程の編成に関する基礎研究報告書 5 社会の変化に対応する資質や能力を育成する教育課程編成の基本原理』、p.26。

(12) 同上、p.9。

(13) 同上、p.26。

(14) 同上、p.27。

(15) ルクネガラとは、1970 年に表明されたマレーシア政府の政治理念である。複合民族が統一された社会への到達、民主的な社会の形成、すべてのものに平等で公正な社会の建設、科学と現代技術を志向する進歩的社会の建設が、その内容である。その政治理念の下で、初等教育では、読み書き計算能力の向上、思考力の育成、多様な価値観の涵養が大きな目標とされている。

(16) タイの仏教は僧侶組織であるサンガにおける解脱を目指す宗教という側面と、在家のタンブン（功徳）を積むことによってより良い来世を願う宗教という側面という 2 面性がある。また、ヒンドゥー教との習合も見うけられる。

(17) タイの宗教・道徳教育にすいては、平田利文の「タイにおける宗教・道徳教育政策の定着過程に関する実証的研究」等の研究がある。

(18) リリアン・テルミ・ハタノ（2011）「第 7 章「共生」の裏に見えるもう一つの「共生」」、馬渕仁『「多文化共生」は可能か 教育における挑戦』、勁草書房、p.143 － 144。

(19) 2008(平成 20)年の小学校学習指導要領の外国語活動は、5・6 年のみで実施される活動ある。1 年～ 4 年で外国語活動を実施する場合には、1998（平成 10）年の小学校学習指導要領の総合的な学習における外国語活動は小学校英語活動と呼ばれたことに倣い、小学校英語活動と表記する。

(20) 多田孝志（2011）「共創型対話における浮遊型思索と響感・推察力の意義 － 21 世紀の人

間形成と対話-」、『目白大学人文学研究』第 7 号、p.188。

(21)多田孝志（2006）『対話力を育てる「共創型対話」が拓く地球時代のコミュニケーション』
教育出版、p.45。

(22)塚本美恵子（2002）「Language Awareness（言語意識教育）による国際理解の育成」、日
本国際理解教育学会『国際理解教育』VOL8、創友社、p.12。

(23)吉村雅仁（2005）「多言語・多文化共生意識を育む小学校英語活動の試み」、帝塚山学院大
学国際理解研究所『国際理解』36 号、pp.186-196。

(24)『ESD 教材活用ガイド』制作プロジェクト委員会（2009）『ESD 教材活用ガイド 持続可能
な未来への希望』、財団法人ユネスコ・アジア文化センター（ACCU）、p.133。

(25)日本ユネスコ国内委員会（2013）『ユネスコスクールと持続発展教育（ESD)』、p.2。

(26)同上、p.9。

(27)桑原敏典（2001）「持続可能な社会の形成を目指した社会科教材開発の原理と方法」日本
社会科教育学会『社会科教育研究』No.113、p.74。

(28)具体的なコミュニケーション・アクティビティーについては、多田孝志『対話力を育てる「共
創型対話」が拓く地球時代のコミュニケーション』(教育出版、2006 年)に詳しい。

(29)開発教育協会『参加型学習で世界を感じる 開発教育実践ハンドブック』(開発教育協会、
2003 年)などで紹介されている。

第5章

多文化共生に活かす視点・『コンテクスト』

藤谷　哲

はじめに　—授業のひとコマから—

『ということで現在、日本国籍のない方は、公立学校では「教諭」にはなれなくて、「期限を附さない常勤講師」になります。採用されれば講師としては仕事ができますし、賃金にも差はありませんが、いわば、上司にはなれない。教頭や校長に昇任しないということですね。』

「え、それって、英語とか優秀な外国語の先生が、集められませんね。」

これは、筆者担当の高等学校教職科目「情報科教育法」の授業中に、ある学生から飛び出した発言である。筆者は、グローバル化とわが国の学校教育を結び付けながら説明をするなかでこの学生の発言を聞いたとき、ハッとさせられる思いを抱いた。

公立学校教員の任用に関して、文部省は日本国籍を有しないものについて公立学校教員採用選考試験受験を認めるべく適切に対処するべき旨を通知したが（平成3年3月22日・文部省教育助成局長通知）、その身分は「公務員における当然の法理」に基づき、「任用の期限を附さない常勤講師」とすべきものとされた。かの学生の意図するところは、この「当然」を当然とは感じられないということである。それぱかりか、そのような対処は、日本でのたとえば外国語教育の質の向上につながらない判断なのではないかと、疑問を率直に呈したということだ。インクルージョン、ダイバーシティ、グローバル人材育成など、いろいろな切り口で以て、多文化共生

と、それとともにある教育の在り方が問われている。これらのことを気にかけているつもりの筆者ですら、この素朴な学生の一言に、物事を当たり前のように受け止めることの怖さや危険性を気づかされた思いがした。

　本稿ではいくつかの事柄を取り上げながら、児童生徒とともにある学校教育は、多文化共生等と呼ばれる現代の諸事象をどう捉えたらよいのかについて、筆者なりに整理してみたい。

① 言語・文化が実に多様な「ニッポン」になった

　筆者は神戸市の市街地中心部の出自である。1970年代に筆者が通った、神戸・北野のいわゆる異人館街と呼ばれる地区に今もある私立幼稚園は、かつての外国人居留地という場所柄、まさに多国籍であった。記録をたどると、日本・中国・香港・台湾・韓国・北朝鮮・フィリピン・ベトナム・アメリカ合衆国・カナダ。親の仕事も多様で、船員、真珠商、紅茶商、飲食店主、等々。園の友だちの家に行き、そんないろいろな家族の様子を見聞きしたことを、うっすらとだが今も覚えている。

　自分でいうのも憚られるが、1970年代にこんな経験をした幼児は、日本ではかなりまれな存在であっただろう。しかし、出入国管理及び難民認定法（出入国管理法）の在留資格再編に関する1990年改正を契機に日系人の労働者としての入国が増加したころから、日本も国境を越えて多くの人々が居を構えるようになった。研修・技能実習制度（「研修」は1981年、「技能」は1993年から開始）に関する出入国管理法2009年改正に伴う拡充は、これをさらに加速した。さらに最近、日本企業の国際展開を後押しするため、海外の生産拠点で働く外国人の技術管理職、すなわち海外の生産現場を統括する知識や技術を持つ外国人を日本で学んでもらい育てる新たな制度を、早ければ2015年度中にも導入することを目指すとの報道もある[1]。

② 児童生徒にやってきた『教室の国際化』と学び

　筆者が所属する目白大学のある東京都新宿区は、2015年3月1日現在の住民基本台帳人口の実に11.0%（36093人）が、外国人である。この割合はながく東京特

別区中1位を維持している。学校教育が多く関与する15歳未満の者も多く、同区の年少人口の8.5％、2391人が、外国人である。新宿区に限らず、東京都や全国各地には今や学校や幼稚園の教室にはほぼ間違いなく外国由来の児童生徒がいるという自治体が増え、むしろ外国由来の者で溢れているという状況もまれではなくなった。さらに、場所によっては特定の外国籍の者だけが居住しているのではない、既に言語・文化的背景が多様な状況も出現している。

　ところで、国際化を受けたものとみられる最近の特徴的な教育施策、たとえば『グローバル30【文部科学省事業「大学の国際化のためのネットワーク形成推進事業」】』『スーパー・グローバル・ハイスクール』『トビタテ！留学JAPAN　日本代表プログラム【官民協働海外留学支援制度】』には、雄々しく立ち向かう若者像が描き込まれていて、その理想とするさまが実に強いメッセージとして感じとれる。これらの施策は、国際間取引や科学・技術に有利な国際言語であろう英語の教育の伸長を目指すという先導性を感じさせる。しかしこれらはもちろん、日本のすべての児童生徒学生に及ぶ施策ではない。

　そればかりか、日本に居る外国由来年少者の増加という数的変化によって、かなり多くの児童生徒にとって、掛け値なしに教室を取り巻く環境が国際化している。国際化は、一部の教育実践のことではなく、教育現場になくてはならない話題になり、ひろく日本の教育全体の構図になった。外国由来児童生徒の受入体制の構築、すなわち『教室の国際化』[2]が問われる。

　国際化の現場が教室にあるのだから、自身の周囲半径数メートルの話である。もはや日常的である。そしてもちろん他人事ではない。教室は、どう変化してきているのか。

③　児童生徒は「学べている」か

　岡田・近藤[3] は、外国籍児童の増加が緒についた頃と言ってよい1998年に、愛知県公立小学校教員の意識をアンケート調査している。そして、現在でも全国で多くの問題点が指摘されている『母語保持教育』の必要性とそれを学校が責任を果たしきれないというジレンマから、教育を受ける権利をもちろん前提とするものの教師が『「できれば違うクラスに入ってほしい」という本音』まで、戸惑いにあふれた実情が記されている。

もちろん現在の学校の様子はそんな年代とは違うと、いま素直に我々は言い切れるだろうか。こと言語習得に話を絞っても、その実態は、日本語指導が必要な児童生徒が約2万7千人おり[4]、実態に応じたきめ細かな指導が行われているわけではない[5]。

　そればかりか、支援モデル事業を実施したごく一部の自治体内での調査であるものの、外国人登録されている年少者のうち1％前後の児童生徒は、「学校に行くためのお金がないから」「日本語がわからないから」「すぐに母国に帰るから」等の理由を示す、不就学者である[6]。子どもの教育を受ける権利は、『児童の権利に関する条約（子どもの権利条約）』を持ち出すまでもなく、大事で貴い人権である。教育を受けられない子どもの存在は、多文化共生をまさに体現するであろう児童生徒が、文化や社会に参画すること自体を妨げることに他ならない。多文化共生云々以前の問題として、もっと注目されてよい。

　ところで海外から移住した親子がそこで過ごし始めると、その地の学校に通う子どものほうが、ぐんぐん周りの子どもたちの話す言語を吸収し、その地での生活に馴染んでいくようである。子ども自身が学校に通うことを通じて学習活動の実を得るのにも、言語習得は不可欠である。これを「子どものほうが、しなやかに適応していく」のだと受け止める人も居る。これを「順応」と呼ぶ者もあろう。

　しかし、これを以て手放しで喜んでいてよいのだろうか。前述の指摘があるように、移住して日本の学校へ通うことは、児童生徒には結果としてすべての教科を特定の言語で教えるなどするイマージョン教育の役割を果たす一方で、この子どもが多く持ちあわせる生活や文化の背景にすることがら、たとえば母語保持などが果たせなくなるということでもある。「子どもはしなやかに適応していく」と価値づけられる教育だけでよいのかという問いかけでもある。

④　児童生徒はどんな資質・能力を求められるのか

　国際化を軸にして育まれるべき資質や能力について考えるとき、言語習得にまず目が行きがちである。しかしさらに子どものどんな資質を磨くことが、教育の役割なのだろうか。

　実に約20年前、「教員研修」（教育開発研究所）1996年10月増刊号『国際化時代

に求められる資質・能力と指導』（加藤幸次編）が、鮮やかに、いまここにやってきた時代を先取りしたかのような議論を展開している。

同書第Ⅱ部では、『再検討─国際化時代で問われる資質』と題し、以下の9つの章に分けて論じている。

（1）主体性

（2）協調性

（3）人類愛

（4）創造的・柔軟的思考

（5）日本人としてのアイデンティティ

（6）寛容性・差別感

（7）個性・創造性

（8）コミュニケーション能力

（9）国際感覚

この中に「日本人」という語句があるが、同書には別に『「○○人」ではなく「自分」になること』という章立ても出てくる。総じて、この「自分」、あるいは「個人」という語句に収斂できそうな着眼点が揃えられているといえよう。

佐藤郡衛は、個の確立を所与とした協調性の概念の規定を問いかけている。そこでは、学校における、集団的規範を拠りどころに子どもの感情に働きかけ、協調的な価値を内面化することを目指しながら子どもが進んでそれに寄り添うことを奨励する傾向を見直し、個を前提にした協調性が求められると述べている[7]。個を前提にした協調とはいわば、めいめいが成長を目指すなかで、協働がさらに高い価値を発現できる可能性を秘めているのだと気づかせることであろう。個々が拡がり伸びゆくさまを緩く束ねる帯のような概念として「協調性」と捉えるのである。

原裕視は、『日本民族ではない人が日本国籍をもつようになると』、などといった仮定を据えながら、『国際社会のなかにあって「日本人としてのアイデンティティ」を確立することが、無条件に大切だとは言えなくなるのではないだろうか』とした上で、『主体的・主観的につくり出していく、未来志向のアイデンティティを積極的に容認することに大きな意味が生じる』と述べている[8]。アイデンティティ（Erickson, E.H.）とは、普遍性を以て、持続的に（Strauss, A.L. の相互行為論）自己のことを認識することだが、たとえば「日本人」というアイデンティティだけでなくそれを超えたものを探ることが可能だと示している。

⑤ 教育課程（カリキュラム）が拓くエンパワーメント

　特に教育を通じ、人に学び成長する力を与えることを「エンパワーメント（empowerment）」と呼ぶ。教育課程（カリキュラム）は、それを通じて教育現場がどのようにありたいかを体現するものであるが、個の確立を前提にしたとき、教育課程は、何かできるようにするのではなく、エンパワーメントを拓くのだということになる。

　この観点を基調として教育を充実させようとしていると感じられる取り組みの好例が、オーストラリア・ニュージーランドのマイノリティ（少数あるいは弱い境遇の者）、すなわちアボリジニ・マオリらへの教育である。たとえばオーストラリア政府は、『アボリジニとトレス海峡島しょ民に対する国の教育政策（AEP）』を連邦として1989年から定めている。現行の2010〜14学校年度のプランでは、オーストラリアの先住民とそれ以外の国民の間にある識字力と計算能力のギャップを2020年度までに半減することに重点を置くなど、教育活動の基礎になっている[9][10]。一方、英語・マオリ語がいずれも公用語であるニュージーランドは、『Ka Hikitia‐成功の加速2013〜2017』と題した政策戦略をまとめ推進しており、マオリ居住地の教育拠点として、すべての教科をマオリ語で教えるマオリ語イマージョン校を設置するなどしている[11][12]。

　これらの政策が共通していることは、識字力等を取り組みの起点とはするものの、民族的基軸を保障した上で教育への参加の平等を希求している点である。何が育まれるべきかという点で実に大事な示唆である。

⑥ 『コンテクスト』に着目する

　ここまでみたように『教室の国際化』の視座に立つと、教育を通じて求められる資質・能力のあり方に関して、教育現場は大きく影響を受けている。特に、その『教室』の数が急激に増えている状況を踏まえるべきだ。

　ただ、前述のように教育の役割や目指すべき資質や能力の整理も進んでいるのに、それを援用して対応する現場の教育実践がより円滑になった・効果的になった等という意見を、残念ながら多くは聞き及ばない。それはなぜなのか。まだ、何か欠け

ている視点があるのだろうか。

　たとえば、
『子どもたちは聞いたことをあれこれ考えずに受け止める、素直だ』
などと言うことがある。これは、子どもたちがいわば「色眼鏡でみない」のではなく、「色眼鏡を持ちあわせない」、すなわち既有知識等から構成されるコンテクストの保持が乏しいことの裏返しである。
　この「コンテクスト」に着目して異文化理解の議論を展開しているのが、エドワード・T・ホール (Edward T. Hall) である。ホールは著書『文化を超えて』のなかで、機能としての文化について、次のように述べている。

　　『文化の機能の一つは、人間とその外界との間に、高度に選択的なスクリーンを設けることにある。したがって文化は、その多くの形態において、人間が何に注目し、何を無視するかを指示するのである。このスクリーンの機能が（人間を取り巻く）世界に構造を与え、「情報の過剰」から人間の神経系を守っているのである。』[13]

　その上で、文化を理解するための体系として「高コンテクスト文化」と「低コンテクスト文化」を示している。高コンテクスト文化とはいわば、その文化のなかで人々の行動などをじゅうぶん理解しようとするとき、より長い時間を掛ける必要のある文化であると解される。それとともにその文化の下では、コンテクストに関して改めていちいち言明したり、都度つまびらかにしたりすることを必要としないばかりか、そうすることを避けさえもする。ホールは次のように述べている。

　　『私の経験では、いずれの体系のやり方にも時間がかかり、その違いは、時間をどの過程で費やすかという点にかかっている。人々を知るにあたって、初めに時間をかければ、後にはその分だけ節約できる。なぜなら、知り合いや友人とならば、短い期間で効率よく事を運ぶことができるからである。』[14]

　ホールは、日本人は総じて「高コンテクスト文化」だとした上で、次のように続ける。

　　『日本人には相反する二つの側面がある。第一は、非常にコンテクスト度が高く、

第Ⅱ部　児童教育学で育てたい能力とは　　109

（中略）日本人はこの親しい関係を必要とし、そのなかで初めて安らぎを覚えるのである。もう一つの面は、全く正反対である。つまり、公けの場や儀式ばった席（挨拶に始まって、日常生活のなかにもあらゆる儀式がある）では、自己を強く抑制し、他人との間に距離をおき、自分の感情は表わさない。（中略）

コンテクスト度の低い面で行動しているとき、日本人はよけいな口はきかず、たとえ役に立つ情報をもっていたとしても、自分から進んで提供することはしない。数年前、ある若い友人が、東京から香港経由でヨーロッパへたとうとしていた間際に、突然、出発便のキャンセルを電話で知らされてあわてふためいた。（中略）日本人の例の低いコンテクストの面が出ているんだなと思った私は、彼にすぐ航空会社に電話して、香港行きの別便に空席がないかを尋ねるように言った。（中略）その係員は、友人の立場を尊重し、別便を勧めるなどという出すぎたことをしようとは、思いもつかなかったのだろう。』[15]

つまり、上司が部下に『説明されている間はまずいぞ、言われなくても判断しろ』などと頻繁に語る職場や、ある事柄について『そういったことはみんな意識していて、だからもうそんなことは言わないんじゃないんですか？』と告げられると納得してしまいそうな場面に満ちている文化は、高コンテクスト文化にある。

日本の高コンテクスト文化の一端を見てみよう。俗に言う「おもてなし」は、ホスト（主人）の持つ技能や感性だと思われている向きがある。ホスト（主人）の、ゲスト（客人）である相手を思う気持ちの必要性や相手を思いやる気配りのことが取り上げることが多い。しかし、茶道における「おもてなし」は、実は客人も、主人の心配り同様に呼応することが理想とされる。だから茶道には「客人の作法」が用意されていて、茶道について学ぶときの最初の内容は、客人の作法である。その理解が茶道をかたちづくる。

武者小路千家第十四代家元、千宗守は客人の作法に関連して、次のように述べている。

『どのような形式であれ茶の湯は、ただ亭主が茶を点て、客がそれをいただくだけのものではありません。客には客の役割があり、亭主の心尽くしをきちんと受け止め、それに応えて適切な働きをすることが、一座建立のために必要であるといえるでしょう。
また、利休が茶の湯の心得として挙げた七か条に「相客に心せよ」とあるよう

に、客同士が気を配り合うことも重要とされています。その場に会した者が心を通わせ、互いに思いやってふるまうことが、茶の湯の醍醐味なのです。

客作法は、客が席中でしかるべきふるまいができるように工夫された、基本的な所作です。』[16]

茶道から来た「もてなす」ということばの核心は、自分も相手も愉しむことなのである。茶道は、相手も自分も恥をかかずに心地よい時間と空間を共有できたとき、最高のおもてなしの満足が得られるとみる文化を共有している。

ホールも、『文化を超えて』で次のように指摘する。

『コンテクスト度の高いコミュニケーションは、芸術としても扱われることが多い。』[17]

コミュニケーションを、「自らが伝え共有した世界に、相手を存在させること」といったものと捉えるならば、コミュニケーション能力は、その能力である。が、近ごろ日本で「コミュニケーション能力の育成」などと語るとき、どのレベルのコンテクスト文化を指してこれを語っているだろうか。その想定が、ある者は従来の日本が持つとされる高コンテクスト文化、またある者は異なっていて、そのため議論がすれ違っているのではないか。『教室の国際化』のただ中の子どもたちは「育成」を求められる側なのに、実は何を育むかすら、まだ適確に示されていないのではないか。

⑦ コンテクスト自体を変えなくてはならないとき

ところで、産業革命以降の化石燃料の大量消費という事実、そしてそれに伴い地球温暖化への対策を講じなくてはならないという指摘や意見が、叫ばれるようになって久しい。これらは日本の学校教育において顕著な特徴を持つ学習材である。そしてそこでは、温室効果ガスの「削減」そして人為的な気候変動の「阻止」がかなり強く意識されている。

温暖化の進行を食い止めたい―。しかし実に残念だが、専門家は「もう地球は元に戻らない」と指摘するようになった。国立環境研究所持続可能社会システム研究室長を務める亀山康子は、気候変動に関する政府間パネル（ＩＰＣＣ）第1作業部会第5次評価報告書[18]を引用しながら、

『中高年以上の世代が、自分たちが子供の頃に体感していた日本の四季をもう一度取り戻したいと思っても、おそらくそのようなことはできないでしょう。むしろ、わたしたちが変化させてしまった新しい気候に備えていかなければならない時代に、私たちは一歩足を踏み込んだのです。』

と述べている[19]。

学習材が依拠する状況自体が変化し、コンテクスト自体を変えなくてはならないときがあるのだ。教師が事象をどう語るべきかについて、その事象の側から語り方の変更を要請する状況である。文化はそのとき、柔軟に対応することを難しくする可能性がある。

⑧ コンテクストの共有を『トレーニング』する

では昨今の状況を契機に、こういった高コンテクスト文化を問い直す変革を叫ぶべきなのか。筆者の答えは、ＮＯである。ただし、低コンテクスト文化の下でも立ち居振る舞える技能が、併せ育まれるべきである。

なにしろ『高コンテクスト文化の安定性』[20]が指摘できる。『コンテクスト度の高い文化におけるより、コンテクスト度の低い文化におけるほうが、将来の困難や対立を予測しやすい』[21]。

ただ現代は、『教室の国際化』に臨む学校や、進化が急速で激しい社会システムなど、コンテクストの共有が必ずしも容易ではない状況が次第に進行している。だから、相手とコンテクストの共有が十分ではないときに理解を支援するための手段を積極的に活用することや、共有のトレーニングの場を作ることが有用であろう。すなわち、低コンテクスト文化になる要素があってもコンテクストを知ろうとする姿勢、「コンテクストを共有すること」の育成を図ろうとするカリキュラムである。これは、教育現場で相当広く実践することが求められているのではなかろうか。以下の例を示したい。

⑨ QCストーリー

ＱＣ（Quality Control：品質管理）とは、買手の要求にあった品質の品物やサー

ビスを経済的につくりだすための手段の体系（JIS Z 8101:1981）とされ、日本の企業で広く導入・推進され、企業体質の強化に大きな役割を果たしてきた。日本では、消費者にとってみれば、品質は良くて当たり前のこと[22]と感じられているとみられるが、この感覚の醸成に、ＱＣは歴史的に大きな役割を果たした。ＱＣは、1950年ごろに米国から工場における統計的手法の導入と活用が紹介され、その後日本で独自に大きな発展を遂げた。現在ではその体系が諸外国にも受け入れられ、世界の特に工業製品における品質の格段の向上に貢献している。

　細谷克也は、目標と現状とのズレのことを「問題」とし、品質管理、品質の改善のための「問題解決の手順」について述べている。ここで本稿にて紹介したいのが、「ＱＣストーリー」である。これは、グループ（ＱＣサークルとも呼ぶ）で実施した改善活動を報告書にまとめるにあたって、わかりやすく、要領よく報告することができる「話の筋書きの標準例」を示したものである。図は、火力発電所での作業の時間短縮を目標設定して成功したグループのＱＣ活動を、ＱＣストーリーに沿って、さらに挿し絵や体験談なども交えてまとめた報告書例を引用したものである[23]。図中の番号を附した箇条書きの見出しが、ＱＣストーリーである。

　工場や生産現場で品質の改善に資する問題解決を成し遂げたことは高く評価されるべきだし、その情報発信が求められる。しかし、多くの人にとり火力発電所で行われる作業の詳細は知られていないし、だいいち理解したいのは問題解決の成果につながった要諦である。発信者はより容易に成果を情報発信したいし、受信者は何が品質の改善の特徴なのかが適切に強調された形式で情報を得たい。そこで、いわば「コンテクストを共有するための標準」を、定めた。これがＱＣストーリーの最大の効用である。

　さらに細谷は、「まとめるにあたっての留意点」として、「図表や絵を活用して、目でわかるように工夫する」「わかりやすい言葉や文字を使う」「内容は端的に」等と、また「活動における上手な体験談発表を行うための留意点」として、「苦心談、メンバーの活躍にも触れる」「言葉は明瞭に、楽しさがでるようにする」等と述べている[24]。コンテクストを共有するための資料の記述や口頭発表の方法において重要視すべきことがこのように整理され、方法論として示されているのだとみることができる。

　これによりＱＣは、コンテクストを共有する術を持った。これらをそなえた日本育ちの小集団品質改善活動によるＱＣは、高度成長期には多種多様な業界・企業で盛んに取り組まれるようになり、半ば競うようにその成果が情報発信・共有されて

図1　QCストーリーの一例

1. はじめに
関西電力(株)高砂火力発電所は近畿一円の家庭や工場で使われる電気を作っています。私達は、その中で発電用の重原油をタンクに受け入れボイラーに送るまでの作業を受け持っています。

2. テーマ選定理由
スラッジ量測定作業は、60℃以上の高温の場所で行うため肉体的疲労が大きく、しかもこの作業は、2時間以上もの長時間におよんでいます。

3. 現状把握

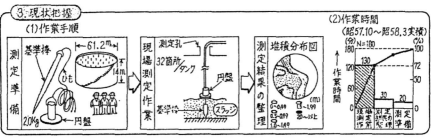

4. 目標設定

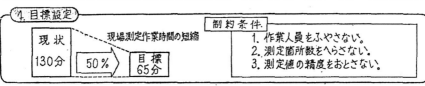

QCサークル紹介	かざぐるま サークル (57年6月結成)			
本部登録番号	174241	月あたり会合回数	2 回	
構成人員	7名(男 女 7名)	1回あたり会合時間	1.5 時間	
平均年齢	49 歳	会合は(就業時間内/就業時間外)	就業時間内外	
最高年齢	59 歳	テーマ (このテーマで)	3 件目	
最低年齢	28 歳	本テーマの活動期間	58年2月〜58年6月	
* 高砂火力発電所 運転課	勤続 36 年	〈発表形式〉ビラ ⓄHP 他 ( )		

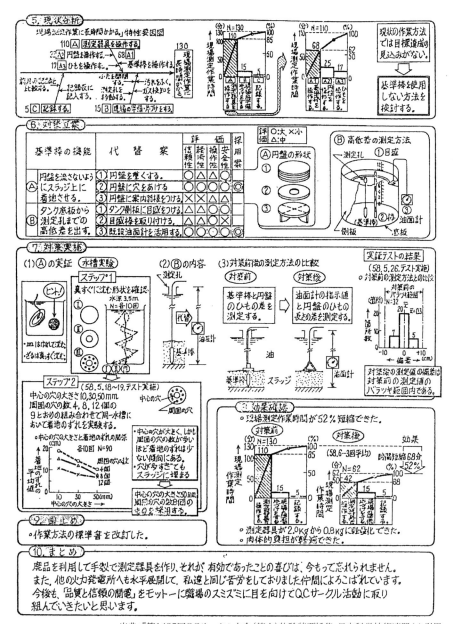

出典:『第1425回QCサークル大会(徳山)体験談要旨集』日本科学技術連盟より引用

いった。日本の産業に生産性向上という経済的利得も生み出した。

⑩ 話し方・聞き方の約束と訓練

なかなか発言をしない、極端に間違うことをこわがる、表面的な言及にとどまりがち。これらは学校での児童生徒の話し方・聞き方についてしばしば聞かれる言明である。コンテクストを共有することにあたって、大きな課題である。

神戸大学発達科学部附属住吉中学校（現・神戸大学附属中等教育学校）は、中学生の話し方・聞き方、話し合いの進め方について、その約束を決めて教室掲示をしたり訓練をするという実践を積み重ねており、その一端を紹介している。表は「話し方・聞き方の約束」と題した、その約束の内容である[25]。これを３枚の画用紙に書き写し教室前方に掲出している。そして、教室で４人・８人といった小集団での話し合いを進めるときにこの約束を踏まえさせたり、テーマを定めて約束を意識的に援用するロールプレイ訓練をおこなう[26]。

話し方・聞き方の訓練というと、他にはパブリック・スピーキングという人前で自分の考えを発表したり話したりする方策がある。小学生のころから見られる "Show and Tell" などより話し方に着目した活動であり、事実を正確に理解し、的確に分かりやすく伝える技能を伸ばす[27]。また、『理科系の作文技術（1981）』『レポートの組み立て方（1990）』を著した木下是雄らが組織した「言語技術の会」は、日本の教育における『情報と意見の伝達に関する訓練が欠けていることを自覚・反省して』[28]、日本語表現の再検討や言語技術教育の展開を進めている。

前述の「話し方・聞き方」実践は、「約束」を通じた技術の共有である。これにより、協働の基盤を構築した小集団が集団の力を発揮できるようになるばかりか、そこに参画する個の能力の向上を保障するものと思われる。特に「聞き方」は話し方に対する傾聴、受け止め、反応などの技術が含まれている。

⑪ コンテクストへの意識、そして脱専門性 (antidisciplinary) へ

とはいえ、教育の諸実践がこのようなコンテクストへの意識を高めるようになったのは最近のことである。国際化社会を踏まえた議論以外で教育実践の事例を挙げ

表1　話し方・聞き方の約束

1．結論をはっきり言う。	<話し方>○ 考えをまとめてから発言する。○ 〜は〜です。○ 〜は〜になる。	<聞き方>1．要点をメモする。2．自分の考えと比較して聞き取る。
2．根拠を明らかにして言う。	<話し方>○ 〜は〜です。　その理由は〜。○ 理由は3つあります。　1は〜、2は〜、3は〜です。○ 証拠をあげて説明する。	<聞き方>1．自分の経験と結びつけて聞く。2．事実と意見とを区別しながら聞く。3．もうほかにないか考えながら聞く。
3．みんなで協力して話し合う。	<話し方>○ 〜につけ加えて〜。○ 〜について。○ まとめると〜。○ 賛成します。or 反対します。○ 質問します。○ 〜さん、どうぞ。○ そうです。そのとおりです。	<聞き方>1．話題をはっきりつかむ。2．相手の意見を尊重しながら、自分の立場を明らかにする。3．不明な点を聞きただし、確かめる。

出典：神戸大学発達科学部附属住吉中学校（2005）より引用

ると、リサ・C・ロバーツ（Lisa C. Roberts）の博物館教育を題材にした議論[29]がある。ロバーツは教育を意味形成の過程ととらえ、展示制作への考察をもとに、「来館者は展示から何を学ぶのか」がその背景に応じていくつもあることに着目して、博物館教育の性質と役割に関する課題の指摘を行っている。

　だが、コンテクスト度の高い文化へと進むだけでは別の問題があるかもしれない。

　伊藤譲一は、彼が所長を務めるマサチューセッツ工科大学（MIT）メディアラボに着任して最初に学んだ言葉のひとつに「antidisciplinary」（脱専門的）というものがあると述べている[30]。

　研究者の多くは、属する専門分野の実力者たちが、その研究者の仕事を重要かつ

独創的であるかどうかを判断するという「レビュー」という構造をもつ。このため研究者は、『型破りゆえにハイリスクなアプローチよりも、自分の専門分野での少数の専門家に認めてもらうことに注力しがちになる』。

そこで研究者が専門化することは認めた上で、学際化（interdisciplinary）、すなわち専門の枠組みをまたがるさまとは異なる、脱専門性・脱専門的な研究の必要性について指摘する。まったく新しい分野、新しい何かしらの専門性の構築である。たとえば『数学者スタニスワフ・ウラムは非線形物理学の研究を「ゾウ以外の動物の研究」のようなものだと称した』。このような着目の仕方や営みが、脱専門性だとしている。

コンテクストは我々の事象の理解を促進し専門性を高めることに寄与する。しかしさらにその専門性からも脱却しよう、それが新しい力になる、という考えである。そこに拡がる文化は「ネオ・コンテクスト文化」とも呼べるかもしれない。

⑫　「いかに教育されるべきか」に立ち返った教育の再建

ここまで、多文化共生と、それとともにある教育の在り方について整理した。ひとくちに「文化」と言ってもそこにコンテクスト度の高い・低いがみられ、文化の保持のしかたにその一端が現れることに鑑み、低コンテクスト文化の下でも立ち居振る舞える、共有の技能に着目するカリキュラムが、エンパワーメントに資するとの議論を試みた。

前述のエドワード・T・ホールは、高コンテクスト文化だけを礼賛してはいない。ただしホールは、教育を、文化のもつかくれた束縛になり得るもので多くの問題があるばかりか、そもそも自然界とも相容れにくく、霊長類的基盤とも齟齬があると言う。そして、当時のアメリカの教育あるいは大学教員らも引き合いに出して以下のように指摘し、教育の再建を訴える。

長文だが、引用を以て他山の石としたい（以下原文ママ）。

『今日のアメリカの教育の惨状は、主に過度な官僚化に由来している。それは、公立学校を巨大な向上にし、人口の少ない州においてさえ、大学をマンモス化させる状況に見られる。困ったことに、官僚制はよほど気をつけないと、本来の目的が官僚制自体の存続と巨大化にすり替えられてしまう。しかもそれは、防ぎきれない

ことが多い。官僚制には、魂も、記憶も、良心もない。人間が未来（の教育）に向って進むにあたっての障害物があるとすれば、それは、まさしく今のような官僚制である。これまでのところ、官僚制をなんとかしようとする努力も、結局、官僚の拡散に終わっている。なかでも教育者は、超組織化の号令の抵抗しがたい引力に、手もなく引きづり込まれてしまっている。なにしろアメリカにおける教育は、巨大な産業なのであるから。

　われわれは、個人を犠牲にして組織を奉り上げ、その結果、個人を全く合わない鋳型に押し込めてきた。しかもこれを、全く恣意的に行なってきたのである。組織が恣意的であるということは、組織を個人に合わせて変えることができるはずである。教育の背後にある目標に関して言えば、財政的成功を重視しすぎてきた。なんと多くの金が学校の建物に使われてきたことか！　そんなに金をかけなくとも、できるはずだ。』

　『今日では、教え方まできっちりと決められてしまっているため、教師は自分の能力を十分発揮する場もない。教育理念の主流には、教師の仕事は、知識の集成を生徒に「伝達」することであるという、文化によってつくられた信念が潜んでいる。ところが、人間は一般に教師の話に耳を傾けるよりも、他人に教えることによって、より多くを学ぶのである。今日のような制度のもとでは、ほとんどの大学は、多大な金を使って、大学教授を教育する場なのである。繰り返すが、霊長類は、仲間からいちばん多くを学ぶのであり、人間も例外ではない。人間の進化過程をみれば、教育という概念など、歴史がきわめて浅いのである。』[31]

　「教育には何ができるか」等の言明すら、この指摘にかかれば実に危うい。教育は驕ってはいけない。一方、個の確立に依拠するならば、教育から『コンテクスト』を排除しようとする諸々は丁寧にその芽を摘まなくてはいけない。わざわざ文化に困難や崩壊を招いてはならない。また、教育がエンパワーメントに資するよう、学習者すなわち子どもを守らなくてはならない。

注

(1) 『日本経済新聞』2015年3月10日朝刊、p.1「外国人管理職、日本で育成　滞在要件緩和へ」

(2) 宇土泰寛（1991）「異文化接触の中の児童生徒と教室の国際化」『平成2年度東京都教員研究生研究概要集録』、東京都立教育研究所、pp. 63-64.

(3) 岡田安代、近藤美苗（2000）「外国籍児童受け入れに関する小学校教員の意識―愛知県公立小学校におけるアンケート調査より―」『愛知教育大学教育実践総合センター紀要』、愛

知教育大学教育実践総合センター、Vol.3、pp.49-56.

(4) 文部科学省「日本語指導が必要な児童生徒の受入れ状況等に関する調査 (平成 24 年度)」
(http://www.mext.go.jp/b_menu/toukei/chousa01/nihongo/1266536.htm 2015 年 3 月
20 日確認)

(5) 文部科学省「日本語指導が必要な児童生徒に対する指導の在り方について（審議のまとめ）」
(http://www.mext.go.jp/b_menu/houdou/25/05/1335783.htm 2015 年 3 月 20 日確認)

(6) 文部科学省「外国人の子どもの就学状況等に関する調査（平成 21 年度）」
(http://www.mext.go.jp/a_menu/shotou/clarinet/genjyou/1295897.htm 2015 年 3 月
20 日確認)

(7) 佐藤郡衛（1996）「2 協調性」『国際化時代に求められる資質・能力と指導　教職研修 10
月増刊号　心の時代の教育 No. 4』河野重男監修、加藤幸次編、教育開発研究所、pp. 36-
39.

(8) 原裕視（1996）「5 日本人としてのアイデンティティ」『国際化時代に求められる資質・能
力と指導　教職研修 10 月増刊号　心の時代の教育 No. 4』河野重男監修、加藤幸次編、教
育開発研究所、pp. 50-53.

(9) 在日オーストラリア大使館「優れたオーストラリアの教育：先住民の教育」
(http://australia.or.jp/aib/education.php 2015 年 3 月 20 日確認)

(10)Australian Government, Department of Education and Training, "Aboriginal and
Torres Strait Islander Education Action Plan 2010-2014",
(http://education.gov.au/aboriginal-and-torres-strait-islander-education-action-
plan-2010-2014-0 2015 年 3 月 20 日確認)

(11)友岡純子「国際交流基金・世界の日本語教育の現場から：マオリ語学校の日本語教室」
(http://www.jpf.go.jp/j/japanese/dispatch/voice/taiyoushu/nz/2009/report03.html
2015 年 3 月 20 日確認)

(12)Ministry of Education, New Zealand, "Maori Education",
(http://www.minedu.govt.nz/NZEducation/EducationPolicies/MaoriEducation.aspx
2015 年 3 月 20 日確認)

(13)Hall, Edward T. (1976) "Beyond Culture"（エドワード・T・ホール著、岩田慶治・谷
泰訳（1993）『文化を超えて』、TBS ブリタニカ）、Anchor Books、p. 102.

(14)ホール（1993）、p. 68.

(15)ホール（1993）、pp. 80-81

(16)千宗守（2015）「趣味 Do 楽　茶の湯武者小路千家　春の茶事を楽しむ」、NHK 出版、p. 6.

(17)ホール（1993）、p. 118.

(18)気象庁「IPCC 第 5 次評価報告書　第 1 作業部会報告書　政策決定者向け要約　気象庁訳」
(http://www.data.jma.go.jp/cpdinfo/ipcc/ar5/ipcc_ar5_wg1_spm_jpn.pdf 2015 年 3 月
20 日確認)

(19)亀山康子「日本の四季はもう戻らない？」『ＮＨＫ解説委員室・解説アーカイブス　視点・
論点』、2013 年 12 月 5 日
(http://www.nhk.or.jp/kaisetsu-blog/400/174774.html 2015 年 3 月 20 日確認)

(20)ホール（1993）、p. 120.

(21)ホール（1993）、p. 146.

(22)菅間正二（2013）『図解入門　ビジネス生産管理手法がよーくわかる本 [第 2 版]』、秀和システム、p. 95.

(23)細谷克也（1984）『ＱＣ的ものの見方・考え方』、日科技連、pp. 136-137.

(24)細谷（1984）、pp. 134-135.

(25)神戸大学発達科学部附属住吉中学校（2005）『Ｈｏｗ　Ｔｏ　Ｓｔｕｄｙ　〜豊かな学びを育む〜』、明治図書、p. 25.

(26)浜本純逸・唐﨑雅行（1998）、『国語科新単元学習による授業改革 6　情報活用能力を育てる新単元学習』、明治図書、pp. 39-42.

(27)文部科学省（2007）『言語力育成協力者会議（第 8 回）配付資料 5　言語力の育成方策について（報告書案）【修正案・反映版】』、2007 年 8 月 16 日（http://www.mext.go.jp/b_menu/shingi/chousa/shotou/036/shiryo/07081717/004.htm 2015 年 3 月 20 日確認）

(28)言語技術の会（1990）『実践・言語技術入門　上手に書くコツ・話すコツ』、朝日新聞社.

(29)Roberts, Lisa C.（リサ・Ｃ・ロバーツ）（1997）"From Knowledge To Narrative: Educators and the Changing Museum"、Smithsonian Press.

(30)伊藤譲一「脱専門性について」（JOI ITO 2014 年 10 月 2 日掲載）、（http://joi.ito.com/jp/archives/2014/10/02/005560.html 2015 年 3 月 20 日確認）

(31)ホール（1993）、pp. 230-231.

第6章

「聴くこと・語ること」からはじめる
多文化共生教育の実践

横田　和子
岩坂　泰子

はじめに

　異なる価値観の共在を承認し、そこから自己と社会の変容を促していくことは、多文化社会の市民性育成を担う21世紀の教員の根源的なミッションである。そうしたミッションにおいて対話は不可欠だが、その成立には更に基礎的な要素である「聴く・語る」といった行為が不可欠である。本稿では、大学の教員養成課程で試みられた授業実践を中心に、多文化共生の実現のための教育における「聴くこと・語ること」の意味と課題、またそれを促す教師に求められる資質について検討していく。

① 「聴くこと・語ること」をめぐって

(1) 「聴くこと」とは

　近年、教育現場ではコミュニケーション能力育成の大合唱が響き渡っているが、越智 (2013) [1] は、そうした文脈で強調されるのがコミュニケーションを情報伝達として捉える考え方であるという。越智によれば、そこでは合意形成・説得技術などの「結果」に注目する物質的・機能的パラダイムが支配的であり、こうした「コミュニケーションの個人能力への還元と成果の過度の強調は、コミュニケーション

の手段化・道具化を招き、生きたコミュニケーションを破壊」するという。更に越智はSNS等の浸透を例に、現代の子ども達は、良好な関係を求める者は「表層的な同調＝『イイネ』の応酬」に終始し、子ども達は相互に互いの感情・気分を腫れ物に触るように扱い、結果的に、仲のよい間柄であっても相手の神聖な私的領域に立ち入ることは許されにくい状況」を生きざるを得なくなっているという。このことを裏付けるように「やさしさ」の意味の変容を指摘する声もある[2]。かつては他者の傷や痛みに触れた上で、それを受容することが「やさしさ」だとされたが、近年は他者の傷や痛みには触れないことが「やさしさ」だとされるのだ。他者に敬意を払うことは必要だが、他者の傷や痛みに触れることを避け続け、表層的なコミュニケーションを余儀なくされる子ども達には、「聴くこと・語ること」のもつ本来の力に触れる機会が保障されていない可能性がある。

　実際、「聴くこと」は単にことばの意味を受け取ることを意味しない。たとえば哲学者の鷲田清一が「聴くことの力」[3]というとき、そこにはあえて目的語を置いていない。鷲田は、対象となる目的語を外しておくことで、むしろ「聴く」という行為の本質と、そこにどのような対象が浮かび上がってくるのかを問いかけた。そして、その対象として明確に対象化できないもの、微弱な信号や気配、あるいは沈黙、時間などにこそ、聴くべきことが備わっていることを問うたのである。また鈴木秀子は、一般に人が陥りやすい聴き方の状態として、次のような状態を指摘する。

　「私たちは、日常的に多くの人々とかかわり、コミュニケーションをはかっているが、実際にその人たちと"一緒にいる"ことは、実は少ない。多くの時間、自分の思考の中に独りでいるものなのだ。判断、評価などの行為によって、相手への注意は散漫になりがちで、相手の話を聞いていても、耳を傾けず、自分の思考の中で湧き起こってくる考えによって、入ってくる情報を選択し、振るい落とそうとする。しかも、そのプロセスに人はなかなか気づきにくい。人にとって、特に知的といわれる人にとって、自分の思考に固執せずに柔軟に対応することは、もっとも難しいことだ。」[4]

　学校教育のなかで聴くことはどのように捉えられているだろうか。多田[5]（2006）は、対話力の基盤をなす能力として「聴く力」をあげ、その際、沈黙や孤独の意味をあわせて指摘し、活発な意見が飛び交っているような教室を単純に対話のある教室とみなすのではなく、深い思考や深い変容のために、他者の存在や沈黙、「あいだ／間」をも聴き取ることが重要であるとする。また、「聴くこと」が教師にとって重要なのはいうまでもない。中田（2013）はカウンセリングの経験を踏まえ、

聴くことはテクニックではなく、他者と「向かい合うことから何が起こるかわからないという状況を生きる」ことにつながっていると指摘する[6]。そして、教師が児童の話をしっかりと聴いたことから、教師としての立場と個人としての立場の葛藤に向き合うことになる覚悟、両者の相容れない判断を下すといった覚悟が必要になる状況について述べる。また、成田(2013)[7]は、とかく多弁になりがちで、聴(聞)くことが疎かになりがちな教師を諫める存在として仏教でいう「多聞天」の存在をあげる。中田・成田の両者の指摘から見えるのは、学校文化とカウンセリング文化の違いが、この「聴く」という行為を通して露になるという点である。しかしそのぶん、「聴く」ことに焦点をあてることは、既存の学校文化の頑な部分を内破し、変容させる潜在的な可能性を見いだすことに通じるかもしれない。

　本稿においては、聴くことの意味を上記の先行研究を踏まえ、対象と「一緒にいる」こととごく近いものと捉え、ことばおよび全身、更にその人物の周囲にあるもの全体を通して、その人のまるごとの存在そのものを聴くこと、という意味で用いることとしておきたい。

（2）「語ること」とは：「語り」不在のコミュニケーション

　上述の聴くことと対比させるなら、本稿における語ることとは、その人の存在を語る、という意味になる。多田[8](2006)は、学生にスピーチをさせようとした際の、語るべき内容を見つけられない者の多さ、また語り方がわからない学生の多さを指摘する。日本の教育現場では、授業中の私語の問題は校種を問わず、おしゃべりは盛んである。にもかかわらず、スピーチとなると語ることも見つからない。おしゃべりに参加することで存在を承認されることは好むが、自らの存在を語ることは苦しい、恥ずかしい、というところだろうか。

　だが、語ること、または語りの力に着目する動きは、近年、医療・福祉・教育の分野でナラティブアプローチや、当事者研究という形で活気づいている。ナラティブとは文字通り語ること、あるいは語られたものを指す。自ら語ることにより、誰かによって語られてきた、あるいはそれまで自分自身が語っていた「支配的な物語（ドミナント・ストーリー）」をオルタナティブな物語へと書き換えて行くこと、より「生きられた経験」へと近づけていこうとする営みは、語る人はもちろん、聴く人をもエンパワーする。野口(2002)[9]は「語り」によって、「『問題に振り回されて途方にくれる物語』から、『問題の罠を見破り、それと戦う物語』へ、『問題に振り回されるだけの情けない自分』から『問題と正面から戦う勇気ある自分』へと

物語は変わる、と述べるが、このような変容を個人と共同体にもたらすのが語りの力である。また、後述するように当事者の時代と呼ばれる現代、さまざまな課題の当事者達が声をあげること、そのために語り合う場を持つことが重要である。当事者研究で知られるべてるの家の合い言葉は「三度の飯よりミーティング」である。注意すべきなのは、語りの場で重んじられていることが、聴くことである点である。そして、そうした状況でなされたコミュニケーションの経験は、その場・そのときが終わっても、ひとが一人になっても、深いところでそのひとの生き方を支えるのではないかと考えられる点だ。医療や福祉の現場だけが特別なのではない。本来ならば教育の場、学校の教室こそ、どのような声も承認され、安心して語りあえ、聴き合える場でなければならない。沈黙をも含めた、語ることの権利、聴いてもらう権利を、ひとりひとりの児童・生徒に保障していくことは教師および学校の重要な役割である。それはひいては差別や排除のない、参加を保障する市民社会の形成につながっている。その第一歩として教室という場所がある。そうした教室の実現のためには、本当に聴いてもらうこと、内側から受け止めてもらうことがどういうことなのかを、教師を目指す学生がまず、体験していなければならない。

（3）「聴くこと・語ること」と多文化共生の概念

　次に、本稿において「聴くこと・語ること」が多文化共生といかなる関係にあるのか示しておく。まず、多文化の概念について、かつて「文化」は一般的には国家間の地理的な差異による側面として捉えられがちであったが、「各国の文化比較といった通常語られる文化に限定せず、広くいわゆる同一文化圏内にも存在する『サブカルチャー』といわれる様々な文化要因まで含めて考え」[10] ようとする動きが近年顕著である。同じ国家内でも社会構造的な差異によって異なる価値観や世界観を持つ人々が共存しているという状況を踏まえずに文化を語ることはもはや困難である。また、たとえば、永田（2005）[11] の論考は理解可能性を前提としたかつての予定調和的で葛藤のない国際理解教育が、コンフリクトを前提とし、理解の不可能性をも射程にいれた国際理解教育へと変貌を遂げる必要性を指摘しているが、その際異文化はすなわち他者と定義され、カテゴリーをもってなされる「理解」は事実上行き詰まっていることが述べられている。その際、学習方法のひとつとして身体知あるいは感性的アプローチとして「聴く」ことの重要性を指摘する。こうした志向性は学校教育現場においても今世紀のスタンダードとなっていく必要があることを踏まえ、本稿においても多文化の概念をできるだけ広義に用いている。また、共生

の捉え方について、多田(2011)[12] は「異質な存在は混乱を起こす要因として排除され、安定はしているが閉鎖的な『同質・調和的共生』」ではなく、「異質を尊重し、むしろ多様性を発展の要因として捉える開放的な『異質を生かす共創型共生』が望ましい」とする。ここでは共生の概念を多田（Ibid.p.33）に倣い、「多様な人々との相互理解を深め、親和的かつ相互扶助の関係を醸成し、また、文化や価値観・立場の違いや、異なる意見による対立を乗り越え、対話や共同活動を通して、新たな知見や価値を生み出し、そのプロセスで創造的な関係を築きあげていくこと」として捉えていく。多文化共生のための教育では、従来の文化観あるいは文化の枠組みでは捉えきることのできない価値観の多様性との対話が必要となる。カテゴライズされた〇〇文化の理解の前に、ひとりひとりの人間の差異を前提にした共生のための教育づくりを試みること。その鍵となるのが対話であり、その基本的方法として「聴くこと・語ること」は位置づけられよう。

② 教室の中の対話、教室の中の多文化

（1）インタビュー詩の実践から

本実践は、筆者（横田）がNPOココルームが主宰する詩の教室でであった手法である。この「詩づくりの経験がなくても誰もが詩が作れる手法」を考案したのは同NPO代表の詩人、上田假奈代である。具体的には参加者がペアになり、「今、会いたい人」など共通のテーマに沿ったインタビューを行い、そこから聞き取ったことを詩にしていくという作り方である。人の話を聞く練習も兼ねている。筆者はこの手法で産まれた詩をいくつか読み、そこで語られている内容の分厚さに感心した。そこで、ぜひこの手法を学生にも味わってもらいたいと、筆者がかかわる合計4つの大学で、対話が持つ意味を考えるという目的で、インタビュー詩づくりの授業を2014年度のうち、4回行った。

実践は、まずペア作りから始まる。緊張感があったほうがよいので、まだ互いによく知らない、話をしたことのない人とペアを組むために、席を立ち、移動する。ペアが決まったら先攻・後攻を決める。また、テーマにするトピック（このときは「今会いたい人は誰か」）を1分ほどで決める。その後相互インタビューを7分づつ行う。その後10分ほどの制作時間で書き上げる。それぞれの時間は思った以上に短い。必ずタイトルをつけさせる。詩が完成したら、発表と鑑賞を行う。発表まで、

ペアを組んだ相手には自分の書いている詩を見せないのがルールである。 学生が
テーマにする「会いたい人」は家族や高校時代の友人、恩師、また芸能人などさま
ざまである。一人暮らしをしている学生は家族、また亡くなった祖父母やペットな
どを取り上げる学生もいる。次に紹介するのは、大学1年生のペアによる相互イン
タビューから産まれた作品である。

　インタビュー中、学生達はごく普通に話をしている。だが自分のした話のはずな
のに、詩を相手に読みあげられると必ず涙ぐむ学生がいる。授業の振り返りでの典
型的な反応は、「作る前は絶対恥ずかしいし、詩なんて書けない！」と思っていたのが、
やってみたら書けた、とても意味のある時間だった、というものである。また、作っ
てもらった詩によって、自分の知らない自分の気持ちに気づいた、自己を省みる機
会になった、友人の新たな一面を知った、また「普段このような深い話はしないの
で」良い機会になった、「人には重くて言えないような話もアウトプットできやすい」
という記述もあった。亡くなった祖母について語ったある学生は、（自分が）「言葉
に表していない、私の気持ちもくみとって、詩をつくって下さり、おばあちゃんの
こと、その時の自分の気持ちを思い出し、自然と涙がでた」と振り返る。またある
学生は、「詩を作るまで全く話したことがなかったのに、私の大切なものを分かち合っ
てくれた、共有してくれたという気持ちになりました。私の話が私のもとを離れて
詩になったことで、音や色がついたような、逆に本質を持っているというか、○○
さんの詩から、自分を見ていました。おしゃべりではなく、対話。対話ってすごい
な、大切だなと実感しました」と振り返る。中には、「詩集にしてください」とい
うリクエストもあった。

　この詩づくりの特徴は、学生がトランスミッション（伝達）としてのおしゃべり
ではなく、トランスフォーメーション（変容）としての対話を楽しみ、その軌跡が
かたちとして残る点である。大事なことは詩の完成度ではなく、短い時間しかこと
ばを交わしていないにもかかわらず生じる「話を聴いた／聴いてもらった」という
実感の深さである。日常のとりとめもない雑談・おしゃべりが悪いというわけでは
ない。しかし、テーマを持って深く聴く／語ることは、雑談とは異なるということ
を体感する、という目的は果たされていることが振り返りからは読み取れる。

（2）「沈黙を破る」人として語る実践から

　本実践は筆者（岩坂）が、教員養成大学教育学部英語講座の専門科目「異文化理
解研究」において3回程度の授業時間を割いて行ってきたものである。「教員養成

「家族」

詩を書いた人 H・H／話をした人 H・S

一人暮らしを始めて　朝が静かになった
お母さんの自分の名前を呼ぶ声が消えたから
大好きだったロールキャベツ
自分で作ると何か物足りない

普段言葉数が少ないお父さん
引っ越しの時、人生の扉を流してくれた
涙が止まらなかった
口下手だけどそういうお父さんが好き

妹はちょっかいばかり
でもそういう所が可愛らしい

ペットのうさぎは茶色でふわふわ
いつも元気にピコピコ跳ねる
でも鳥のさえずりには驚いちゃう

離れてはいるけれど私の心はいつも家族と一緒

「ひでとくんのおじいちゃん」

詩を書いた人 S・H／話をした人 H・H

いつもあそんでくれたおじいちゃん
産まれた時にすぐにかけつけて
大きな声で泣くぼくを抱きしめてくれた

いつもあそんでくれたおじいちゃん
うどんに入っているなるとをおじいちゃんも
好きなのにいつもぼくにくれた

いつもあそんでくれたおじいちゃん
東京の高尾山につれていってくれて
やまをのぼりきってあきらめないことの
大切さを教えてくれた

いつもあそんでくれたおじいちゃん
小学校に入ると月に一回くらいしか
とまりにいけなくて
帰るのがさみしくてわがままいって困らせた

いつもあそんでくれたおじいちゃん

連絡をもらって病院にいくと
おじいちゃんは何も話してくれない
手をにぎってくれたままもう
目はさめなくなっていた

いつもあそんでくれたおじいちゃん
いつもありがとう
これからも上からみててね
また一緒に山にのぼろう

課程の学生の気質には「ドメスティック」な性格が投影されている(13)」(2013)との指摘通り、受講者の多くは英語科の学生であるにも関わらず、これまでに海外旅行以外に2週間以上の海外滞在経験をしたものはなく、留学希望者も少ない(14)。異文化体験は海外経験が必須というわけではないが、一般的な「異文化」体験さえもイメージしにくいこうした学生に、自らの問題として多文化共生のための異文化理解の必要性を認識できるように促すにはどうすればいいだろうか。そこで筆者は「沈黙を破る」をキーワードに、学生たちに多様な文化背景を持ちつつ「沈黙を破」った先人達に出会ってもらい、そのうえで学生一人一人が「沈黙を破る」人として自文化を語ることを目標に据えた実践を行った。

　「沈黙を破る人」という表現は、パレスチナ占領地における加害の実態を内部告発した元イスラエル軍将兵たちのグループ名である(15)。筆者はこの元兵たちの証言をもとに、異なる価値観や立場の違いを表明すること、つまり「沈黙を破る」ことの意義を共有し、まずはこのような視点に連なる様々な分野において「沈黙を破」った先人達の社会的・歴史的な背景知識を調べて発表することを学生に課す。学生達が取り上げる人物としては、キング牧師、平塚雷鳥など歴史上の人物、65歳を過ぎてから夜間中学に通い読み書きを習った西畑保、性同一性障害を克服したシンガーソングライター中村中などがあげられる。これらの人々のライフストーリーをシェアし、学生は自分達が「沈黙を破る」ことを勇気づけられてゆく。その後、彼らは実践の目標である自らの文化を初めてクラスという公にむけて語ることを迫られる。実践を行ってみて初めて筆者自身が気づいたが、はたして、学生にとって仲の良い友人にも打ち明けたことのない自分の深い部分を、同年代のクラス仲間に向けて開示することが、いかに勇気を要するかということは筆者の想像を超えていた。

　この授業実践は2014年度で3年目になる。これまでに語られた事例の一部を紹介する。韓国の背景を持つことを語った学生は、韓国籍の母親に対して、子どもの頃には受け入れないといけない気持ちとそれを拒否する気持ちの葛藤があったことを紹介し、最近になって母親の境遇を考えることにより、否定的なものから受容的な気持ちになって来たことを語った。この語りを聞いていたクラスの数人が「今までこんなに近くにいたのにこの学生のこのような葛藤を知らずにいたことに対してすまない」気持ちを表し、涙した。この語りを受けて、あとに続いた学生は被差別部落出身であることから小学生の頃受けた心の傷や、自分にとってキリスト教信者であることの救いと日本社会での息苦しさを語った。また別の年には、自身が多動症であること、あるいはバイセクシャルであることを明かし、これまでに学校制度

や教師・家族・友人によっていかに苦しんだかについて語った学生がいた。もっとも、受講生の皆が皆こうした「異質な」背景を持つとは限らない。中にはサッカーや長男であることといった、「ごく普通の」自文化を語り始める学生もいた。だが、なぜそれらが自分にとって大切なのかを聞けば、彼らは虚弱だった幼少期の自分を気づかって自分にスポーツをやらせた両親に対する想いや、母子家庭における長男としての複雑な想いを語り、どの学生にも必ずオリジナルの物語があった。またこの発表の前に来なくなった学生は翌年、この授業を再履修し、自らのアイデンティティクライシスを吐露し、この授業を通して、自分がない、確立できていないことを確認した、と語った。詳細は省くが、欠席し、こなくなった1年間という時間を通して、彼はもっとも「この授業に参加していた」ともいえるほどの葛藤を経験していた。また、欠席せざるを得なくなるまでの授業で、彼はもっとも真剣に他の学生が語る「語り」を聴いていた、ともいえる。内向きといわれる現代の若者が自己のアイデンティティを求めて必死に、真摯に生きようとする姿は聴く者の心を打ち、受講生の間には共感と慈愛の空気が満ちる。この授業に関しては、軽く聴く、聞き流すといったような態度の参加者は見つからなかった。学生たちは聴くこと・語ることの往還を積み重ね、傾聴と受容のプロセスを体験していく。

　「インタビュー詩」「沈黙を破る」の実践において、語られる内容は、どちらかというと個人あるいは個人の心に起こった出来事がきっかけになっている。しかし、聴く・語るという行為を練り上げれば、それがいつしか公的かつ社会的な出来事に近づいてゆく。その要素を更に強めたのが、次にあげるアレン・ネルソンの平和活動を軸とした実践である。

（3）教室の向こう側へ向けて語るために　ーアレン・ネルソンの平和活動[16]から

　次に、「聴くこと・語ること」を通して自己や他者、社会との対話を深めていくプロセスおよび場の重要性について、ネルソンの平和活動を例に検討する。

　ネルソンは1947年、米ニューヨーク州に生まれ、貧困から逃れようと18歳で海兵隊に入隊する。沖縄での訓練を経て1966年、19歳でベトナム戦争の最前線に派遣され、13ヶ月間の過酷な戦場を生き延び帰還するが、当時まだほとんど解明されていなかったPTSDを発症、家族とも生活することが困難となりホームレスとなった。その彼が平和の語り部へと変容する転機となったのが、教師になっていた高校時代の同級生ダイアンに請われ、彼女の受け持ちの子どもたち（小学校四年生）に初めて自らの戦争体験を語ったときの出来事である。彼の話の最後に一人の少女が

発した質問に、ネルソンは凍りつく。

「ネルソンさん、あなたは人を殺しましたか？」

子ども達の真剣な眼差しを裏切ることができず、小さく「yes」と答えると、子ども達は一斉に席を立ち彼を取り囲んで抱きしめ、涙を流した。このときの経験から、彼はPTSDの治療を受ける決心をし、以後20年に渡って自らの病と向き合うことになる[17]。精神科医は彼に対し、カウンセリングのたびに「あなたはなぜ殺したのですか？」という質問を繰り返した。「上官の命令に従っただけ」でなく「敵は悪い共産主義者だといわれたから」でもなく、「自分が生き延びるため」でもなく、自分自身が「殺したかった」のだという自分に気づき、それ以外の答えは全て言い訳だったことを認められるようになるまでの9年間、その質問は繰り返された。その後の治療で、彼は自らの出自や育った社会的な環境に照らし、自分自身の苦しみの全体像を客観的に見つめる作業を通し、暴力の連鎖を断ち切るためには自らの体験を語ることが有効だとして、この医師や平和活動家の人々に支えられながらベトナムの戦場の様子や自分のしてきたことを語る活動を始めた。日本に来ることになった契機は1996年、沖縄に駐留中の3人の米兵が12歳の少女のレイプ容疑で訴追された（1995年9月）ことを偶々テレビのニュースで知ったことであった。自分の中では過去になりつつあるベトナムに飛び立った沖縄に今も変わらず基地があり、米兵による蛮行が繰り返されていることを知り、矢も楯もたまらず来日、以来2009年に多発生骨髄腫で亡くなるまで彼は一年のほぼ半分以上を日本での活動にあてたのである。

ネルソンの平和活動には講演の他、ネルソン自らがファシリテーターとして行う非暴力トレーニングワークショップ（Alternative to Violence Project 、以下AVP）がある。このワークショップはキリスト教フレンド派の非暴力思想に基づき同名の非営利団体によって開発されたもので、1975年にニューヨーク州の刑務所の服役囚を対象に最初のワークショップが行われて以来、他の刑務所にも広がり、その後地域の暴力被害者の女性やホームレス、難民キャンプや学校など、多様な人々を対象に米国内外で実施されている。筆者は自分が関係したほぼ全ての学校に（国際専門学校、シュタイナー学校、子どもが通っていた保育園の保護者会にも！）ネルソンを招いて講演会を開き、学生や市民らと彼の出会いの場を設けた。また、当時勤務していた専門学校でネルソンを招いたワークショップを6回実施した。

AVP実施の手引（AVP Education Committee、1985）によれば、このワークショップの目標は「自尊感情を高め、他人とのコミュニケーションの技術や問題解決の方

法をさぐるプロセスを参加者と共に過ごしながら参加者の気づきや学びの手助けをする」とあり、すべての活動は個人の中に潜む暴力の芽となる怒りや恐れ、悲しみを相対化し、自分でこれらの感情をコントロールするスキルを身につけ、自分と他者の間の信頼関係を非暴力的な方法で構築することとされる。「聴くこと・語ること」はこのワークショップの中でも重要である。例えば「内と外で」と題した演習[18]では、参加者が二重円で向き合って座った相手とペアになり、相手の話を興味と関心を持って「ただ聴く」。活動を始める前に促進役によって、聴くための態度と心構えについてのガイド−例えば、興味を持って人の話を聴く時の座り方やアイコンタクト、また相手の話に対して自分の解釈や善し悪しの判断を加えず、相手の気持ちや理屈を理解しようと試み、共感の意を表現することなどの重要性が示される。高校生を対象とする実践での話題は、たとえば「尊敬する人」「怖かったがやれてうれしかったこと」「自分へのごほうび」で、参加者たちは傾聴する／されることによって自己の存在を受容する／されることことの大切さを実感する。専門学校に来る生徒には過去に公立学校の規則や人間関係によって辛い体験をした者が少なくない。参加者は自身の体験をネルソンのそれに重ね、それまでのやり場のない怒りを受けとめ、自分に自信を取り戻していった。

　多くの場に変容をもたらしたネルソンの活動だが、そうした変容の原点が、小学校の教室にいた子ども達であったこと、そのきっかけを作ったのがひとりの教師だったことの意味ははかりしれない。当時ホームレスだった同級生を自分の教室に招きいれた同級生（元々仲がよかったわけではない）。残酷な話がでるかもしれないと蓋をすることなく、聴きたくない話、目を背けたくなる現実にも耳を開こうとする姿勢を変えることのなかったそのダイアンという教師も、「聴く・語る」ことが教室にもたらす力を引き出した人物といえる。ネルソンの心を溶かした子ども達の行動を引き起こしたのは、「聴くこと・語ること」という、文字にすればごくあたりまえの営みである。このことは、「聴くこと・語ること」が教育において、根源的な役割を担っていることを象徴するといえる。

③　多文化共生を担う媒介者としての教師

　こうした実践を教室内の出来事にとどまらせず、ひとりひとりが自己変容や、他者や社会との対話の重要性に気づき、更なる行動を促すために必要な要素とは何か。

ここではその一つとして当事者性をあげたい。上野（2003）[19] は当事者を、いわゆる社会的弱者とされてきた障がい者、女性、高齢者、患者、不登校者、ひきこもりなどの人それぞれにおいて「私はだれであるか、私のニーズは何かがわかる人」あるいは「ニーズを持った人々」だとしている。また、群馬当事者研究会[20] は、当事者を「苦労の主人公」と表現し、当事者研究の理念は「自分のかかえる苦労への対処を専門家や家族に丸投げしたりあきらめたりするのではなく、（中略）仲間と経験を分かち合い、専門家や家族とも連携しながら、自分にやさしい生き方・暮らし方を模索していく営み[21]」だとする。筆者が学生に望むことも同様に、それぞれが自らの文化性の当事者として自らのニーズに気づき、自分のことばで表現することである。ただしこのタスクは学生にとって自らの苦労や弱さを他者に開示することを要求し、これは彼らを無防備にし、かつ脆弱性に晒させる。このとき教師に求められるのは安心して自らの文化を語ることができ、否定されずに聴き届けられる学習環境を整えるコーディネーター、かつファシリテーターとしての役割である。どれだけ準備をしていても予定通りにはいかないのが授業だが、教師は学生の恐れや不安を推し量り、これらを取り除くあらゆる手だてを用意する[22]。

　また一方で「聴くこと・語ること」が決して万能ではないことを「聴くこと・語ること」を通して経験することも教師にとっては重要である。聴くこと・語ることを通じて「じぶんと相手のあいだにある深い溝に気づくこと、他人のみならずじぶん自身との関係においても言葉の無力に深く傷つくこと[23]」、こうした経験に裏打ちされていなければ、いかに「聴くこと・語ること」を推進しようとも、それは表層的なコミュニケーションを促したに過ぎない結果に終わるだろう。

　学生の苦労やニーズに寄り添うには、教師自身がまずは自己の当事者性に向き合う必要がある。そのためには自らの弱さと出会い、弱さを受容し、力にしていく、いわば「弱さの力」と向き合う体験を積み重ねる必要がある。人間は、抱えている悩みや苦労の種類が違っても、弱さによって連帯できるという共感の力を備えている。子ども同士にもその力はある。大人社会に排除されホームレスとして生きていたベトナム帰還兵を救ったのが子ども達だったように、子ども達のほうがむしろその力が優れている場合がある。しかし子ども達だけではネルソンとの出会いは生まれなかった。そこには教師という媒介者が必要だった。ここに媒介者としての教師という使命が立ち現れる。媒介者の条件は、聴くこと・語ることの力を体得し、聴き合い・語り合う場をつくれる者といえる。そして、聴くことや語ることは個人が所有するスキルやテクニックではなく、関係性のなかでこそ活かされること、自己

の変容や他者の変容にかかわり、社会を変容させる共同体にとっての重要な力になりうることを体得している必要がある。強さによる連帯を求め続けてきた、近代の古き学校教育文化を変容させていくには媒介者としての教師が不可欠である。そのとき聴き合い・語り合う場を作る力は、教師にとっての足場として働くはずである。

注

(1) 越智康詞 (2013)「短気になった日本社会―人の話に耳を傾けない、理解しようとしない」『児童心理』2013年12月号、金子書房、pp.19-22。

(2) 高木まさき (2001)『「他者」を発見する国語の授業』大修館書店、pp.2-6。

(3) 鷲田清一 (1999)『聴くことの力』TBSブリタニカ。

(4) 鈴木秀子 (1999)『愛と癒しのコミュニオン』文藝春秋、p.75。

(5) 多田孝志 (2006)『対話力を育てる―「共創型対話」が拓く地球時代のコミュニケーション』教育出版、pp.68-71。

(6) 中田行重 (2013)「心と触れ合う傾聴―ロジャーズ派カウンセリングからの示唆」『児童心理』12月号、金子書房、pp.26-33。

(7) 成田喜一郎 (2013)「『いじめ』につながりかかわる中学生との対話」『「いじめ」を超える実践を求めて―ホリスティックなアプローチの可能性』日本ホリスティック教育協会他編、せせらぎ出版、pp.25-48。

(8) 多田 (2006) 前掲書、p.18。

(9) 野口裕二 (2002)『物語としてのケア ナラティヴ・アプローチの世界へ』医学書院、p.82。

(10) 多文化共生キーワード事典編集委員会 (2011)『多文化共生キーワード事典』明石書店、p.11。

(11) 永田佳之 (2005)「国際理解教育をとらえ直す―グローバリゼーション時代における国際理解教育の再構築に向けて」『国際理解』第36号。

(12) 多田孝志 (2011)『授業で育てる対話力 グローバル時代の「対話型授業」の創造』教育出版株式会社。

(13) 2014年3月東京学芸大学教員養成カリキュラム開発研究センターで行われた会議で配布された『教師教育とグローバライゼーション 教師教育実践ワークショップ2013. 11.23 記録および関連資料集』による。

(14) 教員養成課程の過密なカリキュラムのため、留学＝留年を余儀なくされるという制約の存在が就職活動に不利に働くため、留学は敬遠されている。

(15) 土井敏邦 (2010)『土井敏邦・ドキュメンタリー DVD-BOX 届かぬ声 パレスチナ・占領と生きる人びと 第4部 沈黙を破る』トランスビュー。

(16) 本節に関しては大見（岩坂）泰子 (2004)「平和活動家アレン・ネルソンにみる開発教育者の資質についての考察―「多様性の下での統一」のための教育実践」（『開発教育』No.50、開発教育協会）の記述に加筆した。また、ネルソンの活動についてはアレン・ネルソン (2003)『ネルソンさん、あなたは人を殺しましたか？』講談社を参照。

(17) アレン・ネルソン (2006)『戦場で心が壊れて 元海兵隊員の証言』新日本出版社。

(18) 同形式のアクティビティの有効性については多田孝志 (2000)『「地球時代」の教育とは』

p.103 でも指摘されている。

(19) 中西正司・上野千鶴子（2003）『当事者主権』岩波書店、p.9。

(20) 「群馬当事者研究会ピアリンク」(http://gunma-toujisha.jimdo.com　2015 年 2 月 18 日確認)。

(21) 前掲ホームページより。

(22) 精神科医であり多文化間精神医学を専門とする宮地は学生に対し、研究テーマの選択の際、自分自身に関して「最も悩んでいることではなく、それとは関係しているけれども異なるテーマを選ぼう」助言するという。トラウマ治療のプロである宮地ですら、そのように距離を置くことをすすめる「最も悩んでいる事柄」に対して、語りを求めていく可能性がある以上、絶対に否定しない環境づくりは必須条件である。宮地尚子 (2007)『環状島＝トラウマの地政学』みすず書房、pp.82-83。

(23) 鷲田清一『まなざしの記憶—だれかの傍らで』TBS ブリタニカ、pp.66-67。

感性と表現

緒言

小林　恭子

　「感性」という言葉の持つ意味はとても幅広い。「おいしい」と感じるのは個人の持つ「感性」であり、「くさい」と感じるのも個人の持つ「感性」である。また、涙もろい人は「繊細な感性を持っている」と言われたり、芸術家は「独創的な感性を持っている」と言われたりする。

　人間は、視覚・聴覚・味覚・嗅覚・触覚の「五感」を含む複数の感覚器を持っている。村井によれば、「感性」は、その感覚器を経て感じたものに対する評価を含むような、包括的な知覚のシステムだという。「感性」についてのアプローチは心理学や認知科学においてさかんに研究されているが、感覚器から計測できない個人の経験からなる高次な「感性」は、いまだ解明されていない。なぜならば、「感性」は複数の感覚的な感性を統合し、過去の経験・知識および環境の影響を大きく受ける、直接的な計測が困難な抽象的な感覚や知覚であるからだ（村井，2014）。

　しかし、「感性」には経験や環境が大きく影響することは明らかである。したがって、教育学的アプローチから、「感性」につながる価値判断の経験を増やすことは極めて重要であり、また有意義である。第7章から第9章までの各章は、「表現」を取り入れた教育実践で「感性」を高めることについて述べている。主に、芸術や文学を専門とする立場からの高等教育における授業実践の報告である。

　第7章「積極的に音楽に取り組む感性の育て方」（小林恭子）は、教員を目指す学生たちを対象に行っている三つの特色ある授業実践を紹介している。この授業内容は、現職教員対象のアンケートから得た「大学で学びたかった音楽の技能や知識」をもとに考案・改良したものである。「3分間マエストロ」は、歌唱指導や指揮をするにあたり役に立つ内容である。「カンカラ三線の製作と演奏」は、楽器の構造や奏法の習得のほか、日本の音楽・歴史への理解も深めることができる取り組みである。「範奏のインターネット動画配信を用いたピアノの独習」は、初心者の陥る困難を解決するために現代の電子機器や通信環境を最大限に利用した練習法で

ある。この三つの授業実践から、「音楽的感性を高め、音楽を楽しむ」姿勢を育てることについて述べている。

　次に、第8章「『アート・コミュニケーション』活動の教育的効果」（佐藤仁美）は、対話型美術表現の教育的効果に着目した授業実践報告である。教員養成課程の学生を対象に行った、美術表現の授業の中から、学生の感性や想像力、創造性やコミュニケーション能力を育成することを目指した、二つの実践を紹介している。一つは「紙」を主として立体表現をする活動である。二人一組で協力をして、一つの「アートな形」をつくっていく。二つ目は、「絵の具」を主とした平面表現の活動である。二人一組で協力をして、いろいろな形のローラーを使い「ステキな模様」をつくりだす。これら二つの「アート・コミュニケーション」活動の記録から、表現と鑑賞を表裏とした美術（アート）というものに苦手意識をもってしまった学生の意識を改革することは可能なのか、正解のない追求型活動の教育的効果について述べている。

　また、第9章では、三人の論者が「感性と表現」での学びを多角的な視点と多面的な側面から取り扱っている。第一論文「絵本を大学生と『読み合う』」（宮地敏子）は、児童教育学科選択科目『絵本の世界』の授業報告である。学生たちは時間内に多数の絵本を「読み合う」ことを積み重ね、それと並行して、個人で小学生以降対象の絵本を30冊以上選書し、感想ノートを作成し発表もした。絵とことばによる芸術を個人の感性で選び、思考し、その感動を他者に伝わるように表現した。この過程で学生は何を「学び」として感じたのだろうか。それらを分析した記録である。第二論文「無理なく・無駄なく・快く自己表現を可能にする児童文化論」（宇田川光雄）は、授業実践を通じて、学生諸氏がどう表現をしたのかを記録した内容である。児童文化財ペープサートの発表まで経緯を捉え、自己評価と他者への評価を検証したものである。第三論文「清方の感性」（江川あゆみ）は日本画家鏑木清方の随筆「新江東図説」を採り上げ、「新江東」を描き出した清方の感性について論じている。かつての名所江東が在りし日の俤をとどめなくなった時分、そのさらに東に残る田園風景に「新江東」を呼び起こしたのは、江戸の人々が築き上げた名所絵的世界を否定するのではなく、受け継ぎつつ新たな自然観で風景を描き出す、画家のしなやかな感性であったと結論づけている。

第7章

積極的に音楽に取り組む感性の育て方

小林　恭子

はじめに

　小学校の全科教員は、学習指導要領に指示されている教科をすべて教える。つまり、専門的な知識や技能が必要とされる「音楽」であっても、自信をもって授業を行う積極性と能力が求められる。しかし、学生の教育実習訪問で「音楽」の授業を参観することが増え、その指導の難しさを実感している。

　本章では、将来教員となる学生たちを対象に、積極的に音楽に取り組む感性の育て方を扱う。小学校教員養成を目的とする授業で身につけるべき知識および技術について概説し、児童教育学科の授業の特色ある内容について事例を報告する。

　はじめにその導入として、学生の教育実習校へ訪問したエピソードを紹介する。小学校1年生の「おんがく」の研究授業であった。まず、鍵盤ハーモニカの復習が行われ、学生は大きな声で丁寧に指示を出し、児童も真剣に取り組んでいた。しかし、後方からは鍵盤ハーモニカの指使いの部分練習が必要な児童や、上手に弾ける自信を失って音が鳴らないように吹いている児童が散見されたが、学生は前方のオルガンで伴奏を弾くことで精一杯だった。次に、斉唱するため歌詞を大きく書いた模造紙を黒板に広げ、伴奏CDの再生ボタンを押すと、「歌いましょう」と指示を出した。そして、児童と一緒に歌うでもなく、指揮をするでもなく、伴奏を弾くでもなく、極めて真剣な表情で児童の歌に合わせて模造紙の歌詞を指差していった。

　上記の例は、音楽を専門に学んでいない教員や学生が陥りやすい事態である。理

由は、歌唱や器楽そのものの経験が少ない以上に、その指導方法を実践的に学ぶ機会が少ないことが挙げられる。現職の小学校全科教員を対象に、「大学の授業で学びたかった音楽の知識や技能」についてアンケート調査を行った結果、以下の5点が明らかになった（小林，2013）：①コードネーム・簡易伴奏の習得；②児童と一緒に歌える歌唱力の習得；③指揮法の習得；④器楽の奏法と知識の習得；⑤学習指導要領・教科書に関する知識の学習。現在の児童教育学科の音楽授業はこの5点を重要視して進めている。本章では、中でも特色のある以下の3つの授業実践についてとりあげる。それは、②③⑤を実現するための「3分間マエストロ」（小林，2015）、④⑤の理解を目指した「カンカラ三線と製作と演奏」（小林，2015）、そして効果的かつ効率的に①④の理解を含めたピアノ学習を促進するための「範奏の動画配信を利用したピアノ独習」（小林，2014）である。

なお、前述のアンケート結果から得られた結論としてとりわけ重要なことは「教員自身が音楽的感性を高め、音楽を楽しむ」という姿勢であった。したがって、すべての内容にわたってこの姿勢を育んでいくことを指標としている。

3分間マエストロ

(1)「3分間マエストロ」の背景と目的

「3分間マエストロ」は、2013年から教職科目である「初等教科教育法（音楽）」および「音楽実技」において、継続的に行っている。

「3分間マエストロ」の名称は、「3分間スピーチ」や「3分間クッキング」などからインスピレーションを得て名付けた。また、「マエストロ」は、名指揮者（演奏家）や大音楽家（作曲家）などを表すイタリア語であり、我が国では一般的に「大物指揮者」というようなニュアンスで使われる。そこで、この授業では「3分間」を付けることによって、「その時だけ［大指揮者に］なりきってチャレンジしてみよう」という意味合いをこめて命名した。ただし、イタリア語の"maestro"は、「小学校の教師」という意味も含んでいる。したがって「その時だけ［小学校の音楽の教師に］なりきってチャレンジしてみよう」という意味合いにもなる。

前述のアンケート回答に、「行事などでは担任が指揮をすることが多い」「指揮法を（大学で）学びたかった」という声が多数あった。そして、「大学の音楽授業で学びたかった事柄」の複数選択では、36%の現職教員から「指揮法」という回答

が得られた（小林，2013）。小学校において担任教員が指揮をする機会は、まず「音楽会」「合唱発表会」などの行事である。伊東は、20年にわたる小学校の「合唱発表会」の実践から、音楽を専門的に学んでいない学級担任でも一度指揮をすると、表現者の一員として成就感を持つことができ、次の「合唱発表会」を楽しみにすると言っている（伊東，2007）。また、通常の音楽科の授業や、学級活動における歌唱でも、指揮をしながら児童と歌う先生であったならば、子どもたちの反応は全く変わってくる。ある音楽専科教員によれば大きな声で先生が歌うだけでも子どもたちの歌唱に対するモチベーションは上がるが、現実は教員自ら指揮をしたり積極的に歌ったりすることは少ないという。冒頭に述べた教育実習も例外ではない。

　以上をふまえて「3分間マエストロ」は、児童と一緒に歌える歌唱力の習得、指揮法の習得、学習指導要領・教科書に関する知識を獲得することが目的である。

（2）「3分間マエストロ」の内容

　「3分間マエストロ」は、年間を通じて学べるように、「初等教科教育法（音楽）」で基礎を、「音楽実技」で応用を行っている。まず、「初等教科教育法（音楽）」の初回の授業において、指揮の基本（二拍子、三拍子、四拍子、六拍子の振り方と、最後の切り方、強弱の表現など）を学ぶ。次の授業から、毎回二、三名ずつ半期通して行う。学生は、授業の前までに指定の曲集の中から選曲し、拍子記号や歌詞、曲想などを確認する。授業では、児童を前にした授業を想定し、教室の前に立ってまずは一度ひとりで指揮をしながら範唱する。そして、全員にひとことアドバイスや指示をした後、指揮をしながら他の学生を歌わせる。

　半期その実践を行った後の「音楽実技」では、指定の用紙に指導計画書を書かせる。内容項目は、次の六点：（1）目標；（2）教材名（作詞・作曲・拍子・調）；（3）対象学年；（4）教材観や指導観；（5）目標達成のための具体的な指導策；（6）歌詞（1番）である。また、選曲も、指定の曲集からではなく自分で教科書やインターネットなどを参照して決める。授業では、最初に（1）から（4）までの項目を読んだのち、指揮をしながら範唱をする。その後、「5.目標達成のための具体的なアドバイス」をもとに模擬授業形式で指導を行い、最後に指揮棒を使って指揮をしながら、学生たちに歌わせる。

（3）「3分間マエストロ」における学び

　ここでは、「3分間マエストロ」を通して学べることについて考察する。

　まず、学生のほとんどは指揮の経験がなく、人前で歌うことに慣れていない。最初は、譜面台にかじりつきながら、指揮棒を持って小さく歌うだけで精一杯である。しかし、小学校学習指導要領音楽科の「A表現」歌唱には、「範唱を聞き」という言葉がある。つまり、教員の模範的な歌唱が求められている。そこで、範唱として必要な、(a)「前を見て、遠くまで届くような声で歌うこと」を指導する。さらに、(b)「児童の発達段階に合わせること」を考えるよう指導していく。低学年であったら、身体表現を取り入れたり、中学年・高学年対象であったら、曲中に指示されている記号や曲想に留意したりするなどである。そして、他の学生のやり方も参考にしながら継続的に学べるようにする。

　それらを学んだ後の応用では、選曲を自由にして伝えたいことや歌わせたい理由などを明確化させる。そして、前述した指導計画書を作らせることにより、それを言語化させる。指導計画書では、まず項目（1）として歌わせるねらいを明記させている。これは、指導計画書の項目（4）の(c)「目標から教材観や指導観を考えること」につながる。項目（2）は、教材について、(d)「楽曲創作者や創作背景の理解」をする。これらの内容は、共通教材に限って言えば、教員採用試験などに出題される基本事項である。拍子や調に関しても同様であり、(e)「基礎的な楽典知識」となる。そもそも、拍子記号や速度がわからなければ、指揮はできない。そして、項目（3）の対象学年を考えることは、(b)「児童の発達段階に合わせた」指導を考えることにつながる。また、項目（5）の「目標達成のための具体的な指導策」は、「3分間マエストロ・応用」で極めて重要視している事項である。実際に冒頭の教育実習のような場面で有効に活用できるように、(f)「歌唱指導の引き出しを増やす」。最後に、(g)「指揮の経験」を積むという本来の目的を加えた、以上の七点が「3分間マエストロ」で学べる内容である。

　音楽は一朝一夕で身に付くものはなく、教えられたらすぐにできるものでもない。「3分間マエストロ」は、時間的な制限をうまくいかして、年間を通して少しずつ学んでいき、最終的には多くのことを実践的に身につけることができる学習内容となっている。

（4）今後の「3分間マエストロ」

　「3分間マエストロ」の活動内容およびそこから学べることをふまえて、積極的に音楽活動に取り組む未来の教員を育てるための課題が見えてくる。第一に、学生が楽典の理解を深めることである。これは、一つの楽曲を多角的に把握する力を身に付けさせるためである。作曲者が魅力的な音楽を創りだしている要素まで読み取れると、指導や指揮もやりがいを感じられるようになる。第二に、それを伝える表現技術である本来的な「指揮法」を学ぶことが重要である。そして最後に、歌唱に対する積極性を育てることが重要である。教員側が積極的に歌っていかなければ、児童は歌ってくれない。最終的に「3分間マエストロ」の経験をもとに、意欲的に人前で歌える学生を育てていきたい。

  カンカラ三線の製作および演奏の実践

（1）「カンカラ三線」を授業に取り入れた背景と目的

　現在、学校教育の「音楽科」において、我が国の音楽文化や伝統音楽学習の充実を図ることは、大きな課題となっている。グローバルに活躍できる人間を育てることが社会の命題となっている昨今、我が国の伝統と郷土の文化、そして歴史について正しい理解をし、他国の尊重と国際社会の平和および発展に寄与する態度が、教員にも求められている。そのために、我が国の伝統音楽や和楽器を学習させる工夫が必要である。

　三線(サンシン)は沖縄の楽器であり、高級なニシキヘビの皮を使っているため、昔から高尚なものとされてきた。それに対し「カンカラ三線(サンシン)」は、空き缶を用いて安価に作った手づくりの三線である。ただし、本物と同じ指使い、同じ楽譜、同じバチで演奏できる。なお、学校教育における手づくり楽器の有用性は多々報告されており、一定の評価がある。

　以上の背景をふまえた上で、器楽の奏法と知識の習得、学習指導要領・教科書に関する知識の学習を目的として行っている実践が、「カンカラ三線」の製作および演奏である。本節では、「カンカラ三線」の教材としての可能性と、学生たちの「カンカラ三線」の製作および演奏を報告していく。

（2）「カンカラ三線」の教材としての可能性

「カンカラ三線」という手づくり楽器を学校教育の場において教材化することの意義を以下の三点にまとめた：(1) 音楽以外の他教科との連携がはかれること；(2) 三弦楽器（弦楽器）の仕組みを学ぶことができること；(3) 和楽器への興味・関心を引き出すことができること（小林，2012）。

第一に、「カンカラ三線」の製作および演奏は他教科と学習の連携ができる。例えば、教科「社会（日本史）」「技術」「美術」「総合的な学習の時間」などである。特に、「社会（日本史）」とは切っても切れない関係がある。もともと「カンカラ三線」が考案されたきっかけは、米軍による沖縄占領であった。行動の自由を制限された沖縄の人々が、自由と平和の象徴であった三線の存在や郷土に伝わる芸能を求め、空き缶で三線を製作したことが始まりである。第二に、製作に関しては「美術」「技術」などの教科と協力して行っていくことが理想的である。そして、製作により、弦楽器の歴史や構造を知ることにつながる。古代エジプトから存在する三弦楽器の仕組みを製作の段階から学ぶことは、いきなり演奏法を学ぶよりも理解が深まる。第三に、沖縄出身の人気歌手や、沖縄の言葉や音階を使った歌および音楽の流行は、沖縄における音楽文化を身近に感じさせている。この延長線上に和楽器に対する理解を育む学習が位置づけられる利点は大きい。

以上のことをふまえ、「カンカラ三線」の製作および演奏を大学の教職の授業で用いることは、学生が将来教員になった際に、教材としての有用性と学習効果が期待できる。

（3）「カンカラ三線」製作と演奏の内容

達成感を持たせつつ「カンカラ三線」についての理解や技術を最低限つけるために必要な行程および学習内容は、以下の四点である：(1) 楽器製作；(2) 調弦；(3) 基本的な奏法の習得と工工四の読譜；(4) 弾き歌い発表会。

楽器製作は、まちだ屋 [1] の「カンカラ三線」手づくりキットを使用する。最初に棹にヤスリがけを行うが、これは演奏する際、自分で音程をとるために、スムーズに左手を動かすためである。また、歌口をボンドでつけ、駒をたてることによって、弦が浮き、音を鳴らすことが可能なることを本行程で学ぶ。また、学生が一番苦労する工程は、糸掛けに弦を結ぶ作業と、糸巻きに弦を巻いていく作業であり、多くが逆に巻いてしまったり、違う弦を違う糸巻きに巻いてしまったりする。さらに、

三線にはギターのフレットに該当するものがないことから、ペンあるいはシール等で棹の側面に音高基準になる点を打つ。この点が、演奏する際重要になることを経験的に知る。以上で「カンカラ三線」が完成する。所要時間は、大学生で約90分前後である。

　演奏するにあたって、重要なことは「調弦」（チューニング）である。「三線」の平調子は、男弦：ド（低）、中弦：ファ、女弦：ド（高）であるが、これらの音程を自ら調弦することは、音感を鍛えることにつながる。

表1　カンカラ三線練習曲

> ⅰ レベル1「日のまる」（小学校1年生共通教材：原調通り、中弦と女弦のみ使用）（図1）
>
> ⅱ レベル2「うみ」（小学校1年生共通教材：ヘ長調に移調、3弦すべて用いる）
>
> ⅲ レベル3「ふるさと」（小学校6年生共通教材：原調通り、3弦すべて用い曲が長い）
>
> ⅳ レベル4「島人ぬ宝」（Begin の代表曲：原調通り、編曲も原曲に近い）

図1　授業使用譜例「日のまる」工工四

工	に	中	ひ	工	
工	は	中	の	工	
中	ん	工	ま	中	
四	の	工	る	四	前
上	は	五	そ	上	奏
中	た	五	め	中	
四	は	工	て	四	
○	ー	○	ー	○	
工		五	あ	四	し
工		五	あ	四	ろ
中		工	ろ	上	じ
四	後	工	つ	上	に
上	奏	中	く	中	あ
中		四	し	中	か
四		上	い	上	く
○		○	ー	○	ー

「調弦」を終えたら基礎練習として、「ヘ長調の練習」（中弦・女弦の二弦を使用）を行う。そこで覚えなければならないのは「工工四」である。「工工四」は、縦書きで漢字を用いた三線専用の楽譜である。「工工四」は、階名の「ドレミファソラシドレミファ……」が「合、乙、老、四、上、中、尺、工、五、六、七……」と漢字で表記される。指使いは、開放弦の他、人差し指、中指、小指の順番で使う。

基本の指使いと楽譜が読めたら、いよいよ弾き歌いの練習である。三線は「歌三線」と呼ばれており、歌や踊りとセットにして演奏される楽器である。したがって、授業でも最初から弾き歌いで演奏する。そこで重要なことは、練習および発表教材の選曲である。短時間で「歌いながら弾ける」ことと、個人の能力に応じた数種類のレベルが必要である。また、学生が親しみやすく、歌いやすい楽曲が望ましい。しかしながら、学生がよく知っている「島唄（The Boom）」などの三線ポップスや、教科書に記載されている「谷茶目（タンチャメ）」などの民謡は難しい。そこで、筆者は小学校学習指導要領の共通教材から引用し図1のような「工工四」を作成した。課題曲（表1）から自由に選曲し、同一曲を選んだ学生同士、助け合いながら練習して発表する。

最後にまとめとして発表会を行う。発表は、授業で使用している教室内で行い、映像を記録に残す。必然的にレベル1は多人数、レベル4は少人数となるが、各自の選曲に対して真摯に取り組んでいる様子が見てとれる。

最終的に「カンカラ三線」に費やす時間は、製作に約90分、「工工四」の読譜の方法と基本的な奏法の習得に約45分使う。そして、グループで弾き歌いの練習をし、発表会をするために約90分を費やしている。すなわち、仮に大学授業における90分を一コマとすれば約2.5コマを利用することに他ならない（実際は45分ずつ内容をわけて5週行っている）。

（4）学生の反応

ここでは、実際に「カンカラ三線」の製作と演奏における学生の学びの達成感について報告する。理解度および満足度であるが、実際にアンケート調査を行った（小林，2015）結果、「製作・演奏することが楽しかった」は、61名中47名が「とても思う」、八人が「どちらかと言えば思う」と答えている。また、「弦楽器の構造の理解」や「弦楽器の音の出る仕組みの理解」に関しても九割の学生が「とても思う」「どちらかと言えば思う」と答えた。したがって、理解度と満足度が総じて高いことが明らかになった。

また感想は、「楽しかった」というものが多かった。しかし、詳細を見ると「楽しい」と思った要因がひとりひとり異なる。例えば「上手く弾けた時」「みんなで作成して演奏すること」「キレイな音」などである。また、「作成の時点で難しくて嫌だなと思っていたけど、だんだんわかるようになって、たのしかった。演奏も指をおぼえてからがたのしくて……」とあるように、具体的にどのような経過から、この経験が「楽しい」ものに変化したかがわかる。また、「調弦」「構造」「仕組み」「読譜」など、新たな知識を得ていることもわかる。その他、特に多く挙げられている難所は、「調弦が難しかった」ことである。さらに、「みんなで取り組めたことがよかった」という回答も目立った。

（5）今後の「カンカラ三線」製作および演奏

　以上のことから、「カンカラ三線」の製作および弾き歌い練習・発表は、大学生にとって、三線の構造や音の出る仕組み、奏法、読譜など多くのことを学ぶことができ、また発表を取り入れることで楽しく実りの多い学習となることが明らかになった。それをふまえて顕在化した課題は、次の二点にまとめられる。

　まず一点目は、製作と楽器練習に大きな時間を割いているため、教材としての可能性について、授業内に伝えきれていない点である。そして、大学生自身の和楽器への興味・関心の向上にはまだつなげられていない。これは、民謡、三味線楽曲を用いたり、太鼓や笛との合奏などを行ったりすることで養えると考えている。今後は、本物の三線や三味線も用いて、和楽器や我が国の音楽への興味・関心の向上を目指す。

　二点目は、「カンカラ三線」を学んだ大学生が、将来的に授業で使う可能性について明らかにしていない点である。今後はその可能性を含めた調査を実施していく工夫が必要であるが、小学校の授業に導入することは難しいことも事実である。したがって、教員が製作した「カンカラ三線」を児童に演奏体験させるという授業がまず有効であることを示した上で、授業に導入する可能性を探求していく。

　今後は、以上二点の課題を解決しつつ、「カンカラ三線」の製作および演奏発表の授業実践を継続し、未来の小学校教員となる学生に対して伝統音楽への関心を高める環境を醸成していくことが狙いである。

③ 範奏のインターネット動画配信を用いたピアノ独習の実践

（1）ピアノ範奏のインターネット動画配信の背景

　小学校全科の免許を取得するためには、ピアノ実技の習得が必要とされるため、小学校教員養成専攻ではピアノが必修となっている。またピアノ学習を通して、①コードネーム・簡易伴奏の習得、④器楽の奏法と知識が体得できる。

　大学におけるピアノ実技の指導上の問題点は次の二点である。第一に、ピアノ学習の初心者が多い点である。とりわけ、児童教育学科は男子学生が多い。男子学生は女子学生に比べてピアノ等音楽関係の習い事をした経験が少ないことがわかっている（小林・前田，2012）。したがって、指使いから楽譜の読み方まですべてを一から学ぶことになる。二点目の問題は、個人に割けるレッスン時間が少ない点である。必修で音楽の実技に使える時間は、基本的には半年、長くて一年しかない。そして、習得レベルに個人差があるため、個人レッスンを重視せざるを得ないが、一回につき一人三から五分程度しか取れない。

　さて、ピアノの技術は指導側がどのような工夫および支援をしたとしても、学習者自身がコツコツと練習しなければ身に付かない。三から五分の授業内レッスンだけではまず上達は見込めず、その後の独習（復習・予習）が肝となる。したがって、指導側には、学生のモチベーションの向上および維持をさせつつ、大学授業外の独習を支援することも求められている。すなわち、ピアノに苦手意識を抱く前に、モチベーションを高めつつ、独習の方法を教える必要がある。

　以上のことから、本節では、大学授業外の独習の方法に焦点をあてる。児童教育学科のピアノ初心者学生が、インターネットの動画共有サービス"YouTube"を活用し、アップロードした模範演奏の補助教材を、実技習得の大きな助けとしていることについて述べる。

（2）ピアノ独習における問題点

　ピアノの練習の方法はさまざまであるが、幼児や子ども以外の目的ある初心者は、表2のような経緯をたどることが一般的であろう。

　ピアノの学習者は表2におけるⅰ、ⅲ、ⅳにおいてつまずき苦手意識を持ってしまい、ピアノ演奏表現の要であるⅴおよびⅵにたどりつけない。結果、満足のいく独習ができず、簡単に聞こえる曲であってもいつまでも最後まで弾けるようになら

表2　ピアノ独習の手順

段階	練習の内容
i	楽譜を読む
ii	片手ずつ練習する
iii	両手をあわせて練習する
iv	苦手な箇所や難しい箇所だけ、部分練習をする
v	強弱記号や速度記号、表現の指示等を守って練習をする
vi	レッスンでの注意点や助言、新たな視点を参考に演奏の向上に努める

ず、練習の頻度が減り、さらに苦手意識を持つという負のスパイラルに陥る。

　この問題点の解決方法のひとつが、模範演奏（範奏）を聴くことである。範奏を聴いて学習することは多くの効果があることは実証されている。世界的に有名な「スズキ・メソード」は、プロの表現を模倣することから、その感性を身に付けて人間力を磨くといった教育法であり、成果を生んでいる。

　まず、範奏を聴くことは「i 楽譜を読む」ことによって生ずる理解度の不足を助ける。さらに、「iii 両手をあわせて練習する」ことにより演奏の正誤がわからない学生も改善が見込める。そして、「iv 苦手な箇所や難しい箇所だけ部分練習をする」ことに関しても、範奏を聴くことにより一曲の全体像が見えるため、到達地点に向けて練習を進めることができる。

　以上のことから、ピアノ学習に苦手意識を感じている学生に、効率的な独習を通してピアノ演奏を上達させるためには、模範演奏を参考にさせる環境を作ることが効果的だということがわかる。しかし、CD、電子ピアノの機能であるフロッピーディスク、ビデオやDVDなどにしても、再生機器が必要であることから、学生が気軽に練習時に使いにくい現状がある。実際に、2011年度のピアノ実技学習時に、課題としている教材に関して模範演奏のCDを作成し学生に配布したものの、学生がそれらを聴いている様子はあまり見られず、効果が得られなかった。

（3）動画配信の内容とピアノ学習課題曲

　小学校全科の教職を目指す学生のピアノ学習（特に独習）を有意義にするための

方法のひとつとして、2012年4月から、授業で使用するピアノ曲を録画して模範演奏として動画共有サービス "YouTube" に配信しはじめた。録画は、携帯電話やスマートフォンで再生した際に重くなってしまうことを避けるため、スマートフォンの録画機能で撮影した。2012年度は試験的にアップロードしていたが、2013年春学期からは全面的に初心者から中級者の学習者に対して、独習の際積極的に活用するよう促した。アップロードした曲は、初心者から中級者までの授業内課題曲（表3）である。

　表3の課題曲は、ピアノの基礎的な奏法を学びながら、学生自身がピアノを弾く楽しさを感じられるよう魅力的な曲であること、そして達成感を感じられるよう難易度を問わず短い曲であることを考慮して選曲している。これを、児童教育学科新カリキュラム（2014年度より）では、「音楽」の授業七回で初心者（Lv.1）は五曲、中級者は三曲（Lv.2,3,4）、上級者（Lv.5,6）は二曲習得することを課しており[2]、八回目の授業でその課題曲の中から一曲を暗譜演奏することを課した。旧カリキュラム（2012年度および2013年度）では、半期15回で全員が六曲以上習得することと、16週目の最終試験で課題曲の中から一曲を暗譜演奏させた。この際、必修曲数以上習得した学生に限り、試験曲は課題曲外の小曲を弾かせ、意欲的な学生のモチベーションの向上をはかった。なお、課題の進め方は、それぞれのレベルにあわせて進み方は番号順でなくてもよいが、原則として、戻ることはしないよう指導している。

（4）学習成果と今後のピアノ独習

　成果を知るために、動画教材を参考に独習を進めた初心者と、参考にしなかった初心者を対象に、習得曲数を照らし合わせて比較した。その結果、動画教材を参考に独習を進めたピアノ初心者学生の方が、習得曲数が多いことが判明した（小林, 2014）。これは、授業外の独習時に模範演奏の動画を見て参考にすることで、明確な目標が音声と映像で提示されるため、演奏のコツを自ら効率的に学習することができ、結果的に一曲一曲の習得がはやくなり、上達につながるということを意味している。また上達すると、達成感や成就感なども強く感じることができるため、さらにモチベーションが上がる。

　週一回の三分程度のレッスンでは通常大きな上達は望めない。残りの週六日の独習においてどのような練習をするかが上達の肝となってくるわけだが、この動画配信には児童教育学科の学生にとって大きな効果があった。今後も、ピアノ初心者を

表3　ピアノ課題曲一覧（2012年度から2014年度「音楽」）

Lv.	順	曲名	作曲者	配信	Lv.	順	曲名	作曲者	配信
1	1	歩こう、走ろう	バーナム	○	4	16	すなおな心	ブルクミュラー	○
	2	深呼吸	バーナム	○		17	牧歌	ブルクミュラー	○
	3	かえるの合唱	ドイツ民謡	○		18	短い物語	リヒナー	○
	4	ハ長調の練習		○		19	メヌエット	ペツォルト	○
	5	ちょうちょう1	ドイツ民謡	○		20	JR-SH2-1	鉄のバイエル	○
2	6	大きな栗の木の下で	未詳	○	5	21	オータムスケッチ	ギロック	○
	7	ちょうちょう2	ドイツ民謡	○		22	熱帯魚	湯山昭	○
	8	かわいいオーガスチン	ドイツ民謡	○		23	ソナチネ第1楽章	クレメンティ	○
	9	エーデルワイス	ロジャース	○		24	乗馬	ブルクミュラー	○
	10	ロングロングアゴー	ベイリー	○		25	JR-SH1	鉄のバイエル	○
3	11	河は呼んでいる	ベアール	○	6	26	森の妖精	ギロック	○
	12	バイエル66番	バイエル	○		27	くいしんぼう	湯山昭	×
	13	おやつの時間	湯山昭	○		28	バウムクーヘン	湯山昭	×
	14	ピアノのかいだん	湯山昭	○		29	マズルカ第5番	ショパン	×
	15	Airy & 春	鉄のバイエル	○		30	雷雨	ブルクミュラー	×

多く含む教職を目指す大学生が「積極的に音楽を楽しむ感性」を持ちながら、モチベーションを維持させつつピアノ技能習得に取り組めるようにしたい。

おわりに

　児童教育学科の音楽の授業は、学生の能力や経験をふまえて、現職教員から得た「大学で学びたかった音楽の技能や知識」をもとに授業内容を考えている。本章は、その中で特色のある三つの授業内容についてとりあげた。

　「3分間マエストロ」は、まだこれからの試みであるが、教育実習中や卒業後に必ず役に立つ内容である。「カンカラ三線」は、小学校での授業に取り入れることには現状として難しいが、大学生に行うことで、楽器の構造や奏法の習得だけでなく、我が国の伝統音楽・歴史などへの理解も深めることができる有意義な取り組みである。「範奏のインターネット動画配信を用いたピアノの独習」については、初心者の陥る困難を解決する現代の電子機器や通信環境を最大限に利用した独習法である。

　最後に、筆者の教育理念は「音楽好きな人はさらに好きになるように、音楽につ

第Ⅱ部　児童教育学で育てたい能力とは　　151

いて関心がない人は好きになるように、音楽嫌いな人は嫌いではなくなるように」である。さらに、生涯を通じて「音楽的感性を高め、音楽を楽しむ」態度を育てることを常に意識している。今後も、これらの実現を継続的に目指し、新たな方法を意欲的に取り入れながら学生が豊かな音楽経験や知識を得られるよう尽力したい。

注

(1) 有限会社まちだ屋・コーポレーション三線工房まちだ屋
　　〒904-0323 沖縄県中頭郡読谷村字高志保1020-1
(2) ピアノ初心者の学習する曲は極めて短く、一曲につき学習要素一点のみである。しかし、ピアノ経験者の学習する曲は、比較長く複数の学習要素がある。旧カリキュラムのレッスン過程で、経験者の進みが遅いことが明らかになっているため、中級者、上級者の課題曲数を減らしている。

参考文献

・伊藤正昭（1989）『アニメ絵本かんからさんしん』理論社。
・伊東玲（2007）「すべての担任を指揮者にする音楽教育の魅力：小学校における「合唱発表会」の20年にわたる実践より」『日本学校音楽教育実践学会紀要』Vol.11、pp.54-55。
・金城厚（2006）『沖縄音楽入門』音楽之友社。
・熊谷周子（2004）『スズキ・メソードと子供の教育』ドレミ楽譜出版社。
・小林恭子（2013）「小学校全科教員に求められる音楽的能力について」『目白大学高等教育研究』Vol.19、pp.1-12。
・小林恭子（2014）「ピアノ独習におけるインターネット動画教材の活用と有用性」『目白大学高等教育研究』Vol.20。
・小林恭子（2015）「音楽活動に積極的な小学校教員養成プログラム「3分間マエストロ」の事例報告」『目白大学高等教育研究』Vol.21。
・小林恭子（2015）「手づくり楽器「カンカラ三線」を用いた授業実践–小学校全科教員を目指す大学生のために–」、『音楽学習学会紀要音楽学習研究』Vol.10。
・小林恭子・前田菜月（2012）「読譜能力から見る音楽実技指導改善への一考察」『目白大学高等教育研究』Vol.18、pp.17-26。
・村井源（2014）『量から質に迫る』新曜社。
・文部科学省（2009）『小学校学習指導要領解説　音楽編』。
・山城善三・佐久田繁編（1983）『沖縄事始め』月刊沖縄社。
・立命館大学国際平和ミュージアム（2006）『オキナワ　沖縄戦と米軍基地から平和を考える』岩波書店。

第8章

「アート・コミュニケーション」活動の教育的効果

佐藤　仁美

はじめに

「アート・コミュニケーション」というと、美術館等で行われる対話型のギャラリー・トークを思い浮かべる人が多いかもしれない。以前は、学芸員等が鑑賞者と一緒に展示作品を巡りながら作品の解説などを行うギャラリー・トークが、美術館等で多く行われていた。

しかし、対話型鑑賞の第一人者とされるアメリア・アレナスが、ニューヨーク近代美術館において1984年から96年まで、対話型のギャラリー・トークの教育プログラムを実践し、日本でこの活動が紹介され始めた1998年以降、我が国の美術館等で対話型鑑賞が盛んにおこなわれるようになった。

対話型鑑賞は、鑑賞者が学芸員等の専門家から美術作品の解釈や知識等を提供してもらうことで知識を得るといった教養主義的な鑑賞とは全く異なるものである。学芸員等がファシリテーターとなって鑑賞者同士が美術作品について語り合う対話型鑑賞では、鑑賞者が感性や想像力を駆使し、他者との開かれたコミュニケーションを通して、作品を読み解いたり意味や価値をつくり上げたりしていく。

その対話では前提条件として、文化的知識や作品解釈の方法・技術は全く求められない。つまり、作品解釈や価値判断は、その場にいる鑑賞者たちが自由に「観る」「考える」ことに任せられている。これは、鑑賞という場を、感性や想像力の価値創造的な出会いと相互作用の場、誰もが参加できる「開かれた広場」としていこう

とするものである。

　筆者は、特別な才能をもっていなくても、また、美術に苦手意識があっても、環境や条件が整っていれば、誰もが、表現し鑑賞することを通して、その人にしかない感性や想像力、創造性を発揮し高めていくことができるものと確信している。

　対話型鑑賞のような場の設定は、大学教育においても、学生の感性や想像力、創造性やコミュニケーション能力を育成する点で極めて有効であると考える。加えて、表現と鑑賞を表裏とした美術（アート）というものに苦手意識をもってしまった学生の意識を変革する点でも効果的であると考える。

　一方、教育の現場において、美術館のように本物の美術作品を通した対話型鑑賞の機会を日常的に確保することは難しい。そのため、他者とコミュニケーションを図りながらアート表現（鑑賞ではなく表現）をするという手法、すなわち「アート・コミュニケーション」が極めて有効であると考えるようになった。本稿では、この学生の表現活動における「アート・コミュニケーション」の理論と実践について述べる。

　ここで筆者が提案する「アート・コミュニケーション」活動は、2人組や3人組などでアート表現をしながらコミュニケーションを活発に行い、発想の連鎖を繰り返していく表現活動のことである。

　それはまず、自分の発想と他者の発想を受け入れ合うことから始まる。そして、他者の発想や自分の発想を付け足したり新たな発想を生み出したりしながら表現を進めていく。　そうすることで、イメージは個の枠を打ち破って広がり、ときには自分一人では思いつかなかったような豊かな表現をつくり上げていく。

　ところで、このような「アート・コミュニケーション」活動を思い付くきっかけとなったのは、即興演劇の手法である。即興演劇では事前に台本を用意せず、役者同士がお互いに関わり合いながら、即興的な演技手法により自発的に演じる。そのため、役者同士がイメージを共有できるようにするために、コミュニケーションスキルの訓練が、まず徹底的に行われる。その手法の教育的効果は、アメリカなど諸外国ですでに認められ、学校教育でも多く取り上げられている。

　なお、文部科学省が設置した「コミュニケーション教育推進会議」の審議経過報告には、諸外国の事例を参考に、芸術家などを学校へ派遣し、芸術表現体験活動を取り入れたワークショップ型の授業を展開する事業の実施が報告されており、効果的な手法の一つとして、演劇的活動など表現手法を豊富に取り入れていることが取り上げられている。[1]

「アート・コミュニケーション」と創造性

(1) 今、求められているコミュニケーション能力とは

　ここで、まず、「アート・コミュニケーション」活動で要となるコミュニケーション能力について述べたい。

　「コミュニケーション教育推進会議」の審議経過報告では、「21世紀は、『知識基盤社会』の時代であるとともに、グローバル化が一層進む時代である。それは、多様な価値観が存在する中で、自分とは異なる文化や歴史に立脚する人々とともに、それぞれ異なる意見や考え、アイディアなどを交換し、正解のない課題、経験したことのない課題を解決していかなければならない『多文化共生』の時代でもある。」[2]と述べられている。

　確かに、昨今の世界情勢を見ると、価値観などの違いが摩擦を生み、それが大きな問題へと発展していることが多くある。私たちの日々の生活を振り返ってみても、価値観の多様化、複雑化する人間関係等から、他者とうまく折り合いがつかずに人間関係がこじれたり、人間関係が希薄になったりする中で、それが悩みとなり、ストレスを感じている人も少なくない。

　多様な価値観にどのように対応するか、これは、とても身近であると同時にグローバルな問題でもある。

　一方、これからの社会を担う子供たちの現状を見てみると、以前から、自制心や規範意識の低下、人間関係を形成する力の低下など、子供の心の活力が弱っている傾向が指摘されている。[3]

　同審議会報告では、コミュニケーション能力について、「コミュニケーション能力を、いろいろな価値観や背景をもつ人々による集団において、相互関係を深め、共感しながら、人間関係やチームワークを形成し、正解のない課題や経験したことのない問題について、対話をして情報を共有し、自ら深く考え、相互に考えを伝え、深め合いつつ、合意形成・課題解決する能力」[4]と捉え、それを育成する重要性及び方途について述べている。

　なお、学校教育においてコミュニケーション能力を育むために必要なこととしては、次の4つを挙げている。[5]

　①自分とは異なる他者を認識し、理解すること

②他者認識を通して自己の存在を見つめ、思考すること

③集団を形成し、他者との協調、協働が図られる活動を行うこと

④対話やディスカッション、身体表現等を活動に取り入れつつ正解のない課題に取り組むこと

これらの意味で、当に筆者が提案する「アート・コミュニケーション」活動は、アート表現のもつ「正解のない」追求活動としての特性を生かしながら、その表現活動を工夫して制作者同士の協働によるコミュニケーションを活発にし、制作者の感性や創造性の涵養、コミュニケーション能力の育成を図ろうというものである。

（2）アートとコミュニケーション

先ほども述べたが、我が国のこれまでの取り組みとして、文部科学省は、平成22年度からコミュニケーション能力の育成を図るために、芸術家を学校に派遣し、芸術表現体験活動を取り入れたワークショップ型の授業の展開を推進してきた。

私自身、街の活性化と芸術文化の振興を目指した、地域企画の公募展の出品作家として、地元の小学生にアートとコミュニケーションを結び付けたワークショップを行う経験をした。

このような、芸術家等の専門家と連携したワークショップがもたらす一定の効果を認めた上で、何よりも重要な点は、たとえ専門家がいなくても、日頃の教育活動の中でその取り組みが生かされ、児童・生徒のコミュニケーション能力を育む教育が活性化していくことである。

この点で、筆者が提案する「アート・コミュニケーション」活動は、特別な人や特別な場の前提条件をさして必要とはせず、且つ、対象者についても小学校の児童から大人まで、幅広く提供可能な取り組みである。

（3）アートにコミュニケーションは必要か

ある小学校で、「私語厳禁」を徹底した図画工作の授業を参観したことがある。その授業者の教員の思いは、創造行為は内面から湧き上がるもので、自己との対話が重要であり、他者との対話は必要ない、というものであった。

確かに、創造行為は、個の内面における追求に基づいた深まりや高まりによって完成されるものであることは言うまでもない。

この教員の取組の是非を問うものではないが、自己との対話のみに制限せず、他

者との対話、すなわち「関係性」及び「交流」の中で生み出されるもの、新たな表現、新たな創造活動への気付き、それらの価値は極めて重要ではないだろうか。

「創造する脳」の著者である脳科学者の茂木は、「創造のプロセスには、本質的な形で、人と人とのコミュニケーションがかかわっている。目の前の現実の人間との直接のやりとりがかかわる場合もあるし、自分の仮想の中の他者がかかわる場合もある。仮想の中の他者のイメージは、現実の他者との行き交いの中でつくられる。他者は、創造のプロセスにおいて欠くことのできない存在なのである。」(茂木2013、124)[6] と述べている。

また、会話の本質について、茂木は、「他者の存在が、自分自身が何者であるかを発見する。あるいは、新しい何かを創造する上で重要な役割を果たすことは、会話において典型的に表れる。会話においては、自分の中にすでにある情報が、他人に伝わるということだけが起こるのではない。他人の存在に触発されて、自らの中から新しい言葉が生み出される。言葉の生成に伴って、新しい自分さえ生まれる。そのような生の躍動こそが、会話の本質である。」(茂木2013、130)[7] と述べている。

これらの茂木の言葉から、創造行為における他者とのコミュニケーションの重要性が分かる。

コミュニケーションを伴ったアート表現においての意義は、まず、自分がどの様な表現をしたいと考えているのかが明確になることである。他者の思いや考えから、自分と似ているところ、違うところなどを受け止め、自分がどの様な表現をしたいと考えたのかが明確になること。そして、他者がいることで、自分の思いや考えが深められ、新たな意味や価値が生み出されることではないだろうか。

これらのことを踏まえ、学生を対象とした「アート・コミュニケーション」活動の授業実践を紹介する。

（4）「アート・コミュニケーション」は、創造性を育成できるのか

ところで、「アート・コミュニケーション」の効果が期待されるものとするための条件として、次の点を挙げる。

①複数で協力しながらつくる共同制作であること

②材料、形や色などに働きかけることから始まる造形活動であること

③事前に制作の見通しを立てることはせず、お互いの発想を尊重し、つくりながら共にイメージを広げていく造形活動であること

まず、一つ目の「複数で協力しながらつくる共同制作作品であること」について

は、２人組にしたり、３人組にしたりと、対象者や集団の特性に応じて、グループの人数を設定する。美術に苦手意識をもっている学生にとっては、この「一人ではない」という安心感が、自信をもって表現することに役立つ。美術を得意だと感じている学生にとっては、他者の発想に触れることで、新たな発想を得ることができるようにする。

　二つ目の「材料、形や色などに働きかけることから始まる造形活動であること」については、小学校の図画工作の「造形遊び」の要素を取り入れている。「造形遊び」は、単に遊ぶことではない。遊びの特性を生かした造形活動のことである。

　子供は遊びの中で、いろいろなものに進んで働きかけることを楽しみ、様々な発見や体験をする。砂場の砂や木の枝など様々な材料による造形的な遊びにおいて、子供たちはものの形や色などから思いついた活動を意のままに進め、手がけた材料の形などから新たな発見をしたり、自ら形を変える面白さを楽しんだりする。

　この遊びがもつ教育的な意義と創造的な雰囲気に着目し、本来、子供の造形活動にある生き生きとした姿を取り戻すために、“遊び性”を生かした学習活動として構成されたのが「造形遊び」である。

　「アート・コミュニケーション」活動は、学生一人ひとりが、進んで楽しみながら、他者と共同して、表現方法等を探り、選択し、失敗を恐れず、たとえ失敗しても、そこからさらに試行錯誤をし、自分たちの納得のいく表現を追求する活動である。したがって、学生が探り、選択し、試行錯誤することが十分に行えるよう、材料や活動の過程を設定することが重要となる。

　三つ目の「事前に制作の見通しを立てることはせず、お互いの発想を尊重し、つくりながら共にイメージを広げていく造形活動であること」については、即興演劇の手法を取り入れている。

　先に述べたとおり、即興演劇においては、事前に、テーマとなる言葉や場所の設定だけがあり、役者は、そこからイメージしたものを即興で表現する。次の役者は、その表現をきっかけとして、前の役者が提示したイメージを共有するとともに、自分なりの解釈やイメージを加えつつ即興で表現する。そしてさらに次の役者は、と連鎖反応のように即興の表現が続いていく。役者同士が、テーマとなるキーワード等を基に、まず自分のイメージをもち、偶然性を生かしながらお互いのイメージを融合させ、全く新たなイメージを舞台上につくり上げていく。

　即興演劇の役者としての経験をもつ筆者が、この即興演劇を成立させる上で重要であると実感させられた点がある。それは、共に演じる者同士の信頼関係があるか

らこそ、お互いの表現を受け止めながら自分のイメージをさらけ出すことができるという点である。

それは「アート・コミュニケーション」でも同様である。材料を手に取り、材料に実際に手を加えることを通して、自分が感じたことや考えたことを他者に伝える。次に、もう一人は、その表現を受け止めながら、さらに手を加えることで応答していく。その連鎖の中で、学生たちは信頼関係や、他者を受け止めることの大切さを実感的に学習していく。

② アート・コミュニケーションの実践

(1) 紙を使ったアート・コミュニケーション

目白大学児童教育学科の学生を対象にした紙を使ったアート・コミュニケーション活動を紹介する。

この活動は、二人一組で行う。材料は、白ボール紙（8枚ほど使用）、ハサミ、ホチキス、セロファンテープである。まず授業の導入で、二人一組で協力をして、一つの「アートな形」をつくる活動であることを学生たちに伝える。

学生一人ひとりが自分の感覚に基づいて、「アートをしているな」「面白いな」という形をつくろうとすることがまず大切であり、次にそれぞれの形を組み合わせ、さらにそこから思いついたことを二人で話し合いながら、新たな「アートな形」をつくっていく活動である。

材料の白ボール紙を、ハサミで加工する際のポイントなど、安全面についても配慮しながら事前に指導しつつ、学生には、これまでに紙を使った工作で、どんなことをしてきたかを思い出させる。経験を見つめなおさせながら、自身がもっている知識や経験を総動員して表現活動に取り組めるようにするためである。

今回の材料の白ボール紙は、使い方次第で様々な表現ができる可能性があり、試行錯誤ができる材料であること、グループで協力をして、新たな表現を見つけるようにすることも伝える。

以下はその活動の様子である（写真1、2、3、4）。

写真1

①ペアで協力をしながら、白ボール紙で、基本となる形（土台）をつくる。

写真2

②お互いのアイデアを否定せず、取り入れつつ、紙をハサミで切ったり、丸めたりする。

写真3

③ペアで、試行錯誤しながら、お互いの納得がいく「面白い形」を探る。

写真4

④二人で話し合い、題名を決め、完成となる。

（2）絵の具を使ったアート・コミュニケーション

　次に、目白大学児童教育学科の学生を対象にした絵の具を使ったアート・コミュニケーション活動を紹介する。

　この活動は、二人一組で行う。材料は、アクリル絵の具、ローラー（幅の狭いものや広いものなど多様なタイプを用意する）、白ボール紙（全判サイズ1枚を二人一組で使う）、ハサミ、木工ボンド、黒色画用紙（台紙として使う）、カッターナイフ、カッターマット、である。

　まずは、授業の導入で、二人一組で協力をして、全判サイズの白ボール紙に、いろいろな種類のローラーで「ステキな模様」を描く活動であることを伝える。

　最初は、学生個人による、自分にとっての素敵な色と素敵な模様を描く活動で始まるが、お互いに遠慮ばかりしていると活動は広がらない。一人の主張が強すぎては、二人でつくり出す「ステキな模様」には程遠いものとなる。二人が試行錯誤しながら、お互いのイメージを認めつつ関わり合いながら、自分のイメージも主張していくことで、一つの「ステキな模様」が出来上がるのである。次に、「ステキな模様」の中でも、特にお気に入りの部分を、それぞれがハサミで切り取る。余った部分は、他のペアと交換をする。集めた「模様」を、黒い台紙の上で「ステキな模様」になるように画面構成をする。ペアで試行錯誤しながら、お互いの納得がいく「ステキな模様」を追求するのである。最後に、二人で話し合いながら題名を決め、完成となる。以下、活動の様子である（写真5、6、7、8）。

（3）学生の変化

　目白大学児童教育学科の学生のうち、2013年度児童教育学科「造形遊び」履修者39名、2014年度児童教育学科「造形遊び」履修者15名、計54名に、高校までの図画工作・美術の授業を振り返ってみて、苦手意識があるかについて調べてみた（表1）。

　「図工・美術は苦手ですか」という質問に対して、72％の学生が「とても当てはまる」、また、「どちらかというと当てはまる」と回答した。

　その主な苦手理由としては「絵も描けないし、つくることもできないから、やりたいと思わない。」「何をつくればいいのか、思いつかない。」「細かい作業が苦手で不器用だから。」「完成度が周りの人より低く、恥ずかしかった。」「自分が何をつくりたいのかイメージできない。」といったものがあった。

写真5

⑤ペアで協力をしながら、アクリル絵の具で「ステキな模様」を描く。

写真6

⑥お互いのお気に入り部分をハサミで切り取る。余った部分は、他のペアと交換をする。

写真7

⑦黒い台紙の上で、画面構成をする。ペアで試行錯誤しながら、お互いの納得がいく「ステキな模様」を追求する。

写真8

⑧二人で話し合い、題名を決め、完成となる。

表1　図工・美術は苦手ですか

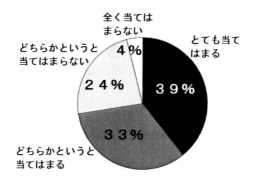

　これらの実態を基に、図画工作・美術に明確な苦手意識をもっている「とても当てはまる」と回答した39％の学生が、「アート・コミュニケーション」の授業を通して、どのように変化していったのかを、授業前と授業後のアンケート結果からまとめてみた。
　紙を使った「アート・コミュニケーション」は、90分を2コマ実施後に、絵の具を使った「アート・コミュニケーション」は、90分を4コマ実施後にそれぞれアンケート調査を行った。図画工作・美術に苦手意識をもっている学生の意識の変化は、次のとおりである（表2、表3）。
　アンケート結果から、紙を使った「アート・コミュニケーション」も、絵の具を使った「アート・コミュニケーション」も、もともと図画工作・美術に苦手意識のあった学生にとって、「楽しく活動できた」という満足度がとても高いことが分かる。
　このことは、"遊び性"を生かした学習活動として構成された「造形遊び」要素をもった表現活動ならではの特徴だと考える。遊びのような楽しさが、活動のきっかけとなり、苦手意識の強い学生でも、楽しめたのだろう。
　また、図画工作・美術に強い苦手意識をもっている学生が、つくりたいものをイメージすることができたこと、ペアで協力して活動することで安心感を得られていたことも明らかである。
　一方、相手のアイデアを積極的に受け入れることで、相手も楽しんで活動していただろうと感じる人が多い半面、自分のアイデアを相手に伝えられたかに関しては、肯定的な回答が減少している。これは、図画工作・美術に強い苦手意識をもっている学生のもつ、自分のアイデアに対しての自信のなさが表れているとも考えられる。この課題は、自分のアイデアを相手が否定せずに受け入れてくれた、という体験を

表2　紙を使ったアート・コミュニケーション事後アンケート結果
　　　―図工・美術が苦手な学生の変化―

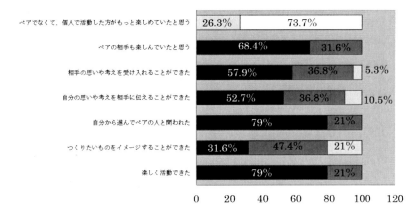

表3　絵の具を使ったアート・コミュニケーション事後アンケート結果
　　　―図工・美術が苦手な学生の変化―

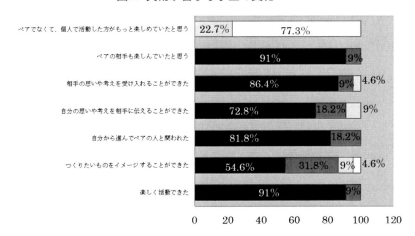

繰り返すことによって解決していくことが大切だろう。

「アート・コミュニケーション」活動は単発でその効果を期待するものというよりも、継続的に実施することで、苦手意識の強い学生の意識改革を図り、感性や創造性を涵養し、コミュニケーション能力を育成していくことが重要であると考える。

おわりに

今回紹介した実践とアンケートにより、図画工作・美術へ苦手意識の強い人がその意識を克服し、創造活動の喜びを実感する上で、形や色などによる表現を手段とした造形的なコミュニケーション活動が、「イメージすること」ができないという苦手意識を緩和するなど、一定の効果をもつことが分かった。

今後の課題としては、「アート・コミュニケーション」活動の、人間形成における教育的効果を実証するために、さらなる幅広い年齢層を対象とした実践を行うとともにその効果を検証することである。

ハーバート・リードは、感性と理性の統合を芸術教育に求め、これによって真の人間形成が可能となること、芸術活動が人間の精神活動を統合する創造性の基礎を形成することを主張している。[8]

就学前の幼児とその保護者、美術に苦手意識をもった社会人など幅広い年齢層を対象に、「アート・コミュニケーション」活動の実践を行い、様々な年齢段階における、その教育的意義と効果を確認し高めながら、この活動自体の更なる工夫・改善を図っていきたい。

注

(1) コミュニケーション教育推進会議「子どもたちのコミュニケーション能力を育むために〜『話し合う・創る・表現する』ワークショップへの取組〜審議経過報告」（平成23年8月29日）pp. 7‐9。
(2) 同上報告書、p. 1。
(3) 平成19年度 文部科学白書 第1部第2章第2節 豊かな心と健やかな体をはぐくむ 1. 子どもたちの心や体力の現状 (1) 子どもたちの心の現状。
(4) 同上報告書、p. 5。
(5) 同上報告書、p. 6。
(6) 茂木健一郎（2013）『創造する脳』PHP研究所、p.124。
(7) 同上書、p.130。
(8) ハーバート・リード（2001）『芸術による教育』フィルムアート社。

参考文献一覧

・磯部錦司（2006）『子どもが絵を描くとき』一藝社。
・上野浩道（2007）『美術のちから　教育のかたち　〈表現〉と〈自己形成〉の哲学』春秋社。
・上野行一（2001）『まなざしの共有—アメリア・アレナスの鑑賞教育に学ぶ』淡交社。
・大坪圭輔、三澤一実（2009）『美術教育の動向』武蔵野美術大学出版局。
・川喜田二郎（1967）『発想法』中央公論新社。
・川喜田二郎（2010）『創造性とは何か』祥伝社。
・辻中豊（2014）『教育展望』4月号　教育調査研究所。
・ハーバート・リード（2001）『芸術による教育』フィルムアート社。

第9章①

絵本を大学生と「読み合う」

宮地　敏子

はじめに

　児童教育学科開設時から、専門選択科目『児童文学論』と『絵本の世界』を担当している。小学校教員志望の学生になぜ児童文学や絵本を学ぶ機会を用意するのか。意図は明確で、他者の心情に「深く響感[1]」するためだ。「学科では5系列の学びから児童教育にアプローチし、"現場性"と"感性"を鍛えること[2]」を目指しているが、この重い意図に応える根源性と広汎性と身体性とを、絵本・児童文学は備えている。

　しかし、ヴィジュアルな漫画や映像に親しみ、電子機器で情報を簡単に得て、本を読まないといわれる現代の若者が、文字の本を読む重要性を納得し、面白いと体感し、本が読めるようになり、子どもに「伝える」までに学びを深めるのは、本学紀要に『児童文学論』に関する事例報告[3]をしたが、なかなか容易なことではない。

　それでは『絵本の世界』はどうか。幼いころ「読み聞かせ」をしてもらった経験を持つ学生は8、9割に上る。しかし、この絵本の乳幼児期の読み聞かせの浸透は、「絵本は幼い子どものためのもの」「軽くて、やさしくて、楽しいもの」という固定概念も作っているようだ。10歳前後から特に重要とされる文字で読む読書にも繋がっていないのが実態だ。

　先に子どもの本は、根源性、広汎性、身体性を備えているとしたが、絵本にはこの特徴が際立っている。それはとりもなおさず、感性と不可分な特徴でもある。筆

者は感性を「より善い価値に向かっていく感覚」と考えてきた。感性は、心理学や哲学さらに直感や第六感を脳科学で解明する研究などでいまだに様々な論議がなされ、ことばによる定義が難しい。

　子どものために創られた最初の絵本はJ.A.コメニウスが1658年に出版した『世界図絵』とされる。「世界の事物と人生の活動におけるすべての基礎を、絵によって表示し、名付けたもの[4]」で教育学の不朽の著と言われている。序言で宗教者コメニウスは「あらかじめ感覚の中に存在しないものは、何事も理性の中に存在することはありません。従って事物の区別を正しく把握するように、感覚をよく訓練することは、すべての知的能弁さ、および人生の活動におけるすべての思慮にとってその基礎をおくことになる[5]」と言っている。そして、この『世界図絵』には「絵は目に見える世界のすべてのものを描いたものです（目に見えないものもそれぞれのやり方でとりいれられています)[6]」と明言している。

　だが、入門にある「発音」の後に続く、150項目にわたる絵とことばの解説は、冒頭から「神」、「世界」、「天空」と続き、非常に難度が高い。対象となる子どもの認識や心理の発達理解は、その後の諸科学の発展を待たなくてはならなかった。しかし、絵本と子どもいや人間との関わり、感性と理性に関して、さらにまた絵とことばからなる絵本の根源性、広汎性への言及は刮目に値しよう。身体性に関しては、フィリップ・アリエスの書を持ち出すまでもなく、当時の乳幼児死亡率は非常に高く、言語で会話できるようになるまで生き延びられる生命力を持った人間のみが、すぐ大人の世界に組み込まれたので、体験と関わる五感の重要性は問題にされなかったのではなかろうか。

　絵でものを考えるのは、先史時代の人間がやっていたことで、その意味では、絵本が新しい文化であるというにはあたらないが、コメニウスが『世界図絵』という絵本で、「世界における主要な事物のすべてと、人生における人間の諸活動を絵で表し、命名することで[7]」子どもの感覚をよく訓練しようと意図したことは画期的なこととして確認しておきたい。

① 『絵本の世界』の授業で企図したこと

（1）多数の多様な絵本に触れる・「読み合い」をする・感想を文字で表現する

　さて、『絵本の世界』では、授業に企図したことが3点ある。

１点は絵本にできるだけ多く触れて、自分で何かを感じてもらうこと。２点目は同じ絵本を「読み合う」ことだ。

１点目は、毎週授業テーマ毎に、時間内で紹介できる範囲の絵本を提示した。また、学生自身が図書館等で、絵本を読んで30冊以上を選書する機会も作った。

２点目の「読み合う」ということは、ある男子学生の学びの表白にあるように、「絵本は心と心の触れ合いができる。作者と読み手の、また親と子、購入した親と読み聞かせてもらったり自分で読んだりする子どもとの繋がりを生む。友だちに紹介されて読んで友とも絆ができた。絵本はいわばコミュニケーションツールだ」という面と、この対話から啓発しあう志の高さを生んでいく、換言すれば平和な文化を生んでいく面とがある。授業外でも、この「読み合い」を、教室外の人達、年齢も、性別も異なる人と小学校低学年中学年、高学年以上と３冊選んで取り組んでもらった。そのせいか、自由記述による授業感想では、この「読み合い」を肯定的に評価した学生が7割を占めていた。

３点目は、自分の感じたこと、考えたことを表現することにも重きを置き、４，５名のグループを、同じ顔ぶれにならないように配慮し、まず、個人の感想を書き、「読み合い」をし、さらにその後の感想を都度時間内にまとめて提出するようにした。しかし、「自分の感じたことを文字にして表現する力がついた」と筆者の企図に響く報告を記入したのは一名だけだった。「絵本を読むと感想を持つが、自分でも表しにくい感情になることもある。それを文字にすることはとても難しいことだが…当初と比べたら、成長していると感じている」と。

（２）「鏡の本：自己肯定感が育つ」「扉の本：知識の芽を育む」「昔話絵本：知恵が伝わる」

ネットによる多くの絵本情報では、ジャンル別、また年齢別の区分がなされている。しかし、これに依っていては個々の子どもと向き合って、親や教師自らが選書をするという能力が育ちにくい。授業で毎回数多くの絵本に実際に触れてもらったが、こうした絵本体験がなければ、より善い絵本を選書する感性は育たない。美術館やコンサートを巡り、審美眼、鑑賞力を育てるのと同じだ。

さまざまな視点で多様な絵本区分があるが、古典絵本を集め共通点を発見する授業以外、筆者が分けた３つのジャンルで進めた。一つが「自己肯定感」を育てる「鏡の本」。２つ目が、諸科学への好奇心に応え、さらにその芽を育てる「知識」重視の「扉の本」。３つ目が、無意識のうちに「知恵」を蓄える「昔話絵本」である。それぞれの間は厳密な区分にはなっていない。実際の授業では、それぞれの区分で

多くの絵本を紹介し、「読み合い」をした。

「鏡の本」では、子どもが「自分」に気付くころの赤ちゃん絵本、母子や父子という家族関係の絵本、さらには、友だち、高齢者、障碍、など、主として人間関係の中で、自分を肯定していくストーリーと絵を味わえるものを提示した。自分に誇りを持てない者は、他者と共生していくことが難しいと考えているからである。生きていく上に、根源的に肝心なことだ。

喃語の時期から、親が読み聞かせるのは、声によるスキンシップとなり、人間への信頼感が育つ。『ぐりとぐら』は料理することと食べることが好きで、けちではなくカステラをみんなで分けるし、卵の殻の後始末のつけ方も見事だ。乳幼児期の絵本は、読んでもらう楽しさのなかで、この世は根源的に生きるに値する、すてきなところだと信じていくのだ。絵本は子どもがするあらゆる体験を鏡のように存在を映し、肯定し、生きて行くことを応援する。

「扉の本」は、知識絵本である。森羅万象、五感でとらえることができる外界のことへの子どもの好奇心探究心を刺激しさらに広げていく広汎性を感じる絵本群である。自然界のタンポポ一つとっても写真で成長を追う自然科学的なものから、擬人化して生命力を強調する文学的絵本まで多様な視点による作品が揃っている。

さて、「昔話絵本」は知恵が伝わると位置づけたが、口承で伝えられ、伝わってきた昔話を、特定の個人が再話し、絵画でもその作者の美的価値で固定化する昔話の絵本化に、学生たちは強い関心を持った。日本の昔話と世界の昔話を教室に持ち込んだが、学生たちの反応は、日本と異国を比べるという方向にはならず、両者に対し等しく「へえっ」という物珍しさが支配的だった。

日本の昔話絵本の「ももたろう」や「かちかちやま」を数種類ずつ比較させた。イギリス民話の「さんびきのこぶた」もパロディ本も入れて多数読み比べた。これらを読み合った班が、互いにその「驚き」を他の班に拡散した。同じ題でありながら多様な絵本に驚くと同時に、希薄な生活文化の伝承またグローバル化の影響もあり、日本および異国の昔話絵本を大差なく感受しているのだと感じた。

現在、日本の絵本文化はかなり充実していて、マイノリティの昔話も絵本化されるようになっている。それらは扉の本でもあるし、心深く残る鏡の本でもある。『みにくいむすめ』（マーティン作　シャノン絵　常盤訳　岩崎書店　1996年）を読み聞かせてもらったある小学4年生たちにとっては、ネイティヴ・アメリカンに伝わる昔話という新しい知識の扉が開けた絵本でもあり、スケールが大きくしかも緻密な絵も素晴らしい。そして、ぼろをまとった虚栄心のない働き者の娘には、「見え

ないものを見る力」が備わっていて、最後には幸せになる。主人公に自分を重ねるように聴いている子どもたちは、無意識のうちにそのハッピーエンドを寿ぎ、より善い価値に魅かれているのだ。読了するとそこには感動の沈黙があった。

 ② 授業外の課題

　授業外の課題として、授業と連動して、多くの絵本に触れることを主眼とした『絵本30＋』と他者との「読み合い」の二つをしてもらったが、「読み合い」の結果が反映される記述も混在することから、前者を中心に記述する。

（1）『絵本30＋』の選書

　『絵本30＋』という授業外の課題は、自分の感性で選書した30冊以上の絵本の記録ノートを作るというものだ。授業で紹介した絵本でもよいこと。ただし、乳幼児対象ではなく児童期以降の読者を対象としていると考えられるもの。最後に必ず、全体の感想を書く。以上を口頭で述べて、筆記させた。

　今年度の評価の目安として挙げたのは以下である。a≪選書≫自己肯定感、知識、知恵など子どもの発達を意識した選書がなされている。選書に自分の主張がある。小学生を主な対象にしている。b≪子どもへのまなざし≫子どもが育つことへの畏敬、絵本を単に教材の一つとして位置づけていない。c≪文や絵について・内容理解≫作者のメッセージと共感している。文章と絵両方への言及。d≪完成度≫読みやすい字。誤字脱字が少ない。e≪提出期日厳守≫。f≪プラスアルファ≫30冊以上に挑戦。表現の工夫、オリジナリティなど。g≪達成感≫課題に楽しんで取り組んだ。学びを感じている。など。

　主体性が問われる自由度の高いこの課題に、提出された『絵本30＋』で上記の目安に5つ以上〇を得たものをAとしたが、18レポートのうち11がそうであった。ある学生は「世の中に数えきれないほどある絵本の中で、この30冊に出会えたことは奇跡かもしれない」と全体感想に書いている。4名は未完。なお履修者は主として2年生で女子9名、男子13名であった。

　興味深かったのは、授業配分としては、先述の絵本3分野に、ほぼ同じように時間をとったが、『絵本30＋』には、筆者が根源的に肝心だとした、自己肯定感に結びつく「鏡の本」の選書でおおかたが占められていた。

『絵本30＋』のなかに複数の学生が取り上げた絵本と、1月に行った同級生以外と読み合いもした「私が子どもと読み聞かせ・読み合いたいとっておきの一冊」という発表授業で、学生間の評価が高かった絵本を挙げていこう。

　今、学生が何を求めているか。それを誰かと分かち合いたいほど感動しているかが浮かび上がってくる。

　①②は5名③④は4名⑤⑥⑦⑧は３名が同じ絵本を選んでノートで感想を述べている。⑨から⑫は各２名、⑬から⑲は発表した学生のみが『絵本30＋』であげた絵本だったが、発表授業で「ぜひ手にとって読みたい」という感銘を多くの聴き手に与えたものだ。

①『１００万回生きたねこ』　　　　　　　　佐野洋子作　講談社　1977年
②『どーしたどーした』　　　天童荒太文　荒井良二絵　集英社　2014年
③『かいじゅうたちのいるところ』　　　モーリス・センダック作　神宮輝夫訳
　　　　　　　　　　　　　　　　　　　　　　　　　　冨山房　1975年
④『はじめてのおつかい』　　　筒井頼子作　林明子絵　福音館書店　1976年
⑤『おしいれのぼうけん』　　ふるたたるひ／たばたせいいち作　童心社1974年
⑥『ずーっとずっとだいすきだよ』　　ハンス・ウィルヘルム作　久山太市訳
　　　　　　　　　　　　　　　　　　　　　　　　　評論社　1988年
⑦『まっくろネリノ』　　　ヘルガ＝ガルラー作　矢川澄子訳　偕成社　1973年
⑧『はっぴーさん』　　　　　　　　荒井良二作　　偕成社　2003年
⑨『ともだちのしるしだよ』ウィリアムズ／モハメッド作　チャーカ絵　小林訳
　　　　　　　　　　　　　　　　　　　　　　　岩崎書店　2009年
⑩『名前をうばわれたなかまたち』　　　　　タシエス作　横湯園子訳
　　　　　　　　　　　　　　　　　　　　　　さ・え・ら書房　2011年
⑪『だいすきがいっぱい』　　　シールズ文　プライス絵　おびか訳
　　　　　　　　　　　　　　　　　　　　　　主婦の友社　2007年
⑫『ぶたばあちゃん』　　　　　ワイルド文　ブルックス絵　今村訳
　　　　　　　　　　　　　　　　　　　　　　あすなろ書房　1995年
⑬『老ピエロ　レオ』　　　　　フェドロバ作　ソブコ絵　河口訳
　　　　　　　　　　　　　　　　　　　　ノルドズッド・ジャパン　2003年
⑭『これは本』　　　レイン・スミス作　青山南訳　BL出版　2011年
⑮『ぼくの犬』　　　　　　　　ヘファナン作　マクレーン絵　福本訳
　　　　　　　　　　　　　　　　　　　　　日本図書センター　2005年

⑯『悲しい対馬丸の話』　久野登久子ら作　松平恒忠絵　フレーベル館　2009年
⑰『森のささやき』　　　葉祥明作　英訳リッキーニノミヤ　出版文化社　1999年
⑱『希望の牧場』　　　　　　　　　森絵都文　吉田尚令絵　岩崎書店　2014年
⑲『ロスト・シング』ショーン・タン作　岸本佐知子訳　河出書房新社　2012年
⑳『へいわってすてきだね』安里有生詩　長谷川義史画　ブロンズ新社　2014年

　まず①だが、小学生時代に読んだものがかなりいる。当時はよくわからなかったが、再読して意味が分かり感動したというのが多い。愛を知ったから死ぬことができた。雄ねこが死んで、ほっとした。子ども時代の「わからない」という引っかかりが氷解したことに自分の成長を確認するものもいた。②は『悼む人』を書いた天童荒太の初絵本作品。絵は東日本大震災後『あさになったのでまどをあけますよ』を描き、多くの人々を励ました荒井良二である。筆者は子どもの人間関係を学校、地域と広く結びたくて②を授業で取りあげたが、内容は児童虐待の話である。主人公は小学３年生。「どーした？」と自分が気になる人に問いかけるのが癖の少年。

第Ⅱ部　児童教育学で育てたい能力とは　　173

筆者は実際に近くの小学校で３年生に読んでみた。たまたま「どうしたの？」と声を掛け合うのがクラス目標だったその組の反応は、家族を、地域を、学校を動かした主人公全君の「どーした？」への、「自信に満ちた」共感だった。人の痛みに気付く感性への共感は、作者も３年生も、20歳前後の学生も、人間として同じだ。「心が揺さぶられる体験ができる絵本だ」と書く学生がいた。③は絵本の古典。授業では古典絵本を５，６冊ずつ配り、70年100年と残っていくのはなぜか「読み合って」発見してもらったが、温かい、読み手にはらはらドキドキする感情が沸き起こる、冒険があり、問題解決がある、達成感がある、仲間がいる、ハッピーエンド、ことばにリズムがある、絵の表現が多彩など、学生たちは多くの共通点を発見する。このセンダックの絵本では「リアルからファンタジーへの移行に伴い画面が変化すること」怪獣のなかの一匹の足が、人間の足であることに気付き、「これは母親の愛を感じるリアルな世界に帰還できる冒険こそが子どもの成長には大切だと作者は暗示しているのではないか」などの意見が「読み合い」で出ていた。④は女子に⑤は男子に子ども時代に好きだった絵本として毎年複数ノートに記載される。④について、「読者はみんな『みいちゃんだいじょうぶかな』と心配する。気づかないうちに誰かのために心配し、喜び、心をフル活動させている」と記す男子がいた。⑤は恐怖を友だちと乗り越える想像力に共感するものが多い。⑥⑫⑬は、老いと死がテーマ。それぞれ、自身の体験を重ね、ペットあるいは祖母や祖父の老いを、見つめる記述が多い。⑫や⑬のように高齢者と子どもの交流をテーマとした絵本は、ここ数年連続で関心が高い。『おじいちゃんがおばけになったわけ』（オカーソン作　エリクソン絵　菱木訳　あすなろ書房　2005年）も例年学生に支持されている絵本。⑦は授業の中で「読み合い」した絵本の一冊だ。同じときに『わたしはあかねこ』（サトシン作　西村敏雄絵　文溪堂　2011年）も読んだ。「鏡の本」はアイデンティティを問う絵本でもあるが、兄弟姉妹の絵本を読み合った班は、活発に話し合いが見られ、『絵本30＋』に記載するものが複数いた。⑨は難民キャンプ⑩は学校でのいじめ、⑪は利己的なぬいぐるみの話。それぞれ話の舞台は異なるが、自分と他者とのつながりを立ち止まって、深く考えさせる力を持つ作品だ。⑭は情報機器と本とを対比させた斬新な作品。学生の関心を引くものだった。⑮⑯は場所時代は異なるが子どもが主人公で、戦争に巻き込まれていく悲惨さを考えさせる作品。⑮は1991年ごろから1995年のボスニア・ヘルツェゴビナ民族紛争が舞台、⑯は1944年8月22日に学童疎開輸送中に撃沈された実話。⑰は葉祥明作で英語訳がついている。木と子どもの対話。各２名いた『おおきな木のおはなし』（デパルマ作　風木訳　ひさか

たチャイルド　2012年）『奇跡の一本松』（なかだえり作　汐文社　2011年）など環境問題に触れる絵本を記載する学生も少なくない。⑱は下読みが充分され「読み聞かせ」に迫力があった。東日本大震災後の福島原発事故で放射能で汚染された食肉牛を、殺処分するのを拒否し、一銭にもならない牛を飼い続ける「牛飼い」の話。聴き手の学生たちのコメントには、知識の扉を開かれた以上に、牛飼いの愚直で一途な生き方に、直感的に凄いと反応するものが多かった。⑲は少年が浜辺で赤い筒状の丸いタコみたいな迷子に出会う。このロスト・シングの居場所を探す旅物語。選書した学生は、オーストラリア在住で中国系移民の作者の「共生」のテーマに関心を持ち他の作品も読んでいる。この学生のように、例えば、アラン・セイの『おじいさんの旅』（ほるぷ出版　2002年）を読んで、他の作品『はるかな湖』（椎名誠訳　徳間書店　1999年）を手に取ったり、韓国の昔話絵本を集中的に読んだり、「自己肯定感」が育つ絵本を探したり、日本の昔話をまとめて読んだり、あるいはまた、絵画表現に興味を持って、その表紙を模写してレポートをまとめたりする者もいた。漫然と課題をこなすというのではなく'自分らしさ'をこの課題を通して模索していた。

（2）『絵本30＋』の全体感想

　次に、学生が『絵本30＋』をやり終えて、どのような気付きをもったかを整理してみたい。複数の学生が共通に挙げたことには大きく二つある。

　一つ目は、絵本を選書して読むという行為が、「自分」を見つめることになるという気付きだ。「自分を見つめ直す機会になった。物事の考え方、捉え方、判断する力では多くのことを感じ、学び得ることができた」という声に見られるように、「自分と向き合うことができた」「さまざまな作品に触れ、自分なりの発見や、思うことがあって、良い経験になった」「絵本と向き合うことで、自分の世界を広げた」「読んでいくうちに自分の好きなジャンルが見つかってきた」など、いわば新たな自分を発見できたという実感があったようだ。

　二つ目は、この「自分発見」ということ以上に多くの学生が挙げたのが、「絵本は子どものためにだけあるのではない」ということだった。絵本なんてと軽く考えて履修するものが多いのは冒頭でも記したが、絵本を読み込む過程で意識が変わっていくのが今2014年度も明白にみられた。

　大人になって児童向けの選書をしていて、絵本の志の高いまた深いメッセージに気付き、これは子どもだけではなく、大人も、いや大人こそ読むべきだと熱弁する。

しっかりしたメッセージがあるのだから、偏りなく様々な絵本を読み、人間が生きるためのメッセージをまず大人が読む。そうすることが子どもの成長につながる、と断言するものもいた。

学生が自由に選書し、共感し合ったこれらの絵本の①②④⑤⑧⑯⑰⑱⑳は日本人の作品、③⑥⑦⑨⑩⑪⑫⑬⑭⑮⑲は様々な文化や場所を舞台に創作されている。この多様性のカオスにありながら、提出された『絵本30＋』の選書で痛感したのは、学生たちの関心が、より深いところ、より広いところ、即ち「より善いところに向かおう」としていることであった。原発、超高齢社会、戦争の事実、さらにICTにも、それぞれの絵本に注がれる眼差しは真摯で、目をそらすことなく凝視し思索している。

おわりに

「多くの絵本に触れてきたが、絵本に真剣に向き合うことで、今までの自分の中の常識や考えが変わったり、いろいろなことに対しての楽しみを覚え、心が豊かになると思った。日常に目を向け、こころのアンテナを立てるようになった。それは『たいせつなこと』（ブラウン作　ワイズガード絵　うちだ訳　フレーベル館　2001年）を読んで気づいたことだ」授業態度が回を追うごとに積極的になっていった学生の授業感想である。

絵本の世界は途方もないほどの時空を持つ。過去現在未来、赤ちゃんから老人まで、ファンタジーからリアルまで、蟻から宇宙まで、世界の国々はすべて。人間が想像できるすべてを網羅している。また絵本の世界は深い。確かに「読むたびに異なる何かを感じるし、人によって実にさまざまに感じ取る」と学生は書く。合理や効率と相容れぬ無意識の深淵を肯定し、無意味なことすら尊重する。さらにまた、感情を揺るがす絵本は、体と不可分である。こんな記述もあった。「絵本を読んで得られるものは、共感からの感動だけではなかった。恐怖感、喪失の悲しみ、怒りなどが生まれ、それが面白い」それは'絵本体験'ということばがあるように、絵本を体験することから得られるのではないか。

感性をより善い価値に向かう感覚ととらえるならば、絵本は宮澤賢治が求め続けた「ほんとう」を豊かに内包し、人それぞれの「ものがたり」に情緒という彩りをもたらしていくものかもしれない。

ある女子学生は「児童教育学科で、絵本を教材のように考えがちだったが、この授業を受けて、『絵本は楽しむものだ』と思い出すことができた。この気持ちをこ

れからも絶対に忘れないでいよう」と書いた。

　講義の最後に、筆者は⑳『へいわってすてきだね』を読んだ。与那国島に住む小学1年生の男の子の詩に感動した大人が絵を描いた2014年6月刊の作品。履修者全員が「伝えたい」と応えた絵本になった。

　絵本を誰かと「読み合う」ことは、人と人との歩みにゆるやかに寄り添い、より善い価値に気付かせてくれる感性を無意識のうちに育んでいる。

注

(1) 多田孝志（2015）ら編著『持続可能性の教育―新たなビジョンへ』教育出版、p.44
(2) 本学科紹介の文言より。
(3) 宮地敏子（2014）「児童文学と教員養成に関する一考察」『目白大学高等教育研究』第20号、pp.103-110。
(5〜7) J.A. コメニウス　井ノ口淳三訳（1995）平凡社、p.12。

参考文献

・フィリップ・アリエス　杉山光信・杉山恵美子訳（1980）『〈子供〉の誕生　アンシャン・レジーム期の子供と家族生活』みすず書房。
・村井実（2015）『教師と「人間観」』東洋館出版社。

第9章②

無理なく・無駄なく・快く
自己表現を可能にする児童文化論

宇田川　光雄

はじめに

　目白大学人間学部児童教育学科にて授業を担当したのは、学科創設時の一学年対象の「遊びと人間関係」と「児童文化論」である。児童文化論の授業にてどのように無理なく無駄なく快く学生諸氏の自己表現を引き出すことができたのかを示したい。春期実施の児童文化論は児童文化財の作成を通じて展開する演習的授業を実施することとし、グループ学習で出席番号順に5人組グループとした。学生諸氏が自分たちの考えをまとめ、表現してきたことを実践レポート形式でまとめる。

① 児童文化論授業からの自己表現

　本授業の学習形態は「講義」と記されているが、「演習：人形劇を通じて児童文化を考える」と直し、筆者のもつ紙人形劇「ペープサート」技術を伝えた。授業では、授業中に作成したものを表現して終了するという展開をした。

(1) リレー小説による児童への思い

　5人グループで、リレー小説を実施する。リレー小説とは、1人ずつ自分の書きたいテーマを決めて、起承転結の「起」の部分を書きあげる。そして、その用紙を

メンバーに回して、隣者が書き手の思いを受け継ぎ「承」の部分を記載する。以下同じように用紙を回して、「転1」「転2」「結」と5人で一作品を完成する。「転」を2人が記載することで話が膨らみ、面白味が出る。児童文化論であるので、現在の児童に必要だと思うことをはじめに話し合いをして、各自キーワードで表現をして、リレー小説を行った。

この段階で、自分の思うことを他者が受けてくれるという関係性が生まれる。また、自分の思うことと異なった結論が生じる場合もある。

次は、5人で一番よくまとまったものや面白いアイデアのものを1点選ぶ作業に入る。自分はこの点がよいなどと自己主張を展開する。選ばれた作品をグループで発表する。(筆者がグループの作品をワードにて作成し、翌週配布する)

(2) 脚本化する

次は、リレー小説を脚本化する。絵コンテを作成して共通理解を図ることとした。起承転結を場面ごとに絵で表現する活動を展開する。この絵が人形劇の登場人物を決定することになる。また、文章を会話にすると、その内容が説明的・解説的になってしまうことがあるので、留意させ、登場人物の固有名詞などつけるように指導する。さらに、どういう状況での会話なのかという但し書きにあたる「ト書き」についても説明し、会話による進行とト書きの作成を進める。グループ全体での話し合いだと人形の作成が遅れるので、分業にて進める。脚本作成担当と人形作成の担当に分かれる。人形作成が描く登場人物は脚本に影響を与える。脚本作成が人形担当に注文をつけ、アイデアが膨らむ。この繰り返しで一本の創作人形劇が出来上がる。

(3) 稽古（演出）

できた台本を基に、実際に演じることになるが、演じることに抵抗がある学生もいる。台本なんていらないという学生も出る。練習している中で、動かし方をどうするのか、演出が必要になる。声の出演と人形操作の役割など分担が生じてくる。一つの教室で展開すると自分たちの作品が公になるので、空き教室で練習するなども生まれてくる。

(4) 実演と評価

練習は、時間との勝負である。進路の違いや悲喜劇等の内容の差により練習量に差が生じる。練習をしながらさらに演出が変わり、アイデアが生まれることもあり、

これで良いという達成感を得ることは難しい状況が続く。いつまでも練習時間を持つことはできないと順番に発表していく。発表は3回の授業時間をあてた。評価は、自己評価と他者評価があり、各自が感じたことを記載する欄と評点ＡＢＣをつける。それらを基に総合的に判断して筆者がグループメンバー全員に同等の評点を行うこととした。

（5）具体的授業展開

1	前年度の受講生が残した作品を教師が演じる。「海の仲間たち」「たんぽぽ山のクマ五郎」を鑑賞するし、出席番号順に5人組になり、リレー小説で児童向けの物語をつくる。
2	グループで、5作品のうちからひとつを選択する
3	選択した作品の絵コンテをつくりながら、脚本づくりをする（2回）
4	教師が、パネルシアターかペープサートの選択を指示する。（併用もあり）
5	各グループ脚本を練りながら人形をつくる（2回）
6	練習する。（4回）
7	発表する。相互評価表を配布し、テーマ・演出（工夫）・グループの結束の3点からABCをそれぞれにつけ、総合評価としてABCをつけることとした。（3回）
8	【リレー小説からパネルシアター＆ペープサートをつくり、子どもたちへのメッセージを伝える過程で、あなたが得たことはどんなことですか】を記述させた。

（6）相互評価の結果（平成24年度）

班	1	2	3	4	5	6	7	8	9	10	11	12
A	47	39	39	55	28	55	46	14	36	46	41	35
B	9	17	17	1	27	1	9	26	16	6	8	16
C								1				
無	1	1	1	1	2	1	1	6	5	5	8	7

＊上記で55人が評価Aをつけた作品の内容
4班　自分の中に他者のために存在する自分がいることの大切さを訴えた作品
6班　離れてみて一緒にいることの良さが分かるかけがえのない存在を訴えた作品

② 全体を通して感じたこと（15回目の授業）

○僕は、小中高と人前に出て話したり、自分の考えを前に出して表現することができない人間でした。けれどもこの授業では学科のみんながフレンドリーで真剣に人の話に耳を傾けてくれることができる人たちだったということもあるけれど、リレー小説も演技も今までの自分じゃ考えられないほど表に出して表現することができたように思う。

○全体を通じて感じたことは、教師になった時に授業をつくる時に活用できると思いました。それはまず伝えたいテーマを決めます。そこから工夫をして児童に伝わるように楽しむように展開する授業をつくります。

○グループで協力をし、一つのことを成し遂げる大切さ・楽しさ充実さを改めて知ることができました。初めはうまく話が進まず不安なことばかりであったが、話し合いを深めていくうちに、いろいろな案や工夫がたくさん出てきて、とてもやりがいを感じました。まさかあのリレー小説からこのような物語ができるとは……。とても楽しかった。一人では生まれない作品だし、それを考えると「人は一人では生きていけない」ということだと感じました。

○リレー小説の時からやる気を感じられないチームでした。だんだんやる気になってきて、花を描いたり、色を塗ったり話を考えたり、各々自分の仕事を見つけて頑張るようになってきました。後半は読み合わせに力を入れ、直前で、キャラクターの名前を変更するなどいろいろありましたが、発表はうまくいったと感じます。授業を通して以前より相手のことが理解できるようになりました。

○どの班も工夫されていて良かった。また内容もバラバラだったので見ていて飽きませんでした。見ている側に質問したり、参加させたり、歌を歌ったり、これは使えるなと思いました。劇をつくっている時点では不安な点ばかりでしたが、やってみると案外楽しく、やってよかったと思いました。自分の想像力も少しは豊かになったかなと思いました。

③ 感性と自己表現

　以上が授業での展開である。この授業の中で学生諸氏が感性を磨き、どう自分自

第Ⅱ部　児童教育学で育てたい能力とは

身を発揮したのだろうかを検証したい。

（1）継続することにより感性が磨かれる

授業展開で重要なことは、作品を発表することである。発表するためには何を伝えたいのかという「思い」がなければならない。学生の相互評価で55人が評価Aとした作品は、人間の本質、人と人とが結びあうことをテーマとしている。この思いをどう伝えるのかと台本作りを通じて、人形制作を通じて何回も考えあうことにより磨かれたものである。

（2）イメージを広げ、表現を試す（アイデアがアイデアを生む）

台本作成から練習に入ると、文字を言語表現とする中で、感情をどう表現するかがグループの関心ごとになる。思うように表現できない学生と表情のある学生とが互いに高め合う。思うように表現できない学生の発言がアイデアを積むことにつながる。ペープサートをカートリッジ式としたので、占いロボットの中は、なんとドラえもんだったという奇想天外な発想も生まれる。表現を試す中で生まれ、練習中の演出により誕生したアイデアである。

（3）教師の思いを伝える（経験差・異質を受け入れる対等性）

学生だけでは、息詰まることがある。教師の思いを伝えること、教師の経験を伝えることが重要となる。12グループを一斉に見ることはできないので、各グループに大きな袋を渡し、毎時終了後、作品を袋に入れ、注文を封筒の前に記載するやり取りを行った。これにより教師のアイデアが生かされる（却下される場合もある）ことにもなる。注文も多くなる。針金が欲しい・毛糸が欲しいという要求から、筆者からグループへヒントだすなど多様な展開がなされた。

（4）よい作品を後輩に残す展開（行動はイメージに依存する）

どこまで練習して、達成度はどこまでという目標は、明確ではない。初めの授業で、先輩が残してくれた（筆者補作した作品）作品を鑑賞することで各自が最終イメージを持つ。先輩が実際に演じてくれるのではないので、どこまで感じ取るかは不明確であるが、目標が見えることが重要だ。さらに、途中で発表を入れることで、士気を盛り上げることができる。練習をきちんとしているグループのモデルとしての役割を発揮してもらい、他のグループに刺激をする。

行動はイメージに依存するので、自分たちが演じるとどうなるのかをイメージすることができる。

（5）共同作業が感性を育てる（ものをつくることが感性をはぐくむ）

　5人のグループは、名簿順である。新入学時の知らない者同志のグループである。初めに口火を切ることはそう簡単ではない。表面的なかかわり合いから徐々に児童学科学生としてのかかわり合いを増していく。ものを作りながらのかかわり合いがよい結果を生む。ひたすら色を塗る学生・アイデアを考える学生・となりのグループが気になる学生、多様多彩である。この学生諸氏がひとつのものに向かって造り上げることが感性を育てることになる。自分とは異なった色の使い方をするなどから、協力的ではないメンバーもいる中で、注意をすることができずに、ひとつのことを作り上げる。徐々に相手を受け入れながら、自分を主張することになる。

　すべての他者評価が「Ａ」である学生が14人いた。つまり考えていないということである。このグループを高めることができなかったのは筆者の反省点であるが、出席番号によるグループ編成の弊害であり、偶然でもあると考える。

　この15回の授業の中で、学生諸氏は、自分の思いを形にし、選択して、その選んだものに向けて協力することで発表まで向かう。

　その発表の練習の中でのやりとりが自己表現を高め、感性を磨くことにつながる。表現力・話し合い・メンバーへの思いを培うことが感性を磨くことになる。

《参考資料集》

参考資料1「グループのリレー小説」と筆者コメント（文化財への示唆）

ここは未来のロボット工場。ここではたくさんのロボットが作られています。お掃除ロボット・お使いロボット・ご飯を作るロボット・お家を守るロボット……。おや？新しいロボットが「ガシャン」と生まれました。そのロボットは、性格がよく、ロボット工場の中で一番優秀なロボットでした。欠点のないといわれていましたが一つだけありました。それは、自分のことしか考えなく、みんなと仲良くすることができないロボットだったのです。 ロボットたちは、お仕事をする前に1ヶ月間、他のロボットと生活をしなければなりません。新しく生まれたロボットはみんなと仲良くできないのでいつも問題ばかり起こして、とうとう周りのロボットたちから仲間はずれにされてしまいました。毎日一人で 行動をしていました。「何で僕は一人なんだろう」。悲しくて毎日泣きました。ロボットは自分が嫌われる原因がわかりませんでした。 するとロボットのところに占いロボットがやってきました。「君なんで泣いているの」「僕はみんなに嫌われているけど、どうして嫌われるのかわからないんだ」「だから泣いているの」「うん」占いロボットはこういいました。「今君誰のために泣いているの」「誰のためそんなのわからないよ」「君は今君のために泣いているんだよ」「僕のために」すると占いロボットは水晶を見ました。「ほんとにいいロボットは、誰かのために涙を流すんだ。君に欠けているのは思いやりの心」 「思いやり」　その日からロボットは工場一優秀でやさしいロボットになりました。	大変よくまとまっています。このままでよいでしょう。ロボットを登場させるときに、動きを工夫すると面白い。いろいろなロボットをつくろう。新しいロボットは「性格がよく」ではなく、優秀だけれど人と仲良くできないという設定がよい。 思いやりを見つけるためにロボットはいろいろなことをするとよい。徐々に優しいロボットになる。 ペープサート
今は昔、山の奥の村に太郎と次郎がいました。2人は大の仲良しで喧嘩をしたことがありませんでした。いつも2人で遊んだり、お風呂に入ったり、ご飯を食べるときも一緒でまるで一心同体でした。 ある日太郎が急に次郎に言いました「おれさ……東京に出て歌手を目指そうと思う」。次郎は大変驚きました「何だよそれ、お前と俺とで大農園を開いてトマトを育てるって約束しただろう」「あのときの約束を破るって言うのか」「俺の夢だろ口出しするなよ」。2人は激しい言い合いをはじめました。 それから2人は口を利かなくなり、会っても話すこともなくなりました。そして、太郎は次郎に会うこともなく東京へ旅立ち、歌手を目指し始めました。一方次郎は太郎との夢をあきらめずに一人で大農園を開くことにしました。 太郎は歌手になろうと努力しましたが、次郎のことも忘れられません。そのうちに太郎は怪我をしてしまい、あきらめて村に戻りました。太郎が村に戻ると、次郎はとてもびっくりしますが、離れてお互い寂しかったと打ち明けあいました。そして、2人は仲直りして太郎の怪我も直り、今まで通り仲良く農園を続けましたとさ。めでたし　めでたし	2人の仲良しぶりをもっと表現しよう お互いに夢を語り合う展開にしよう 別れていく時の工夫 それぞれが夢を追いかけている姿を描くこと 挫折の工夫 再開の工夫 2人の歩む姿 ペープサート

リレー小説から脚本づくり

リレー小説を四つの段落に分ける。台詞を考え、絵コンテを描く。

第一段「ロボット工場・いろいろなロボットが生産され、役立っている状況と新しいロボットが誕生した」

ここは、未来のロボット工場。ここではたくさんのロボットが作られています。

お掃除ロボット・お使いロボット・ご飯を作るロボット・お家を守るロボット……おや？新しいロボットが「ガシャン」と生まれました。

そのロボットは、ロボット工場の中で一番優秀なロボットでした。欠点のないといわれていましたが一つだけありました。それは、自分のことしか考えなく、みんなと仲良くすることができないロボットだったのです。

第二段「ロボットが実際に使われるまでの過程」

ロボットたちは、お仕事をする前に1ヶ月間、他のロボットと生活をしなければなりません。新しく生まれたロボットはみんなと仲良くできないので、いつも問題ばかり起こして、とうとう周りのロボットたちから仲間はずれにされてしまいました。毎日一人で行動をしていました。「何で僕は一人なんだろう」。

ロボットは自分が嫌われる原因がわかりませんでした。

第三段「ロボットが相談する」

ある日、ロボットのところに占いロボットがやってきました。

「君なんで泣いているの」

「僕はみんなに嫌われているけど、どうしてかわからないんだ」

「だから泣いているの」

占いロボットはこういいました。

「今、君、誰のために泣いているの」

「誰のため、そんなのわからないよ」

「君は、今、君のために泣いているんだよ」

「僕のために」

「ほんとにいいロボットは、誰かのために涙を流すんだ」

第四段「努力と気づき＝テーマ思いやりを発見＝

その日からロボットは、○○○○○

工場一優秀でやさしいロボットになりました。

登場人物
- ナレーター
- 掃除ロボット
- お使いロボット

ト書

ここは未来のロボット工場。ここではたくさんのロボットが毎日毎日ロボットの手で生産されています。
「僕は掃除ロボット。家の隅まできれいにする。蛸型ロボット。ゴミを吸い取る」
と言いながら、蛸型ロボットを動かす。
「私はお使いロボット。みんなもお使いできるかな。野菜の新鮮さを見抜いて買ってくる。かご型ロボット」と言いながら、かご型ロボットを動かす。

台詞（せりふ）

ゆかいな　さかなたち

目白大学児童学科
再構成　宇田川光雄

	ゆかいなおさかなたち ここは海の中、タコやカニやいろいろなお魚が仲良く暮らしておりました。
	海にはいろいろな生き物が住んでいます。 太陽が海の中に光を差し込んで、とてもきれいな世界です。 大きな岩の陰には、どんな生き物がいるのでしょうか。 海草もいっぱい、魚の隠れ家になっています。
	海の底には、黒くて丸い何だろう。考えてみよう。【ウニを貼る】みんなで一緒にこたえてみよう。サンハイ【ウニ】。よく知っていました。そして、岩のように硬い貝殻を背負っています。【サザエを貼る】みんなで一緒にこたえてみましょう。サンハイ【サザエ】。よく知っていました。 次は、サンゴを食べる人の手のような何だろう。【ヒトデを貼る】みんなで一緒にこたえてみよう。 サンハイ【ヒトデ】。そうです【ヒトデ】よく知っていますね。
	海の表面近くに住んでいる魚です。いつもはいっぱい群れています。今日は一匹はぐれたのかな。危ない大きなお魚に食べられちゃうよ。 イワシたちはいつも大群で、自分たちを守っています。 なかよしだけれど、厳しいお魚の世界です。
	あれれれ……不思議な生き物が現れました。英語でシーホース。海の馬です。日本名では、タツノオトシゴ。知っていた。大きなお魚、イワシを狙っている。でも大丈夫。今は、おなかがいっぱいでイワシを食べません。

第Ⅱ部　児童教育学で育てたい能力とは　　187

	いろんなお魚やってきた。みんなで名前を言ってみよう。【と次々と絵を貼って答えてもらう】 ○イカ ○たこ ○こぶだい ○カブトガニ ○エビ【違いますシャコです。赤いのはゆであがったからです。ちょっとおかしいね、海の中にいるときは緑色しています】などと子どもとやり取りをしながら進める。 カニ「みんな隠れんぼしよう。かくれんぼする者この指とまれ、早くしないと切っちゃうぞ」 たこ「ジャンケンして鬼を決めよう。ジャンケンポン。カニさんがオニだ」 イカ「みんな隠れよう」
	カニ「もういいかい」 魚達「まだだよ」 カニ「もういいかい」 魚達「もういいよ」 カニさんは、ハサミを振り振り探し始めました。
	その時です。岩場の陰に隠れていた魚たちをめがけて、大きな網が投げられました。 【と言いながら、網を魚たちにかぶせる】 カニ「なんだ。みんなこんなところにかたまっているんだね。見つけた」 魚達「かにさん。僕たち捕まった。大きな網に捕まった」 カニ「みんな見つけた」 魚達「そんなこと言ってないで、カニさん、助けて、網を切って……」 カニ「みんな見つけたよ」 魚達「わかった、見つかったよ。すぐに網をカニさんのハサミで切って」 カニさんは真っ赤になりながら、一生懸命に網を切りました。
	タコ「ありがとうカニさん、助かった」 イカ「カニさん　ありがとう　僕を生かしてくれた」 カニ「変な洒落」 シャコ「私にはカニさんのような強いはさみは無いので、助かりました」 カブカニ「僕もカニだけど、ハサミは無い。ありがとう」 イワシ「僕にも言わせて（イワシて）、ありがとうカニさん」 魚達　「助けてもらったので、もう一度かくれんぼしよう」 タコ　「ジャンケンしよう。ジャンケンポン」 イカ　「また、カニさんの負けだよ。隠れるよ」
	カニ　「もういいかい」 魚達　「まだだよ」 カニ　「僕はどうしていつもジャンケンに負けるのかな。いつも一回で負けちゃう」 【とカニになって考える】【すると子どもたちからチョキだからと応答がある】

第9章③

清方の感性

江川　あゆみ

はじめに

日本画家鏑木清方（1878-1972）の後年の随筆に、「心のふるさと」（昭和25年）と題された一篇がある。「人間は誰でも土の上にうまれ故郷を持っている。だがその他に、またはそれにつれて、心のふるさとも持っている。」[1] という一文で始まり、自身の心のふるさとは両親や祖母が生き、話に聞かされた江戸にまで及んでいると明らかにする。この随筆において、次の一節はとりわけ印象的である。

> 私という個体は、ポツンと只一つ存在するのではなく、先祖から後裔にまで続いてゆくその連鎖の一つに過ぎないことを思えば、身にも心にも何か受け伝えるものがなければならない筈だと思っている。[2]

過去から未来へと続く連鎖のなかで自らを捉える清方の存在論の背景には、家族の影響も然ることながら、師である水野年方、その師、大蘇芳年、歌川国芳へとさかのぼることのできる浮世絵の系譜に位置している、という意識もあるだろう。

明治30年代、人気挿絵画家であった清方は、当世風の女性をモチーフに肉筆をはじめ、浮世絵風美人画で人気を得た。大正12年の関東大震災以後には、前時代の面影が失われつつある東京にあって、明治を追想する画題へと移行していった。

清方の残した作品の数々を顧みれば、「身にも心にも何か受け伝えるものがなけ

第Ⅱ部　児童教育学で育てたい能力とは　　189

ればならない」という態度は画家の想像力の源泉であったことに気づく。

本稿では、その意識がよくあらわれた一例として、これまであまり論じられることのなかった随筆「新江東図説」（昭和12年）を採り上げ、「新江東」を描き出す清方の感性がいかなるものであったかを紐解いていきたい。

清方の感性

(1) 「新江東図説」について

　昭和12 (1937) 年1月、牛込区矢来町に住んでいた清方は江戸川区下篠崎で農業を営む知人のもとを訪れた。当時の下篠崎は昭和7年の市域拡張により南葛飾郡から東京市に編入されたものの、未だ純然たる農村風景を残していた。葛飾平野特有の見渡す限り坦々とした田園風景は、先刻通り過ぎた本所界隈の工場地帯の煤煙や日頃住む都会の乱雑さとは対照的に、画家の心を安らかにさせるものであった。

　この時をはじめに同年3月と4月にも下篠崎を訪ねている。これら経験をもとに書かれた小紀行文が「蘆の芽」（同年4月）であり、後に続く「新江東図説」の契機となっている。表題の「蘆の芽」は江戸川縁に群生する蘆にこの辺りの印象を深くしたところからきている。

　「蘆の芽」の5ヶ月後に書かれたのが「新江東図説」である。「蘆の芽」執筆後、6月に先述の農家に招かれ再び篠崎を訪れた清方は、その帰り、かねて行きたいと思っていた葛西を訪れた。清方が葛西を訪れた動機には、自身が作中で明らかにしているように、永井荷風の随筆を読んで荒川放水路東岸の地に興味を惹かれていたことが考えられる。

　以後、同年9月にもこの地を訪ねており、昭和12年1月から数えること5回、荒川放水路以東の地に遊び、「新江東図説」を描いたのであった。

　「新江東」とは清方の造語である。江戸、明治の人々にとって景勝の地であった隅田川東岸の地、江東はこの頃には工場地帯となり、往昔の景趣を失っていた。隅田川のさらに東、その水を穿くために開鑿された荒川放水路の東岸で清方が目にした風景は「今日眼に触れる放水路の西東は、ちょうど明治の隅田川両岸の関係を此処に移したよう」[3]に感じられるものであった。そして「堀切橋から葛西橋の下流にかけての区域」を「昔唱えた江東の称を、私は今新たにこれを放水路以東の名に呼び更えたいと思っている」[4]と「新江東」と名付けた意を語る[5]。

本作の記述はその内容によって、大きく二つにわけられる。その前半部では、名所として親しまれた頃の江東の回想、「新江東」という呼称の提案とその地理的範囲の説明がなされる。後半部は紀行文の体で、葛西、西宇喜多、今井、小岩を訪ねた際の様子を描き、全体に５枚のスケッチが差し挟まれる構成をとっている。

（２）　江東と「新江東」

　清方が荒川放水路以東を「新江東」と呼んだのは、かつて隅田川が都会と田舎の境界をなしていたが、この頃には荒川放水路がその役を担い、その東岸にかつての江東のような自然景が展開されていたからである[6]。

　ではここで言う、かつての江東とはいかなる場所であったか。「新江東図説」の冒頭で清方は江戸末期から明治にかけての江東を次のように説明する。

　　明治の文人墨客は江東の風趣を愛して、詩に賦し、歌に詠じ、盃を挙げては四時の雅懐をこのところに寄せて倦くことを知らなかった。
　　墨水の東、小梅、向島、綾瀬、寺島、亀井戸、柳島。往昔葛飾の名で呼ばれたこれらの近郊は、江戸末期から都門の紅塵を避け風流を楽しむ人々の間に悦ばれて、富めるものは別荘を構え、只その景趣を賞するものは杖を曳いて行楽に親しんだのが、世が変り、明治となって、更にここが隠栖の地として東京人に愛でられるに至ったのは、長江一帯を境にして、熱閙と閑寂、都と田舎の、渡れば橋あり船もあって、さのみの不便も感じずに、物騒がしい町中を全く離れた浮世の外の心易さ、月雪たのしみ心ゆくまで、とかく出不精の東京人にとって、こんな誂え向きなところはまたあるまじと思われたからであろう。[7]

　この流麗な文章が強調しているのは、江戸・東京の市人に親しまれた名所あるいは隠栖の地としての江東である。そもそも江東一帯は、江戸の近郊に点在していた数多くの名所のなかでも最も人口に膾炙した存在であり、清方自身も画題として好んで採り上げる場所であった[8]。

　しかし、その更に東に位置する「新江東」となると、都会の人々が好んで足を運ぶ行楽地であったとは言い難く[9]、江戸以来の濃密な空間という意味で両者は一致しない。では、清方は江東に寄せる想いをどのように「新江東」に託したのであろうか。それは次の一節に端的にあらわれている。

第Ⅱ部　児童教育学で育てたい能力とは　　191

葛西の兄 (せな) アも今では東京市民なのだから、放水路以東と田舎扱いしたら土地の人から横槍が出るかも知れないが、江戸の人が葛西を近在視したのとは、私のはだいぶ違う。小梅の曳舟、中の郷だの、小綺麗な田園風景を私は今では葛西あたりにもとめている。[10]

　清方は「新江東」の範囲に含まれる葛西の地をかつての江東、小梅の曳舟や中の郷と重ねあわせている。つまり、清方が「新江東」に見出した江東の自然景とは、名所としてのそれではなく、「小綺麗な田園風景」であった。

　田山花袋は東京東郊の風景の特色について「ひろびろとした水田と畑で」、榛の木や村落は点在するものの、「殆ど他の奇がな」かったと説明する[11]が、江東、「新江東」を含めたこの辺り一帯が関東平野の沖積低地に位置し、「葛飾三万石」と呼ばれる穀倉地帯であった。

　江東に田園が残る時分であれば、その更に東に同様の風景が展開されていたとしても、取り立てて「新江東」と名付ける必要はない。名所絵や経験を通して親しんだ場所が「ありし緑草の影もとどめなくなっ」[12]た時、画家のなかに、失われていく世界をもう一度見留めたいという欲求が起こったのであろう。

　樋口忠彦は「人は失われたものを懐かしむ時、それを美化する傾向がある」と指摘し、「このようにして生みだされる景観」を「代償景観」と呼ぶ[13]。「新江東」は「代償景観」として見出された。ゆえに、「亜鉛の屋根」や「煙突」、すなわち工場はまばらながら「新江東」にも進出しているが、「只青々たる自然景の中に融け合って、箱庭の中の焼物としか見えない」[14]と語るのである。

　さて、「新江東」を呼び起こした江東の自然景が田園であった、という事実は興味深い転回を示している。一般に、明治期におきた名所絵的世界観からの脱却がもたらす認識の布置の逆転のことを「風景の発見」と呼ぶが、「新江東」は名所ではない風景に価値をもたせることのできる眼をもつ近代人、清方によって見出された、というわけである。「新江東図説」を結ぶ一節は、その逆転を見事にあらわしている。

　往昔、亀井戸、木下川、遠く中川の流域にかけて、榛の木、ひつぢ田の連続また連続。ところどころ、森あり、寺あり、生垣あり、田川には板橋、そのあと、云うまでもなく、今の江東一帯となった。
　私は先に失えるものを、今放水路の東に索めている。[15]

青々とした渺茫たるひつじ田の間に点在する江東の名所古跡が、風景の一部として捉えられている。「新江東」とは、名所江東の名を借り、名所絵的世界への憧憬を負わされつつ、認識の布置の転倒によって田園風景の美を感受する、画家の多層的な感性によって看取されたのである。

（3） 独歩の「武蔵野」 清方の「新江東」

国木田独歩は明治29年秋から翌年春まで、渋谷の茅屋に住み、近郊を散策した経験から「武蔵野」を描いた。東京の西郊に広がる雑木林、野、田畑からなる武蔵野を写すその視線は、ツルゲーネフから大きな示唆を得た近代的な自然観によって支えられ、それまでの伝統的な自然の見かたを脱した風景描写をとっている。

それは例えば楢類の「変化の美」を感受する次の一節にあらわれている。

　　楢の類だから黄葉する。黄葉するから落葉する。時雨が私語く。凩が叫ぶ。一陣の風小高い丘を襲えば、幾千万の木の葉高く大空に舞うて、小鳥の群れかのごとく遠く飛び去る。木の葉落ち尽くせば、数十里の方域にわたる林が一時に裸体になって、蒼ずんだ冬の空が高くこの上に垂れ、武蔵野一面が一種の沈静に入る。空気が一段と澄みわたる。遠い物音が鮮やかに聞こえる。[16]

晩秋より冬に移ろう光景であろう、身に応える冷たい凩が一面に亘る楢類の梢を揺らし、枯葉を巻きあげる様が想像される。

西洋文学を経て、近代的な自然の見かたを知った独歩は、古く神話にも描かれ、日本の伝統的自然観の筆頭に挙げられる松について、手厳しい判断を与えている。例えば先の、落葉林に美を見出す一節を導くために、「もし武蔵野の林が楢の類ではなく、松か何かであったらきわめて平凡な変化に乏しい色彩一様なものとなってさまで珍重するに足らないだろう」[17]と松を貶める言い方をするのである。

柳田国男は、独歩を「享保元文の江戸人の、武蔵野観の伝統を帯びたものであった」[18]と顧みるが、刷新的な自然美を感受するためには、古いものを否定しなければならなかった、独歩の苦労が偲ばれる。

「武蔵野」は社会的文化的トポグラフィーという面でも新たな視点を提供している。すなわち郊外の発見である。近代的な意味での郊外とは、明治期以降、人口増加、衛生環境の悪化などから都市部に居住できない人々がその周辺部に移り住むことによってうまれた都市と田園の接触地帯を指す。

独歩の訪ね歩いた武蔵野とは、楢類をはじめとする落葉林の美を感受した場所であると同時に、「郊外の林地田圃に突入するところの、市街ともつかず、宿駅ともつかず、一種の生活と一種の自然とを配合して一種の光景」[19]が詩興を呼び起こす、いわゆる「町外れ」でもあった。

　新保邦寛は「武蔵野」に描かれる武蔵野空間が「大都市東京を中心に、郊外・田園・山林へと広がる社会的文化的トポグラフィーによって分節化されている」[20]点を指摘し、都市の延長である町外れとしての武蔵野は、「都市を拒絶する」のではなく、むしろ「都市生活の一貫として都市文化のバリエーションとして発見されたのではあるまいか」、そして、それゆえに独歩は「〈萱原のはてなき光景〉という伝統的な武蔵野観から自由であれた」と論じている[21]。つまり、武蔵野は独歩の都市的田園に安らぎを見出すことのできる感性により発見されたのである。

　「武蔵野」発表以降、日露戦争（明治37-38年）、関東大震災（大正12年）を経た東京は周辺の市街地化、工場地化がすすみ、昭和７年には「統合的自治体を構成し、関係住民の共同利益の伸張を図る」[22]ための緊要の処置としてその市域が拡張された。

　近代化のすすむ東京にあって、その市域に編入されつつも、鄙びた農村風景を残していた「新江東」は、清方の「反都市的田園礼賛」[23]の態度によって見出されたと言える。

　清方は自身の「新江東」通いについて「私はただ今日在るがままの放水路以東の、わずかに残された近在風景を索め廻ることを、近頃での楽しい仕事の一つにしている」[24]と述べるが、清方にとっての「新江東」とは東京の町外れではなく、都市に近い村里を意味する「近在」であった。

　清方はこの「近在」という言葉について、随筆「明治の東京語」（昭和10年）のなかで次のように説明する。

　　近在。
　　郊外ということの代りに、今の府下、新市内、千葉、神奈川、埼玉のあたりぐ
　　らいを近在と云い、人を近在者と云う。[25]

　この「明治の東京語」は幕末生まれの清方の両親が使っていたような「江戸語」やそれを継ぐ「明治語」が当代の人々にほとんど通じなくなりつつあることから、思い当たる限りの「江戸語」乃至「明治語」を書きとめておくことを目的に書かれ

た随筆である。ここでいう「新市内」とは先述した市域拡張において新たに東京市に編入された20区を指し、「新江東」の範囲も含まれる。

ここで清方が「新江東」を近在という言葉で形容しているのには二重の意味があることに気づく。一つはもともとの意味での近在、つまり「新江東」が近在と呼ばれる範囲に含まれていたことを意味する。そしてもう一つが「新江東」という近在が言葉としての近在のように消えつつある、ということだ。「わずかに残された」という形容がもの悲しく響く。

独歩の描き出した武蔵野観はやがて一般的となり、多くの人が武蔵野を散歩し、柳田国男が「武蔵野趣味」[26]と呼ぶブーム的状況を作り出した。それとは対照的に、清方の「新江東」が局部的であったのは、失われゆくものを追い求めておぼえた美が、移ろいゆく時代の変化を捉える感性に比してあまりに儚いからだろう。しかし、その想像力は伝統的な自然観を免れるために、それを排さねばならなかった独歩の苦労を後目に、しなやかさを保っている。

おわりに

清方に「新江東」を描かせたのは、江戸の人々が築き上げた名所絵的世界を否定するのではなく、受け継ぎつつ新たな自然観で風景を描き出す感性であった。

冒頭に示した「身にも心にも何か受け伝えるものがなければならない」という意識は、時代の過渡期にあって、近代化一辺倒ではない、しなやかな想像力を発揮させた。

従来「感性」とは「物事を深く感じとる能力」と、その受動性が強調されたり、あるいは「理性」や「悟性」と区別され、それに従属する非合理的な能力であると解されてきた。

桑子敏雄は、こうした理解は感性が「欧米起源の理性的認識を基準にして」[27]考えられてきたことに由来すると指摘し、その認識を批判的に乗り越えようとする[28]。すなわち、感性とは「身体的自己とその環境との相関に対する把握能力」であり、「その相関的な関係が適切であるかどうかの価値判断を」含んだ、「環境の変化に適切に対応する積極的な能力」[29]であると捉え直している。

能動的能力としての感性は、身体的自己を環境に適応させる創造力をともなう。

画家の卓越した感性は、在りし日の江東を偲び、心を安らかにする「新江東」を創出したのであった。

注

(1) 鏑木清方 (1979［1950］)「心のふるさと」『鏑木清方文集　二　明治追懐』所収　白鳳社、p.14。

(2) 同、pp.16-17。

(3) 鏑木清方 (1938)『蘆の芽』相模書房、p.108。

(4) 同、pp.108-109。

(5) なお、本作品は同年10月の『中央公論』に掲載された。また、翌年6月、これら2編の随筆を収めた随筆集『蘆の芽』が相模書房から刊行されている。

(6) 注3に同じ。

(7) 同、pp.103-104。

(8) 鏑木清方 (1979［1959］)「古跡」『鏑木清方文集　五　名所古跡』所収　白鳳社、p.93。

(9) 田山花袋は『東京の近郊』(1916) のなかで、清方が「新江東」と呼ぶ範囲に含まれる新川口から桑川、長島、東宇喜田あたりについて、「この方面は中川に釣する人はよく知っているけれど、普通の近郊遊覧者は、滅多に足を入れることはないと思われる」と述べている。田山花袋 (1991［1916］)『東京の近郊　一日の行楽』社会思想社、p.135。

(10) 鏑木 (1938)、p.113。

(11) 田山 (前掲)、p.128。

(12) 鏑木 (1938)、p.104。

(13) 樋口忠彦 (1993［1981］)『日本の景観』筑摩書房、p.232。

(14) 注3に同じ。

(15) 鏑木 (1938)、pp.121-122。

(16) 国木田独歩 (1939［1898］)「武蔵野」『武蔵野』所収　岩波書店、p.11。

(17) 注16に同じ。

(18) 柳田国男 (1941［1920］)「武蔵野の昔」『豆の葉と太陽』所収　創元社、p.122。

(19) 国木田 (前掲)、p.27。

(20) 新保邦寛 (1996)「<郊外>像の発見にそって」『独歩と藤村―明治三十年代の文学コスモロジー』所収　有精堂、p.172。

(21) 同、p.175。

(22) 東京市役所 (1932)『大東京概観』東京市役所、p. 15。

(23) 新保 (前掲)、p.176。

(24) 鏑木 (1938)、p.109。

(25) 鏑木 (1979［1950］)「明治の東京語」、p.297。

(26) 柳田 (前掲)、p.121。

(27) 桑子敏雄 (2001)『感性の哲学』ＮＨＫブックス p.4。

(28) 中村雄二郎は合理主義により排除された「感情や情念の正当な権利を回復しようとするとき、われわれはこの近代の合理主義をただ断罪するだけにとどまってはなるまい」と述べ、その理由としてその図式が「あまりにも単純化されてとらえられ」たものであり、また、「近代合理主義と呼ばれるものは、外部にあるものとして批判してこと足りるには、すでにあまりにわれわれの内部に入りこみすぎているからである」と説明する。『感性の覚醒』(1975) 岩波書店 pp. ⅴ-ⅵ。

(29) 桑子 (前掲) p.5。

＊旧仮名遣いを現代仮名遣いに改めた。

教育現場と実践

緒言

田尻　信壹

　今日の児童・生徒に求められるコンピテンスとその学びとは何か。第10章から第13章までの各章では、今日の学校、社会教育施設、授業等の多様な「教育現場」での豊かな活動を通じて、グローバル時代に求められる教育実践の機能や役割を明らかにしている。

　まず、第10章「グローバル時代の人間形成と深い対話による学習方法の創造」（多田孝志）は、ブーバー、ボルノー、バフチンなどの対話論を分析し、新たな解や智慧が次々と共創されていく「深い対話」の概念を考察し、全人的見方、多様なズレの重視、深い思考力、不明確・不確実・曖昧さの尊重の重要性を指摘し、さらに、森昭、星野道夫等の言説を拠り所に対話と人間形成との関わりを考察し、加えて、グローバル時代の人間形成の要件を検討し、その育成を希求した学習における「深い対話」の有用性を提示している。さらに、三年間にわたり対話型授業の開発研究に取り組んだ学校の実践研究の概要と成果を紹介し、そこから導き出される「深い対話」を活用し授業の具体的な方途を検証している。今後の展望・対話型授業の新たな課題として，教師主導でなく、学習者自身の問を起点にし、さらに学習の過程で生起する疑問や戸惑いなどを探究するため対話機会を学習者自身が形成していく、「学習者主体の対話型授業」の要件を検討し、提言している。

　次に、第11章「小学校低学年における地図利用指導の変遷についての考察」（小林昌美）では、小学校低学年の学校教育における空間認識の育成や地図利用指導について、学習指導要領、教科書、指導資料をもとに、生活科新設前の低学年社会科の時期、生活科新設から現行学習指導要領施行前までの時期、現行学習指導要領の三時期の、学校教育における児童の空間認識を育成する地図利用指導を検討している。今日の小学校低学年では、低学年社会科が受け持っていた、入門期の空間認識の育成と初歩的な地図利用指導が現行の生活科において明確には位置付けられてこなかったこと、また、社会的な気付きが地理的な気付きとならず人とのかかわりに

収束される傾向があることを指摘している。生活科では、入門期における空間認識及び地図利用指導がなされないまま中学年社会科の学習を進めることになり、児童の躓きが危惧されていることを提起している。

　さらに、第12章「社会科系教科教育法での博物館活用による教材開発力の育成」（田尻信壹）は、教職科目での学生の教材開発力の育成を目指したワークショップ型の実践を取り上げたものである。2011年の日本学術会議提言「新しい高校地理・歴史教育の創造」では、大学の教員養成課程の専門科目においては、問題解決力や教材開発能力を育成するために演習方式による教科教育法の充実を図ることの重要性が提案された。本授業では、上記の提言を受け、JICA横浜海外移住資料館の展示をもとに教材開発を体験し、参加者同士でその成果の共有化を目指すことになる。現行教育課程の下で生涯学習や探究的な学習の観点から博物館等の社会教育施設の活用が推奨されている現状を鑑みるならば、今回の実践は教職を目指す学生にとって貴重な体験となったに違いない。

　また、第13章では、三人の論者が「学校現場と実践」での学びを多角的な視点と多面的な側面から取り扱っている。第一論文「ボランティア活動は他の体験学習と何が違うのか」（新村恵美）では、筆者および学生のボランティア経験を踏まえ、ボランティア活動が「社会的弱者」という一面を持つ他者と向き合う経験でありその重さに気付くからこそ心を揺さぶられ葛藤と向き合うことになること、そして活動の「実践と自省」を往復する中で「伝える使命」に気付くことがボランティア活動と他の体験学習との違いであることを指摘している。第二論文「人と動物の共生」（島本洋介）は、ドッグセラピストの観点から、児童と動物のつながりがどのような効果をもたらすかを三つの事例を紹介しながら見解を述べている。動物は児童を癒すだけではなく「自発性」「思いやり（他者配慮）」「コミュニケーション」を引き出す教育者にもなりえる。では、このことをどのようなプロセスを得て学ぶのか。日本におけるこれからの動物との共生とは何か。問題点とは何か。これらの諸課題が鋭く提起されている。第三論文「『児童と英語』の授業より：Aiken Drumと日本の童謡による活動案の一例」（仁志田華子）では、児童教育学科の学生が教育実習や現場で子どもたちに英語を教える立場になった時、実践できる活動案や教材について紹介している。外国語である英語を教えることは容易ではないが、色々な教材を使うことで他教科との連携も可能になることを示している。

第10章

グローバル時代の人間形成と
深い対話による学習方法の創造

多田　孝志

はじめに

いま、多様な思考・感覚・行動様式をもつ人々と共生するグローバル時代・多文化共生社会が現実化している。こうした時代・社会において必要とされる智とは、知識もさることながら、異質な他者と相互作用的関係（interactive relationship）を認識しつつ共存・共創する智、判断力や臨機応変の対応力、未来を見通して、課題を解決し、持続可能で希望ある社会を構築できる智であろう。こうした智は、知識の伝授を重視した機械論的学習ではなく、多様との出会いを生かし、対話や協同活動を通して、新たな叡智を共創していく学びによってこそ育まれていく。

近年、授業の学習過程において「対話」の活用が重視されてきている。この背景には、学びとは、人間同士の協同的な営みであり、対話的関係の中でこそ成立するとの認知科学や心理学における学習の再定義がある。さらに、グローバル時代の到来、多文化共生社会の現実化により、多様な他者と関わるよさが感得できる資質・能力、技能を育むことが学校教育の喫緊の課題となっている。こうしたことを背景に2008（平成20）年3月に告示された学習指導要領においては、言語活動、表現活動が重点項目として導入された。これらの動向を受けて、全国各地で「対話」を活用した授業が行われるようにはなってきた。

しかし、実施されている対話を活用した多くの授業（以後、対話型授業と呼称す

る）には、基本的な問題がある。それは、浅い対話にとどまり、「深い対話」が生起しないことである。活発に意見が出されていても、それぞれの意見が絡み合わず、各自が単に持説を発話している状況も浅い対話である。さらに、饒舌に語り合っていても、お互いが伝えたいことが、相手に伝わらず、通じず、響かない対話も浅い対話である。皮相的、形式的な浅い対話は、むしろ当事者を傷つけ、不信感を生起させる危惧さえある。また、特定の児童生徒の発言に常にリードされる話し合いの継続では、個々人の潜在能力が発揮できず、思い込みによる表現力の格差が生じ、対話を忌避する児童・生徒が多発する危惧さえある。

　本論では、論議が広まり、深まり、新たな解や智慧が次々と共創されていく、「深い対話」の概念を考察し、グローバル時代の人間形成を希求した学習における「深い対話」の有用性を提言する。また「深い対話」を活用した実践事例を紹介し、深い対話を活用した授業の具体的な方途を検証していく。

① 深い対話の考察

　対話の概念についてはさまざまな見解があろうが、概ね、対話は自己内対話と他者との対話に大別できよう。対話は、特に目的をもたず、軽やかな機智やユーモアを楽しむ会話とは異なり、「目的をもった話し合い」である。その目的は、互いの意見、感覚、情報などの交換にある。また新たな知恵や、解決策を共に創りだすこと、さらにはその過程を通して創造的な人間関係を構築することにある。こうした対話の目的をより高次に達成するのが「深い対話」である。

（1）　深い対話の概念の考察

　深い対話の概念を考察するため、ブーバー、ボルノー、バフチンなどの対話論を検討してみる。真の対話を追求したマルティン・ブーバーは次のように記している。

　　　今日、人々の間で対話（Gespräch）と称せられるもののほとんど大部分は、正確な意味では雑談(Gerede)と言った方がむしろ正しいのではないだろうか。一般に言って、人びとは実際に互いに向き合って話し合っているのではなく、なるほど各人は他の人に顔を向けてはいるが、実はそこに居合わせているだけで、彼の話を傾聴することに疲れ果てた虚構の法廷（Instanz）に向って話し

ているのである[1]。

　真の対話においては、まったく真実に相手に向うこと、要するに本質の対向（Hinwendung）が生じる。話し手の各々はここで、彼が向かうその相手あるいは相手たちを、この人格的実存（Personhafte Existenz）とみなすのである。誰か或る人を考えるということは、同時にこの関連から話し手にとってこの瞬間可能なかぎりを行うということである。今や、真の対話の諸特徴を解明しながら総括することが問題となる[2]。

思考と創造とをつなぐ対話についてボルノーは以下のように記している。

　一人の思考の動きに他の者の思考の動きが対応し、一人の異議に他の者の前進的な着想が点火されるとき、思考が初めて創造的となる。個人の思考の中ではなく実りある共通の対話の中にのみ真理が含まれている、と深い意味で言うこともできる。それ故ゲーテが彼の『童話』の中で主張しているように、対話は人間に与えられることのできる『最高の活力剤』である[3]

　ミハエル・バフチンは、文化的摩擦や葛藤からくる摩擦や葛藤を創造性に変えるものは対話(ダイアローグ)であるとし、摩擦や葛藤を正面から見据え、積極的に相互作用に向かおうとする勇気を与えるものが「自己と他者の変革を引き起こす内的な関わりである対話的能動性である」とする[4]。バフチンはまた「直観の形式を二重のものにしなくてはならなかった。ひとつは主体による主体の知覚を組織する時間/空間であり、もうひとつは、主体による他者の知覚を形成する時間/空間である」と述べている[5]。バフチンの対話原理の研究者T・トドロフは、「バフチンにとっては『接触』を他の要因と同様の要因として切り離すことなど考えられもしない。すなわち、発話全体が接触、しかも無線電信とか電気設備における接触よりも強い意味における接触なのである。言説がその対象と保っている関係は一様ではない。その対象を『反射する』のではなく、組織する。言説はもろもろの状況を変化させたり解決したりするものである」と説明する[6]。

　バフチンの「対話」の特徴を桑野隆は、「同一性ではなく他者性によって意味が生成する」と指摘する。詳しくは以下の文章によって明らかになる。

バフチンの＜対話＞はブーバーのそれとは異なり、対話を交わす両者の究極
的な一致をめざすものではない。それは、差異を認め合い、差異を喜ぶだけで
なく、場合によっては、論争、闘争を交わすものであって、日本語の「対話」
なる言葉がかもしだすおそれのある円満な和解的雰囲気とは性格を異にしてい
る[7]。

　また、桑野隆はバフチンの対話論について次のように論じている。

　バフチンにあっては対話は、複数の主体そのもののたんなる存在ではなく、
複数の十全な価値をもった了解が不可欠となっている。このような場合にはじ
めて、対話的関係が生まれる、というのである。したがって、対話がモノロー
グ的なこともあれば、モノローグが対話的なこともある。そして、バフチンが
注目したのはもっぱら後者のほうであり、印刷された論文や書物とてまた＜対
話＞を交わしていること、つまり「何かに答え、何かに反駁し、何かを確認し、
可能な答と反駁を予想し、支持を求めたりしている[8]。

　桑野はバフチンが「ドストエスキイ論」において「たがいに『融合することのな
い声と意識』が『自立している』こと『十全な価値を持っている』ことを強調してて
いる」ことを指摘し、バフチンにあっては「ポリフォニーの芸術的意志とは、複数の
意志を組み合えあせようとする意志、できごとへの意志」であると記している[9]。
　先行研究の分析から、ブーバーの指摘する「雑談」を越える対話、ボルノーの示
す思考から創造への導く対話、バフチンが示す「二重性」や「変化」「他者性によ
る意味の生成」「反射するのではなく組織する」「対話的関係」「対話的能動性」は、
深き対話の概念を検討する基本の要素と言える。
　対話に関する先達の言説に示唆を受けつつ、筆者は「深い対話」とは、「参加者
が多様な知見・感覚、体験などを真摯に出し合い、絡み合い、ぶつかり合い、混乱・
混沌があろうとも、やがて調整・融和・統合の過程をへて、新たな智が共創される、
この過程が次々継続していく。そのことにより参加者相互が、視野を広め、思考を深
め、協力して高みに至った成就感を共有することのできる対話である」と定義しておく。

（2）深い対話による人間形成

　人間形成と深い対話との関わりついて若干の考察をしておく。教育人間学の研究

者森昭は、人間が他の動物と区別される際立った特について次のように記している。

　動物は「環境に縛られている」が、人間は「世界へ開かれる」存在である。動物は「己れの意識なく、ただ外界へ反応する」のみであるが、人間は「外界を意識し、また己れを意識する」存在である。動物は「知覚される事態に埋没して生きる」が、人間は「知覚されない彼方に想いを馳せる者」である[10]。

　森の言説は、人間が環境との関わりにより成長する存在であることを示している。人が人という環境と出会うことにはどのような意味があるのであろうか。動物写真家星野道夫の次の文章は、その手がかりを与えてくれる。

　　　人と人とが出会うということは、限りない不思議さを秘めている。あの時あの人に出会わなかったら、と人生をさかのぼってゆけば、合わせ鏡に映った自分の姿を見るように、限りなく無数の偶然が続いていくだけである。が、その偶然を一笑に伏するか、何か意味を見出だすかで、世界は大きく違って見えてくる[11]。

　星野が、タンザニアの奥地のダイイガニーカ湖の湖畔に広がるチンパンジーの棲む森を守る、野性動物研究者であるジェーン・グドールを訪ねた日々を記した『アフリカ旅日記』の一節である。そのジェーン・グドールは、チンパンジーとの交流について次のように記してる。彼女は長い月日をかけやっと野生のチンパンジーのボスに近づけ、そばに座れた。近くにあった熟れたココヤシの実を、彼に差し出すと、腕を伸ばし受け取ってくれたが、すぐにその実は落としてしまった。しかし、そっと彼女の手をとった、その場面である。

　　　そのメッセージを理解するのに言葉は不要だった。ヤシの実はほしくなかったが、わたしの善意は理解した。おまえの気持ちはわかったから安心しろ、といっていた。いまもって、わたしはかれの指のやわらかな感覚をおぼえている。わたしたちは言語よりもずっと古いことばで、先史時代の祖先たちが使い、ふたつの世界を橋わたしすることばでコミュニュケートしていた。わたしは深い感動につつまれた[12]。

　人はさまざまなものとの対話によって成長していく。人とは他者との対話を本能的に求める生き物であり、他者との交流によってこそ成長する。多くの仲間、教え

子たちとの出会い体験からか、そのことは確信を持って言える。と同時に、人は生きとし、生けるさまざまな生物とのふれ合いによっても成長していくことも事実である。人類は傲慢になってはならない。人以外の動物たちからも学ぶことは多々ある。たとえば、複数の犬を飼っていると、一頭が衰えたり、負傷すると、元気な犬が優しい心遣いをすることに感動することがある。人は生きとし、生けるさまざまな生物とのふれ合いによっても成長していくのである。

　真冬の一日、京都の嵐山近郊、小倉山の山麓の小さな古寺に住む教え子の小宮山仁敬君を訪ねた、書家である奥様とご母堂の3人で暮らして一年余となるとのことだった。鹿が庭を横切り、裏山の竹林が風になびくかそけき音がきこえ、春には萌えたつような草木に目を奪われ、清浄な大気や花の薫りに精気を吹き込まれる思いがするという。都会のマンション暮らしでは体感できなかった、自然の移ろいに、宗教研究者としての感応が覚醒させられるという。

　人は、他者そして多様な生物たち、さらには、自然を構成するさまざまな事象・事物という豊潤な環境との対話により成長していっているのである。

（3）深い対話の基盤におくべきこと

①全人的見方

　多様な知見、感覚、体験などが率直に表出され、単に「伝え合う」ことにとどまらず、「通じ合い」「響き合い」「共に創り合う」対話を共創していくために必須なのは全人的（Holistic）捉え方である。人を部分でなく、全人的に捉え、それぞれの個性、潜在能力、技能、体験などを尊重し、活用していこうとする思想が共有されることによって、個々人が勇気をもって、独自の発言をするようになる。それが深い対話をもたらす。

②多様なズレの重視

　「多様なずれ」との出合いによってこそ、共に広く、深い知的世界に入っていくことができる。人は異質なものに出合うと、混乱し、疑問をもち、ときには恐れさえ感じる。しかし、人類史における発見・発明にみられるように、異質の活用こそ、創造の原点である。対話においても異なる視点、感覚が出され、ぶつかりあうことによって、論議が深まり、広まっていく。そうした意味から、多様なものとの出合いを前向きに捉え、活用しようとする心情や態度を育んでおきたい。

③深い思考力

　深い対話は、思考力の深さに支えられる。以下に深い思考力とは何かを記す。

- 多様な知見や体験を「むすびつけ」「組み合わせ」新たなものを生み出す
- 従前の価値観や見方に捉えられずものごとを「新たな視点や発想から」捉え直す。
- ひとつの結論にとどまらず、より深い知的世界を「追求」していく。
- 様々な情報、複数の考えから最良と判断できる考えを「選択する」。
- 見解・言説などの不十分・不明確な部分を「補充・強化し」理由や根拠を加え、より確かで、説得力あるものにする。

④不明確、不確実、曖昧さの尊重

　言いよどんだり、論理的でなかったり、はっきりしていない発言に、斬新さや新たな視点が潜んでいる可能性がある。明確でない、整理されていないことを前向きに捉え、そこから新たな視点や斬新な見方を見出そうとする姿勢が、深い対話を生起させ、知的世界を広げ、深める契機をもたらす。

② グローバル時代の人間関係

　共生には「同質との共生」と「異質の共生が」がある。多様な文化・価値観をもつ人々との共存が不可欠な異質との共生社会における「グローバル時代の人間関係」について検討する。

（1）グローバル時代の人間形成

　グローバル時代の人間形成の基盤となるな資質・能力・態度を下記に集約する。
地球社会・地球生命系への関心を持ち、その一員としての自覚をもつ。
- ものごとをマルチフルに見、深く洞察できる力、
　多様な角度からの見方・考え方、ものごとの本質を見とる力
- システム思考ができる
　さまざまな事象を、かかわり、関連の視点から思考できる。
- 多様を生かし、新たな智を共創できる力
　さまざまな知をぶつけ合い、または結び、新たな解や智恵を生み出す智
- 異質な集団での人間関係形成能力
　協力とチームワークを図る能力、共にいることが辛い他者とも連携できる能力
- 課題解決能力

地域や社会・地球の課題に当事者意識をもち、主体的に行動し、解決していく力

対立や紛争を処理解決する能力

●自己成長力

個をしっかりもちつつ、高みをもとめ、納得できることに啓発され自己を変え

ていける柔軟性、さまざまな状況に順応できる臨機応変の対応力

●感性・イメージ力

自他の心情や思い、立場などを感じ取り、響感し、また想像できる感受性・感

性　生物的な感覚・鋭敏な五感

●問題の要因や、ものごとの本質を見抜く「直感力・洞察力」

（2）グローバル時代の人間関係の課題

グローバル時代の人間関係において心得ておくべき基本的事項を考察する。

○自己の生き方への哲学をもつ

他者と協調し・連携していくための基本には、自己の確立への姿勢をもつことが

重要である。確たる自己をもつことは容易なことではない。しかし、現時点での自

分の考えをもつことが、他者に追従や迎合せず、他者と関わり合う基本である。

自分の中の世界を広げ、その過程で自己を確立していくためには、挫折・失敗・

成功等固定観念や・既成観念がひっくり返る体験、心の底から揺さ振られるような

体験が必要である。ことに孤独になる体験が有用である。孤独になり、自己内対話

し、自由に思いを巡らす時空の中で、本当の自分の生き方が見えてくる。また他者

の存在に大きさにも気づくことができるからである。

常に高みを求める姿勢をもつことも自己確立につながる。知的好奇心をもち、さ

まざまなことに啓発され、また興味をもち追求していく姿勢をもつ、それは自己の

生き方の哲学を形成していく。

○皮相的人間関係を克服する

自分にとって、得難い仲間とはどんな人だろうか。辛い時に傍にいて、同情して

くれる人がいることにより、支えられることがある。自分の立場や心情を少しでも

響感してくれる人、分かってくれる人の存在には、安堵し、救われた思いがする。

それとともに、批判や異見を伝えてくれる人の存在は、自己の知的世界を広がる契

機を与えてくれる。誹謗・中傷と批判は異なる。良質な批判や好意の表現でもある。

子どもたちには、皮相的な人間関係を打破し、深い信頼や友情を育む機会を数多

く体験させたい。当初は理解し合えなかった、あるいは最後まで分かり合えなかっ

た。しかし相手が真剣に考えてくれたことは感得できた。衝突や意見の違いがあったが、共通の目的に向かい協力し合ったことにより、仲間を少しでも深く知ることができた。こうした体験を意図的にさせることが、皮相的な人間関係を打破し、他者と交流するよさを体感させる。

　人と人とが触れ合い、ぶつかり合い、その狭間で小さな感動が生起する、その小さな感動の累積がやがて、信念や思想となり、他者と深くかかわり、ともに高い境地を希求していく愉悦を与えてくれる。確かに現実の社会では、裏切りや、矛盾に翻弄され、傷つくこともあろう。しかし、そうした挫折体験も事後の捉え方により、自己の人間としての基盤を広げていく契機ともなるのである。

③ グローバル時代の対話

（1）グローバル時代の深い対話の必要性

　グローバル化の進展は、深い対話の必要性を高めている。エドワード・T・ホールは「外国の人たちと効果的に意思疎通をする方法を、われわれもそろそろ身につけなければならない。一緒に仕事をしていこうとする相手を、疎外することはもうやめなければならい」と述べている[13]。

　異文化対話論の立場から小坂貴志は「対話論の核となる概念が差異である。あるいは差異に代表される多様性である。差異は対話の中で表出されると考えられる」と記す[14]。グローバル時代とは異質な文化・価値観を持つ人々との共生の時代である。文化や価値観・感覚が違う人々と、心の襞までの共感や、完全な相互理解をすることは難しいであろう。しかし当初は、「反論・反発」し合っても、互いに英知を出し合い語り合えば、歩み寄り、新たな知を共創することはできる。そのために「深い対話」が必要なのである。

（2）グローバル時代の深い対話とは

　筆者は、世界各地を旅し、また多くの国際会議に参加してきた。その経験から、自分にとって当然なことであったり、あるいは明確だと思われたりする見解が、他人にとってそうであるとは限らないことを度々実感させられた。だから「誠意を込めて語れば、自分の思いを完全に分かってもらえる」とは、対話の理想であるが現実ではない。そして心情的には誠意を持っていても、言葉にしない事柄は、基本的

に伝わらないことを覚悟する必要がある。公的な場では、ことにこの傾向が強い。

　言葉にするためには、単に外国語の運用能力の問題ではなく、説得、共感、納得を得ることのできる対話力の育成が大事である。相手の伝えたいことを的確に捉える聴く力、自分の伝えたいことを効果的に伝えるスピーチ力が必要である。また対話における独自の視点や見解は高い評価をうける。それらを次に収斂しておく。

- 相手の意図や考え方を的確に聴き取り、自ら考え理由や根拠を加えて、論理的に説明したり、反論したり、相手を説得したりできる。
- 対立・批判や異見に傷つくことなくむしろ、それらを生かし、調整し、新たな解決策や智慧を共創していける。
- 納得、共感できる他者の見解に啓発され、自分の意見を再組織化できる。

　これらに加え、相手の文化や立場への響感・イメージ力や、完全には分かり合えないかもしれない相手とできる限り合意形成しようとする粘り強さが必要であろう。

　さらに世界には、自己主張を重視する地域がある一方、多弁よりも寡黙を尊重する民族・人々もいる。むずかしいことではあるが、相手に対応した対話力を心がける必要もある。

④ 対話型授業の新たな課題、学習者の主体的学びの創造にむけて

（1）学習者主体の対話型授業への胎動

　筆者のもとに全国各地に先生方からよくメールや手紙が来る。栃木県の小学校の先生から送信文の一部を紹介する。

　迷った時、試行錯誤の過程で「創発の問い」が偶発的に生まれる経験を振り返ってみると、いくつかの条件が重なっていたことが分かります。まず、豊かな算数的活動の体験、問題解決的活動の体験が備わっている。数の感覚と図形の感覚が結びつく思考ができる。「こんなこともできるかな？」と挑戦的に考える習慣。子供が本来もち得ている拡散的思考が活かされる雰囲気。認め合える共創の雰囲気。つまり、１・２人の発想が得意な子もそれを理解し、共感し合える仲間が必要なこと。その仲間だからこそ、その状況で生まれること。その仲間にはある程度の知識と学びの感動体験が備わっていて、いつ、誰かが、どんなときにも突発的に何かを言い出しても「なるほど」と一端受け入れる受

け止める力が備わっていること。やはり、学級作りと、知的で豊かな体験、知的で豊かな体験を保障する日々の授業が必要だということだと思います。

　今日は、「思考スキル」と「数学的思考」について、そして「問い」を生む子供の「内なる言葉」（なぜ？　本当？　もしも……　たとえば……）を構造的に捉えられないか、黒板一面に書いては消しを繰り返しました。いま、行っていることを少しでも進め、次年度以降、『本物の共創の対話を駆使した創造的な算数授業を子供達と教師が創る』ための手立ての具体を見出すことに力を注ぎたいと思います。

　このメール文には、真の意味での子供主体の授業、子供たちが深い対話により、次々と思考を自立的に深めていく授業を創造することへの熱い思いが感得でき、深く共感する。

　対話型授業は、単に授業に対話を活用する段階から、グローバル時代・社会の変化に対応した人間形成を目指す教育として、教師主導から、学習者自身が、「問い」をもとに課題を選択し設定し、探究していく学び、「形成能力の育成」[15]を重視した学びへの転換していかなければならない。また予定調和的な展開でなく、学習の過程で生起する、疑問・矛盾・ズレなどを活用し課題を「再構築し探究していく」授業、交互に教え学ぶ学習を創造していかねばならない。そこに学校教育の新たにして緊要の課題がある。

　グローバル時代の人間形成においては、多様な他者と協働しながら新たな価値の創造に挑む、主体性・自律的に関わりながら未来を切り拓いていく、高い志や意欲を持つ自立した、変化に臆せず対応していこうとする人間の育成が望まれる。こうした人間を育成するためには、授業そのものが、予定調和的な展開でなく、「学習の過程で生起する、疑問・矛盾・ズレなどを活用し、課題を再構築し、次々と探究していく」授業にならねばならない。こうした授業における学習過程で、学習者の学習意欲を高め、批判的かつ創造的な思考の交流・交換をもたらすのが「深い対話」なのである。

　深い対話を活用した授業づくりに学校全体で取り組んできた事例を紹介する。

（2）東京都文京区立千駄木小学校の対話型授業開発研究

　千駄木小では、取り組むべき課題を「子供が主体的に学ぶ対話型授業」と定めて３年間の実践研究を進めてきた。筆者は研究協力として同校の実践研究に継続して

参加してきた。

①研究の概要

（ⅰ）研究テーマ　〜子供たちが夢中になって語り合う対話型授業を目指して〜

（ⅱ）研究の柱　対話タイム　対話型授業　言語環境の整備

　　ア．対話タイム：「対話の土台をつくるスキル」「聴く力を高めるスキル」「話す力を高めるスキル」の３つを設定し、各学年の実態やその時期につけたい力に応じて、それぞれのスキルを選択し、トレーニングする。

　　イ．研究授業：自己と向き合い、一人で考える活動。沈黙の中でじっくりと考える「自己内対話」と、他者と語り合い啓発し合う「他者との対話」を往還させ、思考を深めた。定型化せず、学習の場面に応じて臨機応変に活用した。

　　ウ．言語環境の整備：教室掲示　返事・挨拶・正しい言葉遣いの指導

②授業研究の流れ

　全教師による各教科等の研究授業が実施された。

○事前研究

　●単元のねらい分析→教材選定→指導案作成、・講師の先生と論議する→対話場面設定

　●指導案提案→研究推進委員会検討→再提案、・事前授業提案→事前授業・参観→再検討

　●研究主任と打ち合わせ→「授業の視点」作成・提案

○研究授業

　●「授業の視点」に沿って参観→分科会検討　●授業分科会提案→授業者自評→協議会（視点に沿って）　●指導講評→「今日学んだこと」提出

○事後研究

　●「今日学んだこと」配布　●協議会記録配布　●事後授業参観

　●授業写真掲示　●指導案修正　●成果と課題検討　●児童の変容検討

　教員同士でも対話を心がける。ベテランも若手も一緒になって語り合い、子供たちにとって楽しい授業、学びのある授業ができるようにしている。

③＜成果と課題＞　研究報告書からの抜粋

　●自己内対話と他者との対話を往還することで、自分の考えをもち、他者との伝え合う活動ができるようになった。ただ対話するだけではなく、内容を深めようとする姿勢が育ってきている。

　●自分の考えを一方的に伝えるのではなく、相手の考えも取り入れて新たな考

えを生み出そうとするようになった。

●「深い対話」にするために、少数意見を生かし、相手の考えをさらに理解しようと質問をすることができるようになってきている。

④＜千駄木小学校の研究の考察＞

三年間にわたり、千駄木小校の実践研究に参加し、すべての授業の企画・実施・省察に参加してきた。同校の実践研究の特色は以下にまとめられる。

○研究協力者との共同研究：観察者・教育実践研究者としての外からの視点でなく、授業の共創者として姿勢での参加であった。研究協力者との共同研究は、対話・対話型授業への認識に深化をもたらし、深い対話の活用について論議し、具体策を検討する機会となった。

○探究蓄積型研修会：同校の研究協議会は、常に研究授業の課題を明示し、率直な論議をなし、終了後はその成果を集約し、文章化し、共通理解する探究・蓄積型であった。このことが教師たちに対話型授業への認識を徐々に深めていった。

○「学校の同僚性」(collegingiality) と先輩教師の「援助的指導(メンタリング)」(mentoring)[16]：各学年・専科毎の授業についての論議、先輩教師による師範授業や助言の日常化は、同校の特質といえる。

○ねらいの分析と仕掛の工夫：同僚性による研究授業の「ねらい分析としかけの工夫」はいつも長時間かけて行われ、他学級での事前授業により修正されていった。より高次な授業への教師たちに探究心は、同校の質の高い授業創造の源泉であった。

（3）学習者が深い対話を活用し、自立的・主体的に課題を探求していく学びの創造

この学習の基底には、教師と子ども、子ども同士が必ずしも認識や意見が同一でなく、その差違をむしろ生かすことが高次な知的世界に導き、その過程で、21世紀に必要な知が育まれていくとの学習観がある。

子供たち自身の目的意識や必要感、自己効力感を起点にする。やがて学習を展開する過程で、一人では解決できない、困っている　分からないがどうすればよいか分からない、疑問や問題がでてくる。そうした場面で、新たな学習課題と学習方法を子供たち自身が設定（形成）し、学びを深めていく授業をイメージしている。

全国各地に実践研究仲間との協同により得た実践知を下記の7項目（ⅰ～ⅶ）に集約してみた。

①基礎力を培う

（ⅰ）思考方法の習得（日常的に）

多層的・多元的な見方、考え方の訓練、相対的・多様な立場からの論議方法の習得　発想の転換・ヒラメキの賞賛、ズレの活用・対立の解消・要因分析等の方法の習得

（ⅱ）教師による説明

対話の目的、機能　グローバル時代の対話の特質の解説

批判的思考力の意味等、ズレと創造性、混沌と創発の関連の説明

みんなで練りあげていく愉悦、胆力の重要性、負の予測を恐れず行うことの奨励

モデリングによるイメージづくり

②学習過程での具体的な手立て

（ⅲ）議論が混乱、停止したときの対処法

提言スキルの習得（再考の提案・援助要請・異なる視点の導入）

論議を整理する。各人の意見・思考等の類型化、見える化

「とき」の活用　時間をとる、短時間・長時間の使い分け　新たな課題の設定

③教師の役割

（ⅳ）多様な思考の視点を生起させる配慮：多様な資料の準備、思考を深める資料

学びの軌跡・既習事項の活用、各教科等の学習成果の援用、教科横断的学習

④環境設定

（ⅴ）受容的雰囲気作り：聴き合いの関係性　全員が語ることへのそこはかとない配慮

（ⅵ）対話の組織化：構成メンバー、人数、役割分担、交互に教え学ぶ活動（WELL）異質な他者との交流

⑤定着・内在化

（ⅶ）体験の蓄積：課題再構築・論点の整理体験　変容する自己と集団の自覚

学習過程の自己評価、省察・振り返り

　自立的・主体的に課題を探求していく学びの創造には、子供たちを育てる年月が必要である。子ども主体の学びを創る畏友の優れた教育実践者は、「一年間では無理、二年間にわたる教師に意図的な教育活動の累積が、学びの豊かな土壌をつくっていく、その滋養を得て、子供たちは主体的に学ぶ意識を育み、具体的な方途を習得させる」と語る。

おわりに

対話は無からは生起しない。基礎知識、専門的知識をもつことが対話の質を高め

る。教師主導の知識の伝授型授業には、一定の時間に効率的に多数の子供たちに知識を伝えるための効果的な学習があり、学校教育に必要である。しかしそうした授業だけではグローバル時代の人間形成は十全になされない。深い対話による、異質・ズレを前向きに捉え、他者と新たな解や智恵を共に創っていく喜び、その過程で、自己成長する自覚、次々と知的世界を探究する愉悦、それを感得できる学びの継続が、多様との共生社会に希望の未来をもたらす人間を育んでいく。

　「学習者が深い対話を活用し、自立的・主体的に課題を探求していく学び」は、全国規模でみても、まだ試行の域を出ていない。しかし、優れた教育実践者たちが意欲をもち取り組み始めた事実も散見できる。そのことに希望を見出す。こうした教育実践者・研究者が実証研究から得た実践知を結集し、整理し、結晶化し、系統化していくことが緊要の課題である。このことを私自身の研究上の課題として捉え、今後も取り組んでいきたい。

注

(1) マルティン・ブーバー、佐藤吉昭・佐藤玲子訳（1972）『対話的原理』、みすず書房、p.99。
(2) 同上書、p.111。
(3) ボルノー、浜田正秀訳（1996）『人間学から見た教育学』、玉川大学出版会 pp.138-139。
(4) ミハエル・バフチン、新谷敬三郎・佐々木寛・伊東一郎訳 (1978)『ことば　対話　テキスト』、新時代社、p.247。
(5) マイケル・ホルクウィスト、伊藤誓訳（1994）『ダイアローグの思想』、法政大学出版社、p.247。
(6) ツヴェタン・トドロフ、大谷尚文訳（2001）『ミハイル・バフチン　対話の原理』、法政大学出版会、pp.102-103。
(7) 桑野隆（1987）『バフチン＜対話＞そして＜解放の笑い＞』、岩波書店、p.9。
(8) 桑野隆（2011）『バフチン　カーニヴァル・対話・笑い』平凡社、pp.91 － 92。
(9) 桑野隆（2002）『バフチン　新版』、岩波書店、p.120。
(10)森昭（1998）『教育名著選集④　人間形成原論』、黎明書房、p.98。
(11)星野道夫（1999）『アフリカ旅日記―ゴンベの森へ―』、メディアファクトリー、p.106。
(12)ジュエーン・クドール、上野圭一訳、松浦哲郎監訳（2000）『森の旅人』、角川書店、p.109。
(13)エンドワード・T・ホール、國弘正雄・長井善見・斉藤美津子訳（2006）『沈黙のことば』、南雲堂、p.8。
(14)小坂貴志（2012）『異文化対話論入門』、研究社、p.8。
(15)トラスファー21編、由井義道・卜部匡司監訳、高雄綾子・岩村拓哉・川田力・小西美紀訳（2012）『ＥＳＤコンピテンシー』,明石書店、pp.73-74。
　　持続可能な発展のための教育では、形成能力として次の10項目を提示している。1) 世界に対してオープンであり、新たな視点を統合させた知を組み立てる。2) 先を見通して行動する。3) 学際的に知識を習得し行動する。4) 他者と協力し，計画し行動することができる。5) 意志決定のプロセスに参加することができる。6) 行動的になるよう他者を動機づけることができる。7) 自分や他者の理念を反省することができる。8) 自主的に計画し行動できる。9) 恵まれない人々に対して共感と連帯を示すことができる。10) 行動的になるよう自分自身を動機づけることができる。
(16)佐藤学（1997）『教師というアポリア』、世織書房、pp.70-72。

第11章

小学校低学年における
地図利用指導の変遷についての考察

小林　昌美

はじめに

　児童は眼前に広がる景観から、事物を選択して自分の頭の中の地図を作りあげている。景観を観察し、整理し、地図に表現することで抽象的な思考を進め、空間認識と地図利用の能力を身につけていくのである。

　寺本、大井（1987）は、手書き地図と遊び行動の空間認知の実態について検討し、1年生から2年生へと成長につれて、熟知する空間の範囲は広がり、手書き地図に描かれる事物は、自然事象、土地利用に関するものが多く、空間内の位置関係を比較的正確に把握していることを明らかにしている。トゥアン（1993）は、子どもは成長につれて、空間内の目印や目標になるものに関心を示すようになること、人を特定の場所と結びつけることから、場所に関して明確な地理的概念を持つことを指摘した。

　これまでの研究では、子どもの空間認識の発達について論ぜられてきたものが多いが、伊藤（2011）は、地図の入門期の学習では、私的な生活世界で生きる子ども達の発達段階と認知過程にもとづいて、無理なく自己の私的な世界から抽象的な地図世界に移行できる包括的で具体的な地図学習教材の集成とその組織的な実践の必要を指摘している。地図利用の入門期である小学校低学年で、地域を理解することと空間移動の際の経路を調べる、という地図の基本的な機能を生かした学習を通して、児童の空間認識と一体になった地図利用指導が求められる。寺本（2002）は、

生活科自体が形骸化し、地図と関連付けた指導の不足を指摘したうえで、地図という教材が、子どもの発達にとって欠かすことのできない能力や認識の形成に深くかかわっている、としている。
　本稿では、これまで検討されてこなかった、小学校低学年の学校教育における空間認識の育成や地図利用指導について、学習指導要領、教科書、指導資料をもとに、生活科新設前の低学年社会科の時期、生活科新設から現行指導要領施行前までの時期、現行指導要領の三つの時期を比較検討する。

低学年社会科の時期の検討

　社会科の目標構造は、態度目標、能力目標、理解目標によって構成されており、地図は具体的な資料として位置づけられている。これらの目標は、発達段階に応じて児童が学習を進め、教科の総括目標を達成するために、密接に関連付けて指導する必要がある。
　平成52年7月改訂小学校学習指導要領社会1年（文部省，1977）の目標は次の2点で構成されている。
　（1）自分たちの生活を支えている人々の仕事や施設のはたらきについて気付かせ、社会の一員としての意識をもつようにさせる。
　（2）日常生活で経験する社会的事象を具体的に観察させ、効果的に表現させる。
　表1は、小学校社会指導資料　資料活用の指導　昭和60年3月（文部省，1985）から各学年における児童の空間認識及び地図利用に関する事項を抽出したものである[1]。資料活用の指導によれば、表1のように、低学年において、簡単な地図利用、地図作成指導があげられている。児童は事実を知り、学習問題を発見し社会的関係や社会的事象の意味を考える学習が想定されていた。景観という事実を知り、それを地図化する過程で、考えるという活動が一体となって行われていた、といえる。様々な事象との関わりを手掛かりにして眼前の景観から情報を選択して取り入れ、抽象化し地図上に表現する学習が進められていた、と考えられる。
　このように、生活科新設以前の社会科の学習では、児童は事実を知り、学習問題を発見し、社会的関係や社会的事象の意味を考える学習が行われていた。当時、低学年社会科の指導が難しい、という指摘があったものの、景観という事実を知り、

表1　各学年の空間認識能力の育成と地図利用指導ステップ

	内　容
第1学年	○座席表から自分と友達の位置を読み取ったり、校舎の模型で各学級の位置を確かめたりする。 ○保健室の見学のために、保健室の平面図や施設・道具の絵カードを利用する。 ○学校の近くを観察して、床地図に表わすとともに、事物の位置関係をとらえる。
第2学年	○お店屋さんの想像図をかき、それを手がかりにし、見学の計画をたてる。 ○魚屋さんや用品店を見学し、構成図や見学カードを基にして、共通点や相違点に気づく。
第3学年	○簡単な地図記号について知り、絵地図をかいたり、市町村の地図を読んだりする。 ○絵地図、地図模型、航空写真、市町村の地図などを見て、場所による違いやその場所の様子を読み取る。 ○都道府県の地図や模型から、地形の特色を読み取る。また、自分たちの市町村と異なった自然条件の地域に気づく。 ○現在と昔の地図を比べて、土地利用の変化に気づく。
第4学年	○地図帳で都道府県の位置や地形、人口分布、土地利用などを読み取る。 ○自分の市町村の位置、都道府県の広がり、隣接県などを、白地図にかき入れる。 ○地域の開発について、年表、地図、文書、写真などにより調べる。 ○地図、地形図、地形断面図等から地形の特色を読み取るとともに、景観を示す写真、スライドなどによりイメージ化を図る。 ○地図、気温図、降水量図等から、気候の特色を読み取るとともに、写真、スライドなどによりイメージ化を図る。
第5学年	○主な農産物の産地や生産額、自給率の低い食料などについて、地図、分布図、グラフなどにより調べる。 ○海流図、大陸棚、漁港の分布と水揚量の資料から漁場を調べる。 ○主な工業の分布図や工業生産額のグラフから工業の盛んな地域を調べる。 ○伝統工芸品の分布図から、各地に伝統工芸品が生産されていることを調べる。 ○地図帳や地球儀等から、日本の国土の位置や地形、海岸線の様子などを読み取るとともに、写真、スライドなどによりイメージ化を図る。

「小学校　社会　指導資料　資料活用の指導」より筆者作成

それを地図化する過程で考えるという活動が一体となって行われていた、と考えられる。

　まず、学級の座席表から自分の位置を読み取り、教室内の自分と友達の席との位置関係を把握する学習や校舎における学級の位置を知る学習を通して、児童の空間認識の基礎を育成する学習が行われていた、と考えられる。社会的事象を具体的に観察し、地図を効果的に活用しながら学習内容を習得させること、すなわち知識・

理解と観察・資料活用能力を同時に育成する社会科指導が構想されていたことがわかる。

このように、学校から身近な地域へと空間認識を広げていく指導から、さらに、学習対象を同心円的に拡大し、市町村、都道府県、日本全体へと、学習の対象を広げる学習が進められていた。地図利用については、床地図から始まり、地域の一般図、広い地域を扱った一般図、初歩的な主題図が学年を追って使用されていた。観察表現の学習活動を通して、児童の空間認識を育成し、地図の活用能力を育成する指導が進められ、中学校卒業時には、一般図、主題図を使用できる地図利用スキルを身に付ける事ができるよう指導が行われていた、と考えられる。

生活科新設から現行指導要領施行前までの時期の検討

小学校指導書生活編　平成元年6月（文部省，1989）では、生活科は具体的な活動や体験を通して、自分と身近な社会や自然とのかかわりに関心を持ち、自分自身や自分の生活について考えさせるとともに、その過程において生活上必要な習慣や技能を身に付けさせ、自立への基礎を養うことをねらいとする教科である、としている。生活科新設の趣旨とねらいとして、「低学年児童には具体的な活動を通して思考するという発達上の特徴がみられるので、直接体験を重視した学習活動を展開し、意欲的に学習や生活をさせるようにする。」「児童を取り巻く社会環境や自然環境を、自らもそれらを構成するものとして一体的にとらえ、また、そこに生活するという立場から、それらに関心をもち、自分自身や自分の生活について考えさせるようにする。」「社会、自然及び自分自身にかかわる学習の過程において、生活上必要な習慣や技能を身につけさせるようにする。」の３点をあげている。そして、教科目標を「具体的な体験や活動を通して、自分と身近な社会や自然とのかかわりに関心をもち、自分自身や自分の生活について考えさせるとともに、その過程において生活上必要な習慣や技能を身に付けさせ、自立への基礎を養う。」とし、具体的な活動や体験として、見る、調べる、作る、探す、育てる、遊ぶこと等、表現する学習活動として、言葉、絵、動作、劇化等を例示している。

生活科の新設当時の教科書においては、教室、校庭、校舎、町などの景観絵図が積極的に掲載されていた。床地図は、この景観絵図と関連付け、観察してきた事象を配置する活動の中心にあった。このことにより、児童は観察した事象を整理し、

表2　生活科新設当時の床地図・絵図の掲載状況

		学級内の俯瞰絵図	校庭校舎の俯瞰絵図	校庭校舎の絵図	町の俯瞰絵図	町の絵図	公園の俯瞰絵図	公園の絵図	駅商店街の俯瞰絵図	店の俯瞰絵図	ルートマップ	手書き地図	床地図
A社	1年	×	×	○	○	×	○	×	×	×	×	×	×
	2年	×	×	×	○	×	×	×	△	×	×	×	○
B社	1年	×	×	×	○	×	○	×	×	×	×	×	×
	2年	×	×	×	○	×	×	×	×	×	×	×	○
C社	1年	×	×	×	×	○	×	○	×	×	×	×	×
	2年	×	○	×	○	△	×	×	×	×	×	×	○
D社	1年	×	○	×	○	×	○	×	×	×	×	×	×
	2年	×	×	×	○	×	×	×	×	×	×	×	×
E社	1年	×	×	×	×	×	×	×	×	×	×	×	×
	2年	×	×	×	×	×	×	×	×	×	×	△	○
F社	1年	×	○	×	○	○	○	×	×	×	×	×	×
	2年	×	×	×	○	×	×	×	×	×	×	×	○
G社	1年	×	○	×	○	×	×	×	×	×	△	×	×
	2年	×	×	×	○	×	×	×	○	×	×	△	○
H社	1年	×	○	×	×	×	○	×	×	×	×	×	×
	2年	×	×	×	×	×	×	×	○	△	×	×	○
I社	1年	×	○	○	×	×	×	×	×	×	×	×	×
	2年	×	×	×	△	×	○	×	○	×	×	×	○
J社	1年	○	○	×	×	×	×	×	×	×	×	×	×
	2年	×	×	×	○	×	×	×	×	×	×	×	×
k社	1年	○	×	×	×	○	×	×	×	×	×	×	×
	2年	×	×	×	×	×	×	×	×	×	×	×	×

表中の・○は掲載スペースが2ページ以上であるもの、・△は掲載はあるが掲載スペースが2ページ未満であるもの、・×は掲載がないもの

事象相互の位置を関係づける活動を通して、空間認識の能力を高めていったことが考えられる。

　表2は、生活科新設当時の教科書に掲載された床地図、俯瞰絵図掲載状況の一覧である[2]。生活科新設当時の大部分の教科書に、児童が空間認識を育てるための床地図、俯瞰絵図等が掲載されている。児童が、学校、公園、町という生活と関連深い絵図を参考に、遊びや学校探検、町探検の活動を通して、体験したことを床地

図に表現する学習へと発展できる構成となっている。特に、Ｊ社とｋ社の教科書では、教室内の位置関係を表す絵図が掲載されており、入門期に座席表から自分と友達の位置関係が読み取る活動ができる構成となっている。

このように、生活科の初期の教科書においては、教室、校庭、校舎、町などの俯瞰絵図が多く掲載されていた。この俯瞰絵図をもとに、町全体の広がりを感じ取り、観察の方法を学び、観察してきた事象を床面地図に配置する活動を進めることで、児童は観察を通して事象を整理し、事象相互の位置を関係づける活動を通して、空間認識の能力を高めていった。眼前の景観を整理し、床面地図に表現する学習を通して、空間認識と地図利用の能力を育成する指導が進められていた、と思われる。景観の観察から始まり、観察してきたことを地図化し、抽象的な思考を進め、事実を知り、学習問題を発見し、自分とのかかわりで社会的事象の意味の理解を進める学習が進められていたのである。

③ 現行学習指導要領の検討

現行の生活科では、社会的な気付きが地理的な気付きではなく、人との交流を通しての気付きが強調されている。３学年社会科における地図利用指導に先立つ、自分を中心とした位置関係の把握、事物の配置などの自分の生活体験に根ざした児童の空間把握の促進のための指導があまりなされていない。

表３は、平成26年度使用教科書と生活科新設当時の教科書の床地図、俯瞰絵図の掲載状況を比較したものである[3]。

Ａ社は、上巻での掲載は見開き２ページ分のみである。新設当時の教科書に比較すると、掲載量は減少している。また、２ページすべてが絵図ではなく、教室や校庭でできることを示唆する絵や写真をあわせて掲載していることにより、絵図のスペースは狭いものになっている。

Ｂ社は、友達との温かいかかわりを示唆するふき出しや先生とのかかわりを表現した教室の俯瞰絵図を掲載している。ふき出しの内容は、指導要領のねらいに沿ったものであり、教室内の友達との席の位置関係を観察することを示唆する絵図であり、入門期の空間認識の指導が可能である。生活科新設当時のものと比較すると、床地図や俯瞰絵図の掲載が増えている。

Ｃ社は、掲載されている絵図には空間の広がりを感じさせることよりも、地域の

表3-1　生活科教科書の床地図・俯瞰絵図等の掲載状況比較

会社名	生活科新設当時の生活科教科書の床地図・俯瞰絵図等の掲載状況				平成26年度使用教科書の掲載状況			
	学年	掲載内容	種類	大きさ	学年	掲載内容	種類	大きさ
A社	1年	①こうていにでてみよう	校庭の絵図	2ページ	1年	①ともだちになろう	校庭の絵図	2ページ
		②いろいろなあそびができるよ	校庭の絵図	2ページ				
		③みんなのこうえん	町の俯瞰絵図と写真	2ページ				
		④くふうしてあそぼう	公園の俯瞰絵図	2ページ				
	2年	①はるがまちにやってきた	町の俯瞰絵図	3ページ	2年	①みんなであるこう	町の俯瞰図	2ページ
		②がっこうのちかくはどんなところかな	地図と絵	7.5 cm×10.8 cm		②たんけんのじゅんびをしよう	床地図	2ページ
		③どのみせでなにをかおうかな	床地図	2ページ		③見つけたことをつたえ合おう	床地図	2ページ
		④いろいろなところへいったね	床地図	2ページ				
B社	1年	①こうえんへいこう　こうえんまでのみち	町の俯瞰絵図	2ページ	1年	①たのしいことがいっぱいあるよ	学校の絵図	4ページ
		②こうえんであそぼう	公園の俯瞰絵図	2ページ		②ともだちいっぱいね	教室の俯瞰絵図	2ページ
						③いっしょにあそぼう	校庭の絵図	2ページ
						④なにしてあそぼうか	公園の俯瞰絵図	2ページ
						⑤ひざしがまぶしいね	公園の俯瞰絵図	2ページ
						⑥かぜがつめたいね	公園の俯瞰絵図	2ページ
	2年	①町のたんけんをしよう	町の俯瞰絵図	2ページ	2年	①ねえ、ねえ、しってる	床地図	2ページ
		②町のたんけんちずをつくろう	床地図	25.8 cm×17.1 cm		②いってみたいね	床地図	2ページ
		③えきにいこう	駅の俯瞰絵図	11 cm×17.1 cm		③見つけた、見つけた	町の俯瞰絵図	2ページ
		④あきの町にでよう	町の俯瞰絵図　床地図	2ページ		④たくさんのすてきを見つけたよ	床地図	1ページ
		⑤ふゆの町にでよう	町の俯瞰絵図　床地図	見開き2ページ		⑤町のきせつずかん	町の絵図	4ページ
						⑥町の安全マップ	町の俯瞰絵図	3ページ

表3-2 生活科教科書の床地図・俯瞰絵図等の掲載状況比較

会社名	生活科新設当時の生活科教科書の床地図・俯瞰絵図等の掲載状況				平成26年度使用教科書の掲載状況			
	学年	掲載内容	種類	大きさ	学年	掲載内容	種類	大きさ
C社	1年	①近所の風景　P4・6・7	町の絵図	2ページ	1年	①がっこうにいこう　P4・5	町の絵図	2ページ
		②ともだちとあそぼう　P8・9	公園の絵図	2ページ		②こうていもたんけんしよう　P16・17	校庭の絵図	2ページ
						③みんなのこうえんであそぼう　P 36・37	公園の俯瞰絵図	2ページ
						④こうえんであきをさがそう　P 64・65	公園の俯瞰絵図	2ページ
	2年	①あたらしい1年生が入学したよ　P4・5	校庭の俯瞰絵図と写真	2ページ	2年	①春のまちを歩こう　P6・P7	町の俯瞰絵図	2ページ
		②町をたんけんしよう　P14・15	床地図	2ページ		②みんなにしらせたいな　P30・31	床地図	2ページ
		③おみせやさんにはいってみたいな　P20・21	町の風景と写真	14cm×34.2cm		③生きものをさがしにいこう　P34・35	町の俯瞰絵図	2ページ
		④町であたらしいひみつを見つけたよ　P22・23	床地図	14cm×34.2cm		④こんどはどこに行こうかな　P68・P69	床地図	2ページ
		⑤雨の日のふしぎをさがそう　P42・43	町の俯瞰絵図	2ページ				
D社	1年	①わたしのがっこう みんなであそぼう　P2・3	校庭の俯瞰絵図	2ページ	1年	①こうていでみつけた　P15	校庭の俯瞰絵図	1ページ
		②校庭を観察する様子　P18・P19	校庭の俯瞰絵図	2ページ		②みんなのこうえんだね　P 34・35	公園の絵図	2ページ
		③たろくんのおうちにいってみよう　P34・35	町の俯瞰絵図	2ページ				
		④みちをあるいてみつけたよ　P36・37	床地図と写真	2ページ				
		⑤いろいろなみち　P40・41	床地図	2ページ				
		⑥こうえんであそぼう　P48・49	公園の俯瞰絵図	2ページ				
	2年	①みんなのまち　P12・13	町の俯瞰絵図	2ページ	2年	①見つけたよ こんなところ　P24・25	ルートマップ	2ページ
		②町にいってみよう　P14・15	床地図	25.8cm×17.1cm		②町にはっけんがいっぱい　P 56・57	床地図	2ページ
		③おもしろちずをつくろう　P20・21	床地図	2ページ		③みんなでたしかめにいきたいな　P 58・59	床地図	2ページ
						④絵地図を作ろう　P 58・60	床地図	2ページ

表3-3　生活科新設当時の生活科教科書の床地図・俯瞰絵図等

会社名	生活科新設当時の生活科教科書の床地図・俯瞰絵図等の掲載状況				平成26年度使用教科書の掲載状況			
	学年	掲載内容	種類	大きさ	学年	掲載内容	種類	大きさ
E社	1年	①わたしたちのがっこう　P22・23	床地図	2ページ	1年	①なかよしいっぱいだいさくせん　P20・21	学校見取り図	2ページ
	2年	①町たんけんの手書き地図　P8	手書き地図	7cm×9.5cm		②なかよしいっぱいだいさくせん　P22・23	ルートマップ	2ページ
		②みんなで見つけたまち　P16・17	床地図	2ページ	2年	①まちをたんけん大はっけん　P8・P9	ルートマップ	2ページ
						②まちをたんけん大はっけん　P10・P11	ルートマップ	2ページ
						③まちをたんけん大はっけん　P14・P15	ルートマップ	2ページ
						④まちをたんけん大はっけん　P16・P17	ルートマップ・床地図	2ページ
						⑤まちをたんけん大はっけん　P20・P21	床地図	2ページ
F社	1年	①なかよくあそぼう　P3・P4・P5	校庭の俯瞰絵図	3ページ	1年	①いってきます　P2・P3	町の絵図	2ページ
		②がっこうのまわりをあるこう　P20・P21・P22	町の俯瞰絵図	3ページ		②いちねんせいになったよ　P4・P5	正門の絵図	2ページ
		③こうえんへいこう　P58・P59	町の風景と写真	2ページ		③あたらしいともだちといっしょにあそぼう　P14・P15	校庭の絵図	2ページ
		④あきのこうえん　P60・P61	公園の俯瞰絵図	2ページ		④こうていたんけんにしゅっぱつだ　P24・25	校庭の絵図	2ページ
	2年	①春のまちをたんけんしよう　P4・5	町の俯瞰絵図	2ページ		⑤がっこうのまわりをみてあるこう　P30・31	町の絵図	2ページ
		②グループでまちをたんけんしよう　P6・P7	床地図	2ページ		⑥こうえんはたのしいことがいっぱいだよ　P40・P41	公園の俯瞰絵図	2ページ
						⑦そのはらでもあそびをいっぱいみつけたよ　P42・P43	公園の絵図	2ページ
						⑧こんどはなにをしてあそぼうかな　P84・85	公園の俯瞰絵図	2ページ
						⑨のはらであきでいっぱいだいろいろなあそびをしよう　P86・P87	公園の絵図	2ページ
					2年	①レッツゴー町たんけん　P6・P7・P8・P9	町の俯瞰絵図	4ページ
						②はっけんしたことをしょうかいします P18	床地図	1ページ

人々や友達とのかかわりに重点がおかれている。下巻で掲載されている床地図は小さいものである。

D社は、発展的指導の扱いであるが、2年生で絵地図の作り方の説明、中学年社会科を意識した四方位の導入指導を示唆していることは注目される。

E社の教科書は、絵図の掲載ページは増加している。しかし、事物の配置等、地理的な気付きや空間認識を育てるというよりも、身近な人々とのかかわりが重視されている。これは、現行指導要領で、学校探検や町探検学習では、空間認識の育成や地理的な気付きよりも、専ら身近な人々とのかかわりによる気付きが強調されていることによるものである。

F社の教科書は、絵図の掲載ページは増えている、しかし、それらはすべて、身近な人々との交流が強調されている。町や学校を俯瞰した空間の広がりよりも、人物を大きく描き児童とのかかわりが強調されている。床地図を使用し探検前には探検計画を作成すること、探検後には床地図に調べたことを書き込む学習を示唆しているが、活動の内容としては地域の人々とのかかわりが強調されている。絵図を掲載した量は増加しているが、それらは空間の広がりを感じさせるものではなく、店先などの狭い空間を切り取り、そこに多くの人物が配置されたものである。現行指導要領では、学習対象に繰り返し関わることを求めているが、それに応える形で、地域の人々との繰り返しの触れあいが強調されている。

多くの教科書が、地域の人々や友達とのかかわりに重点をおいていることから、人物を大きく描き、ふき出しなどを挿入するため、狭い空間を取り上げ絵図にしている。このため、空間の広がりを感じられない。また、町の俯瞰地図の扱いについても、安全に関する記述が中心となっている。

生活科の学習の後、児童が学習する社会科の第3学年及び第4学年では、身近な地域や市（区、町、村）の特色ある地形、土地利用の様子、主な公共施設などの場所と働き等の学習を進める。能力目標では、身近な地域や市、県の社会的事象を対象にして、学習問題に即して意欲的に観察、調査したり、地図や各種の具体的資料を活用したりして調べ、社会的事象の特色や相互の関連などについて考え、表現する力の育成が求められる。

地図の活用について言えば、身近な地域で社会的事象の観察や聞き取りなどの調査を行い、その結果を絵地図や地図記号を使った平面地図にまとめる活動が進められる。また、市の地形や土地利用等の調査や学習が例示されており、方位については、四方位の指導に始まり、第4学年修了までに八方位を身に付けることとしている。

地図記号については、学校、警察署、消防署、工場、神社、寺院、市役所や町役場、田、畑、果樹園、鉄道、駅、道路等が例示されている。その際、特色ある地形や交通等の様子と結び付けて、身近な地域や市の土地利用は地形的な条件や社会的な条件とも関連づけて指導し、その結びつきに気付かせることを求めている。

　このような中学年社会科における指導との円滑な接続を考慮すると、生活科においては、床地図等の活用を図り、児童が調査・観察した事柄や児童の生活とかかわりのあるものを地図上に配置したり、記録する活動を行い地図に親しむ活動を積極的に行う必要がある。その際、方角や距離を実感させるような指導や地域の土地利用の様子、地形の様子等にも気付かせるよう配慮する必要がある。

　町探検で児童が、床地図上に配置する事象についても、中学年で地図記号として例示されている学校、警察署、消防署、工場、神社、寺院、市役所や町役場、田、畑、果樹園、鉄道、駅、道路等の内、地域内で観察できるものについては児童の体験と関連づけて指導し、地図記号と実際の事物を一体として理解させることが必要である。

　平成20年中央教育審議会答申では、生活科の改善の基本方針として、気付きの質を高めること、とりわけ科学的な見方・考え方の基礎を養う理科的な気付きが強調されている。地域の学習では、通学路の安全や身の回りの人々とのかかわりが強調されることとなった。大幅に町の俯瞰図の掲載が減り、社会科的な気付きが、小学校の社会科教育の基盤となる地理的な気付きではなく、地域の人々との交流に主眼が置かれていることから、地域の景観から、地形などの自然条件、土地利用の様子等に気付かせる指導の減少が危惧される。

おわりに

　本稿では、学校教育における児童の空間認識を育成する地図利用指導を比較検討してきた。その結果は、次の通りである。

　第1に、地図の利用でいえば、1・2年生の絵地図から、3年生以降の平面地図への移行を円滑に進める必要がある。学習の過程でいえば、地域の景観の観察、観察した事象を地図化するという景観と地図を結びつけて学習する事が重要である。カリキュラムの連続性の観点からも入門期の地図利用指導を生活科が担う必要がある。しかし、生活科新設時には多くの学校で行われていた、大きな床地図を使用した指導の減少が危惧される。大学の教職課程教科専門教科生活を履修する学生に対して調査を行ったところ、61名の学生の内28名が小学校時代に床地図を使用した

学習を経験していない、という結果であった⁽⁴⁾。

　第2に空間認識の発達と地図利用スキルの育成と結びつけて、生活科における町探検や地域の人々との活動が構想される必要がある。例えば、地域の人々とともに活動した場所を床地図に記録すること等は、容易に実践可能な活動である。自分の経験と結びつけることにより、抽象的な地図や地図記号が具体的な事象として児童に認知されるのである。児童が、教室内の自分と友達の席との位置関係を把握することから始まり、学校、身近な地域へと空間認識を広げ、市町村、都道府県、日本全体へと、学習の対象を広げて学びを進めるなかで、地図利用のスキルを身につける指導を進めることが求められる。小学校において、床地図、地域の一般図、初歩的な主題図の学習を進め、中学校卒業時には、一般図、主題図を使用できる地図利用スキルを身に付ける事ができるよう、地図利用指導を進める必要がある。

　第3に、地図を活用した地理的な気付きを促す指導を進める必要がある。理数教育が重視されていることから、学習指導要領では、中学年理科との接続を考慮した理科的な気付きが強調されている。反面、社会的な気付きが、小学校社会科の中核である地理的な気付きとならず、人との交流に限定されている。教科書に掲載されている絵図も、広い空間を描き、事物の配置を感じさせるものから、狭い空間を切り取り、人との交流に主眼を置いたものが増える傾向にある。

　育成すべき資質・能力を踏まえた教育目標・内容と評価の在り方に関する検討会の「論点整理」では、育成すべき資質能力と学習課題として、転移可能な理解とスキルの育成が論点にあげられているが、今後、キーコンピテンシーとしての、地図利用スキルの育成の方法を検討する事が課題となる。また、知っていることを活用して何ができるかを評価する方向性が論議されたが、今後は、地図利用スキルの評価とそれをもとにした、指導を重視する必要がある。日本学術会議の「提言　新しい高校地理・歴史教育の創造－グローバル化に対応した時空間認識の育成－」では、小学校の生活科、中学校の社会科、高等学校の地理歴史科における意欲・関心、知識、技能など3層における資質や能力の向上がカリキュラム上にも学習する個人にも系統的、連続的に形成されることが必要であるとし、地図帳や地球儀の活用など地理的技能の基礎学習を高等学校まで系統的に習得することが必要であることを指摘している。

　以上のことから、生活科新設以前は小学校低学年の社会科が受け持っていた、入門期の空間認識の育成と初歩的な地図利用指導が、生活科において明確には位置付けられてこなかったこと、社会的な気付きが地理的な気付きとならず人とのかかわ

第Ⅱ部　児童教育学で育てたい能力とは　　225

りに収束される傾向があることから、従来、小学校低学年社会科が担ってきた入門期における空間認識及び地図利用指導がなされないまま、中学年社会科の学習を進めることとなり、児童の躓きが危惧される。

　児童が将来、様々な場面で思考を進め、自己の行動を決定する際にも、地図を活用する機会は多い。身近な例をあげれば、自治体から配布されたハザードマップを読み、災害時に自ら判断し、安全な行動がとれるようにならなければならない。生活科から社会科への円滑な接続をはかるうえからも、児童が地図を活用しそれに習熟するための指導が重要である。

注

(1)　文部省（1985）：小学校社会指導資料, 資料活用の指導, 昭和60年3月, pp.21-25をもとに、筆者が作成した。

(2)　出版社のうち、信教を除く。

(3)　生活科新設時及び現行学習指導要領改訂時の両時期に発行された教科書を比較の対象とした。信教を除く。表中の表記については、次の通りである。ほぼ水平方向から描かれている、空間の狭い範囲が描かれていることから、遠近や空間の広がりを指導する事が困難である、と思われるものは、絵図とした。高い位置から描かれており、遠近や空間の広がりを感じとることができ、指導者が容易に遠近、空間の広がり、事物の配置を指導できるものは、俯瞰絵図とした。地形、道路形状が模式化されているものはルートマップとした。

(4)　2014年12月11日に、目白大学児童教育学科2年生の教科・生活を受講している学生61名を対象に調査した。

参考文献

・伊藤勝久（2011）「地図入門期の導入指導に関する一考察－ガニエの「学習条件による階層的地図指導法の分析－」、『新地理』59-3、pp.1-17。

・寺本潔（2002）『社会科の基礎基本－地図の学力－』、明治図書、pp.38-42。

・寺本潔、大井みどり（1987）「近隣における子供の遊び行動と空間認知の発達－愛知県春日井市の場合－」、『新地理第』35-2、pp.1-20。

・Ｙ．トゥアン、山本浩訳（1993）『空間の経験』、筑摩書房、p.59。

・文部省（1977）『小学校学習指導要領』。

・文部省（1985）『小学校社会指導資料　資料活用の指導』、教育出版、pp.21-25。

・文部省（1989）『小学校指導書生活編』、教育出版、まえがき、pp.5-8。

・中央教育審議会（2008）「幼稚園、小学校、中学校、高等学校及び特別支援学校の学習指導要領等の改善について（答申）」

　http://www.mext.go.jp/b_menu/shingi/chukyo/chukyo0/toushin/1216828.html　（2015年

3月1日確認）

・育成すべき資質・能力を踏まえた教育目標・内容と評価の在り方に関す検討会（2014）「論点整理（平成 26 年 3 月 31 日取りまとめ）
http://www.mext.go.jp/b_menu/shingi/chousa/shotou/095/houkoku/1346321.html
（2015 年 3 月 1 日確認）

・日本学術会議心理学・教育学委員会・史学委員会・地域研究委員会合同高校地理歴史教育に関する分科会（2011）:「提言　新しい高校地理・歴史教育の創造－グローバル化に対応した時空間認識の育成」
http://www.scj.go.jp/ja/info/kohyo/division-15.html（2015 年 3 月 1 日確認）

第12章

社会科系教科教育法での
博物館活用による教材開発力の育成

田尻　信壹

はじめに

　教師を目指す学生たちは、教員免許を取得するためには、教育職員免許法及び関連法令が定める条件を満たした教職課程で必要な科目の単位を取得することが必要である。教育課程は「教職に関する科目」と「教科に関する科目」から構成されている。「教職に関する科目」では、主に教育実践に必要な理論および方法が、また「教科に関する科目」では教科・科目に関する内容が扱われることになる。

　教師の仕事は、授業、学年・学級、校務分掌、部活動、保護者との連携など、多岐にわたる。学生たちは、教職課程を通してこれらの内容を修得していくことになる。多岐にわたる教師の仕事の中でも要(かなめ)となるのは、やはり授業であろう。授業、とくに「各教科の指導法」に関わる内容(科目)は一般に「○○教科教育法」(○○の中には教科名が入る)の名称で呼ばれている。教科教育法には、授業を設計し実施していく上での理論と実践のすべての要素が包含されており、教育実習と並んで、教員養成の中核科目として位置付けられている。

　現行学習指導要領では、小、中、高校の全教科の学習指導要領解説において、21世紀の学校教育の使命として、知識基盤社会の到来やグローバル化の進展に対応できる人間育成に向けて、児童生徒の思考力・判断力・表現力等を育む教育実践の必要性が喚起された[1]。また、国立教育政策研究所のプロジェクト研究「教育課程の編成における基礎的研究」では、「21世紀型能力」が提言され、「21世紀を生

き抜く力をもった市民」に求められる資質・能力の育成が期待されている[2]。そこでは、当面の問題を解決するだけでなく、解決した後に新しい課題やアイディアを発見し提案するなどの、スパイラルな学習能力の育成が重視されることになった。そのため、今日の教科教育法においては、現行学習指導要領の趣旨や国立教育政策研究所のプロジェクト研究の提言を生かした授業計画の立案と実施が求められている。

　本章では、このような問題意識から、教職を目指す学生の教材開発能力を育成するために、筆者の研究分野である社会科系教科教育法[3]の授業実践を紹介する。紙幅にも限りがあるので、社会科系教科教育法での実践の内、JICA横浜海外移住資料館を活用した絵はがきづくりワークショップの活動を取り上げることにする。ここでの活動では、博物館の展示品を付設された解説文を読みつつ鑑賞するという伝統的な学びの形態ではなく、学生は絵はがきづくりと作成した絵はがきの発表を通して博物館の展示と対話し、「社会構成主義的な学び」を体験することになる。そして、博物館を活用したワークショップ型の活動が、学生の教材開発能力を育成する上で有効であることを明らかにしたい。

① 社会科系教科教育法における博物館の活用

　今日の教科教育法は、大きな期待とともに様々な問題や課題を抱えている。小島律子は、教科教育法の現状を検討する中で、教科教育法で目指すべき改善点として、他の科目との関連を重視したカリキュラム編成の必要性と学生の実践的能力の開発の2点を指摘した[4]。本節では、学生の教材開発力の育成に焦点を当て、社会科系教科教育法における博物館を活用したワークショップ型の実践を取り上げる[5]。

（1）社会科系教科教育法に求められる実践上の課題

　2011年に、日本学術会議が高校地理歴史教育に関する興味深い提言を行った。提言「新しい高校地理・歴史教育の創造—グローバル化に対応した時空間認識の育成—」では、グローバル時代に対応した高校地理・歴史教育の創造への提言として、地理歴史科の授業に対して「思考力育成型」の教授法への転換（短期的改革）や「歴史基礎」「地理基礎」等の新科目の創設と必修化（長期的改革）を求めた[6]。また、大学の教員養成課程においては、教育現場の課題に対応できる生活指導力と専門教

科指導力の両面における能力の育成を図ることが期待されている。専門教科指導力の育成では、「教員の問題解決力や教材開発能力を育成するために教職課程では演習方式による歴史教育法の充実を図る」[7]ことが提言された。また、ここでの指摘は地理歴史科教育法に限られるものではなく、初等教科教育法（社会）や中等教科教育法（社会）にも共通する課題であるとも言えよう。

　現代は、社会科系教科の内容と指導方法については就職して（教職に就いて）から身につければよいという時代ではなくなった。社会科系教科教育法は、児童生徒の興味・関心を喚起し、21世紀型能力の育成の観点に立った探究的な授業を構想し運営することのできる能力を育む科目としての役割を果たすことが期待されている。

（2）JICA横浜海外移住資料館を活用した絵はがきづくりワークショップ

① JICA横浜海外移住資料館の展示

　JICA横浜海外移住資料館は、日本人の海外移住の歴史と日系人の暮らしについて紹介するために、2002年に横浜市みなとみらい地区（横浜市中区新港）に設立された施設である。同館は、日本人の海外移住の歴史と日系人に関わる図書、写真・映像・音声資料、標本類など、3万7千件を収蔵している。

写真1　JICA横浜海外移住資料館の外観

　同館に入ると、エントランスに展示された「野菜山車（ベジタブル・フロート）」の復元展示をはじめとして、日本人移民や日系人に関する生活用具や写真などの資料が「海外移住の歴史」「われら新世界に参加す」「デジタル移住スペース」「日本の中のニッケイ　世界の中のニッケイ」の五つのコーナーに分けて展示されており、日本人移民や日系人の暮らしを学習できる。また、展示品を写真に撮ることができたり、ボランティアの方が来館者の質問に親切に対応してくれたりするなどの支援体制が整備されている。

　同館では、以下の教材が学校や団体の学習活動を支援するための教材や学習プログラム[8]として用意されており、訪問時や事前事後学習に活用することが可能である。

- 『海外移住資料館学習活動の手引き（改訂版）』JICA横浜国際センター　海外移住資料館、2007年。

上記は教師用の博物館活用手引きで、海外移住資料館を活用した小、中、高校の学習指導案（12例）、資料館作成のカルタ、紙芝居などが紹介されている。

●教育キット「PASSPORT（パスポート）」

　　上記は小・中学生用の博物館学習用資料で、日本人の海外移住の歴史、展示資料に関する学習ワークシート、クイズなどが掲載されている。

●カルタ、紙芝居

　　紙芝居「海を渡った日本人」「ハワイに渡った日系移民」「弁当からミックスプレート」「カリナのブラジルと日本」など

　　カルタ「移民カルタ」

●定点解説キット

　　館内の各展示コーナーでの見学を補助するための支援キット。

　　「ミックスプレート」（ハワイの官約移民コーナー）

　　「農作物・農具」（コーヒー・綿花・コショウのコーナー）

　　「いみんトランク」（移民の七つ道具コーナー）　など

●貸出教材

　　見学の事前・事後学習のために、資料の貸出を行っている。貸出資料は、紙芝居、移民カルタ、移民トランク、DVDがある。

② 「絵はがきづくり」ワークショップの活動内容

　筆者は、2007年から、社会系教科教育法の受講者を対象にした、JICA横浜海外移住資料館を活用したワークショップを実施している[9]。本章では、2014年11月23日（日）に実施した活動内容について紹介する[10]。

（ⅰ）「絵はがきづくり」（アクティビティ）の説明

　移住先から故郷の家族や知人に近況を知らせる絵はがきを送るというシチュエーションで、配布したワークシート（資料１「デジカメ・スマホを使っての絵はがきづくりワークシート」を参照）を用いて、以下の活動を行う。

　　（ア）JICA横浜海外移住資料館の展示品をデジカメ、ケータイ・スマートフォンの内蔵カメラで撮影する

　　（イ）フォトプリンタを用いて、写真データから絵はがきを作成する

　　（ウ）JICA横浜海外移住資料館の解説文やパンフレットを参考にして、撮影した写真に合った手紙文を絵はがきの通信欄に書く

資料1 「デジカメ・スマホを使っての絵はがきづくり」ワークシート

JICA横浜海外移住資料館を活用したワークショップ

デジカメ・スマホを使っての絵はがきづくり

日時　：2014年11月23日（日）13時～16時30分
場所　：JICA横浜海外移住資料館
　　　　（〒231-0001　神奈川県横浜市中区新港 2-3-1）

[1] タイムテーブル

12時50分　JICA横浜海外移住資料館エントランス前（2階）
13時00分　1F会議室　アクティビティの説明
13時30分　海外移住資料館展示場　写真撮影
14時30分　1F会議室　絵はがきづくり
15時30分　1F会議室　作品発表（グループ毎）　*各グループ代表1名を選出
16時00分　1F会議室　作品発表（全体）　*グループ代表による発表
16時20分　1F会議室　質問紙による調査
16時30分　解散（予定）

[2] 絵はがきをつくりアクティビティの説明

移住先から故郷の家族や知人に近況を知らせる絵はがきを送るというシミュレーションで、以下の活動を行ってください。

① JICA横浜海外移住資料館の展示物をデジカメ、スマホ、タブレットで撮影する
② 撮影した写真からオリジナル絵はがきを作成する
③ 絵（写真）に当てはまる文章を考え、通信欄に書く

表面（通信欄）

切手

絵はがき

裏面（絵・写真）

JICA横浜海外移住資料館を活用したワークショップ

デジカメ・スマホを使っての絵はがきづくり

撮影物の名称				前略
撮影場所				

絵はがき

通信欄

個人・ヒ

ロ

イ

相・の文章

な

お

て

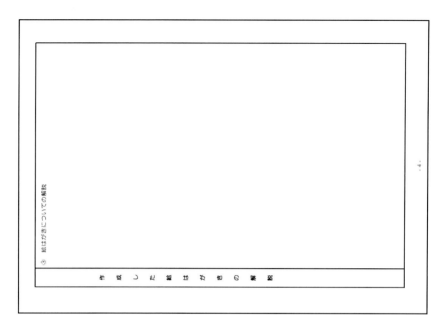

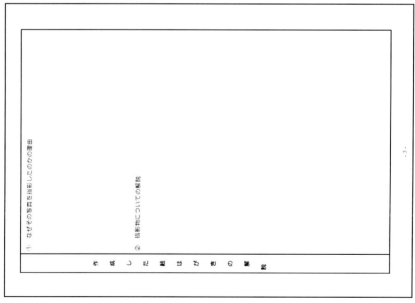

JICA横浜海外移住資料館での活動風景

写真2　館内での情報集め

写真3　写真のプリントアウト

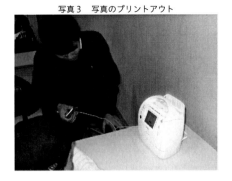

写真4　手紙文の作成

写真5　グループ内での作品発表

写真6　全体への成果発表

（エ）撮影物の名称、展示場所、解説文や撮影理由をワークシートにまとめ、
　　作成した絵はがきに添付する

（ⅱ）ワークショップでの配当時間

ワークショップの活動時間は3.5時間を予定している。活動の内容とおおよその
配当時間は、以下の通りである。

（ア）アクティビティの説明（30分）

　　参加者に「絵はがきづくり」（アクティビティ）の活動内容を説明する。

（イ）写真撮影と資料収集（60分）

　　参加者はJICA横浜海外移住資料館内の展示場を見て回り、関心を持った
　　展示品や写真パネル等を撮影する。展示品や写真パネル等に付記されていた
　　解説文を記録し、通信文を書く際の資料とする（234頁の写真2を参照）。

（ウ）絵はがきづくり（60分）

　　参加者は撮影した写真データをフォトプリンタに送信してはがきに印刷し、
　　写真に相応しい通信文を創作する（写真3、4を参照）。

（エ）作成した絵はがきと通信文の発表（45分）

　　参加者は、グループ内で順番に絵はがきを発表する（写真5を参照）。グルー
　　プ内での発表が終了したら、グループの成果を参加者全体に発表する（写真
　　6を参照）。

（オ）質問紙による調査（15分）

（カ）課題レポートの提出

　　参加者は、博物館活用についての課題レポート（「課題1」「課題2」：
　　239頁参照）を書き、作成した絵はがきと一緒に、後日提出する。

③学生が作成した絵はがき

学生が選んだテーマは、移住者の心情、社会状況、食文化、生活（祭り、相撲・
野球）、労働などであった。では、学生が作成した絵はがきを紹介する（236,237
頁の資料2・3を参照）。

資料2　日本から持参したトランクの中身（学生の作成した絵はがき）

○写真

○通信文

　ブラジルに来て半年が立ち、私はようやく隣人とも打ち解け、生活も落ち着いて参りました。
　さて、絵はがきの写真は、私が日本から持参したトランクです。こちらでも、日本の物はよく使います。とくに、カイロと裁縫道具は重宝しています。下駄は、先日、お祭りの時に浴衣と一緒に身につけ、現地の人たちとの交流のきっかけとなりました。
　また、手紙を書きます。体に気をつけて元気にお過ごし下さい。
　　　　　　　ブラジル・サンパウロ市にて

○撮影物／撮影場所：川瀬家の携帯品／われら新世界に参加す
○撮影した理由：写真は、川瀬不二代さんが一時帰国した男性と結婚してブラジルに移住する際に持参したものである。限られたスペースの中に、必需品や大切なもの、日本の思い出の品が詰めてあった。旅行好きの私は、それらのものに大変興味を持ったため、撮影した。
○絵はがきの解説：「移民の七つ道具」と命名された場所には、移住者がパスポート、現金、衣類などを詰め込んだ柳行李やトランク、木箱が展示してある。現地語の辞書と医療品は欠かせない携行品であった。女性の持ち物としては、下駄やアクセサリー類、裁縫具などが目を引く。天皇・皇后の御真影や家族の写真、神社のお札、仏像や恵比寿像なども入っており、移住後も日本に強い思いを寄せていたことが分かる。
○絵はがき作りから分かったこと：博物館では体験・体感することが大切であることが分かった。トランクの中にあった下駄や化粧品から、若い女性移住者の気持ちが推測でき、共感することができた。

資料３　日本軍の真珠湾奇襲を伝える米国新聞（学生の作成した絵はがき）

○写真

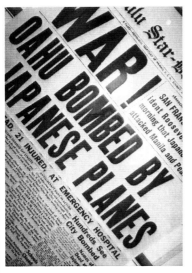

○通信文

　父上様。母上様。御健勝でしょうか。

　果たしてこのはがきが無事届くかどうか、心配です。いよいよ、祖国日本と米国が戦争を始めました。米国にとっては、私たちは敵国人です。米政府は日本からの移民を中断しました。噂では、日本人移民とその家族は米国籍であっても、砂漠に建設された収容所に抑留されるとの話です。

　父上様、母上様、御安心ください。私はサンフランシスコの雑貨店をたたみ、身を隠すつもりです。

　　　　　　　　米国・カリフォルニアにて

○撮影物／撮影場所：日本軍の真珠湾攻撃を伝える新聞／海外移住の歴史
○撮影した理由：日系人にとっては、第２次世界大戦は祖国と移住国の戦争であり、苦悩・葛藤は計り知れないものだったと思う。当時の日系人がどのような思いを抱いていたのか考えてみたいと思い、この写真を撮影した。
○絵はがきの解説：第２次世界大戦中の米国やカナダでは、日系人は危険敵性外国人と見なされた。米国では、大統領行政命令9066号（1942年）により強制収容所での抑留生活が強制された。その数は約11万人に達した。戦後、権利回復運動が進められ、1988年に日系人補償法（賠償法 H.R.442）が成立し、政府による謝罪と賠償が行われることになった。日系人の運動は、米国におけるマイノリティの権利伸長に多大の貢献を果たしたと言われている。
○絵はがき作りから分かったこと：サンフランシスコ市の日系人商店が強制撤去前に商品の投げ売りセールを行っている写真が展示してあり、当時の日系人は日本と米国の双方における共通の戦争被害者であったことを痛感した。

② 「絵はがきづくり」ワークショップの成果と課題

　本節では、2014年11月23日（日）のワークショップの際に実施した参加学生への質問紙調査と、後日提出させた課題レポートの分析を行う。そして、今回のワークショップが、参加学生に対して、21世紀型能力の育成をめざした授業プランの開発についての理解を深めることができたか、確認する。

（1）質問紙調査にみる学生の評価

　質問紙調査は、ワークショップの最後の活動として参加学生全員（33名）に実施した（無記名回答）。質問紙では、以下の内容（①、②、③）について、「そう思う」「そう思わない」「どちらとも言えない」の三択から回答させた。また、それぞれの理由についても自由表記させた。

　①ワークショップの目的（授業プランの開発方法の体験）と内容（絵はがきづくり）が社会科系教科教育法の目標と照らして適切であったか
　②ワークショップの会場や実施時期、実施時間が適切であったか。
　③教員になったら、博物館を活用した授業を実施したいか。

　では、「質問紙調査」の結果を以下に整理する。
　ワークショップの目的は、社会科系教科教育法で博物館を活用した探究的な学習を体験し、授業プラン開発の方法を学習することであった。ワークショップのこのような目的は社会科系教科教育法の授業目標（学生の教材開発能力の育成）に照らして適切であったと思うかの質問では、「そう思う」が88％を占めた。その理由としては「開発した活動プランを実際に体験できたこと」を挙げていた。「どちらとも言えない」（9％）と回答した学生は、「今回の体験は貴重なものであったが、あくまでも教師が用意したものであるので、自分自身の教材開発にはならない」ことを理由として挙げた。
　ワークショップの内容は、展示品を題材とした絵はがき作りと作品発表を通しての学習内容の共有化を図ることであった。この活動が社会科系教科教育法の授業目標に照らして適切であったと思うかの質問では、「そう思う」が91％で、「はがき・手紙という身近な素材を活用したので」「移住者自身になりきるというロールプレイ的要素があるので」「博物館の展示を活用するという観点が明確なので」等を理

由として挙げていた。また「どちらとも言えない」は９％で、「移住資料館オリジナルのキットを体験したかった」ことを挙げていた。

ワークショップの会場（JICA横浜海外移住資料館）、実施月日（11月23日、日曜日）、実施時間（13時から16時30分までの3.5時間）が適切であったかについては、「そう思う」が（会場）94％・（月日）58％・（時間）67％、「そう思わない」が（会場）３％・（月日）９％・（時間）18％、「どちらとも言えない」が（会場）３％・（月日）30％・（時間）12%であった。会場については、９割以上が適切であったとの回答であった。その理由として、「移住者の生活がリアルに再現されており、当事者性を高めることができる」「写真撮影が可能であり、ボランティアの方もいる」「教育的配慮が行き届いている」など、海外移住資料館の教育活動への取り組みや展示設備の充実を評価するものであった。実施の月日、時間については、適切（そう思う）と回答した者は３分の２程度に留まった。通常の授業外の時間帯のため、アルバイトなどを理由に難しいとの意見が多く聞かれた。

教員になったら、博物館を活用した授業を実施したいと思うかについては、「そう思う」が79％で、理由として「博物館の学びは新鮮で楽しい」を挙げる学生が多く、「子どもたちの関心を引き出すことができる」「体験的な知識が得られる」などが続いた。「そう思わない」（３％）、「どちらとも言えない」（18％）と回答した学生の理由は、「時間と経費の確保が難しい」「生徒の見学マナーが心配」などを挙げていた。

（2）課題レポートの分析

ワークショップの参加学生には、社会科系教科教育法の後期（秋学期）の課題レポートのテーマとして、枠内の課題を出した。

> **課題1**　JICA横浜海外移住資料館を活用しての絵はがきづくりの活動としての有効性と課題について、あなたの考えを述べなさい。
>
> **課題2**　博物館を活用した社会科（小学校・中学校社会科、高校地理歴史科）授業について、あなたの考えを述べなさい。

最初に、JICA横浜海外移住資料館を活用した絵はがきづくりの有効性と課題について整理し分析する。まず、JICA横浜海外移住資料館での絵はがきづくりという活動の有効性として「絵はがきづくりという創作的な要素を取り入れることで、

生徒の意欲や自発性、関心を高めることができる」「実物や映像、デジタル媒体など、教室内の座学では体験できない多様な学習が可能になる」「展示品に直接触れることで、生きた知識が身につく」「グループや参加者全体への発表を通じての参加者同士の交流が楽しい」など、学習者自身が展示に接して知識を主体的に構成したり学習に対する意欲や関心を高めたりするようになったことを挙げた。今回のワークショップでは、JICA横浜海外移住資料館の展示を介して、学習者同士の協同的な学習が実施できたことは成果であった。次に、課題としては「絵はがきづくりという創作活動に関心が向いてしまい、本来の目的である日系人や日本人移民の歴史に対する理解までには至らなかった」「展示を鑑賞するよりも解説文を理解することが中心になってしまった」など、博物館での学びの質に対する反省が挙げられた。

博物館を活用した社会科系授業についての参加学生の考えは、「展示品や資料と向き合うことができ、実物のもつリアリティを実感した」「博物館見学を学校の授業と補完的に用いることで、学習の成果が上がる」など肯定的な意見が多く寄せられた。

おわりに

近年、博物館での学びが大きく変わろうとしている。そこでは、見学者同士が相互の交流を通じて博物館展示に対するオリジナルな解釈を試みようとしている。このような考え方は「フォーラムとしての博物館」[11] と称される。ここで指摘された学びは、21世紀型能力で示されているような探究型学習である。社会科系教科教育法で博物館を用いたワークショップを実施することは、学生の探究型学習に対する理解を促す上で有効であると言えよう。

注

(1) 学習指導要領解説第1章「総説」の「改訂の経緯」を参照。

(2) 詳しくは、本書第2章「グローバル時代における児童教育学の構図」を参照。

(3) 小・中学校の社会科、高校の地理歴史科及び公民科はそれぞれの教科、科目間の関連性が強く、1978年版学習指導要領以前には、社会科として編成されていた経緯がある。また、社会科系教科を担当している教員は、小・中学校の社会科、高校の地理歴史科、公民科の中から複数種類の教員免許を取得している場合が一般的である。本章では、このような理由から初等教科教育法（社会）、中等教科教育法（社会）、地理歴史科教育法、公民科教育法をまとめて「社会科系教科教育法」と呼ぶことにする。

(4) 小島律子（2004）「教科教育法の現状と課題」『教科教育学論集』（3）、大阪教育大学教科

教育学研究会、pp.1-4。
(5) 現行学習指導要領の小学校社会科「指導計画の作成と内容の取扱い」、中学校社会科歴史的
　　分野、高校地理歴史科の世界史Ａ・Ｂ、日本史Ａ・Ｂの「内容の取扱い」では、博物館・
　　資料館の活用が推奨されている。
(6) 日本学術会議（2011）『提言　新しい高校地理・歴史教育の創造』iii〜iv。
(7) 同上書、v。
(8) JICA横浜海外移住資料館の学習プログラムについては、同館のホームページ（WEB）に
　　紹介されている。（http://www.jomm.jp/education/index.html、2015年2月20日確認）。
(9) 2007年の実践については、田尻信壹「移民の体験をカルタに」（2008）森茂岳雄・中山京
　　子『日系移民学習の理論と実践』明石書店、pp.246-263を参照。
(10)当日は、目白大学のほか、筆者が非常勤講師として地理歴史科教育法の講義を担当してい
　　る東京外国語大学、中央大学の学生が参加した。
(11)吉田憲司（1999）『文化の「発見」』岩波書店、pp.212-235。

参考文献

・塚原正彦、D.アンダーソン、土井利彦訳（2000）『ミュージアム国富論』コミュニティ・ブッ
　クス。
・中牧弘允ほか（2009）『学校と博物館でつくる国際理解教育』明石書店。
・J.E.ハイン、鷹野光行監訳（2010）『博物館で学ぶ』同文社。
・M.パーモンティエ、眞壁宏幹訳（2012）『ミュージアム・エデュケーション』慶應義塾大学
　出版会。

第13章①

ボランティア活動は他の体験学習と何が違うのか

新村　恵美

はじめに

阪神・淡路大震災の後、市民活動の存在感が目立った1995年は「ボランティア元年」と呼ばれ、1998年には特定非営利活動促進法（NPO法）が成立した[1]。これを機にボランティア活動の主体となるNPOは増加の一途をたどり、2011年の東日本大震災を経て2014年末現在NPOの数は5万団体に迫る勢いである[2]。ボランティアが日常的に行われる社会に変容し[3]、ボランティアセンターなど活動を支援する専門拠点がある大学やボランティア関連の科目の必修化や単位制度を設けた大学も多くなっている[4]。また、大阪大学NPO研究情報センターが発行した図書目録に収録される震災後20年間に刊行された「ボランティア」「市民運動」に関する図書は14608点にものぼっている[5]。こうしたことから研究と実践の充実ぶりがうかがえる。

他方、文部科学省はインターネットやテレビ等の「間接体験」やシミュレーション等の「模擬体験」が子どもたちに及ぼしている負の影響を懸念し、今後の教育における「ヒト・モノや実社会に実際に触れ、かかわり合う『直接体験』」の重要性を強調している[6]。実際、多田は自然体験、校外学習、多文化状況の下での共生体験などの例を挙げて、体験と子どもの成長との深いかかわりを記しており[7]、また筆者の担当する「国際ボランティア論」でも、ボランティア活動の体験を経た学生の変容は顕著であった[8]。

それでは、多様な体験学習の中でも、「ボランティア活動」だからこそ得られるものは何であろうか。「ボランティア学」の論考を援用しながら、学生および筆者自身の体験を通して論じたい。

「当事者」と向き合う経験

　筆者は学生時代、交通遺児の街頭募金の活動に参加する機会を得た。直接の理由は筆者が使った留学制度の創設者の1人があしなが運動の創始者でもあり[9]、街頭募金の拠点責任者をすることが「課題」のひとつとなっていたことだ。もっとも、その活動に参加できることも筆者がその制度を選んだ理由のひとつで、学科の先輩が一緒に募金当日に立ってくれる人を自分で集める「オルグ」をし、募金当日は街頭で大きな声で協力を呼びかけ、幾重にも成長して留学先のブラジルに旅立っていくのを見たからであった。活動理念に共感したからとか社会に貢献したいからという高邁な意識はあまりなく、自分の殻を破りたい、自分がどこまでできるか試したいという、大学入学以来ずっと感じていた行きづまりから抜け出したかったからだと思う。

　活動をひとことで表現するなら、心と全身を丸ごと揺さぶられ、それまでの自分が溶け出し、生まれ変わるような経験であったと言っても過言ではない。

　「あしなが募金」は、育英会から奨学金を受けている大学生が行ういわば交通遺児「当事者」による活動であり、ブラジル留学候補生は彼らと同じ「拠点責任者」として活動した。地区ごとの小グループがインターカレッジのサークルのような雰囲気もあり、どうやったら外部の人たちに活動に協力してもらえるように話せるのかのヒントを求めて、頻繁に事務所に通った。一喜一憂を共有する中で他の学生と仲良くなり居心地がよくなったと思う一方で、自分と向き合う必要性に迫られることもあった。

　一度は、事務所では毎日誰かが街頭演説を練習したのだが、ふだん明るく屈託なく話していた同じグループの学生が、自身のすさまじい交通事故の体験と自分ひとりが生き残り他の家族を失ったことを話した時だった。考えるまでもなく、その事務所に集まってくる100名を超える学生は数名の留学候補生を除いてみな当事者であり、ひとりひとりが保護者を含めた家族を亡くす経験をしていることに圧倒された。片や筆者は「今」は同じ目標に向かっていても、一度きりの募金活動が終われ

ば留学し、帰国後参加するかしないかは筆者次第だ。

　もう一度は、初めて飛び込みで話をさせてもらった大学の部室で、交通遺児の人たちの悔しさに共感しながらきいた先輩のことばを引用したところ、部員のひとりから「あなたは交通遺児ではないのですか？」と質問されたときだ。「私は交通遺児ではありません」と言った自分にはっとした。自分の口から出た言葉が、冷たい、突き放した言葉のように聞こえたからだ。

　当時はこれを「ボランティア活動」と結びつけたことはなかったのだが、後にNGOに職を得、ボランティアの定義が「自発性」「公益性」「非営利性」を満たす活動[10]であることを知ってから、私の「あしなが募金」への参加はおそらく「ボランティア」だったのだろうと理解した。

② 葛藤―「する人」／「される人」の非対称性

　「あしなが募金」への参加は、単なる「貴重な体験」として終わらせることのできない「すっきりしないもの」を残し、増してや自分が何か役に立ったという実感もなかった。現在筆者が担当する「国際ボランティア」は選択科目であるが、選択してきた学生でも「ボランティアは偽善的」という迷いや葛藤を持って参加する者も少なくないし、体験後に教室で共有し発表する時にその「すっきりしない」思いを吐露する学生も多い。

　ボランティアの特徴の１つは、対面する相手が、望むと望まざると「社会的弱者」という一面を持つことであろう。内海が「『正義の味方』的な格好よさ」があるがゆえに反感を受けることがあると表現するように[11]、「公益性」を持つ「ボランティア」は他の体験活動とは異なり、ボランティア「する側」と「される側」の非対称性からくる葛藤があるのではないだろうか。

　アメリカの精神科医で『ボランティアという生き方』の著者であるコールズは、大学生時代に教育ボランティア・プログラムに登録して活動に参加した時に、「自分はこの場にふさわしくない人間だと言う意識がいつまでたっても消えず」、自身を「いい気分を味わっている偽善者だ、と思った」という[12]。教育大学のボランティア活動支援部門で調査研究を行う横山も、G.C.スピヴァク[13]の理論を手掛かりに、「語れない他者」という一面を持つ不登校児童生徒の支援ボランティアに参加した学生が直面する葛藤に注目している[14]。

ボランティア活動は、「される側」の生身の姿に接することでもあり、「する側」の心を大きく揺さぶり葛藤をもたらす。路上生活者のための年越しの炊き出しに参加した筆者の授業の履修学生は、（1人1食を想定して提供しているのにもかかわらず）食事を何度ももらいに来る人がいることへの違和感、それをどう受け止めたらいいのかわからない戸惑いを、振り返りの授業で他の学生に率直に語った。路上生活者の切迫した状況や社会的弱者は無欲で無感情とは限らないという、当然といえば当然の、生身の人間と対面したといえよう。

　また、猫が大好きなSは猫の保護施設でボランティアした際、スタッフから「家で飼っている猫とは違うので同じように考えないように」と言われ、実際に極端に人間を避けたり、本気で攻撃してきたりする猫に遭遇し、その猫の保護される前の状況を想像した。帰宅すると自身の飼っている猫が玄関に並んで待っている愛しさをかみしめ、そのギャップに葛藤を抱いた。

　地元の祭りでボランティアをした学生は、口数の少ない方を介助し数時間車イスを押して祭りを案内した間、とても気まずくて居心地が悪かったようである。この学生は発表の時に、自身のコミュニケーション力のなさを反省する言葉を繰り返した。この数時間の沈黙と葛藤はこの学生にとって、今までになかったほどに深く自分と向き合う機会となったのではないだろうか。

　「すっきりしない」思いや葛藤と向き合うこと、再度横山のことばを借りれば、「実践と内省という循環のなかで知や想像力を涵養すること」[15]、さらに学生が個々のボランティアの体験を教室等に持ち寄り共有し合うことは、絶好の学びと成長の機会となろう。

③　「伝えること」

　ボランティア活動からもたらされる葛藤を経て、学生たちはどこへ向かうのだろうか。

　東北の被災地陸前高田にボランティアに行った学生Iは、「ある人は目の前に迫ってくる津波の恐怖に今でも苦しみ、またある人は山の上から自分が生まれ育った街が津波にのみ込まれていくのをただ見ていた自分を責め続け苦しんでいる」ことを被災地の人からきき、授業の中で発表した。他の学生たちは、水を打ったような静けさと緊張感の中で聴き入った。同じ活動をしたKは「被災地はまだ復興すること

ができていないということをちゃんと知っている人が少なすぎると感じ、それを知らせていくことが必要」と訴えた。

路上生活者への炊き出しに参加した学生Nは、初めてで緊張したが「おいしい、ありがとうね」と声をかけられたことで、「見て見ぬふりをするのではなく、どんな小さなことでも活動に変えていき、少しでもこういった状況に置かれている人たちを助けられるようにしていくべきではないか」と、伝えていくことの大切さを感じている。

おわりに　―「葛藤」から「伝える使命」へ

字数に限りがあり本稿では「される側」の視点は十分に取り上げられなかったが、上記のように学生が被災地の人たちから預かってくるメッセージがあることと併せて、「ボランティア」は決して教育的意義に利用されるだけではないことも述べたい。

東日本大震災時に実家で被災し短期間ではあるが避難生活をし、直後の新学期で「国際ボランティア」を履修したある学生は、震災後すぐにかけつけてくれたボランティアの姿に「見放されていなかった」という安心感と励ましをもらったと話し、授業でのグループワークや発表の機会の都度、「関心を持つこと」の大切さを訴えていた[16]。

木村は東北の震災後のボランティアに参加した学生へのインタビューでの学生たちの語りを活動前、活動中、活動後にインタビューし、心理学的な分析から、ボランティア活動をした学生の共通点として「自己の成長」「人とのつながり」「体験を伝えることの使命」を見出している[17]。

ボランティアは、少なくともある一面については「対等ではない」関係となる社会的弱者である当事者と向き合う経験であり、その重さに気付くからこそ心を揺さぶられ、自らの葛藤と向き合うことになる。木村の挙げた上記3点の内「自己の成長」と「人とのつながり」は他の体験学習からも得られることであるが、3点目の「体験を伝えることの使命」はボランティア活動だからこそ得られるものではないだろうか。活動中には自身の無力さや「正義感」が偽善的なのではないかと感じていても、いったん自分の場所に戻り振り返ったときに、「伝えるという使命」に気付くのではないだろうか。

注

(1) 早瀬昇（2014）「ボランティアの制度と政策―公共活動の新たな主体として」内海成治・中村安秀編『新ボランティア学のすすめ―支援する／されるフィールドで何を学ぶか』昭和堂、pp.29-53、p.47。

(2) 内閣府「NPO のイロハ」(https://www.npo-homepage.go.jp/about/npodata/kihon_1.html　2015 年 3 月 4 日確認)。

(3) 内海成治（2014）「はしがき」、内海・中村編、前掲書、iii。

(4) 木村佐枝子（2014）『大学と社会貢献―学生ボランティア活動の教育的意義』創元社、p.29および内海、同上、iii。

(5) 大阪大学大学院国際公共政策研究科 NPO 研究情報センター編 (2014)『NPO・市民活動図書目録 1995-2014』日外アソシエーツ。1995 年 1 月から 2014 年 6 月までに日本国内で刊行された「NPO・NGO、寄付・ボランティアなどの市民活動、市民社会に関する図書」の目録である。

(6) 文部科学省「体験活動の教育的意義」(http://www.mext.go.jp/a_menu/shotou/seitoshidou/04121502/055/003.htm　2015 年 3 月 9 日確認)。

(7) 多田孝志 (2000)『「地球時代」の教育とは？』岩波書店、pp.118-143。

(8) 新村恵美（2012）「国際ボランティア活動の実践による、学生の気付きと変化―きっかけづくりの重要性―」『目白大学高等教育研究』p.18。

新村（2013）「南北の貧困をつなげる―「当事者性」を導く「貧困」学習の試み」同上、p.19。

(9) 副田義也（2003）『あしなが運動と玉井義臣―歴史社会学的考察』岩波書店、p.282。

(10) 内海、前掲書、pp.6-10　および新村（2012）。

(11) 内海、前掲書、p.24。

(12) R．コールズ、池田比佐子訳 (1995)『ボランティアという生き方』朝日新聞社、p.21。

(13) スピヴァクについては新村恵美 (2015)「インドの家事労働者の回顧録に関する一考察―G.C. スピヴァクとサバルタン・スタディーズの言説を使って」『目白大学人文学研究』11、pp.161-175 も参照。

(14) 横山香（2014）「大学生のボランティア活動を文化研究の視点から考える―G.C. スピヴァクの理論と実践を手がかりとして―」『兵庫教育大学研究紀要』45 巻、2014 年 9 月、pp.155-162。

(15) 横山香（2014）、p.155。

(16) 新村（2012）、pp.73-74。

(17) 木村（2014）、pp.205-208。

第**13**章②

人と動物の共生

島本　洋介

はじめに

「人と動物の共生」はいつから始まったのだろうか。

イタリアのポンペイ遺跡には実に興味深い痕跡が残されている。

悲劇詩人の家の床に「猛犬注意」と書かれたモザイクが現存しているのである。

このモザイクが意味するのは、家に危険な犬がいるという警告ではなく、小さく
ひ弱な犬がいるから誤って踏まないようにと訪問者に注意を促すものであるという
説もある。

遥か昔、人間とオオカミとの共生が始まったとの説がある。

オオカミは狩猟をした人間が残した食料にありつくために、人間は外敵や狩猟、
腐敗食料の処理の為のパートナーとして共生を始めた。

目まぐるしい人類の変化に対応しながら、オオカミはイヌへと変化してゆく。

人とオオカミ（イヌ）との共生には、利害を超えたものがあると思える。

1万2000年前のイスラエルにあるナトゥフ遺跡では、仔犬を腕に抱いた少年の遺
骸が見つかっている。また、南スカンジナビアにある7000年前の墓地には、なん
と人間と同じようにイヌの埋葬儀式が行われていた。

これらの歴史を振り返るとき、イヌの存在は、2000年以上前から人間の生活利
益だけを求めた存在ではなく、互いに思いやりを持った関係だったと言える。

人間とイヌが出会い、互いに協力・共生していく中で、時にじゃれあい、思いを

通わせ、家族と共に暖を取りながら、現在のような深い絆をもって共存していたと推測する。

本稿では人（子ども）と動物が共生することでどのような効果をもたらすのかを、専門分野である「アニマルセラピー」の観点から述べてみたい。

 アニマルセラピーとは

（1）アニマルセラピーの目的と分野

　筆者は、ドッグセラピストとしてドッグセラピーという活動を行っている。ドッグセラピーはアニマルセラピーの一つで、特別に訓練されたセラピードッグを連れて主に高齢者施設や児童施設などの施設へ定期的に訪問を行う。セラピードッグと触れ合うことで対象者に心理面・身体面・社会面の三つの角度から「自立の支援・向上」を図ることを目的としている活動である。アニマルセラピーは日本特有の名称であり、一般的には次の3つの分野に分けられる。

　○AAA（Animal Assisted Activity　動物介在活動）
　　動物を介在したレクリエーションを行いながら、参加者が楽しむことを目的としている。動物と触れ合ったり、イヌの場合ならボール投げを行ったりする。
　○AAT（Animal Assisted Therapy　動物介在療法）
　　参加者に対しての治療を目的としている、よってAAAの参加人数は20名〜30名に対し、5名以下の人数で行う。治療が目的なので、アニマルセラピストと専門の医療関係者とチームを組み、データ収集を行いながら進めていく。
　○AAE（Animal Assisted Education　動物介在教育）
　　小学生までを対象に動物とふれあい世話をすることで、命の大切さ、思いやりなどを学んでいく教育活動

　図に示したことが、筆者がドッグセラピーで実際に行っているプログラムとアプローチ方法である。ＡＡＡ・ＡＡＴ・ＡＡＥ共に全て同様のプログラムを行っている。
　ここで重要なのは、対象者によって我々人間がアプローチ方法を変えることである。全ての分野においてアニマルセラピーの動物たちの役割は、あくまでも「介在」することにある。動物が介在することで精神の向上への意欲が沸き、期待感が増し、

図1

プログラム	AAA（動物介在活動）	AAT（動物介在療法）	AAE（動物介在教育）
ふれあい	TDを囲んでコミュニケーションをはかる	感覚刺激を入れ、反応を観ていく	自動自身がされて嬉しいことなどを聞き出しながらTDに実施してもらう
名札作成と犬へ取付け	今後のプログラム参加につなげる為、犬に名札を付けてもらい緊張をほぐす	字の読み書き入れていく	工作・文字や発声の勉強
犬にボールを投げる	投げてボールをもって帰ってくる犬を観察してもらい感想を聞き出す	手のリハビリ、犬との距離（空間認識）、ボールを加えた犬への「持って来い」の発語、心理的自立	自発性と他者へ譲る事を伝える。犬がキャッチしやすいボールの投げ方を考えてもらう
犬に指示を入れるプログラム	参加者全員で息を合わせ、参加者同士のコミュニケーションをはかる	手足のリハビリ・発声・心理的自立	犬にとってわかりやすいやり方はどんな方法か？全員で考える
お世話系（お水・おやつあげ）（犬に服を着せる）	参加者の休息（落ち着き）、全体のコミュニケーション	手足のリハビリ・発声・心理的自立	動物の生態を知る機会（衣食住が必要）、好き嫌いの克服

自身の精神的・身体的自立へと繋がる。動物たちが担う役割は、「自立への扉を開けること」である。無論、最終的には周囲の人間たちが介在しコミュニケーションをとることで対象者に真の意味での「自立」が生まれるのである。

（2）動物がもたらす効果

それでは、動物が介在することは、人（子ども）に対し、どのような効果をもたらすのだろうか。その効果について考察してみる。

動物がもたらす効果には大きく分けて「自発性」「他者への配慮」「コミュニケーション」3つの効果があると考える。ここでは、その効果について3つの事例をもとに検証する。

事例1　〜自発性〜

筆者自身の体験である。小学5・6年と、飼育員をしていた。飼育委員の役割は、校内で飼われているうさぎ、チャボなど動物たちのエサやりなどの世話、小屋の掃除である。世話をしながら、うさぎなどに触れることができるので、掃除当番の日は楽しみだったのを覚えている。

ある雨が降った翌日、掃除当番が回ってきた。小屋内の床は濡れ、寒さに凍えたうさぎたちは乾いている床に逃げ暖をとるために身を寄せ合っていた。動物たちが

住んでいる小屋は、屋根はあっても周りの側面は金網で囲われただけで、横から雨が吹き付ければ、動物たちは雨にうたれるのである。

この状況を「どうにかできないか？」と掃除メンバーたちに相談した。すると、メンバーたちから「ダンボールで囲むとどうか？」「ベニヤ板は？」などの意見が出た。悩んだ結果、『雨で濡れてもいいように、ビニールシートを紐でくくればいいのでは？』という結論になった。早速メンバー全員で飼育委員の担当教師に話をすると、教師は快くビニールシートの手配をしてくれた。

ある日の授業中、突然雨が降ってきた。すると、担任教師が「雨が降ってきたぞ！ビニールシートを被せに行ってあげなさい！」と授業中にも関わらず、私たちを送り出してくれた。飼育委員の担当教師が私たちの担任に話をしてくれていたのだ。

このエピソードは、ドッグセラピーの基本理念に関わるといえる。すなわち、うさぎの行動を観察したこと、うさぎの立場で物事を考えたこと、仲間同士で共感し合い話し合ったこと、そして担当教師に相談（当時の私たちの気持ちからすると担当教師は許可をしてくれないかもしれないという考えが強く、説得という意味合いの方が強かった）したことで解決した。

つまりうさぎを助けたいという思いから生まれた「自発性」こそが、この問題を解決へと導いたのだ。更に、私が今でも鮮明に覚えているのは、授業中の担任教師の「行ってきなさい」という言葉だ。この言葉が私たち飼育委員だけの世界ではなく、一般的にも認めてもらえたという自信と喜びを与え、自発的行動へと導いてくれた。

事例2　〜他者への配慮〜

動物への興味がやがて他者への意識へと移行していった事例がある。

仙台市にある保育園にAAA活動として訪問した折りのことである。毎回セラピードッグと触れ合い、キャッチボールや犬にミルクを園児で作ってあげるなどのプログラムを毎月1回、合計5回の訪問を実施してきた。

4回目が終了した時、園長に園児の様子を聞いてみると、「1日目の訪問では、セラピードッグが怖いという園児もいましたが、2回目以降は徐々に恐怖心もなくなってきたのが分かりました。同時に、セラピードッグ以外の犬にも興味を示すようになり、生き物全体に興味を持つようになりました。そこで、昆虫を保育園で飼い始め、みんなで育てるようにしました。面白いことですが、昆虫を飼い始めてから園児たちの会話に変化が出てきました。これを言ったら相手が傷つくなどの気遣いをする会話になってきたのです。」

当初、私たちがドッグセラピー活動を行う中で、犬への配慮の気持ちは見受けられなかった。むしろ対等な遊び相手、少し怖い生き物という捉え方をしているような気がした。経験上からすると、小学中学年〜高学年の児童同士で「そんな触り方をすると、犬が可愛そうだよ」と、乱暴に触る同級生に注意をする場面をみることがしばしばある。

イヌは弱い生き物で人間の適切な世話なしでは路頭に迷ってしまうという認識や言動は、小学校中学年頃から生まれてくると仮説的に考える。低学年段階の児童では、イヌを世話しながら、セラピードッグに触れたいという好奇心がありながら、これでいいのかとの戸惑いが見受けられる。

中学年になると、好奇心だけでなく、イヌを配慮や仲間意識が生まれてくるようだ。それも何回かのふれ合い体験が、そうした意識を育んで行くようだ。

個人差はあろうが、イヌとのふれ合いは、他の生物への関心を高かめ、それが、イヌへの配慮を自覚させ、さらには「他者への配慮」を生起させていく。

今回の保育園の事例では、園児たちは昆虫を育てる中で、「他者を気遣う言動」が生まれた。この事実は少し乱暴な表現になるが、園児たちが自分より小さな生き物＝弱者という意識から学習したのではないだろうか？と推測できる。つまり「昆虫」という小さな存在こそが他者への配慮の架け橋となっているのだ。

セラピードッグという大きな存在から生き物へと興味が生まれ、やがて昆虫という小さな生き物を擁護する気持ちが表れる。そして最後には友だち（他者）を尊重へと繋がる。この意識の連鎖が「他者への配慮」を構築したと推測できる。この体験は筆者に人と動物との共生を確立するまでの「過程の重要性」を教えてくれた。

事例3　〜コミュニケーション〜

「自発性」「他者への配慮」この二つに大きく関わっているのが「社会性・コミュニケーション」である。

うさぎ小屋の問題の解決には飼育メンバーや教師が、保育園では友だちや保育士が関わっている。よって「人と動物の共生」には動物以外に他の人間とのコミュニケーションが必要となるのだ。

ゲイル・F・メルスン著の『動物と子供の関係学』（2007）に、米国ニューヨーク州にある重度の情緒障害児の為の治療施設であるグリーンチムニーズが紹介されている。

ティナという8歳の女の子がモリーという犬の散歩で、リードを強く引いたり、

引き寄せたりする行動を見たスタッフのリサが、「あなたが犬のリードを引くのを見たわ。あなたがモリーを傷つけたいのではないことは分かっています。でもね、犬はとても理解するし、だからあなたは犬に話しかけないといけないの、ただ犬を引っ張るだけではなくて。『モリー、こっちに来てちょうだい』とか、『おいで！お座り！』って言ってごらん。ただ無理強いするんじゃなくて、ちょうど私たちがお互いにすべきように、伝え合わなくちゃいけないわ。もし私があなたの腕を引っ張るだけだったら、私が何をあなたにして欲しいかわかる？」ティナが首を振ったところで、リサは「動物たちも同じよ。彼らには、彼らに分かる言葉があるのよ」と伝える。

この事例は、イヌとの交流がコミュニケーションの大切さを感得させる契機となることを示している。円滑なコミュニケーションにするには、性格など他者の事を知ることから始まる。動物の場合は、性格の他にその動物の生態も知る必要がある。相手を知れば知るほど、素直な動物とのコミュニケーションは円滑に進む。イヌとの交流は、相手を知ることからコミュニケーションは始まるのだということを学ばせてくれるのである。

ドッグセラピーの今後への展望

（1）現在の動物観

時代に推移と共に人間の動物に対する意識は変わりつつある。たとえばイヌは、狩猟を助けたり、作物を守ったりするパートナーから、高度経済成長の時代には家族・他人との繋がりが薄くなった人間にとって、イヌやネコが人とのふれ合いを代償する役割を果たしてきた。現在、動物は癒しを与え、心の教育や社会性の学習に大きな影響を与える存在として注目されるようになってきた。

一般社団法人ペットフード協会は『平成25年度全国犬・猫飼育実態』の調査で、犬・猫飼育者へ「生活に喜びを与えるものは何か？」について調査した。調査結果によると、犬の飼育者は「ペット81.8％、家族79.7％、趣味65.1％」猫の飼育者は「ペット82.3％、家族78％、趣味68.9％」という回答であった。

いずれもイヌやネコが生活の中で家族と同等もしくはそれ以上に、大きな精神的支えになっていることがうかがわれる。

同調査で犬・猫飼育者に対して『ペットを飼う効用』についての質問に対してと

ても興味深い回答がされている。16歳未満の子どもの場合は「心を豊かに育てる（67.8％）」「生命の大切さをより理解するようになった（59％）」「家族のコミュニケーションが豊かになった（54.3％）」という回答がされている。

　子どもにとって動物は、精神的支えとなる家族、共に遊ぶ友人、コミュニケーションや社会性を教える先生の役割を果たしているとみることができよう。

（2）アニマルセラピーの効用、人と人の繋がり

　「動物たちがいかに人間に影響を与えるのか？」という研究は、まだまだこれからと言われている。今までドッグセラピー活動を行ってきて自己体験からは、セラピードッグたちは、自発性、思いやり（他者への配慮）を引き出し、更に社会性、コミュニケーションを生み出す力があると確信をもっていえる。しかし、これらは動物が存在するだけで引き出すことができるわけではない。筆者の体験した事例、また引用したグリーンチムニーズの事例も必ず、介在している動物の先には動物と児童を理解した教師やセラピストが存在する。この指導者や見守る人がいなければ、不理解に起因する悪意のない動物虐待も起こり得る。必ず援助する『人』がいる事を忘れてはならない。ここにセラピードッグとドッグセラピストの共存の意味がある。

（3）動物と共生する社会の実現を

　人にとって、生き甲斐や心の安定を与えてくれている動物たちであるが、動物と共生する社会の実現のためには課題が山積している。

　ペット業界では、あと5～10年の間に飼育されているイヌの半数は寿命を迎え、激減するのは確実と言われている。それを少しでも和らげるために、イヌを飼ってもらえる環境づくりに力を入れ始めているが、環境省のデータによると、平成25年の犬・猫の殺処分数は犬28,570頭、猫99,671頭である。まだまだ、人間本位で動物たちを都合のいいように扱っている状況である。この部分を改めない限り動物との共生とは言えない。

　ドイツ・イタリアなどでは、飼い犬が町中のいろいろな場所に簡単に入れる。日本では盲導犬や介助犬の出入りは認められていても、一般的に愛犬と店に入ることはできない。欧米諸国では店に一緒に入ることは普通のことで、公共の電車にイヌが乗っている姿もしばしば見かけた。

　こうしたことを可能にしているには，動物と人間が共存できる社会づくりの理念が定着していることによる。英国にはドッグポリスがあり、動物の飼い方への看視

をしている。ドイツでは、イヌをトレーニングすることが義務化され、そうした機関・施設が設置されている。こうした施策が日本でも実現されていくことは、今後の動物との共存社会に実現のための緊急の課題である。

おわりに

筆者の家には3頭の大型犬（ラブラドールレトリーバー2頭、ゴールデンレトリーバー1頭）がいる。彼らは、いつも話しかけると私を見て尻尾を振る。また、おやつが欲しい、ボールで遊んで欲しい、散歩に行きたいなども訴える。あきらかに感情を持っている。

この犬たちが、ひとたび、ドッグセラピーの仕事になると、どんな過去を持っていようが無条件に平等に受け入れる。だからこそ、我々は動物を思いやり、その為に自発的に考え動き、コミュニケーションをとるのではないだろうか？

ひと仕事を終えて、触れ合っている時に犬たちは寝てしまうことがある。「あれ？寝ちゃったの？今日はありがとうね」と誰もがその姿を見て笑顔になり、背中を撫でる手がゆっくり優しくなる。触られている時にふと目を覚ますと、「ごめんね。起きちゃった？」といって更にゆっくり撫でる。

動物たちは生き物だからこそ、度々思いもよらない行動を起こす。しかし、それが繰り返しあるからこそ、私たち人間に臨機応変に対応をする事を学ばせてくれる。彼らは、まだまだ多くの可能性を秘めているのだ。その事を理解し尊重すれば、本当の意味の共生も可能になるのではないだろうか？

参考文献

・ゲイル・F・メルスン（2007）『動物と子どもの関係学』ビイング・ネット・プレス。
・帯津良一（2005）『地球人 No.5』ビイング・ネット・プレス。
・一般社団法人ペットフード協会『平成25年度全国犬・猫飼育実態調査結果』（http://www. petfood.or.jp/data/chart2013/　2015年3月2日確認）。
・環境省『犬・猫の引き取り及び不衝動部の状況調査』（http://www.env.go.jp/nature/ dobutsu/aigo/2_data/statistics/dog-cat.html　2015年3月3日確認）。

第13章③

「児童と英語」の授業より：
Aiken Drumと日本の童謡による活動案の一例

仁志田　華子

はじめに

　平成26年から目白大学児童教育学科の「児童と英語」を担当することになった。主な履修生は教員志望の児童教育学科の3年生と数名の4年生であった。第1回の授業後に「英語は好きか得意か」と質問をしたところ、49％が「嫌いまたは苦手」、36％が「好きまたは得意」、12％は「どちらでもない」（残りは無回答）という結果になった。更に「この授業で何を学びたいか」という質問では主に3つの回答に分かれた。47％は「教員として児童に英語を教える際、効果的な教授方法や教材（絵本・歌・ゲーム）について知りたい」と答えた。具体的には、楽しさや興味や親しみを持たせることが出来る実践的な活動案や、英語に関する苦手意識を植えつけないための注意点を学びたいといった意見があった。29％の学生は、「自分自身が英語を好きではなく苦手意識がある」為、授業の中で会話・発音・文法などに触れて少しでも克服したいというコメントがあった。無回答が3％あったが、残りの21％は「あまり好きでも得意でもない」が、教員として児童に英語を教えるためには、自己の英語力を向上させ苦手意識を克服することが必要と感じているようだった。以上のアンケート結果やコメントを参考に、学生にはこの授業を通して、英語の苦手意識を和らげ、オリジナル性のある指導方法・教材などを体験的に身に付けてもらいたいと感じた。

① 外国語である英語

　日本の言語環境において、英語は「第二言語」ではなく「外国語」であり、その違いを理解することは英語教育関連の授業に欠かせないと感じている。大津由紀雄[1]の第二言語獲得と外国語学習の表（p.23）を参照すると、第二言語獲得は「身につける過程」、「身についた知識」、「身についた知識の使用について」は全て「おおむね無意識的」で行われることが分かる。外国語学習の場合は「身に付ける過程」のみ「意識的」に行われる。つまり、第二言語獲得と外国語学習の方法は違うということである。このことより、日本の環境で英語を身に付けさせるために、単語やフレーズを発話させるだけではあまり意味がないと感じる。バトラー後藤裕子[2]も「言語の機能面に注意を向けさせたり、聴覚・視覚など複数の感覚を組み合わせたり、具体的な教材をたくさん提供したり、子どもの好奇心をそそるような活動を行うことが効果的だと考えられる」と述べている。

　多くの教員にとっても英語は外国語であるため、児童の英語に対する興味を高めつつ、意識的に身に付けられる活動を行うことは容易ではない。しかし、担任や教える側が一生懸命に取り組み、共に英語を楽しむ姿勢を持てばそれは児童に伝わるということを、著者はある公立小学校の英語活動で実感した。全5時間の活動を終えた2年生の感想文に、「えいごをひっしにおしえてくれる仁志田先生のことをみてわたしも「頑張ろう」!!とおもいました。」というコメントをもらったことがあった。

　公立小学校の「外国語活動」や他学年での英語活動において、その目的や指導方法に関して課題が見られる。当学生が教育実習や卒業後に教員となった際に、実習生または教員自身が楽しく英語を教えられる教材・活動案や、動機付けのきっかけとなる授業を指導することが必要ではないかと感じた。その為に体験型の授業を行い、多種多様な教材や教え方を学生に身につけさせ、異なる教育環境でも対応できる教員を育てることの責任を考える様になった。「児童と英語」では、1クラス約30名以上が履修をしているので、限られた時間数や授業内容になるが、新しい活動案や教材について学び、現場で実践できるような授業を試みた。その中で学生の反響があったユニークな活動例（Aiken Drum）や異文化や他教科との連携が可能な英語絵本を紹介する。

第Ⅱ部　児童教育学で育てたい能力とは

体験型活動案－「Aiken Drum-エイカンドラム」

　大半の学生が初めて知ったという「Aiken Drum」を取り入れたのは、第8回の食べ物をテーマにした授業だった。果物や野菜のフラッシュカードを使って発話練習をしながら各単語を確認した後で、本題の「Aiken Drum（エイカンドラム）」という歌の解説に入った。著者はアメリカで児童司書として勤務していた時にこの歌を知ったが、公共図書館のストーリータイムではオリジナルよりも替え歌の方が人気だった。この歌はsilly songやfunny songと言われ、ユーモアにあふれたナンセンスな歌詞が人気の理由で、替え歌にすることで繰り返し違う単語にも触れることができる。特にRaffiというミュージシャンの替え歌が広く知られていた。Aiken Drumの歌はスコットランドのナーサリーライムで、歌詞は月に住むエイカンドラムという名前の男性の風貌を表現している。その男性はスープを入れるおたまの上で踊り、クリームチーズの帽子やローストビーフのコートを身に付けているといった変わったものである。学生にとっては馴染がなかった為、先ずは上記のような歌の背景を説明した後で、インターネットの動画サイトの"youtube"を使って、音楽・歌詞・アニメによる映像を大型テレビで紹介した。すると、学生からは笑いが起きたり、「何これ？」といった声があがりかなり興味を持った様子だった。

　次に、フェルト生地を使った読みきかせ方法でAiken Drumの替え歌を紹介した。この読みきかせ方法は、Flannel (Felt) Board Storytellingと呼ばれ、フェルト生地が表面に張られているボードの上に、同じくフェルトで作られた各ピースを張っていきながら、手遊びや読みきかせを行っていくものだ。日本ではエプロンシアターやパネルシアターと同じで、視覚的にも児童の興味を引く効果がある。授業で用意をしたものはフェルトを各顔のパーツに切ったもので、卵形で薄茶色のじゃがいもの形の顔が1つ、赤いリンゴの形の目が2つ、緑のキュウリの形の鼻が1つ、黄色いトウモロコシの形の耳が2つ、黄色いバナナの形の口が1つ、そして薄茶色の毛糸を同色のフェルト生地に張りつけたスパゲティーの髪が1つだ。これらのパーツを歌いながらボードに貼り付けていき、Aiken Drumの顔を作ったところ、学生からは歓声があがった。

　2回目は使用したパーツを使って別の替え歌を試みたが、ここでは、学生にどのパーツにするかという英語でのインターラクションが大切になった。一つの方法として、"His face was made of ～?"というように途中まで歌い、顔のパーツを選

択するところで歌を止めて学生の返答を待った。ある学生から "tomato" と返答があったのでそのパーツを張り、フェルトボードの真ん中に置いて、次に "His eyes were made of〜？" と歌い、また学生の反応を待つといったやり取りを行いながら、Aiken Drum の顔を完成させた。

　ここでの目的は、新しい歌や活動案を身に付け、児童側の立場で活動の流れを体験し、最後は学生全員がオリジナルの Aiken Drum を考えて、お互いに発表をしあうことだった。そこで、授業内で扱った果物や野菜を使い、独自の Aiken Drum を学生に考えさせ、A4のレポート用紙にクレヨンで絵を描かせた。前もって英語で書かれた替え歌の歌詞と果物・野菜・食べ物の単語を記入した参考資料を配布していたので、出来上がった自分の Aiken Drum の歌を英文で表現することも課した。

　最後のアクティビティーとしては、各学生が考えた Aiken Drum と替え歌を交換させたところ、ユニークでオリジナル性が表れている作品が見られたことに多くの学生が驚いていた。その時の学生の感想から、活動案として手ごたえがあると感じた為、下記にいくつかのコメントを紹介する。

　「体験から児童に英語を学ばせる方法が沢山あると思った」、「外国のナーサリーライムは日本と少し違うなと思いました」、「限られたフルーツであるのに、組み合わせ方によってこんなにも顔が変わるのかと楽しみながらも驚いた」、「正直、英語は好きじゃない。しかし、この授業で行った活動は自分自身も楽しめる。このように、楽しめる活動を通して、英語をたのしめる、音を覚えるような授業を行いたいと思います」、「こんなにたくさん前にでることもなかったし、こんなに沢山英語を使う機会もなかった」。

　実は、この Aiken Drum の活動を小学2年生の授業で実践したところ、著者自身が異文化に関する発見があった。この時の英語活動では映像を使用しなかったが、簡単な Aiken Drum の説明後に、同様の活動を行った時のことであった。髪の毛のパーツは薄茶色の毛糸をフェルト生地に張ったもので、「スパゲティー」を表していたが、あるクラスでは「そば」に見えるという意見が出た。その時に気づかされたことは、Aiken Drum の活動案に他国の食文化を取り組むことで異文化理解につながるかもしれないということだった。日本の児童には、毛糸の色や太さから「スパゲティー」という想像ができなかったのかもしれないが、これが白くて太い毛糸の場合は「うどん」という返答も考えられる。この様に、思いもよらない児童からの反応によって気付かされることもある。

③ 英語絵本の活用方法

　昆布孝子[3] の論文より、幼児教育学科の生徒に英語絵本を活用した授業を行った後で、学生に使用した絵本の感想を聞いたところ、「英語が苦手だったが、絵本なので、本の中の英語は十分理解できた」と述べていた感想があった。著者は約9年ほど英語絵本に携わってきた経験から、日本の小学校や児童館で幅広いテーマの英語絵本の読みきかせ実践してきた。児童は英語の意味や表現を理解できなくても、ストーリー性や挿絵からヒントを得つつ、自己の持つ想像力を使って絵本の世界を楽しむことが出来る。また単に読むだけでなく、挿絵の指さしやジェスチャーなどのノンバーバルを取り入れることで理解を促すことも出来る。小玉容子・キッドダスティン[4] は読み方のテクニックとして、「顔の表情、ジェスチャー、アイコンタクト、接近したり、動いたりなど、様々な工夫をする」ことを挙げている。また英語絵本を用いた読みきかせの利点として、佐藤久美子・佐藤綾乃[5] や松浦友里・伊藤英[6] は異文化を体験し理解できると述べている。G.エリス・J.ブルースター[7] は子どもの外国語学習に絵本を使用する理由として、「子どもの動機付けに向いており、学習意欲をそそり、しかも面白いので、外国語と文化とことばの学習活動について積極的な態度を育成する」と指摘している。

　英語絵本をテーマにした授業では、どのような英語絵本が良いか？ということに関して、著者の経験とG.エリス・J.ブルースターを参照に学生には選択項目を紹介した。一番大切な点は、自分が読みたい・読みきかせをしたいと思う絵本を選択することである。そして、絵本のテーマが対象児童に分かりやすくて適していること（例えば、動物が登場する絵本）、イラストと文章が合っていること、繰り返しのフレーズやストーリーがパターン化されていることなどをあげた。本来は学生が自分で英語絵本を選択し、どのように授業へ活用できるかを考えさせることが理想だが、著者が所有する中から選んだ20－30冊の絵本を使用した。絵本を分類すると、メッセージ性のある絵本（おとぎ話・平和・環境問題）・仕掛け絵本（飛び出すもの・めくるもの）・歌の絵本・クイズ形式の絵本（動物の音や数字などを当てるもの）・ノンフィクションの絵本などである。各学生には絵本を手に取り、ページをめくりながらストーリーを読み、どのような授業展開が可能であるかということを考えさせた。絵本によっては、単語が難しかったり文章が長かったりした為、読みきかせができないと感じる生徒や、テーマが難しくてどのように授業へ導入できるかわか

らないと答えた学生もいた。

　最後に、異文化の授業展開が可能な「グレッグ・アーウィンの英語で歌う、日本の童謡」を紹介する。授業ではその絵本にある雪の歌を題材にし、学生に日本語と英語の穴埋め式の歌詞を書いたプリントを配布した。そして、グレッグ・アーウィン[8]の「雪やこんこ」の「こんこ」の擬音語を考えさせる為に、"Snow is falling,（　）,（　）, Ice is falling,drop,drop"の（　）に入る英単語を質問した。学生達からは、いくつか返答があったが、解答の"plop"という音を黒板に書き、付属のCDを使ってその歌を聞かせた。そして、日本語ではどのような音をイメージできるかを尋ねたところ、「ポツポツ」や「パラパラ」や「ドサッドサッ」、といった擬音語が出てきた。この活動の目的は、単語だけでは理解が出来ない場合でも、馴染みのある日本の童謡を取り入れることで、イメージを膨らませながら英語の単語に結びつくきっかけになることを体験させた。

　他にも、この歌には"plop"と"drop"が韻（ライミング）を含んでいることから、ライミングについても触れた。ライミングの代表作の一つ、Margaret Wise Brownの絵本、Good Night Moonの読みきかせをして、ライミングと日本の和歌を比較させるために、「掛詞（かけことば）」を取り上げた。これによって、国語との連携の一例となることを紹介する為に、授業では3つの和歌を提示したが、ここではプリントの一部を下記に抜粋する。

　◎ライミングと比較：　日本の和歌、「掛詞（かけことば）」を考えてみよう！
　　掛詞とは、同音意義を利用して一語に二つ以上の意味を持たせたもの。百人一首などによく見られる和歌の用法の1つ。
　　大江山いくのの道の遠ければまだふみもみず天の橋立　（小式部内侍）
　　⇒「ふみ」が掛詞で、手紙の文と土地を踏むの踏みに掛けられていて、「いく」が掛詞で、行くと地名の生野に掛けられている。

おわりに

　本授業では、数多くのインターネットの教育サイトを活用した教材作りや、児童に流行っている旬なテーマ（「アナと雪の女王」や「妖怪ウォッチ」）の英語の歌を取り上げた。これらのテーマは教育現場によっては適さない場合もあるが、導入の仕方によっては児童の興味と意欲を結びつける可能性は感じられる。日本の環境で英語という外国語を学ぶ際には動機づけが大きく影響する。これからも、色々な工

夫次第でことばの気づきや異文化教育が含まれる活動や、他教科との連携も展開できる体験型授業を、学生のオリジナル性を引き出しながら教えていきたいと思う。

注

(1) 大津由紀雄（2007）『英語学習 7 つの誤解』生活人新書、pp.12-30。

(2) バトラー後藤裕子（2005）『日本の小学校英語を考えるアジアの視点からの検証と提言』三省堂、pp.149-164。

(3) 昆布孝子（2013）「教材として英語絵本を活用－幼児教育学科における英語演習の授業」奈良文化女子短期大学『紀要』44、pp.137-146。

(4) 小玉容子・キッドダスティン（2014）「短期大学における幼児・児童向け英語教育の実践：教材研究と学生の学びについて」島根県立大学短期大学部松江キャンパス『研究紀要』52、pp.187-194。

(5) 佐藤久美子・佐藤綾乃（2010）「L2 小学校の英語絵本の理解過程と読解ストラテジー」小学校英語学会『紀要』(10)、pp.43-48。

(6) 松浦友里・伊藤英（2012）「小学校外国語活動における英語絵本の導入効果に関する実践研究」『岐阜大学カリキュラム開発研究』、pp.94-101。

(7) G. エリス・J. ブルースター（2007）『先生、英語のお話を聞かせて！小学校英語「読み聞かせ」ガイドブック』玉川大学出版部、pp.5-56。

(8) グレッグ・アーウィン（2007）『グレッグ・アーウィンの英語で歌う、日本の童謡』ランダムハウス講談社、pp.40-41。

参考文献

・直山木綿子・影裏攻（2007）『これでできる小学校英語必修時代の授業 4 「読み聞かせ」の指導テキスト』明治図書、pp.9-16。

・リーパーすみ子（2011）『アメリカの小学校では絵本で英語を教えている　英語が話せない子どものための英語習得プログラム　ガイデッド・リーディング編』径書房。

・萬谷隆一・工藤信悦・岸拓史（2007）「絵本による小学校英語活動の可能性－ The Very Hungry Caterpillar と Brown Bear の授業事例から」北海道教育大学教育実践総合センター『紀要』、pp.1-10。

学校教育

緒言

山本　礼二

　政府は平成27年3月、小中一貫校を制度化する学校教育法の改正案を閣議決定した。このことから、これまでの学校の課程区分は原則6－3制をとっていたが、今後は「4－3－2」、「5－4」、「4－5」など児童生徒の実態に合わせた多様な形態がとられるようになると予想される。

　学校の課程区分が変わっても、学校で学ぶ子どもたちに組織的・計画的に教育を行うという、学校の基本構造は今後も変わらないと考えられる。しかし、持続可能で希望ある未来を構築することのできる子どもたちの育成という教育を重視した学校に変わっていく必要がある。

　第14章から第17章までの各章では、学校経営や学習指導についての実践・研究報告から、今日の学校教育の在り方について言及している。

　まず、第14章「学校評価を学校経営に活かす」（山本礼二）では、これまでの長い学校経営の経験から、保護者や生徒・児童の評価や意見を取り入れた学校評価の実施の有効性を感じていた。そのことを戸田市立A中学校における、3代の校長7年間に渡る学校評価の資料からの分析結果から裏付けた報告である。効果的な学校評価はどうあるべきかについて考えるうえで、大いに参考となるであろう。

　次に第15章「小大連携によるESD実践の取り組み」（田部俊充）では、「小大連携によるESD実践の取り組み」として、狛江市立A小学校と田部研究室との連携による研究協力を報告している。「北極海の氷から地球温暖化について考える」をテーマに、小学校用T社地図帳の「世界の自然環境と地球温暖化」の特集や地球儀、『北極ライフ』という絵本を教材にして地球温暖化問題についての授業から、児童の共感的な理解や、国際的な課題であることを実感させることができたと提言している。

　さらに、第16章「今、教育現場が求める教師の力」（塩澤雄一）では、教育長自ら区内全小中学校の教室に足を運んで得た情報や、教育委員会として入ってくる多

第Ⅱ部　児童教育学で育てたい能力とは　　263

くの方々からの情報を元に、今教育現場で求められている「教師の力」とは何かについてまとめたものである。最も求められる力は「指導力」であり、それらを支えるものとして、「統率力」「褒めることと叱ること」「社会性」「情報力」について、これまでの自身の教職経験を踏まえ述べている。

　第17章第一論文「外国語の絵本に出会うということ」（栗原浪絵）では、金沢市立玉川こども図書館における外国語の絵本の会を中心に、地域の人々との交流の中で子どもたちがさまざまな外国語の絵本に触れることの意味について考察している。小学校の英語教育を英語のスキルの向上のみに注目して議論するのではなく、あらためて多様な言語や文化に出会う場として捉え直す一助となることを目指しての論である。第二論文「学校経営改革における管理職のリーダーシップと若手教師への支援（青木　一）では、学校経営改革について、個々の学級経営改善の積み重ねととらえ、学級の規範意識を可視化する「シグナルⅡ」を使って変容を分析し考察した結果について述べている。それらの取り組みから、管理職が構築すべきストラテジーとして、若手教師への支援、環境整備等、学校経営の指針が明らかになったと提言している。第三論文「震災後の学校教育の変遷」（澤井史郎）では、東日本大震災後の学校が直面した状況を取りあげた。その逆境の中で各学校は復旧・復興のために最善を尽くしてきたことを述べ、避難所になった学校での様子と復興のために実践してきた教育活動を通して、今までの教育の限界と今の教育が忘れかけているものを明らかにし、新しい時代の新しい教育のあり方について提言している。第四論文「小学校の理科教育とICT活用指導力」（北澤　武）では、21世紀型能力の「情報リテラシー」「ICTリテラシー」と関連させながら、教員養成段階から教員のICT活用指導力を高める必要性を述べている。そして、この指導力を高めることを目的とした、初等教科教育法（理科）の授業実践について報告している。本稿は、教員養成系大学において、教員のICT活用指導力を向上させるような授業を検討する上で参考になるものである。

第14章

学校評価を学校経営に活かす

山本　礼二

はじめに

　児童生徒が、安心してより良い教育を受けることができるよう、学校や設置者等が学校の教育活動や学校運営の成果と課題を検証し、その改善を図るとともに、その評価結果等を保護者等に積極的に説明・公表していくことが求められている。

　また、教育活動や学校運営の質が問われる今日、適切にその説明責任を果たすとともに、保護者、地域住民等の理解と参画を得て、学校・家庭・地域の連携協力による学校づくりを進めることが期待されている。

　これらのことから、学校評価を計画的・組織的に実施することにより、教育に関する継続的な検証改善サイクルを確立し、その教育水準の維持向上を図ることが大切である。

　そこで、筆者が以前校長として小・中学校で取り組んだ、学校評価を取り入れた学校経営について報告し、学校評価をより良い学校づくりに活かす手立てについて述べる。

① 学校評価

（1）学校評価の歩み

　木岡一明（2005）によると[1]、日本における学校評価の歴史は、1885(明治18)年に文部省に視学部が設置され「中央視学制度」の下で行われたのが最初とされている。即ち、「諸学校ヲ督シ及教則ノ得失生徒ノ進否等ヲ検査シ論議改正スルコトアルヘシ」（「学制」第15章）とされていたように、組織統制的な観点からの学校評価システムであったと述べている。しかし、その中にも明治後期にはアメリカの影響を受けた教育科学運動による「学校組織開発の指向」もみられるようになった。

　その後、両者である「評価システムが組み込まれた組織として学校を律しようとする組織統制論」と、「組織の自律的な機能である評価を組織自らの手で生み出させようとする組織開発論」とが、学校評価をめぐって併存しながら学校評価の取り組みが繰り返し試みられてきた。

　最近では、平成18年3月に義務教育段階の各学校・教育委員会における学校評価の取組の参考に資するよう、「義務教育諸学校における学校評価ガイドライン」[2]が文部科学省により策定され、自己評価については、予め目標及び指標を設定した上で、評価を行うこと、外部評価については、保護者や地域住民等によって構成される外部評価委員会を置くこと、自己評価及び外部評価の結果については、文書にまとめた上でホームページ等で公表すること、などを記述している。

　その後、平成19年6月の学校教育法改正により学校評価の根拠規定が新設され、これを受け同年10月に、学校教育法施行規則において、①自己評価の実施・公表、②保護者など学校関係者による評価の実施・公表、③自己評価結果・学校関係者評価結果の設置者への報告に関する規定が新たに設けられたことにより、平成20年度からの学校評価の取組に活用できるよう、文部科学省において「学校評価ガイドライン」の改訂が行われた。

　さらには、平成22年7月20日に、基本構成は変更せず主に学校の第三者評価に係る内容の追加を盛り込んだ「学校評価ガイドライン」の改訂が行われた。

（2）学校評価の法的根拠

　学校評価については、平成14年4月に施行された小学校設置基準等において、各学校は自己評価の実施とその結果の公表に努めることとされ、保護者等に対する情

報提供について、積極的に行うこととされた。

学校評価の法的根拠は学校教育法第42条において、学校の積極的な情報提供については同第43条において規定されている。

さらに、学校教育法第42条の規定を受けて、学校教育法施行規則を平成19年10月に改正し、自己評価の実施・公表（第66条）、保護者など学校関係者による評価の実施・公表（第67条）、それらの評価結果の設置者への報告（第68条）について、新たに規定された。

（3）学校評価の目的と意義

文部科学省が作成した「学校評価ガイドライン（平成22年改訂）」[3] においては、学校評価の目的として、「各学校が、自らの教育活動その他の学校運営について、目指すべき目標を設定し、その達成状況や達成に向けた取組の適切さ等について評価することにより、学校として組織的・継続的な改善を図ること」、「各学校が、自己評価及び保護者など学校関係者等による評価の実施とその結果の公表・説明により、適切に説明責任を果たすとともに、保護者、地域住民等から理解と参画を得て、学校・家庭・地域の連携協力による学校づくりを進めること」に加え、「各学校の設置者等が、学校評価の結果に応じて、学校に対する支援や条件整備等の改善措置を講じることにより、一定水準の教育の質を保証し、その向上を図ること」が挙げられている。

そして、「学校評価は、以下の3つを目的として実施するものであり、これにより児童生徒がより良い教育活動等を享受できるよう学校運営の改善と発展を目指すための取組と整理する」とある。

①各学校が、自らの教育活動その他の学校運営について、目指すべき目標を設定し、その達成状況や達成に向けた取組の適切さ等について評価することにより、学校として組織的・継続的な改善を図ること。

②各学校が、自己評価及び保護者など学校関係者等による評価の実施とその結果の公表・説明により、適切に説明責任を果たすとともに、保護者、地域住民等から理解と参画を得て、学校・家庭・地域の連携協力による学校づくりを進めること。

③各学校の設置者等が、学校評価の結果に応じて、学校に対する支援や条件整備等の改善措置を講じることにより、一定水準の教育の質を保証し、その向上を図ること。

（4）学校評価の実施方法

「学校評価ガイドライン」では、学校評価の実施手法を以下の３つの形態に整理している。

①自己評価：各学校の教職員が行う評価。

②学校関係者評価：保護者、地域住民等の学校関係者などにより構成された評価委員会等が、自己評価の結果について評価することを基本として行う評価。

③第三者評価：学校とその設置者が実施者となり学校運営に関する外部の専門家を中心とした評価者により、自己評価や学校関係者評価の実施状況も踏まえつつ、教育活動その他の学校運営の状況について専門的視点から行う評価。

従前、自己評価を行う上で、児童生徒や保護者、地域住民を対象とするアンケートによる評価については、「外部評価」や「学校関係者評価」ととらえられてきた例もみられたが、「学校評価ガイドライン（平成22年改訂）」では、「外部アンケート等」とされた。

（5）学校評価の実施状況

文部科学省の「学校評価等実施状況調査」[4]の平成23年度間の結果によると、次のように報告されている。

① 自己評価について

公立学校では、前回調査の平成20年度間では99.1％であったが、平成23年度間では99.9％実施され、ほぼ全公立小中学校において実施されている。

また、自己評価結果の設置者への報告についても99.4％、保護者や地域住民等への公表についても98.8％となり、法令上の義務である学校評価の実施及びその公表については、公立学校においてはほぼ達成されているといえる。

② 学校関係者評価について

平成20年度間に比べ、保護者や地域住民による学校関係者評価の実施率が上昇し、公立学校において81.0％から93.7％になるなど、学校関係者評価を実施している学校が９割を超えている。

③ 外部アンケート等について

外部アンケート等の実施状況については、児童生徒に対しては62.0％、保護者に対しては78.5％と報告されている。

「学校評価ガイドライン」によれば、保護者・児童生徒がどのような意見や要望

を持っているかを把握することが重要であり、自己評価を行う上で児童生徒・保護者対象のアンケートの結果を活用することをあげている。

（6）学校評価の実施効果と課題

「学校評価等実施状況調査」[4] によると、学校評価の効果に関する学校の認識を把握するため、①児童生徒の学力向上、②児童生徒の生活態度の改善、③学校運営の組織的・継続的改善、④保護者や地域住民等との連携協力、⑤設置者による支援や条件整備等、の5項目にわけた学校評価に関する調査結果も出されている。

それによると、自己評価の効果について、「大いに効果があった」と「効果があった」の割合は、①86.9%、②91.1%、③95.6%、④84.8%、⑤70.9%であり、効果実感の最も高い項目として、95.6%の学校が③の「学校運営の組織的・継続的改善」をあげている。

また、学校関係者評価についても同様の報告がある。それによると学校関係者評価の効果については、①79.7%、②87.0%、③92.0%、④88.5%、⑤69.7%であり、効果実感の最も高い項目として92.0%の学校が学校関係者評価においても、③の「学校運営の組織的・継続的改善」をあげている。

しかし、③の「学校運営の組織的・継続的改善」における効果実感のうち、「大いに効果があった」との回答は、自己評価では16.3%、学校関係者評価では僅か9.9%に留まっていると報告されている。

このことから、学校評価の実効性を高めることが今後の課題であると述べている。

一方、学校評価における自己評価結果の活用については、「職員会議等で説明を行い結果を共有した」については90.0%であるが、「職員会議等で改善の手だてについて話し合う機会を設けた」については78.2%である。

また、学校関係者評価結果の活用については、「職員会議等で説明を行い結果を共有した」については91.0%であるが、「職員会議等で改善の手だてについて話し合う機会を設けた」については60.6%である。

「学校関係者評価の充実・活用に関する調査研究」（平成23年3月）[5] によると、「学校評価を行って「よかった」と思えるような成果が上がっていない学校・地域が相当程度ある」と報告している。

学校評価は、学校運営の改善による教育水準の向上を図るための手段であり、それ自体が目的ではないことから、評価結果の共有に留まらず、改善の手立てを検討し、以降のよりよい学校づくりに活かさなければならない。

この点から、もっと多くの学校が、職員会議等の場を通じて改善の手だてについて話し合う機会を設ける必要があるといえる。

学校評価を学校経営に活かすための試み

(1) 研究の背景

　学校関係者評価あるいは学校評価を通じた学校経営の改善サイクルの重要性が求められており、学校評価を学校経営に活かす手だてが渇望されている。

　筆者は、児童・生徒、保護者・地域住民、教職員の三者による学校評価アンケートを学校経営に活かすことができないかという着眼点から、学校評価を基軸とした学校経営モデルの構築を目指す研究に取り組んでいる。

　本章では、中学校における生徒・保護者・教員の関係者群で共通の設問を用いた学校評価アンケートの回答結果について、主にその「経年変化に着目した分析」を行い、学校評価における自己評価・学校関係者評価の在り方や、学校経営への活用の留意点等について取り組んだ結果について報告する。

(2) 研究の目的

　本研究は、学校評価アンケートの質問紙調査の回答結果から、①生徒・保護者・教員の三者間の回答傾向の比較、②経年変化に着目した分析、③A・B・C3人の校長間の回答傾向の比較から、三者による学校評価アンケートが学校経営に活かせる可能性について検討することを目的とした。

(3) 調査の概要

　調査は、埼玉県T市立T中学校において、生徒・保護者・教員を対象に平成20年12月期から平成26年7月期までの計12回実施した。また、先行研究として実施した、埼玉県T市立N中学校での生徒・保護者・教員を対象に、平成17年度7月期から平成19年度の12月期の計6回実施した結果についても参考にした。両校に用いたアンケートはいずれも4件法を用いた。

　表1は、本報告に主に用いたT中学校の調査概要である。20年前期(7月期)は、学校事情により実施できなかったため、第1期を平成20年12月期とした。

　第1期から第5期までがA校長時代、第6期から第11期までがB校長時代、第

表1　T中学校学校評価アンケート回答者数一覧

対象	20後期 第1期	21前期 第2期	21後期 第3期	22前期 第4期	22後期 第5期	23前期 第6期	23後期 第7期	24前期 第8期	24後期 第9期	25前期 第10期	25後期 第11期	26前期 第12期
生　徒	372	378	387	363	357	378	371	379	384	393	394	387
保護者	289	216	308	308	294	326	323	303	303	305	357	343
教　員	17	22	18	21	23	21	23	15	20	19	27	22

表2　アンケート内容及び比較対比項目一覧（第1期～第7期）

ジャンル	No	生　徒		保　護　者			教　員	
学校経営	①	教育目標	①	教育目標	①	学校教育目標・学校経営	①	教育目標と地域＋②教育目標の具現化
学校経営	②	生活五目標	②	生活五目標				
学校経営	③	入学満足度	③	入学	②	学校教育目標・学校経営	②	学校教育目標・学校経営
学校経営	④	学校の説明責任	④	学校の説明責任	③	生徒指導・教育相談	③	家庭連携
教師の指導	⑤	分かり易い授業	⑤	分かり易い授業	④	各教科	②	学力向上
教師の指導	⑥	先生の話	⑥	先生の話				
教師の指導	⑦	先生の評価	⑦	先生の評価	⑤	各教科	④	評価の工夫改善
生徒の自己理解	⑧	家庭学習	⑧	家庭学習	⑥	各教科	③	家庭学習
特別活動	⑨	委員会活動	⑨	委員会活動	⑦	領域（道徳・特別活動・総合）	③	生徒会委員会＋④各活動の取り組み
特別活動	⑩	部活動	⑩	部活動				
特別活動	⑪	学校行事	⑪	学校行事	⑧	学校行事	①	自己実現＋②行事の精選
生徒指導	⑫	言葉遣い・規則	⑫	言葉遣い・規則	⑨	生徒指導・教育相談	①	共通理解・行動
生徒指導	⑬	相談	⑬	相談	⑩	生徒指導・教育相談	②	生徒との関わり
生徒指導	⑭	いじめ	⑭	いじめ				
生徒指導	⑮	生徒理解	⑮	生徒理解	⑪	生徒指導・教育相談	②	生徒との関わり
生徒指導	⑯	家庭への連絡	⑯	家庭への連絡	⑫	生徒指導・教育相談	③	家庭連携
生徒指導	⑰	健康・安全	⑰	健康・安全	⑬	健康・安全教育	①	定期点検＋②意識の高揚
学校経営			⑱	保護者の協力				

12期がC校長時代の3代にわたる学校評価結果である。

　表2は、生徒・保護者・教員のアンケート内容について示した。

　アンケートは、第1期から第7期までは、生徒17項目、保護者18項目、教員33項目実施した。第8期から第12期までは、生徒16項目、保護者17項目、教員26項目実施した。三者間比較には、それぞれの質問項目のうち三者において比較検討できると考えられる項目間で行った。第1期から第7期までは13項目、第8期から第12期までは11項目を用いた。

（4）積み重ねた学校評価アンケート回答結果を分析する

　生徒・保護者・教員三者における、学校評価アンケートの回答結果12期分について主にその経年変化に着目して分析した結果について述べる。

　信頼される学校づくりのためには、校長の指導の下、学校教育目標の達成に向けて教職員の力を結集し、児童・生徒、保護者、地域住民の意見に耳を傾け、その意見や要望に応えるという姿勢が重要である。そのための手段のひとつとして学校評

価があるといえる。

　学校評価を通して、教職員の力を十分に引き出し課題解決していくための科学的な手法のひとつが、PDCAサイクルという言葉に代表される「マネジメントシステム」である。PDCAサイクルを効率的に循環させることで、学校評価がマネジメントシステムとして効果を発揮し、そのことが、教職員、児童生徒、保護者、地域住民の学校経営への参画意識を高め学校改善に結びつけていくことになり、信頼される学校をつくるための大きな基盤になると考える。

　このことから、学校評価を学校経営に積極的に活用しようとしている校長ほど、学校評価の回答結果が気になるものである。筆者もその一人であったが、経験上、その回答結果の傾向についていくつか着目していることがあった。①時期を追うごとに回答結果が改善される場合においても、取り組みの効果が早く現れる項目と効果に時間のかかる項目がある。②学校評価における評価者である生徒・保護者・教員三者の回答結果の平均値の順位に、繰り返し実施してもその順位がいつも変わらない項目がある。例えば、教員の評価は高くなる傾向がある。③「校長が替われば学校が変わる」ともいわれている。校長が替わることにより、回答結果が大きく変わる項目がある。の大きく３点である。

　そこで、上記３つの着目点について、回答結果の分析を試みた。

①「取り組みの効果が早く現れる項目と効果に時間のかかる項目」について

　A校長時代の生徒・保護者・教員の三者それぞれ第１期の結果の平均値に比べ、平均値が初めて有意に向上した時期を調べた結果が表３である。

　生徒については、17項目中16項目（94.1％）において有意差が認められた。第２期以降に12項目（70.6％）、第３期以降に１項目（5.8％）、第４期以降に１項目（5.8％）、５期に２項目（11.8％）みられた。

　保護者については、18項目中17項目（94.4％）において有意差が認められた。第２期以降に２項目（11.1％）、第３期以降に２項目（11.1％）、第４期以降に10項目（55.6％）、第５期に３項目（16.7％）みられた。

　教員については、33項目中15項目（45.5％）において有意差が認められた。第２期以降に６項目（18.2％）、第３期以降に４項目（12.1％）、第４期以降に３項目（9.1％）、第５期に２項目（6.1％）みられた。

　解答結果の平均値が向上傾向にある時期において、学校評価アンケートを実施したところ、学生については全項目において早い時期である第２期以降に12項目（70.6％）の向上が認められたことから、生徒については回答結果において早い時

表3　第1期と比較し初めて有意差がみられた時期

生徒

No	質問項目	時期
①	教育目標	3
②	生活五目標	2
③	入学満足度	2
④	学校の説明責任	5
⑤	分かり易い授業	2
⑥	先生の話	2
⑦	先生の評価	2
⑧	家庭学習	2
⑨	委員会活動	4
⑩	部活動	2
⑪	学校行事	—
⑫	言葉遣い・規則	2
⑬	相談	2
⑭	いじめ	2
⑮	生徒理解	5
⑯	家庭への連絡	2
⑰	健康・安全	2

保護者

	質問項目	時期
①	教育目標	4
②	生活五目標	2
③	入学	5
④	学校の説明責任	4
⑤	分かり易い授業	4
⑥	先生の話	4
⑦	先生の評価	4
⑧	家庭学習	2
⑨	委員会活動	3
⑩	部活動	4
⑪	学校行事	3
⑫	言葉遣い・規則	4
⑬	相談	4
⑭	いじめ	5
⑮	生徒理解	5
⑯	家庭への連絡	—
⑰	健康・安全	4
⑱	保護者の協力	4

教員

分野	質問項目	時期	分野	質問項目	時期
① 教育目標経営	教育目標と地域	—	① 生徒指導	共通理解・行動	2
②	教育目標の具体化	—	②	生徒との関わり	2
③	魅力ある学校づくり	2	③ 教育相談	家庭連絡	—
① 学年学級経営	学年目標	—	④	相談室連絡	—
②	学級経営	—	① 学校行事	自己実現	—
③	学年会	—	②	行事の精選	2
① 教育課程	教育課程の編成	3	① 安全教育	定期点検	3
②	授業時数	3	②	意識の高揚	3
① 各教科	年間指導計画	—	① 校内研修	研修計画	2
②	学力向上	—	②	参加意識	5
③	家庭学習	—	① 校務分掌	適正分掌	5
④	評価の工夫改善	—	②	分掌効果	4
① 領域	意図的計画的	—	① 施設設備	施設設備管理	—
②	年間指導計画	—	②	清掃指導	4
③	生徒会委員会	—	③	環境整備	—
④	各活動の取り組み	—	① 勤務	勤務規定	—
			②	働きやすさ	4

期に現れやすい傾向があるといえる。

　保護者については、質問項目⑯「お子さんの学校の様子について、学校は家庭と適切に連絡をとっていると思いますか。」を除き向上が認められたが、第2期や第3期での向上もそれぞれ11.1％あるが、第4期や第5期（合計72.3％）であることから、早い時期に向上傾向がみられる項目もあるが、多くの項目は向上がみられるまでに時間がかかる傾向があるといえる。

　教員については、全項目中半数程度の項目に向上がみられたが、時期については第2期から第5期まで特に目立った傾向は見られなかった。

②「三者の回答結果の平均値の順位」について

　②−1　筆者は、「教員による自己評価結果のみで、より良い学校づくりに活かすための学校評価ができるのか」という疑問を抱いていた。教員若しくは教職員が、自らの教育活動やその他の学校運営について目指す目標を設定し、その達成情況や達成に向けた取り組みの適切さ等について自己評価することにより、学校として組織的・継続的な改善を図るとするなら、十分とは言えないのではないかということである。そこで、現在は「外部アンケート等」といわれるようになった生徒・保護者による学校評価アンケートを、筆者は学校評価が法制化される以前から実施した。

　以下は、学校評価アンケートの回答結果において、生徒・保護者・教員三者の関係はどのような傾向になるのかについて検討した結果である。

　図1は、T中学校A校長時代の第1期（平成20年12月期）から第5期（平成22

年12月期）までの質問項目①「あなたは学校教育目標をよく知っていますか」について、生徒・保護者・教員三者の回答平均値の推移をグラフにしたものである。

教員が最も高く、次いで保護者、生徒の順になっていることがわかる。

また、表4は三者間で比較できる項目について、S（生徒）、T（保護者）、P（教員）三者の得点平均について高い順に示したものである。TPSは教員の値が最も高く、次いで保護者、生徒の順であることを示す。三者間比較は、共通性のある質問項目数が13項目あり、第1期から第5期までの計65項目について分析した。

その結果、割合の最も高いのは、ＴＰＳであり全体の70.8％、次いでTSPが16.9％であった。この両者はいずれも教員であり、教員が全項目において全体の87.7％を占めていた。また、B・C校長の時代である第6期から第12期においても、74.1％の割合で教員が最も高い結果であった。

これらのことから、学校評価アンケートにおける回答結果の平均値は、生徒・保護者・教員の三者では、教員の値が最も高くなる傾向があるといえる。

以前の学校評価といえば、教員若しくは教職員による年1回の評価を、年度末に1・2回の職員会議で検討し、次年度に活かすというものが多かった。今回の分析の結果から、内部評価者である教職員だけの学校評価では、十分な評価材料にはなり得ないのではないかと考えられる。

この点については、「学校評価ガイドライン」[3]において、「自己評価を行う上で、児童生徒や保護者、地域住民を対象とするアンケートによる評価や、保護者等との懇談会を通じて、授業の理解度や保護者・児童生徒がどのような意見や要望を持っているかを把握することが重要である。」と述べている通りである。

②-2　表5は全質問項目のうち生徒・保護者・教員の三者間で比較できる共通質問項目13項目について、生徒・保護者・教員それぞれの回答平均値の高い順に示したものである。全一致というのは、第1期から第5期までの全期において三者の回答平

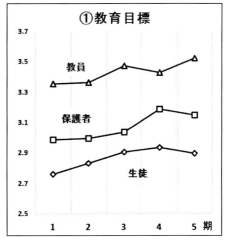

図1　第1期〜第5期までの項目①の平均値の推移

表4　三者の順位の割合

	数	割合
TPS	46	**70.8%**
TSP	11	**16.9%**
PST	4	6.2%
PTS	3	4.6%
SPT	1	1.5%
STP	0	0.0%
計	65	100.0%

表5　三者の順位の経年比較

質問項目	第1期	第2期	第3期	第4期	第5期	全一致
①教育目標	**TPS**	**TPS**	**TPS**	**TPS**	**TPS**	○
③入学満足	PST	**TPS**	**TPS**	PTS	PST	
④説明責任	**TPS**	**TPS**	**TPS**	**TPS**	**TPS**	○
⑤授業	TSP	TSP	TSP	TSP	TSP	○
⑦評価	**TPS**	**TPS**	**TPS**	**TPS**	**TPS**	○
⑧家庭学習	**TPS**	**TPS**	**TPS**	**TPS**	**TPS**	○
⑨委員会活動	**TPS**	**TPS**	TSP	**TPS**	TSP	
⑪学校行事	PST	SPT	TSP	TSP	TSP	
⑫言葉・規則	PST	**TPS**	**TPS**	**TPS**	PTS	
⑬相談	**TPS**	**TPS**	**TPS**	**TPS**	**TPS**	○
⑮生徒理解	**TPS**	**TPS**	**TPS**	**TPS**	**TPS**	○
⑯家庭連絡	**TPS**	**TPS**	**TPS**	**TPS**	**TPS**	○
⑰健康・安全	PTS	**TPS**	**TPS**	**TPS**	TSP	

均値の順位が全く変わらないことを示している。

　第1期から第5期まで回答平均値の順位が変わらないものが、13項目中8項目（61.5%）あった。8項目の内訳は、TPS（教員・保護者・生徒）のものが7項目、TSP（教員・生徒・保護者）が1項目であり、いずれも教員が最も高いものであった。

　従って、この点からも学校評価アンケートについては、教員若しくは教職員のみの学校評価を行うのではなく、生徒や保護者などによる学校評価アンケートを実施する必要があるといえる。

　また、外部アンケート等の実施を行わない教員若しくは教職員のみによる内部評価の場合では、各質問項目の得点結果は生徒や保護者などの得点より高い傾向があることを理解し、分析等に活かす必要があるといえる。

③「校長が替われば学校が変わるか」について

渡辺[6]は「校長が変われば、学校が変わると一般には言われているが、その意味するところは二つ考えられよう。まず、ひとつは、人事異動によって、前任の校長から新しい校長に変わる場合であり、今ひとつは、校長その人が、昇任や異動によって意識を変える場合である」と述べている。

筆者は、T中学校でのA、B、C3校長それぞれの学校評価アンケート資料を得ることができた。そこで、学校評価アンケートの結果から、「校長が替われば学校が変わるか」について検証してみた。

表6は、A校長3年目の12月（第5期）とB校長1年目の7月（第6期）及び、B校長3年目の12月（第11期）とC校長1年目の7月（第12期）について、生徒、保護者、教員の回答結果の平均値の有意差を示したものである。＊＊＊は0.1％水準、＊＊は1％水準、＊は5％水準、×は有意差があるが評価は悪化、－はC校長時代に質問項目が削除されたため比較項目が無いことを示す。

また、図2はアンケート質問項目①における第1期から第12期までの三者の得点平均値の推移を示したものである。

表6が示すように、A・B校長間（5期）・（6期）では、生徒の回答平均値において17項目中2項目（11.8％）に、保護者では18項目中1項目（5.6％）に向上の有意差が認められた。教員においては33項目中6項目（18.2％）においてマイナスの有意差がみられた。

B・C校長間（11期）・（12期）では、生徒の回答平均値において16項目中4項目（25.0％）に向上の有意差が、保護者では16項目中10項目（62.5％）にマイナスの有意差が認められた。教員においては有意差が認められなかった。

これらのことから、A・B校長間では生徒及び保護者の回答結果に大きな変化がみられなかったが、教員の回答結果に低下傾向がみられた。また、B・C校長間では、生徒の回答結果には向上傾向が、保護者の回

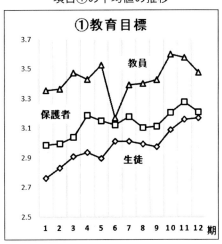

図2　第1期〜第12期までの項目①の平均値の推移

表6　A，B，C校長交代期における有意差について

生徒

	教育目標	生活五目標	入学満足度	学校の説明責任	分かり易い授業	先生の話	先生の評価	家庭学習	委員会活動	部活動	学校行事	言葉遣い・規則	相談	いじめ	生徒理解	家庭への連絡	健康・安全	保護者の協力
5期<6期	*				**	*	**							*				
11期<12期																ー		ー

保護者

	教育目標	生活五目標	入学満足度	学校の説明責任	分かり易い授業	先生の話	先生の評価	家庭学習	委員会活動	部活動	学校行事	言葉遣い・規則	相談	いじめ	生徒理解	家庭への連絡	健康・安全
5期<6期	X**							X*									
11期<12期	X**				X**	X**			X**	X**	X**		X**	ー	X**	ー	X*

質問力テゴリー

教員

学校教育目標・学校経営			学年経営・学級経営			生徒指導・教育相談			
①教育目標と地域	②教育目標の具現化	③魅力ある学校づくり	①学年目標	②学級経営	③学年会	①共通理解・行動	②生徒との関わり	③家庭連絡	④相談室連絡
	X**									← 5期<6期
X**										← 11期<12期

教育課程		学校行事		健康・安全教育	
①教育課程の編成	②授業時数	①自己実現	②行事の構造	①定期点検	②審議の高揚
	X**					← 5期<6期
X**						← 11期<12期

各教科				校内研修		領域（道徳・特別活動・総合）		
①年間指導計画	②学力向上	③家庭学習	④評価の工夫改善	①研修計画	②参加意識	①意図的計画	②年間指導計画	③生徒指導委員会
	X**				X**				← 5期<6期
ー	ー			ー	ー			ー	← 11期<12期

組織・分掌		施設・設備等		勤務	
①適正分掌	②分攻効	①施設設備管理	②施設設備	①勤務規定	②働きやすさ
	X**	X**		X**		← 5期<6期
ー		ー		ー		← 11期<12期

**：1％水準　*：5％水準　×：有意差があるが評価は悪化　ー：比較項目無し

第Ⅱ部　児童教育学で育てたい能力とは

答結果には低下傾向がみられた。しかし、教員の回答結果には全く変化がみられなかった。

まとめ

本研究はT市立T中学校一校での資料からの分析ではあるが、学校評価アンケートの結果から回答者群ごとの比較・回答時期ごとの経年変化分析を行うことで、学校評価の向上期において、その向上が初めて認められる時期に項目ごとの違いがみられることから、学校経営に活かせる示唆を得られる可能性があることがわかった。

また、これらのことを、今回の一校のみでなく、多くの学校の分析を行うことにより、児童生徒や保護者によるアンケート調査を用いた学校評価における児童生徒・保護者・教職員三者間の変化の時期についての一般化ができると考えられる。

そして、一般化ができるようになれば、文部科学省の述べている学校評価に関する課題のひとつである「学校評価の実効性を高めることが今後の課題である」との解決にもつながるものと考えられる。

例えば、2期目や3期目のような早い時期に向上がみられるアンケート項目に関する取り組みにもかかわらず、取り組み後なかなか向上がみられない場合は、取り組みの方策の再考をしてみるとか、生徒に関しては多くの項目で経年変化が現れることから、取り組み後早い時期に生徒の変容があまりみられないとしたならば、取り組みの方策の再検討を行う必要があるということに気付くことができると考えられる。

また、3年目といった遅い時期に向上がみられる項目については、2年目当たりにおいて評価の結果についてあまり心配することなく、じっくりと取り組みながら、継続的な学校改善につなげるといった、じっくり型の学校経営を進めていくなど、本報告は学校経営に活かせるものと確信することができた。

経験的には、学校経営には継続的な努力が必要であると思っていたが、本研究を通してその経験知が理論知として裏付けられたようにも思っている。

しかし、繰り返しになるが本研究は先行研究の学校を含めても、学校評価の向上期にある中学校二校の分析結果によるものであり、多くのデータによる追加検証は今後の課題と考えている。

注

(1) 木岡一明 国立教育政策研究所紀要第 134 集（平成 17 年 3 月）「学校評価をめぐる組織統制論と組織開発論の展開と相克－日本における学校評価の取組実態をもとにして－」。

(2) 「義務教育諸学校における学校評価ガイドライン」（文部科学省平成 18 年 3 月）。

(3) 「学校評価ガイドライン（平成 22 年改定）」（文部科学省平成 22 年 7 月）、p.15。

(4) 「学校評価等実施状況調査（平成 23 年度間）」（文部科学省平成 24 年 12 月）。

(5) 文部科学省「学校評価の評価手法等に関する調査研究事業」「学校関係者評価の充実・活用に関する調査研究報告書」平成 23 年 3 月株式会社野村総合研究所、p.9（http://www.mext.go.jp/a_menu/shotou/gakko-hyoka/05111601/__icsFiles/afieldfile/2011/05/16/1305974_1.pdf、2015 年 3 月 20 日確認）

(6) 渡辺本爾（1995）「校長の学校経営力とその課題」福井大学教師教育研、Vol.4、p.1。

参考文献

・妹尾昌俊 (2012)「学校評価を活用した組織力ある学校づくり」初等科教育法 No882。
・窪田眞二、木岡一明 (2004)「学校評価の仕組みをどう創るか」学陽書房。

第15章

小大連携によるESD実践の取り組み

田部　俊充

はじめに

　国際社会における日本の社会的責任は益々高まっている。小学校社会科の目標にも「国際社会に生きる平和で民主的な国家・社会の形成者」という文言が入っているが、これからの国際社会に生きるためのグローバルな視点を持たせるためには、現代的な課題を含む「持続可能な開発のための教育」（ESD ＝ Education for Sustainable Development）の実践的な取り組み、ESD実践が大切だと考える。

　本稿においては、現代的な課題である地球温暖化についての理解を深めるために、狛江市立Ａ小学校と日本女子大学人間社会学部教育学科田部研究室の連携に取り組んだ。そのESD実践の実践レベルでのキーワードになると考えたのが、地球温暖化の理解のために、1）地図・地球儀の活用を図ること、2）共感的理解を図るために絵本を活用する、という2点である。

　今後の日本の国際理解教育の方向性として、ESD実践の視点が欠かせない。ESD実践は、簡単に言うと市場原理主義が跋扈する世界秩序のなかで、「経済」一辺倒だけではなく、「環境」とも「社会」とも調和してバランスよく「持続性」(sustainability)を追究する教育実践である。21世紀の平和で豊かな「持続可能な社会」を構築する教育として登場し、教育基本法にも学習指導要領にも「持続可能な社会」の構築の観点が示されている（田部，2014）。

永田(2014)によると、ユネスコ国際実施計画フレームワークは、ESDの3大領域と15の重点分野を示している。社会・文化、環境、経済の3領域に属する15の重点分野は、持続性が危ぶまれている現代世界の諸課題であり、主に社会科教育の中で取り上げることができるという。以前の3大領域は、社会、環境、経済であったが、社会・文化、環境、経済と社会領域に文化の領域が加わったことが注目される。このことからも社会・文化、環境、経済の視点の重要さが分かるとともに、これらのことは社会科教育を中心として取り上げることができるものだと考えられる。
　本稿では、これらのESD実践の理論的背景を踏まえながら、実際に授業研究を実施することのできた連携の経緯に言及したい。

教職課程における小大連携の意義

　筆者の本務校である日本女子大学には、児童研究所（1928年開設）、農家生活研究所（1952年開設）、女子教育研究所（1964年開設）を母体とする総合研究所（1995年開設）があり、全学的な学際的合同・調査を推進してきた。筆者は総合研究所研究課題54（2012年4月1日～2015年3月31日）の代表者として「大学の総合力を発揮した地域連携活動の試み」に取り組んだ。この研究課題は、大学の総合力を発揮し、地域の人々との協働による地域連携活動をさらに活性化させる試みである。
　日本女子大学西生田キャンパスでは、キャンパスの所在する川崎市多摩区における「多摩区・3大学連携事業」（2005年～）を中心にして、地域連携をテーマとする多様な活動を推進してきた。活動の柱の一つとして、教職課程の充実のための「教職実践力」を育てる方策として、「学校教育ボランティア」事業を展開し、学生が多摩区内の小・中学校で指導補助等の協力を行った(日本女子大学人間社会学部, 2007)。2011年7月には、本学と川崎市との間で「連携・協力に関する基本協定」を締結し、幼稚園、小学校の教職を目指す学部1年生、2年生を対象として「学校インターンシップ」事業を開始した（日本女子大学人間社会学部教育学科, 2012）。さらに、近接している東京都狛江市教育委員会との間で2013年3月に連携協定を結び覚書を交わし「学校インターンシップ」事業を開始した。
　狛江市内には全6小学校（前期2年生24名、後期1年生24名）に学生を派遣している。そのプロセスで、学生を主体とした教職実践力をさらに高めるために小大連携による研究協力を依頼し、2013年度は市立A小学校と社会科と関わりの深い

「総合的な学習の時間」における環境教育活動の研究協力を行わせていただくこととなった。

次節では、狛江市立A小学校との研究協力の経緯、「総合的な学習の時間」における環境教育活動の取り組みについて論じたい。

② 狛江市立A小学校における小大連携の経緯

2013年度は狛江市立A小学校において、狛江市教育委員会の推薦により、7月と2月に研究協力を行った。2013年度における本学との研究協力として環境教育活動に関する研究協力を、7月には理科を中心に、2月には社会科を中心にして、「総合的な学習の時間」において実施させていただいた（田部・加藤2014）。

第3学年から第6学年まで（各年度70時間　1時間は45分）展開されているA小学校の「平成25年度　総合的な学習の時間全体計画」では、①環境教育の充実、②食育の充実、③異年齢交流が柱となっている。①環境教育の充実では、①「多摩川について関心をもち、いつまでも豊かな自然を守ろうとする心情を育てる。②「多摩川の歴史・文化・環境について関心をもち、関わることができる」という目標が設定されている。

次節では、2014年2月に実施した社会科との関連の強い環境教育授業「北極海の氷から地球温暖化とESDについて考える」に関する授業実践（出前授業）を紹介する（写真1）。

③ 第5学年「総合的な学習の時間」における環境教育授業

【実践1授業】2014(平成26)年2月17日(月)
　　　　　　第3校時
【実践2授業】2014(平成26)年2月24日(月)
　　　　　　第3校時
【場所】狛江市立A小学校　第5学年2組教室
【学級】第5学年2組
【教科】「総合的な学習の時間」（社会科）

写真1　授業風景（筆者）

【単元名】北極海の氷から地球温暖化と ESD について考える

【授業者】田部俊充（日本女子大学教授）

（1）実践1　授業の概要

本単元の目標

地図・写真集（『北極ライフ』）から地球環境問題について考えることが出来る。本授業では、最初に世界認識調査を行い、児童が知っている国について確認した。そして世界地図を用いたゲームを行うことで児童に興味関心を持たせた。それらの活動を終えた後に、北極について考え、絵本『北極ライフ』の読み聞かせや地図帳、雑誌「News week」などの資料から地球環境や地球温暖化について考える活動を行った。

（2）実践1　授業の分析

本授業はESDの視点で行われている環境教育と国際理解教育の授業である。

①導入…世界認識調査・世界地図ゲーム

本授業の核となる地球環境問題について考えていく前に、児童がどのくらい世界を知っているのかということを確認した。確認の方法は、白地図に指示した国名の場所を記入していくものであった（写真2）。ヨーロッパなど日本の近隣ではない国では名前は知っているけど場所はわからないという児童が多いことがわかった。また、私たちに親しみのある「アメリカ」でも場所を勘違いしている児童も数名いた。

世界認識調査の後は、地図帳を開き、国の場所を確認する世界地図ゲームを行った。ゲームの前に地図帳の世界地図のページを確認した際に、児童の「あー、ここか。」や「あった、中国！！」というつぶやきが聞こえた。これは先ほど行った認識調査の時にわからなかった国を確認して納得したということであろう。自分で調べて納得することが大切だと考える。ゲームは2人で1冊地図帳を使用し、筆者が言った国名をどちらが先に見つけ、指で指すことができるか競うものであった。ゲームをやっている時の児童達は、とても楽しんでいた。楽しみながら世界の国々に対する場所の理解が深まるこのゲームは、効果的であると感じた（写真3）。

②展開1…北極について考える。

世界地図ゲームの終了後、北極の位置を児童に問いかけ、これから行う地球環境問題を考える授業へとすすめていた。児童が持っている地図帳の地図では北極は見えづらく正確な位置はわからない。児童も「（地図の）枠外だよ、枠外。」とつぶや

写真2 世界認識調査

写真3 世界地図ゲーム

写真4 教室にある地球儀

写真5 主人公ナヌーの写真

いていた。そこで「北極の様子を知るにはどうしたらいいでしょうか。」と問いかけた。すると、大勢の児童から「地球儀を使えばよい」という意見がでた。(写真4)。

　北極の位置を確認した後には、北極がどんなところであるのか、ということについてみんなで考えていった。「北極ってどんなところですか」と問いかけると、「寒いところ」と答えている児童が多かった。テレビや雑誌では北極は氷とホッキョクグマがよくでていることから児童は北極が寒いところだと認識していたのではないかと考える。また、この授業日の少し前の日に雪が降ったことから、北極には雪が降るかどうかと問いかけた。児童に身近な最近起こった出来事を絡めることで児童も北極について興味をもてるのではないかと考える。主人公はホッキョクグマのナヌーであることを伝え、写真を見せた。数名の児童から「かわいい」とのつぶやきが聞こえた(写真5)。

③展開2・・・絵本『北極ライフ』の読み聞かせ

　地球温暖化について考えていくために、シンガーソングライターの谷山浩子さんが書いた絵本『北極ライフ』(日経ナショナルジオグラフィック社2007年発行)の読み聞かせを学生が行った(写真6)。この本は、北極を舞台にした映画「北極の

ナヌー」（2007年10月全国ロードショー）の美しい写真に、谷山さんが詩をつけたものである。読み聞かせを行っている時の児童はとても集中し、ナヌーに共感し物語に浸りきっていた。読み聞かせ終了後、筆者は「ナヌーは大人になると体重が何キロくらいになるか」と問いかけた。ナヌーが大人になった時の体重を考えることで、絵本の中にあった氷が割れてナ

写真6　読み聞かせ

ヌーが落ちてしまう場面をイメージさせようと考えた。500kgのナヌーを支えられないくらい氷が溶けてしまっていることを考えることができたのではないか。

　④展開3・・・地球温暖化について、影響や要因を知る。
　児童の発言をもとに、地球温暖化について詳しく学習した。地球温暖化についてよりわかりやすく学習するために、地図帳を用いた。まずは、北極海が縮んだとはどういうことか、1979年の地図と2008年の地図を見比べながら考えさせた（写真7）。氷の様子の変化を聞くと、児童は縮んでいると答えた。また、この地図の様子は9月の氷の変化を表していて、9月が一番氷が縮みやすい時期であること、この30年間で氷がこんなに減ってしまったことを伝えると、児童は驚きを見せていた。シベリアという地点に注目して地図を見ていくことで、児童も氷がなくなってしまっていることに気づけたようであった。氷がなくなってしまったために、ホッキョクグマも昔はシベリアに行ったりできていたのに、今はできなくなってしまったことも話していた。

　地図帳で1979年と2008年の北極海の氷の変化について学習した後に、雑誌「News Week」を見せた。その表紙には「北極が消える日」と書かれていた。その記事によると、北極は一番早くて2015年には消えてしまうという説があることを伝えた。このことを聞いた児童は先ほどの地図帳で氷の減り具合を調べたときよりも驚いており、衝撃を受けているようであった。地図帳で少し古い年の氷の変化を知るよりも、近い将来に起きる氷の様子を知る方が児童にとって興味深かったようである。

　北極について学んだ後、地球温暖化はほかの国にも影響を与えているということを学習していった（写真7）。アルプス山脈やスイスの氷河の変化、ツバルの海面上昇について少しだけ触れた。そうすることで、世界に目を向けることができるとともに、環境問題は様々な国で起こっているため解決しなければならない問題だと

認識することができると考える。

⑤まとめ…地球温暖化防止の取り組みを知る。

　地球温暖化の影響や概念を知り、北極の氷を消さないために、地球温暖化を防止するためにはどうしたらいいのかということについて考えた。それに対して、CO_2を減らせばよい、とつぶやいていた児童がいた。この児童は、ここまで学習してきた地球温暖化は二酸化炭素の増加が原因であるということを理解した上で、二酸化炭素を減らせばいいということに気がついたのだ。詳しく地球温暖化防止の取り組みについて知るために、再び地図帳を活用して、国や企業が行う温暖化防止の取り組みを確認した（写真７）。地図帳に書いてある項目を一つ一つみんなで読み上げて確認した。

　この授業では、地球環境問題のことを知り、地図帳を使って国や企業が行う地球温暖化防止の取り組みを学習していった。しかし、この取り組みは国や企業が行うものであり、小学生が行うことは難しい。そこで筆者は「次回の授業までに君たちが地球温暖化、二酸化炭素の発生を止めるためにはどうしたらいいのかを考えて欲しい」といった。その際には、エアコンやテレビをどうしたらいいのかと具体的な例をあげて説明していた。この授業が実践2の授業へとつながっていく。

（3）実践2　授業の概要

　本授業は実践１の続きである。前回の授業後に自分たちにできそうな地球温暖化防止のための取り組みを班ごとに考え、まとめたものを発表する活動を行った。その後、その取り組みは本当に実現できるのかをみんなで考えた。そして、ドイツのエコタウンの事例を取り上げ、地球温暖化を防ぐためには社会全体の力が必要だということを学んだ。

（4）授業の分析

①導入・・・前回の授業の復習を行う。

　前回の授業から1週間経過していたため、前回の授業の復習から行った。『北極ライフ』の話の振り返りを行い、北極海の氷がどんどん溶けてしまい、来年の夏には氷が全て溶けてしまうかもしれないと予測している学者がいるということを思い出した。同時に北極の場所についても確認した。また、地球環境問題についていろいろな国の事例を確認したことを思い出し、スイスやツバルの国の場所についても確認した。スイスの場所を確認する時には、今回の授業で取り上げるドイツの場所

写真7　地図帳を拡大したもの　　　写真8　児童の発表のまとめ

も一緒に探した。国を探すとき児童は、前回の授業の最初に世界調査や世界地図ゲームで場所を確認していたことを覚えており、「ヨーロッパの方だったよね。」や「確かこの辺にあったような気がする。」などと言いながら探していた。このことから前回の授業で行ったことは世界を認識する上で効果があったといえる。世界地図を見て、楽しみながら自分で探すことで、児童たちは世界の国々の場所を認識していくと考える。

　そして、導入の最後には、地図で探した国々ではいろんな異変が起きているということ、その原因が地球温暖化であり、二酸化炭素の発生も大きく影響しているということを前回勉強してきたということを振り返った。

②展開1・・・班ごとに地球温暖化防止の取り組みの発表を行う。

　振り返りの後は前回宿題としていた地球温暖化を防ぐために児童たちができることを班ごとに発表する活動を行った（写真8）。

　児童は地球温暖化防止の取り組みとして、電気・電化製品に関することを多く挙げていることがわかる。電気・電化製品の中でも特にエアコン・テレビに関することが多い。これは前回の授業で、地球温暖化の防止の取り組みの例として、エアコンやテレビをどう使っていけばいいかと投げかけたことによる。児童の考えとして電気・電化製品は全体的にどれもあまり使わないという意見が多かった。電気の無駄遣いが環境によくないと考えているようだ。

　乗り物に関する取り組みとしては、家の車は使わないで公共の乗り物や近くは自転車で行くという意見があった。多くの人が自家用車を使うことで、排気ガスが多くなるということを認識しているようだ。また、アイドリングストップを行うという意見もあった。これは小学生に実施できることではないと考えるが、よく勉強していると感じた。自動車工場に行った時に聞いたのかもしれない。

日常生活に関することとしてはごみに関することが多かった。ゴミを減らす、分別すると答えた班があった。それに付け加えて、ゴミを減らすためにはリサイクルをする必要がある、リサイクルできるものやエコなものを使うなど具体的にゴミを減らすための取り組みを答えている班もあった。

　最後にその他として、植林活動と呼びかけを行うという意見が挙がった。これらの意見は出てくると思わなかった。しかし、児童は植物が二酸化炭素を吸収することを理解しており、だからこそ緑を大切にしたり、植物を増やしたりしなければいけないと考えたようであった。また、呼びかけに関しては一つの班でしか出てこなかったけれども大切な考えであると考える。地球温暖化防止の取り組みは一人だけで行っても意味がなく、みんなで行ってこそ意味があることである。だから、みんなで地球温暖化防止のために取り組みをするように訴えかけることは効果的であると考える。

③展開2・・・みんなが出した取り組みは本当に実現できるのかを考える。

　各班の発表が終了後、みんなで出した意見について考えを深めていった。様々な意見が出ていたがここで整理を行った。指示したのは、小学5年生の児童たちができる取り組みであった。そこで、小学5年生のみんなができそうなものとできなさそうなものを考えるように促した。そうすると、電気自動車、公共のバスなどいろいろなことを児童が発言し始めた。そこで「子どもができそうなのは何？」と問いかけることで、児童にできることからまず考えるようにさせた。児童は周りの友達と相談しながら、できることを考えていた。

　設定温度という言葉が出たときには、本当にできるかということを問いかけ実際に自分が行動できるのかということまで考えさせていた。できると言う児童が多い中、数名の児童が無理と答えていた。暑くて我慢できずに下げてしまう児童や寒くて温度を上げてしまう児童もいるようである。また、緑はできると言う児童もいたが、微妙と答える児童やできないと答える児童もいた。この差は緑の捉え方の違いであると考えられる。

　児童が出した他の考えについても同じように、小学5年生の児童でもできることを考えて行った（写真9）。できること、できないことに分けていくことで、児童が取り組める活動がはっきりし、その活動を意識して取り組むことができるようになるのではないかと考える。

④展開3・・・ドイツのエコタウンの取り組みを知る。

　みんなでできることを考えた後、ほかの国の事例としてドイツを取り上げ、どの

写真9 児童ができることとできないこと

写真10 ドイツのエコタウンについての記事をみる児童

ような取り組みをしたのか考えていった。ドイツのフライブルク市のエコタウンの取り組みを資料集の「ドイツの暮らしを学ぶ飯舘村の子どもたち」の記事を読みながら学習していった（写真10）。フライブルク市では、市民の意見をもとに、原子力発電で作った電力を使わないことに決め、自然エネルギーによる発電を増やす一方で、住宅は断熱材をしっかり入れて窓を三重にしなければ建てられないほど街づくりの条件を作っていた。これに対してどうして原子力発電で作った電気は使わないと決めたのかということについて問いかけた。環境に悪いからと答える児童もいたが、日本のことが関係していると伝えた。すると、児童の中から東日本大震災ということが出てきた。資料集でも東日本大震災のことについて書いてあったため、読みながら確認をしていった。東日本大震災の時の原子力発電所の事故は児童にとっても気になる問題であったようである。また、原子力発電ではなく、自然エネルギーを使った発電とはどのようなものがあるのかについても資料集を見ながら確認した。

　次にフライブルク市の住宅では断熱材をしっかり入れて窓を三重にしなければ建てられない、と書いてあったことに対し、どういうことかと問いかけた。児童の家の窓や雪国の方の窓の様子を考えることで、理由を考えやすくした。自分と関係のあることや知っていることと結びつけることで、児童も考えやすくなると考える。すると「寒いから」や「暖かい空気を逃さないため」という意見が出てきた。

　そして市民は路面電車を使って通勤し、市の中心部の車を減らしましたという言葉にも注目し考えていった。まずは路面電車を見たことがあるかと問いかけた。それに対し、鎌倉や広島、大塚のあたりで見たことがあるという児童が何名かいた。そして日本では数少なくなってしまっている路面電車だが、ドイツの街では路面電車を使って通勤しているのは何のためなのか考えた。児童は今まで学習してきたこ

とを踏まえながら、「車を使わないようにするため」や「車のガスを減らすため」「地球温暖化防止のため」ということを考えていた。児童は地球温暖化の原因をとらえ、それを防ぐために路面電車を使っていることを認識できたようである。

⑤まとめ

ドイツの路面電車の取り組みは子どもの力だけではどうにもならないことを踏まえ、日本でこういうことを考えるとしたらどうしたらいいのか、ということについて考えた。その時、一人の児童が「（日本も）考えてくれたらいいね…。」とつぶやいていたのが聞こえた。この児童はこの先の地球のことを考え、環境にいい取り組みをしているドイツの取り組みをいいと考えているが、日本ではできないと考えているようである。他の児童は、日本で考えていくためには市民に訴えかけることや協力することが大切だと答えていた。

まとめとして、「地球温暖化を防ぐためには、君たちのいろいろな工夫も必要だし、君たちの努力も必要。だけど、それだけでは解決できないものは社会を変えていかなければならないね」と伝えた。そしてそのうえで、「これから社会の担い手になるのは誰？」と問いかけた。それに対し児童は子どもたち、つまり、自分たちであると答えていた。児童は自分たちがこれからの日本や地球の担い手であり、地球について考えていかなくてはならないことを少しは意識できたようだ。このことはこのあとに書いた児童の感想の発表からもわかる。ある児童は「改めて地球温暖化が進んでいるんだなと思いました。これからも自分たちができることからやらなきゃなと思いました」と答えている。

児童はこの授業を通して、地球環境問題について考え、それを防ぐために自分たちができることについて考えることができたといえるだろう。

おわりに

本稿では、小学校と大学との連携、狛江市立Ａ小学校と日本女子大学人間社会学部教育学科田部研究室との連携による研究協力を報告した。「北極海の氷から地球温暖化について考える」をテーマに、小学校用Ｔ社地図帳の「世界の自然環境と地球温暖化」の特集や地球儀、『北極ライフ』という環境教育絵本を教材にして地球温暖化問題について、知っていること、知りたいことをあげさせた。「穴から出たホッキョクグマ」「母親グマと子グマ」「ジャンプ」「氷の上に残されたクマ」などの写真の感想より児童の共感的な理解を進めることができたのではないか、と考える。また地図帳を読みとらせることからは、北極のみならずアルプス山脈の氷河やツバ

ルの事例まで広げたことにより、地球温暖化問題が国際的な課題であることを実感させることができた、と考える。

「はじめに」で示した、1）地図・地球儀の活用を図ること、2）共感的理解を図るために絵本を活用する、という2点の工夫は、地球温暖化の理解に有効であったと考える。

ESD実践においては「持続可能な社会の実現」をキーワードとして、持続性が危ぶまれている現代世界の諸課題などの論争を取り上げ、それらとのつながりと特色をとらえ、将来の持続可能性を見据えて、解決策を考え、判断していくような実践が求められる。

子どもたちは「北極海の氷の変化」の示している変化などから地球温暖化問題の急激な変化と現代の危機、自分たちの生活へ影響を及ぼしていることへの驚き、温暖化防止へのとり組みを考えていった。またドイツの環境先進都市フライブルクの地球温暖化への取り組みである風力発電や三重窓，ライトレールについての資料を読み取りながら、持続可能な社会の実現の為の社会の取り組みへの参加について考えた。

ESDの最終目標は、「寛容」「非暴力」「平和」が地球上にもたらされることであり、それと同時に国連ミレニアム開発目標（MDGs）が達成されることである。また、より公正で持続可能な平和な世界に向け、教育的な道具として地球憲章を役立てることも必要不可欠である。さらに、ESDは多彩な関係者の知恵によってグローバルな課題に取り組むための突破口となる道を見出す学びの過程であるとも言える。ESD を促進する関係者の間でのパートナーシップや連携も、また必要不可欠な核となる要素である。

2014年6月27日、「文部科学白書」が公表された（文部科学省2014）。「特集1 2020新たな成長に向けて」「第4節グローバル人材の育成」においては「ESD（持続可能な開発のための教育）の普及・推進」が柱立てされている。ドイツをはじめ諸外国から学び、ESDの視点を積極的に取り入れながら、日本の教育を考えていきたい。

謝辞

狛江市立A小学校の先生方をはじめ、連携協力をしていただいている教育委員会、校長、教職員の皆様のご理解ご協力に心より感謝申し上げます。

参考文献

・文部科学省 (2014)『平成 25 年度「文部科学白書」』、（http://www.mext.go.jp/b_menu/houdou/26/06/1349167.htm、2014 年 7 月確認）

・田部俊充・加藤美由紀 (2014)「小大連携による環境教育研究の取り組み－生物多様性の理解－」『日本女子大学紀要人間社会学部』24 、pp.63-72 。

・田部俊充 （2014）『ESD を推進するための世界地理学習と授業を活性化するための ICT の活用』文部科学省教育課程課編、初等教育資料 No.909、東洋館出版社。

・永田成文 （2014）『日本における ESD 推進の現状と課題』日本文教出版『日文の教育読み物 社 会 科 navi』、（http://www.nichibun-g.co.jp/column/education/shakaika-navi/shakaika-navi006/、2015 年 3 月確認）

・日本女子大学人間社会学部 （2007）『平成 18 年度　多摩区・3 大学連携事業　学校教育ボランティア学校サポート事業報告書』。

・日本女子大学人間社会学部教育学科 （2012）『平成 23 年度　教育学科　学校インターンシップ報告書』。

第16章

今、教育現場が求める教師の力

塩澤　雄一

はじめに

　現在、私は東京都葛飾区で教育長をしている。私のところには、日々学校現場の情報が次々と入ってくる。本区には小学校50校、中学校24校あり、教育委員会はその学校すべて、約3万人の児童・生徒と、約2,000名の教師を管轄している。そのため、学校現場はもちろん、保護者、地域、他の機関から、教師の良い情報も悪い情報も入ってくる。また、私は年間を通してすべての教室、すべての教師の授業を見るようにしている。また、学校管理職との情報交換も欠かさないようにし、地域やPTAとの交流もできるだけ多く持つようにし、自らも情報収集に歩いている。そのような、多くの教師の情報の中から、今教育現場で求められている「教師の力」とは何かをまとめてみた。本区には毎年100名前後の新規採用教員が入ってくる。また、様々な年齢層や、様々な立場の教師が、児童生徒の指導に当たっているが、素晴らしい力を発揮していることもあれば、問題につながるような指導をする教師もいる。何が問題につながり、何が児童生徒の力につながるのか考えてみたい。

統率力（児童生徒の集団のリーダーとして）

（1）なぜ統率力が必要なのか

　私ごとであるが、40年以上前、新規採用教員として都内の小学校の4年生担任として、初めて児童の前に立った。かなり腕白な子供の多い学級で、初日から教師のコントロールの効くような学級ではなかった。そのクラスは、3年生から学級編成替えをしておらず、子供たちの人間関係は出来上がっており、そこに若い教員がよそ者として入ってきたようなものだ。こちらも若く血気盛んであり、何とかこちらの方へ子どもたちをひきつけようと必死になればなるほど空回りし、うまくいかない日々が続いた。

　そのクラスにはリーダー（というよりはボス）的な存在のA君がおり、その子の言うことには、私よりもみんな従う傾向があった。困って学年主任に相談すると、ある秘策を授けてくれた。

　翌日、クラス全員を連れて校庭に出て相撲大会を開いた。子供同士でトーナメント戦をし、優勝者を決めたが当然A君が優勝した。次に先生と全員対戦することにした。負けそうになったり、わざと負けたりと、先生もたいしたことはないと見えたらしく、子供たちは大いに盛り上がった。満を持してA君の登場である。他の子どもたちは土俵を囲み固唾をのんで見守る。組んだ瞬間、私の強烈なすくい投げで、A君の体は宙に浮き、思いっきり土俵中央にたたきつけられた。その日以来A君と私の立場は逆転したのは言うまでもない。

　これは40年前の良き時代の話であり、今の時代にはそぐわない事例かもしれない。しかし、教師は着任したその日から子供の前にリーダーとして立つことが求められ、子供たちもそれを期待している。その日から。40人の集団をひきつけ、動かす統率力が求められるのである。

（2）集団を統率できないとどうなるか

　学級や教科の担任になった時、初期の段階で教師が集団をコントロールできなくなると、それをコントロールの効く集団に変えることは至難の業である。

　小学校低学年でいわゆる学級崩壊が起きる例として最も多くみられるパターンがある。それは、学級に一人多動傾向の児童がおり、教師はその子を座席につかせようと必死で追いかけ注意し、座席につれも同ことを繰り返す。その間、学級の児童

は何もせずその様子を見ている。その子たちは心の中でこうつぶやいている。「いいなー、あの子は先生にかまってもらって。」「僕も席を離れれば先生は追いかけてくれるんだ。」そのうち、席を離れて勝手なことをする子が一人二人と出てきて、教師一人で学級をコントロールすることができず、いわゆる学級崩壊状態に陥るのである。

　一部の気になる子にばかり目が行き、集団が見えない、特に経験の浅い教師によくみられる傾向であり、学級の荒れへとつながっている。よく一人一人の子供をよく見るようにおと言われるが、まさに「木を見て森を見ず」である。このような場合、多動な子から目は離さないが、追いかけたりせず、きちんと座席に座って先生の話を聞こうとしている子を大いに認めるようにすればよい。

　このようなことの繰り返しにより、集団を自分のペースに巻き込むことで、統率できる集団へと変化していく。

（3）教師の統率力を児童生徒は求めている。

　子どもたちは、はじめから教師をリーダーとしてみているし、それを求めている。最初の事例で示したように、自分たちよりも力があると認めたいと思っているし、認められればどこまでもついてくる。それは腕力で示すだけではない。ピアノの演奏でも、英会話でも、とびっきりの笑い声でも、何でもいいから、子供たちを圧倒する力を見せつけるのである。それは人間的魅力であり、尊敬の対象となり、人を引き付ける力となる。

　子どもたちはリーダーを実によく見ている。それは自分たちのリーダーを応援したいという強い期待をもって見ているのである。誰も注目してくれていないネクタイも実によく見ていて、「先生昨日と同じネクタイしている」とドキッとするような指摘をされることがある。自分はダメな人間だと下ばかり向いている教師にはだれもついてこない。『えこひいき』する教師も許さない。なぜならみんなのリーダーだからである。それだけの思いで見られているのだから、教師の側もしっかりと見て、すべての子を等しくかわいがらなければならない。一人一人をよく理解するため、出会ったその日から名前で呼びたい。そしてリーダーは、集団が進むべき方向を明確に示し、その方向へ導く責任を負う。

（4）褒めることと叱ること

　私が校長時代、5年生のある学級が荒れて、50代男性の担任教師のコントロール

第Ⅱ部　児童教育学で育てたい能力とは　　295

がきかなくなった。その学級には私を含め、時間のある教員が次々に補助に入り、何とか学年末まで持ちこたえた。翌年の担任は、前年度6年生を担任していた30代の女性教員を指名した。大声を出したりすることなく、物静かな教師であったが、5月には落ち着いた6年生らしい学級へと変身していた。私は、担任が出張の時その学級へ行き子どもたちに尋ねた。「君たちは5年生の時あんなに先生の言うことを聞かず勝手なことをしていたのに、6年生になったらこんなにいい子になっちゃって、どうしてこんなに変わったの。」それに対する彼らの答えは明確であった。「だって5年の時の先生は、ぼくたちが悪いことをしても叱らなかった、でも今度の先生は、ぼくたちが悪いことをするとちゃんと叱ってくれるもん。」

　子どもたちの求めている教師は、よいことはよい、悪いことは悪いとはっきり言ってくれるメリハリのある指導を求めている。とかく最近は、叱るより褒めろと言った声が大きくなっているようで、そのことは間違いではないが、叱ることはよくないと勘違いしている親や教師がいる。これは間違いで、しかるべき時ははっきりと叱ることが大切である。叱るとは、大声を出したり、体罰を加えたりすることではなく、叱り方のうまい教師は実に静かに叱るのである。子供をきちんと叱ることのできない教師は教師失格である。

② 社会性（コミュニケーションをとる力）

（1）教師にとって社会性は必須条件

　人とかかわることが嫌いな人は教員には向かない。教員ほど、多くの人間と、そして多様な立場の人間とかかわる職業はない。まず、児童生徒を教育するのが仕事であり、児童生徒との人間としてのかかわりなしには教育は成立しない。そして、学校で教育活動をする以上、学校という組織の中で職務を遂行するわけで、そこには上司、同僚、様々な立場の人がおり、すべての人とかかわりを持ちながら学校教育を推進している。また、児童生徒には保護者がおり、学校は保護者から子供を預かり教育を行っている以上、ともに子どもを育てるということから、連携を密にとる必要がある。また、地域や教育関係機関との関連もある。こう考えると、多くの様々な人との関係がうまく取れないと、職務は遂行できないということになる。そのためにも、教師にとって社会性は必須条件である。

（2）教室での社会性

　教師は原則教室に一人である。教職に就いたその日から一人で子どもたちの前に立たなければならない。一人一人の子どもと目を合わせ、自分の思いを伝え、相手の思いを受け取ることが仕事となる。それも、これまではなんとなく大勢の中の目立たない立場の一人であったとしても、教師になった以上は、40人の子どもたちの期待の視線を一身に集める立場になる。特に小学校1年生などは、数日で教師と同じようなしゃべり方をし、字まで似てくる。子どもたちと明るく接する教師のクラスは子どもたちもみな明るくなる。教師が子どもたちとなじまなければ、子供たちも段々教師から離れていく。

　そのような立場に立つと、陥りやすいのが独善的になることだ。周りには、直接アドバイスしてくれる人間は誰もいない。教師という立場を意識しすぎるあまり、「子供にあれを言わなければならない、教えなければやらない」との思いが強すぎ、一方的になり子どもとのコミュニケーションがなく、気が付けば子供の心は教師から離れているといったことがよくある。この傾向は、上級学校の教師ほどその傾向にある。大学の講義など、学生が寝ていようがいまいがお構いなし、一方的に授業を進め、多くの学生の気持ちが離れていることに気が付いていない。その傾向は高等学校にも波及し、こんな授業では生徒に学力などつくはずはないと思えることも多い。先日、国の調査で、高校生の英語力が最低レベルとの報道がなされたが、いまさらとの思いである。中学校の本区の教師の全授業を見ているが、個人差が大きい。これまで、社会科など、教師が自分の知識を一方的に伝えるような授業が多くみられたが、若い教師を中心にして授業が変わりつつある。教師と児童生徒とのやり取りの中から授業が組み立てられ、児童生徒は主体的に学ぶようになる。

　授業は児童生徒とのコミュニケーションの中で成り立っている。ある教師が落語の勉強をして、それを取り入れたら学級が荒れてしまったという話を聞いた。教師は、落語や漫談を学ぶのではなく、漫才を学ぶべきである。教師と児童生徒、どちらがツッコミ役かどちらがボケ役か、それは場面によってさまざまである。これはお笑いの世界を例にとっただけであるが、クラス全体が教師と児童生徒とのよい関係ができていれば、児童生徒が主体的に学ぶよい学級、よい授業が成立する。このような人間関係力としての社会性を身に着けることが教師としての大切な能力である。

　人それぞれ個性があるのだから、こうでなければならないということではない。様々な教師の個性に触れる中で子供たちは成長する。人まねをすることはないが、

ただ一つ、子供を愛すること、子供の成長を楽しむことができること、その気持ちを持ち続け、子供たちの目をしっかりと見て子どもとの人間関係を作りたい。

（3）職員室での社会性

　新規採用教員が研究授業をすることになり、ベテランの教師が相談に乗ろうと「研究授業は大丈夫か」と声をかけたところ「大丈夫です、ネットで最高の指導案を見つけましたから」と言われ、そのあと会話が進まなかったと嘆いた。

　この事例には二つ問題点があり、ひとつはたとえ指導案が優れていても、学校や学級の実態によるところが大きく、そのまま授業をしてもうまくいかないということ、もう一点は先輩教師に教えを請おうという姿勢がないということである。ここでは２点目を問題にしたい。

　学校は、学級や教科といったそれぞれの持ち場はあるが、個人営業の商店街ではない。あくまでも、学校という一つの組織である。そこには責任者である校長がいて、それぞれ個々の力が合わさって組織を動かしている。その組織の力が一つにまとまって、一人一人の成員が同じ目標に向かって職務を遂行していれば、１＋１が２以上、３にでも４にでもなるのが組織である。

　ある中学校で一人の教師の指導の在り方について生徒が集団で抗議するような場面になってしまった。その時それを見ていた別の教師が「先生、それはひどいじゃないですか」と言った途端、生徒は一気に騒ぎ出し、学校が荒れ始めたという学校にかかわったことがある。なぜそうなったかがお分かりであろうか。ある研究会で、「生徒が正しいならば、たとえ同僚であっても批判すべき」との意見を主張する方がいたが、中学校の厳しい場を体験したことのある人ならば、この間違えに気付くはずだ。この事例は、学校という組織が二つの考えに割れたのである。先生の考えが一つでない以上生徒は楽な方、都合のいい方向に流れ、学校教師への信頼は一気に崩れるのである。この事例の場合、生徒の前で「ひどい」ということはなかった。その場の生徒を落ち着かせ、生徒のいない場面で抗議を受けた教師を追及してもいいであろう。そして、問題があればかばう必要はなく、組織として問題を解決し、必要があれば組織として謝罪すべきである。そのための職員室である。諸外国にはこの職員室がなく、自分の教室で授業をし、そこからそのまま帰るのだそうだ。日本の初等中等教育の優位性の秘密はこの職員室機能にあると言われている。授業に関する情報交換、生徒に関する情報共有など、教育上重要な情報が行きかう場となっている。

学校には一人の優秀な教員がいてもよい学校にはならない。多くの教員ががんばっていてもひとり問題のある教員がいれば学校の信頼はなくなり、それは多くの教員の信頼を失うことにつながる。すべてにおいて完璧な人間などいない。組織のみんなで補い合いながら、学校としての教育を成り立たせるのである。そのためにも、後からその組織に入ったものは、郷に入っては郷に従え、まず先人に学び、教えを乞い、そして徐々に自分のカラーをその組織になじむように出すような、柔軟な社会性がほしい。最近よく聞くのが、社会人経験のある教員、民間人校長が学校になじめないケースが多いと聞く。一部なのであろうが、自分のこれまでの経験を無理に出そうとしすぎているように思う。日本航空を再建した京セラの元社長、稲森和夫は、JALの社員と一体になることから始めたと語っている。学校においても、まず組織の一員として、一体となり、協力し助け合って教育に当たることを大切にしたい。

（4）保護者、地域との関係

　子供の成長に一番大きな影響を与えるのは親であり保護者である。教師は一人で子どもの教育をしているなどと思い上がってはいけない。また、子供によい教育をしたいと思うなら、保護者を味方にしなければできない。しかし、最近はこの保護者との関係がうまくいかず、ついには体を壊し教職の道をあきらめる優秀な教員が多いことが残念でならない。

　しかし、保護者はそんなに我が儘で恐ろしいものなのか。決してそんなことはない。教師以上にわが子に強い愛情を持ち、しっかりと育てたいと必死なのである。一部保護者の中に、その強い思いから、きつい要求をしたり、不満を言ったりするのである。

　では、そのような保護者とどう付き合うか。ここでも社会性が求められる。若い教師ほど、「私は教師です」と構えすぎる。保護者会でも上から目線で「子供の教育はこうあるべき」などと言わなければならないと思い込んでいる。しかし、多くの保護者は、学校の勉強は先生に任せてある、それよりも先生の人柄に触れて一緒に子育てをしたいと考えているものだ。私は学校現場にいるとき、子供が一番いい顔をする場面は、先生と保護者が楽しそうに話をしているのを見ている時だと思った。教師と保護者はフォーマルな場だけでなくインフォーマルな場面でも積極的に保護者とコミュニケーションをとりたい。必要以上に親しくなる必要はないが、このような関係にあれば、お互い言いにくいことも言えるようになる。学級全員の保

護者とこのような関係を持つのは難しい。PTA行事に積極的に参加する、夕方学区域で買い物をするなど、あえて教員側から出ていき親しい関係の保護者を増やすことだ。教師が困った時に助けてくれるのもこのような関係の人たちである。

　公立学校の場合、多くは地域密着型の学校が多く、学校と地域とのつきあいが様々ある。校長や副校長・教頭はなぜ地域行事に出たりさまざまつきあいを持ったりするのだろうか。それは学校の味方を増やすためである。現在私の勤務する葛飾区も東京の下町人情あふれる街であり、学校をとことん応援してくれるので学校は助かっている。管理職も教員も積極的に地域に出て楽しみながら関係を作っている。

③ 情報力（情報を収集、活用、企画する力）

（1）なぜ情報力なのか

　児童生徒の事件が絶えない。最近では、川崎市の少年による少年の殺害事件、大津市のいじめ自殺事件も記憶に新しい。これらの事件が起きると、「なぜ学校は事前に情報をつかみ対処しなかったのか」と批判を浴びる。今学校現場では、子供のSOSの信号にいち早く気づき、迅速に対応し、問題を解決する力が求められている。いじめ、不登校、非行、虐待と子どもたちを取り巻く状況は大変厳しい。しかし、この現実を教育のプロとしてしっかりと受け止め対応するためには、目の前にいる子供たちの状況を正確につかみ、対処していくための多くの情報を集める力をしっかりと身に着けることが期待される。

（2）子供が発信する情報をどうつかむか

　ただ漫然と子どもを眺めていても何の情報も見えてこない。よく「児童理解」という言葉を発する若い教師がいるが、「具体的には何をするのですか」と聞くと答えられない者が多い。

　まず第一歩は子供をかわいがることである。かわいがる第一歩は顔と名前を一致させることである。これは当たり前のことであるが大切なことだ。私は中学校の時、理科の教師に「あ、そこの君、誰だっけ」と言われ、その一言でその教師が嫌いになり、理科も大嫌いになった。それ以来、人の名前は大事にしており、校長を務めている時は、約300人の児童の顔と名前を一致させ、朝会講話では挙手させ指名をして校長の授業公開の場としていた。余談であるが、心理学者の河合隼雄は、子ど

もの顔と名前を一致させることができるのは500人が限度であり、それ以上の学校は適正規模ではないと言っている。

　朝、教室で子供を迎えたい。登校してきた子供から「おはようございます」「おはよう」と挨拶を交わす。それで終わらせない。その後に一言問いかけをしたい。「愛犬クロは元気か」「おじいちゃんの具合はどう」など声をかけるとそこから会話が始まり、様々な情報が得られる。朝の会での健康チェック、家庭学習のノートチェック、服装、表情、行動様々なことから子供をよく見ている教師は情報をつかむ。そして、子供が学校にいる時間は、子供と共に過ごす。休み時間、給食の時間、あらゆる場面で子どもは言葉には出さなくても、様々な情報を発信している。

（3）情報源は目の前の子供本人からだけではない

　子供は様々な顔を持つ。学校の顔、家での顔、友人だけになった時の顔、一面的に子供を見ていたのでは本当の子供の姿は見えない。校内であっても、教室の顔と保健室の顔が違うこともあるし、担任に見せる顔がすべてではない。教師はアンテナを高くして、本当の子供の姿、明日の指導に生きる正確な情報を収集することは大切な仕事である。

　保護者ともしっかりとつながり、情報交換を密にする。何かあった時だけ家に電話をして「お宅のお子さんはこんなことをして困る」と言ったことを一方的に伝える教員がいるが、このような対応では信頼どころか、不信感さえ生んでしまう。東京都の教育委員をしている乙武洋匡は、教員時代、保護者に電話をする時は、よい情報しか伝えなかったと言っている。その時の電話を受けた保護者の第一声のほとんどは「うちの子何か悪いことをしましたか」であるそうだ。保護者と信頼関係を築き情報の共有化を図るためには、特に悪い情報を伝えるときには顔の見えない電話ではなく、直接訪問して伝えるなど、相手の表情を見ながら伝え合いたい。

　校内においても、児童生徒の様々な情報を持つ人がたくさんいる。自分以外で教科や部活動を担当する教員はもちろん、養護教諭、カウンセラー、用務主事さんなどもいろいろな情報を持っている。また、地域やPTAの役員さんなど、学校外での情報を多く持っている。学校でいつも眠そうな顔で勉強に集中できない子の親が、最近深夜の仕事に変わったなどと分かったことがあった。また、事情に応じて外部機関との連携、情報交換が必要なケースもある。

(4) 情報をどう活用し、生かすか（PDCAサイクル）

　集まった情報をただ持っているだけでは意味がない。その情報をもとに子どもの指導にどう役立てるかが問題である。P（計画）D（実施）C（評価）A（改善）サイクルにのっとり、教師は子どもの指導に当たっている。教師はまず自分で計画を立て指導を実施する。しかしその指導がうまくいっているか、児童生徒を変容させることができているかを評価する。評価というと、テストをして子どもに成績をつけるものとたいへんな誤解をしている方がいるが、評価は指導に役立ててこその評価であり、そこから指導と評価の一体化といった言葉も生まれている。その評価に欠かせないのが情報である。正しく評価するためにはできるだけ多くの情報があった方がいい。そして、その評価をもとに、改善し新たな指導を行うことにより効果的な指導へとつなげていく。このことは、日々の授業だけでなく、あらゆる教育場面で確実に行っていきたい。

指導力（授業をどう展開するか）

(1) 授業を始める前に

　教師にとって最も大きなウエートを占めるのはこの指導力であるが、私はあえて4番目に持ってきた。それは、この最も重要である指導力を発揮する前に、教師として身につけてほしい力として前項の3つの力を上げている。その力がないままに、いきなり指導力のみを発揮しようとして失敗した教師を数多く知っているからだ。

　そしてここでまた『授業を始める前に』としたのは、教室の前に立つ教師に、子供の視線は集中する、その姿が子どもにとって魅力のある姿かたちであるかどうか大きく、その後の授業に影響するからである。頭ぼさぼさ、すね毛丸出しで子どもの前に立たれたら、この先生に何かを教えてもらおうというまなざしを子どもたちは注ぐだろうか。また、子供にとってはリクルートスーツもあまり魅力がない。子どもの前に立つときはあえて原色の服を着るようにしていると話していた女性校長がいたが、子供にとって指導者としてどのような姿かたち、どのような服装がふさわしいか考えたい。

　教室環境も大切である。学校を訪問し授業を参観すると、落ち着きのない学級は必ず教室内が雑然としている。不必要な荷物が山積みになっていたり、掲示物がは

がれていたりする。これは学校全体にも言えることで、玄関を入った途端、子供たちがどんな生活をしているかがほぼわかるから不思議である。教室の話に戻るが、特に教室の正面の環境に注意したい。教師にとって教室の正面は自分の背後でありあまり見えないが、子供たちは一日中前面を見ながら生活をしている。授業とは関係のないものが掲示してあったり、教師机の上が雑然としていたり、黒板に授業以外のことが書いてあったりする環境は、授業への集中を妨げる。特に、発達障害の子がいるような場合、落ち着きある行動の妨げとなる。

（２）授業に集中させる教師の技術

　授業成立の前提となるものに、学習規律がある。これは我が国の長年の学校教育の伝統であり、世界に誇る日本の教育の基本となるものである。学習に対する構えができていないところで授業を行っても、なかなかうまく進行しない。授業開始の時刻には全員が着席し、授業に必要な教科書、ノートといったものは机の上に出されている。教師が前に立った瞬間にかかりの子が号令をかけて授業初めの挨拶を交わす。姿勢をよくして教師の話を聞き、自分が発言するときには挙手をして、指名されたらしゃべる。ハイと返事をして立ち、きちんとした言葉づかいで語尾までしっかりと話す。そして、礼で授業は終わる。これは「かつしかっ子学習スタイル」として、小中学校全校が共通して行われている本区授業のルールであり、日本全国の多くの学校でも行われていると思われる。「そんなのは形だけではないか」という方もいるが、これがないために授業がいい加減になったり、休み時間との区別がなく集中にかけたりすることにつながる。

　次に、授業のうまい教師は、子供を引き付け、集中させ、考えさせる技を持っている。まず、指示が明確である。力のない教師はよくしゃべる。思いついたことを次々と話しているのだが、子供たちに何をさせたいのか、聞いている大人にもわからないことがある。これでは集中しろという方が無理である。特に小学生には一度に二つも三つも指示を出しても動けない。発問なのか、指示なのか助言なのか、短い言葉で端的に話せる教師には子供は喜んでついてくる。

　また、教師は役者でありたい。教師のゆさぶりで授業が膨らみ、子供たちは考え、学びを深める。教師のツッコミで子どもたちは全員授業に引き込まれる。ある中学校を訪問した際、廊下を歩いているといくつかの教室全体がワッツと沸く、これは騒がしさとは違い、クラス全員が授業に集中している証であり、よい授業があちらこちらで展開されているのだと感じたことがある。

教師はとかく教えたがりで、「どう、わかった」を連発し、一方的に授業を進める教師がいるが、それは自己満足であり、子供たちはほとんどわかってないと考えたほうがよい。真の教育は、先生に教えてもらったと感じるより、自分でできるようになったと思わせる方がずっと効果が上がっているものだ。そのことに気付けば、一方的な授業にならずに、児童生徒が作り上げる授業になるであろう。

（3）わかる授業をどう展開するか

　私は、葛飾区の児童生徒すべてに「学校が楽しい」「授業がわかる」と言わせることが目標である。教師の本務は、担当するすべての児童生徒にわかる授業を実施することである。授業には1時間1時間のねらいがあり、そのねらいが1時間の授業の中で一人一人の子供に定着したかどうかで、分かる授業が実施できたかどうかが決まる。このことが教師自身毎時間評価しないと、行き当たりばったりの目的のはっきりしない、つまらない授業になってしまう。

　本区では、「葛飾教師の授業スタンダード」を定め、それをすべての教師が実施している。まず、授業の初めには、本時の「ねらい」を必ず板書する。これは学力No.1の秋田県に学んだことだ。子どもたちは必ずそれをノートに書く。そして、その後の授業展開では、教師の一方的な授業にならないよう、児童生徒が活動する場を必ず入れるようにしている。グループ活動、作業、話し合い、発表などである。そして最後は「まとめ」を板書して授業が終わる。「まとめ」についても、ただ教師が「今日の授業はこんなことをやったよ、まとめを写しましょう」では意味がない。授業の終わりにノートに今日学んだこととして自分で考え書かせたり、言わせたりして、その児童生徒のまとめを教師は自分の授業の評価とするのである。まず、このような授業をパターン化することで、授業で何をどう学ぶのかパターンができ、学びの方法が確立されていく。

　授業は生きている。教師は今日のこの授業はこんな導入で、こう展開すると、子供はこう反応するはずだと考え、授業に臨んでもその通りになることはまずない。子供の反応によって授業は修正されなければならない。これを大事にしないと教師の一方的な授業となり、子供がパンを求めているのに、石を与えているような授業になってしまう。児童生徒の実態はなかなかつかみづらいが、経験を積むことにより、また試行錯誤をすることにより段々とつかめるようになる。ただし、1時間の授業のねらいに変わりがあるわけではなく、その目的にどうたどりつくかは教師のかじ取りにかかっている。

⑤ 学習力（教師の学ぶ力）

（1）なぜ学ぶ力なのか

　教師に見習い期間はない。基本的に、いきなりスタートから一人前の教師と同じように子供の前に立ち、ベテラン教師と同じ仕事がスタートする。他の職業では考えられないことである。そして、新米であろうがベテランであろうが子どもたちにとっては同じ先生である。そこで勘違いしてしまう新米教師がいる。独善的な指導を進め、いつまでたっても教師としての力がつかず、ベテランと言われる年齢になっても後輩に伝えるようなものは何もなく、指導力不足教員として惨めな思いをする教員もいる。

　教師は職人と同じである。誰も授業のやり方など教えてくれない。自分で周りのベテラン教師の技を盗むしかない。私も新米教師の頃、真夏の熱い時期に子どもが裸で体育の授業を受けているのを指導もせずそのまま授業を進めたことがあり、先輩教師にこっぴどく叱られたことがあった。それ以来、その先輩の校庭でやる体育の授業を盗み見るようにして、子供の動かし方や叱り方、ほめ方など多くを学ばせてもらった。このように先輩同僚の指導を素直に受け入れるとともに、様々な教育実践、指導法を盗み、その通りやるのではなく自分なりのスタイルを確立していくことが、教師としての指導技術を身に着ける一つの道である。ある研究授業で、自分の授業の欠点を指導主事に指摘されたことに腹を立て、陰で不満を爆発させている教員がいたが、その教員は今後伸びることはまずないであろう。

（2）研究授業への取り組み

　研究授業というのは日本独特の学校文化である。いま世界各国が、日本の初等中等教育の質の高さがここにあると、学び取り入れているそうだ。教育は先人の99.9％の努力の上に成り立っている。すぐれた指導法を取り入れることで、次の新たな授業が生まれ、それをもとに次の授業が生まれる。それゆえ、教師は永遠に次の授業のために優れた実践から学ばなければならない。医師が最先端の医療を学ばなければ患者の命が救えないのと同様に、教師も日々新たな指導法を学ばなければ、子供たちの教育ニーズにこたえることはできない。その為に教員には教育公務員特例法で、研修をする権利が与えられている。これまで教師として学んだことを

自身で整理し、指導案にまとめ授業を他者に公開するのが研究授業である。多くの場合、先輩からコテンパンに欠点を指摘される。それで落ち込むようでは一人前の教師にはなれない。

　各学校では、全職員でテーマを決めて校内研究活動に取り組んでいる。月に何回か研究会が開かれ、教員同士で指導の在り方、授業の在り方などを議論する。研究授業を一人の教師が行い、その授業について協議をすることが多い。児童生徒の実態も分かり同じ釜の飯を食う同士、本音で話し合うこともできやすい。学校全体がまとまり、自分たちの実践を他校の教員に問いたいという思いから、研究発表会を開く学校も多い。そこでは、多くの教師が学びに集まり多くの成果を上げている。

　学び続ける教師のみ、子供を教える権利ありである。

参考文献

・平野朝久（1994）『はじめに子どもありき−教育実践の基本−』学芸図書。
・引頭麻美編著（2013）『JAL再生−高収益企業への転換』日本経済新聞出版社。
・有田和正（2014）『人を育てる　有田和正追悼文集』小学館。
・千々布敏弥（2014）『プロフェッショナルラーニングコミュニティーによる学校再生　日本にいる青い鳥』教育出版。

第17章①

外国語の絵本に出会うということ

栗原　浪絵

はじめに

　筆者が目白大学児童教育学科で担当している外国語活動基礎演習では、15回の授業の終わりに「この授業で最も印象に残ったこと」を記してもらう。すると３分の１を超える学生が「さまざまな絵本に出会えたこと」を挙げてくる。そしてその中の多くの学生が「自分も小学校の教師になったら、ぜひ魅力的な絵本を使って授業をしてみたい」と書いてくる。小学校の英語教育に関わるさまざまな要素——歌、チャンツ、ゲームなど——を取り入れている15回の授業の内、絵本について取り上げるのは実は３回ほどでしかない。エリック・カールの『はらぺこあおむし』や『くまさん、くまさん、何見ているの？』を素材に、どのような授業展開が可能か、学生と共に考えたり、内外を問わず、自分の好きな絵本を持って来てもらい、その紹介文を書いてもらったりする。このような作業の中で学生たちは、今まで何気なく読んでいた絵本が外国の絵本であったことに気付いたり、絵本の翻訳の言葉に興味を持ったり、他の学生が持って来た絵本から友達の意外な一面に気付いたり、確実に絵本の世界へと興味を広げている。

　まず初めに学生達が外国語活動基礎演習を通して、どのように絵本と向き合うようになったのか、２人の学生たちの感想を手がかりに考えていこう。

　「印象に残ったことは英語の絵本です。今まで、英語の絵本なんて読んだことがありませんでした。しかし、絵本によってはとても分かりやすく、小学校の外国語

第Ⅱ部　児童教育学で育てたい能力とは　　307

活動の時間にとても使えるのだと知り、印象に残っています。小学校の現場では、絵本を使い、数字や色、食べ物、動物、曜日、月、簡単な文法など、様々なことを絵や大きなカードを使って分かりやすく教えることができたらいいなと思います。」

Oさんは具体的に英語の教え方に言及している。今まで英語の絵本なんて読んだことがなかったという学生が、具体的に授業の内容を想像するところまで考え方が発展しているのは興味深い。一方、次にみるSさんは英語の絵本の持つ教育的可能性に触れている。絵本を軸にしつつ、ハロウィーン・パーティーを行いたいという想像が楽しい。Sさんの感想は絵本を通して言語だけでなく、文化を学ぶといった意味にも気付いているという点で貴重である。

「私がこの授業で印象に残ったのは、英語の絵本を活用するということです。絵本は対象年齢がもっと低く、遊びの一部として使われていると思っていましたが、食べ物や数字、日にち、色など児童の身のまわりにあるものがたくさん含まれている最高の教科書であることに気づきました。…中でも私は、英語圏の文化が描かれている絵本を、活用したいなと思います。例えばハロウィンを題材にした絵本を取りあげ、ハロウィンがどのような行事なのかを知ります。…簡単な仮装をしたり、"Trick or Treat" といった言葉を使うことで、異文化を味わえる機会を設けたいです。」

いずれの学生もそれぞれに自分が担任教師になった時のことを推測しながら、貪欲に想像の翼を広げているのが楽しい。小学校教師を目指す大学生にとっても絵本と出会うことが、豊かな経験として構築されつつあるのが感じられる。しかしあえて自戒と反省を込めて、学生たちの経験の狭さを指摘するならば、外国語活動基礎演習は英語の絵本に開眼する機会にはなっていても残念ながらさまざまな外国語の絵本に接する機会にはなり得ていない。それでは子どもたちや大人たちが外国語の絵本に出会う機会としては、どのような試みがあり得るのだろうか。子ども時代に外国語の絵本に出会うことはどのような意味があるのだろうか。本稿では石川県金沢市の玉川こども図書館における外国語の絵本の会の取り組みが、さまざまな言語や文化に触れる契機となっている点について考察したい。

① 金沢市立玉川こども図書館―「世界の絵本コーナー」

2015年3月14日、北陸新幹線が開通し、東京と金沢は2時間28分で結ばれることになった。東京と金沢が日帰りできる速さで往復できることになり、金沢は今、伝

統文化を発信できる観光の街として内外の注目を浴び始めている。

　金沢市立玉川こども図書館は、金沢市で初めてとなる子どものための専門図書館として、2008年に開館した。ＪＲ金沢駅から徒歩で約15分、近くには金沢城跡や兼六園があり、文化と伝統の街、金沢の良い環境に囲まれている。興味深いのは、玉川こども図書館が子どもを中心としながらも、子どもに関わる地域の人々の交流も意識した活動も組織していることである。玉川こども図書館は、その方針として、「1．たくさんの子どもが本に親しむことができる図書館」、「2．子どもや親子がいっしょに楽しく学んだり、活動することができる図書館」、「3．子どもの読書活動に携わる人たちの交流や研修の場としての図書館」を挙げている[1]。これらの方針を読んでいて明らかなのは、本を通して人と人が出会い、積極的に対話する場として図書館が考えられていることである。

　とりわけ、さまざまな国旗の飾られた部屋で88の言語の原書絵本を手に取ることのできる「世界の絵本コーナー」は注目に値する。「世界の絵本コーナー」は玉川こども図書館の開館時から「子どもの国際理解を深める」ことを目的に設置されたという経緯を見ても、それがいかに図書館にとって中心的な場所かが分かる。司書の山本さんによれば、ディック・ブルーナーのうさこちゃんのシリーズなど日本語で出版されていて内容の分かるもの、『はらぺこあおむし』（6つの言語を収蔵）など多言語を見比べられるもの、日本語訳はないけれど絵の美しい絵本などが手に取られやすいという[2]。子どもたちは多様な視点から原書の絵本に親しんでいるといえる。

② 英語の絵本の会

　そもそも1995年、金沢市では「金沢世界都市構想」を掲げた。世界都市とは、一体、何を指し示しているのだろうか。「世界都市」であるための条件としては、「安全であること」、「美しいこと」、「活力があること」、「個性的であること」、「知的刺激があること」、「暮らしやすいこと」、「世界に開かれていること」が挙げられている[3]。金沢は「個性的」という言葉からも明らかなように地方都市としての金沢らしさを追求しながら、同時に国際的な都市として人々の交流を積極的に、そして意図的に進めているのである。

　玉川子ども図書館における英語の絵本の会は、毎月4回、世界の絵本専門員と、

地元の北陸大学の英語読み聞かせサークルが定例で毎月1回の計5回、実施している。参加人数は大体20人から30人で大人と子どもの割合は4対6ぐらいというから、大人も子どもも相当な関心を持っていることが分かる。子どもたちは、英語の絵本を読んでもらって、内容を理解することはできるのだろうか。世界の絵本専門員は、見開きごとに英語で読んだ後、日本語の翻訳をつけており、読み聞かせサークルも必要な部分は日本語の補足を入れているので、話の内容は理解されているだろうと推測できる。重要なのは、子どもたちが楽しんで参加する仕掛けが用意されている点である。英語の手遊びや歌もプログラムの中に含まれており、このような活動を通して絵本に出会った子どもたちは、おそらく英語を単なるスキルとしてではなく、豊かで多様な世界の入り口として受け取ることであろう。

③ 外国語の絵本の会

　玉川こども図書館の試みが注目に値するのは、英語だけでなくさまざまな外国語の絵本の会も開催していることである。「なぜ英語の絵本にしぼらず、さまざまな外国語の本を扱っているのか」と図書館側に質問したところ、司書の山本さんは英語以外の「言語の本も活用する機会を設けるため」、さらに「実際に身近に英語圏以外の外国人が見かけられるようになった現在、英語以外の言語にも関心が向けられるようになっていて、それに応えるため」でもあると答えて下さった[4]。外国語の絵本の会は毎月1回行われており、英語の絵本の会よりは回数が少ないが、子どもたちにとっては稀有な経験となっていることだろう。ちなみに2014年度は4月から1月までの10回のうち4回が金沢大学の留学生、1回が北陸大学の留学生、残り5回は市内在住のネイティブ・スピーカーが担当し、インド、トルコ、フィンランド、フランス、コロンビアなどの絵本が読まれた。

　このような読み聞かせ会は子どもたちに言語だけでなく、その言語の背景にあるさまざまな文化や歴史に触れる入り口となることは、外国語の絵本の読み聞かせ会のプログラムを見ることでも、予想が付く。

　「①読み手の紹介／②「こんにちは」「ありがとう」などの挨拶を教えてもらう／③読み聞かせ（1）／④読み手から出身地の紹介／⑤読み聞かせ（2）／⑥質問タイム／⑦皆で挨拶」[5]

　皆で挨拶する時は1人ずつ握手してもらうこともあるし、じゃんけんなど簡単な

遊びをすることもあるという。このようなプログラムを見ていると、外国語の絵本に出会うことと、読み手の国の言語や文化に出会うことが上手に組み込まれていることが分かる。

　子どもたちは、わからない外国語をどのように受け止めるのだろうか。司書の山本さんによれば、読み聞かせの中では日本語で翻訳や補足をしていることもあり、内容的に「スムーズに受け入れられていると感じる」という。さらに世界には様々な言語や文化があることが、「言語を直に聴いたりその国の方と触れ合うことで、子どもたちに自然に理解できる機会」になっているようだと強調している。世界に様々な言語や文化があること——このことを子ども時代に直接に外国の人と触れ合うことで経験できるというのは、何と貴重なことだろうか。ちなみに外国語の「挨拶の言葉や、読んでもらった本に繰り返し出てくる単語や擬音などをすぐに憶えてしまう子ども」もいるという。もちろんこのような経験は子どもたちにとってのみ意味を持つものではない。読み手になったネイティブ・スピーカーや留学生たちも「自分の出身地の本や文化を紹介できた」ことを喜んでくれると山本さんは記している。外国語の絵本の会は読み手の側、子どもたちの側、双方に豊かな経験を提供する場となり得ているのである。

おわりに—小学校の英語教育への示唆

　2011年に開始した外国語活動は、評価の軸がはっきりするという点、到達水準が明確になるという点から正式な教科（英語）に移行すべきだとの議論もある。実際、2020年には小学5・6年生の外国語活動は教科としての英語になり、小学3・4年生では外国語活動が開始されることになっている。しかしそもそも、外国語活動は国際理解教育に基盤を持ち、コミュニケーション能力を育てつつ多様な言語や文化に触れる場として組織されていたのではなかったか。私達はこの外国語活動が担っている意味を再確認しなければならない。

　金沢は小学校の英語教育で有名な地域である。小中一貫の英語教育は全国的に有名となり、視察に来る人も多い。そこで議論されるのは、果たして英語教育という観点から見て効果があるのか、否かという視点である。しかし小学校レベルでの児童英検の点数や中学校レベルでの英検3級の取得数だけを気にしていては、子どもたちの成長や発達に応じた学びの豊かさを追求することはできない。本稿で見てきたように、子どもたちと外国語の本との出会いは学校教育以外の場でも、もちろん学校教育の中でも豊かに準備され得るだろう。しかし、そのような豊かで多義的な

出会いは数字ではっきりと測定できるようなものではない。ともすると現在の英語教育は「グローバル人材」の育成という方向から英語のスキルの向上にばかり意識が注がれてしまう。本稿で見てきた事例からは外国語の絵本との出会いが地域の人々との交流の中から、子どもたちの豊かな経験として組織されていることが実感できる。

注

(1) 金沢市立玉川こども図書館「こども図書館ってどんなところ」、(http://www.lib.kanazawa.ishikawa.jp/kodomo/ 、2015 年 2 月 15 日確認)。
(2) 司書の山本真理子さんインタビュー、メールによる回答。
(3) 「首相官邸　構造改革特別区域の特性」(http://www.kantei.go.jp/jp/singi/tiiki/kouzou2/kouhyou/040419/dai4/044keikaku.pdf 、2015 年 2 月 20 日確認)。
(4) 司書の山本さん、メールによる回答。
(5) 同上。

参考文献

・アレン玉井光江（2010）『小学校英語の教育法―理論と実践』大修館書店。
・岡秀夫・金森強編著（2007）『小学校英語教育の進め方―「ことばの教育」として―』成美堂。
・兼西健一ら作成（2014）『This is KANAZAWA』金沢市教育委員会。
・杉岡和弘（2005）『子ども図書館をつくる』勁草書房。
・松川禮子・大下邦幸（2007）『小学校英語と中学校英語を結ぶ―英語教育における小中連携―』高陵社書店。
・『読売新聞』2015 年 1 月 17 日夕刊「原書絵本や英語お話会」。
・「金沢市立玉川こども図書館　トップ」(http://www.lib.kanazawa.ishikawa.jp/kodomo/)
・「金沢市　金沢市教育委員会」(http://www4.city.kanazawa.lg.jp/39019/)

＊本稿の作成にメールや電話でのインタビューにご協力いただいた玉川こども図書館司書の山本真理子さんに感謝します。

第17章②

学校経営改革における管理職の
リーダーシップと若手教師への支援

青木　一

はじめに

　学校組織マネジメントを遂行するスクールリーダーは、学校経営目標を明示するとともに、その具現化に向かって様々な学校改善のアプローチを行うことを使命とする。その前提となるべき学校教育目標は、学校内外の環境を十分に分析することによって設定することが要諦である。水本徳明（2006）はその分析されるべき主な環境として、①「児童生徒の学力その他の特性」、②「家庭や地域社会の特性」、③「児童生徒、保護者、地域社会の学校への期待」、④「教職員の教育観、専門性、力量」の4点を挙げている[1]。とりわけ①「児童生徒の学力その他の特性」は、学校経営を行う根幹のデータであり、スクールリーダーは分析の結果に対応した明確なビジョンと手立てを示すことによって、組織全体として問題解決していかなければならない。このうち、学力については数値化しやすく、状況および目標の達成度を客観的にとらえることは比較的容易である。しかし、「その他の特性」は、学力テストでは測定できない能力・力量・態度等であり、測定および数値目標化は容易ではない。さらにその中でも子どもの規範意識の状況を数値化することは難しい。しかし、改正学校教育法第21条や生徒指導提要（文科省2010）に明記されているように[2]、規範意識の向上は、学級経営を進める上で非常に重要な要因である。したがって、子どもの規範意識の状況を客観的に捉え、学級の「弱み」に対応する数値目標が設定できるのであれば、個々の手立てを考え実践することによって学級経

第Ⅱ部　児童教育学で育てたい能力とは　　313

営の具体的な向上につながるのである。すなわち、学校経営の改善は、個々の学級経営改善の積み重ねであり、スクールリーダーは、学級担任の経営力向上に寄与することが学校経営に直結すると認識すべきである。近年、都市部を中心とした学校において、教職員の世代交代が始まり、毎年、大量に新規教員が採用されている。若手教師は、複雑化する学級での交友関係や保護者への対応などによって、メンタル的に追い込まれ、学級経営に関する問題点を増加させている。そしてそれが学校全体の問題点へと拡大しているからである。

学級経営がスムーズにいかない要因の1つに、自分の学級を客観的に見つめ直すという作業が見落されていることが挙げられる。大切なことは、学級の子どもたちが何を考え、どのような状態でいるのかを冷静に把握することである。そして学級の「規範」がどのような状況になっているかを的確につかみ、子どもたちの「規範意識」を育てることがよりよい学級経営を進める第一歩となる。

このような状況下、筆者が千葉市教育センター勤務時代に担当主任として研究開発した[3]学級の規範意識を可視化する「シグナルⅡ」を使って、ある中学校の全校の規範意識に関する変容を調査した[4]。その結果を分析することによってスクールリーダーが若手教師へ的確に支援し、環境を整える学校経営の指針を考察する。

「シグナルⅡ」における[調査2]の特質

「シグナルⅡ」は学級の規範意識を測定する調査である。調査は、[調査1]と[調査2]の2つあり、[調査1]は、自分のとった行動に対して「みんなはこう思うだろう」(return potential) という意識調査をして学級のもつ気質を分析するものである。[調査2]では、その学級の規範的な行動特性を明らかにするものである。[調査2]の項目は[表1]に示すように18項目あり[5]、結果シートでは、[調査2]の肯定的回答率が表われる。この肯定的回答率から、自分の学級では今後どこに力点をおいて学級経営に力を注げばいいのかが明確にできる。例えば、「肯定回答率→80%以上：この項目について、多くの子どもが肯定している。うまくいっているといってよい」、「50〜79%：この項目について、半分以上が肯定している。努力が必要である」、「50%未満：この項目について、学級の半分以上が否定している。早急に弱点克服対策を開始すべきである」と、指針が表れる。

本稿では、学校経営の土台となる各学級の規範意識の変容状況を探ることを目的

表1　調査2の質問項目

	項　　　　　目
1	私たちの学級は明るい雰囲気にしてくれる人が多い
2	私たちの学級は思いやりのある人が多い＊
3	行事や学級の活動に積極的に取り組む学級である＊
4	学級の問題はみんなで話し合って解決することが多い
5	学級のみんなは担任とよく話している
6	私たちの学級は先生の指示がなくても行動できる＊
7	自由に発言できる雰囲気がある
8	それぞれ各活動のリーダーはみんなをまとめている
9	みんなはそれぞれ各活動のリーダーに協力的である＊
10	係の仕事の役割は、一人一人はっきり決まっている
11	話し合いや活動はグループで取り組むことが多い
12	私たちの学級の授業態度はしっかりしている＊
13	学級での仕事は進んで行う＊
14	私たちの学級はあいさつをすすんでしている
15	学級のみんなは掃除に一生懸命取り組んでいる＊
16	学級のみんなは時間を守っている＊
17	みんなで使うものは大切に扱っている＊
18	教室は整とんされている＊

としているため、「学級規範得点」が算出される[調査2]に絞って、よりよい学校経営を進める上での指針を考察した。なお、「学級規範得点」とは、[表1]中18項目のうち、規範意識に特に関連の深いもの10項目を選出し[6]、肯定的回答率(%)をそのまま得点化したものである。

② 調査方法と結果分析

　A都道府県公立中学校において、校長の指示の下、201X年度5月と11月の2回、シグナルIIを全学級で実施した。そのうち、[調査2]における学級規範得点の2回の差異を、学年ごとに一覧に表し、さらにその変容に関する要因を生徒の振り返りシートと学級担任の聞き取りを通して実態を明らかにした。なお、本稿では紙幅の関係で、1学年と3学年を取り上げる。

　1学年では[表2]に示すように、1-1（「1年1組」を表す。以下、同じ）～1-5

表2 1学年シグナルⅡの結果推移

シグナルⅡ結果 201X. 5.―11.

【学級行動特性（学級規範得点）】

調査2の結果

| 設問 | 肯定的回答率% 1年生 | | | | | | | | | | | | | | |
| | 1-1 | | | 1-2 | | | 1-3 | | | 1-4 | | | 1-5 | | |
	5月	11月	比較	5月	11月	比較	5月	11月	比較	5月	11月	比較	5月	11月	比較
1 明るい雰囲気にしてくれる人が多い	97.1	97.1	0.0	88.2	97.1	8.8	84.8	96.9	12.0	97.0	100.0	3.0	100	89	▲11.1
2 思いやりのある人が多い	91.4	88.6	▲2.9	91.2	88.2	▲2.9	90.9	81.3	▲9.7	87.9	90.9	3.0	88.6	80.0	▲8.6
3 行事や学級の活動に積極的な学級	94.3	94.3	0.0	88.2	97.1	8.8	87.9	68.8	▲19.1	78.8	84.8	6.1	97.1	91.4	▲5.7
4 学級の問題は話し合いで解決する	80.0	74.3	▲5.7	70.6	82.4	11.8	69.7	56.3	▲13.4	54.5	60.6	6.1	82.9	68.6	▲14.3
5 みんなは担任とよく話す	80.0	91.4	11.4	94.1	97.1	2.9	90.9	81.3	▲9.7	72.7	75.8	3.0	48.6	68.6	20.0
6 先生の指示がなくても行動できる	80.0	85.7	5.7	64.7	70.6	5.9	75.8	75.0	▲0.8	36.4	45.5	9.1	71.4	62.9	▲8.6
7 自由に発言できる雰囲気がある	82.9	68.6	▲14.3	73.5	88.2	14.7	87.9	53.1	▲34.8	75.8	84.8	9.1	77.1	60.0	▲17.1
8 リーダーはみんなをまとめている	100	77	▲22.9	94.1	91.2	▲2.9	90.9	75.8	▲15.2	81.8	93.9	12.1	94.3	80.0	▲14.3
9 みんなはリーダーに協力的である	94.3	82.9	▲11.4	79.4	82.4	2.9	75.8	60.6	▲15.2	66.7	72.7	6.1	94.3	77.1	▲17.1
10 学級の仕事が一人一人決まっている	94.3	91.4	▲2.9	94.1	85.3	▲8.8	90.9	84.8	▲6.0	100	97	▲3.1	100	91	▲8.6
11 話し合いや活動には班で取り組む	80.0	91.4	11.4	87.9	97.1	9.2	90.9	84.8	▲6.1	78.8	90.9	12.1	94.3	88.2	▲6.1
12 授業態度はしっかりしている	82.9	74.3	▲8.6	64.7	73.5	8.8	81.8	63.6	▲18.2	59.4	57.6	▲1.8	88.2	62.9	▲25.1
13 学級での仕事は進んで行う	85.7	71.4	▲14.3	82.4	82.4	0.0	90.9	60.6	▲30.3	84.4	78.8	▲5.6	94.3	71.4	▲22.9
14 あいさつを進んでしている	82.4	65.7	▲16.6	79.4	88.2	8.8	84.8	60.6	▲24.2	78.8	78.8	0.0	68.6	80.0	11.4
15 掃除は一生懸命取り組んでいる	82.9	54.3	▲28.6	64.7	82.4	17.6	71.9	45.5	▲26.4	90.9	51.5	▲39.4	91.4	60.0	▲31.4
16 時間を守っている	82.9	65.7	▲17.1	91.2	76.5	▲14.7	81.8	66.7	▲15.2	54.5	54.5	0.0	79.4	54.3	▲25.1
17 みんなで使うものは大切に扱っている	100	80	▲20.0	91.2	93.9	2.8	78.8	81.8	3.0	90.9	93.9	3.0	100	86	▲14.3
18 教室は整頓されている	94.3	85.3	▲9.0	97.1	93.5	▲3.5	72.7	56.3	▲16.5	93.9	63.6	▲30.3	100	74	▲25.7
測定値 規範強度	11.57	9.46	▲2.1	12.27	11.50	▲0.8	11.97	9.67	▲2.3	13.00	11.64	▲1.4	12.11	10.40	▲1.7
測定値 是認否認比	0.98	1.09	0.1	1.25	1.25	▲0.0	0.92	0.96	0.0	1.11	1.20	0.1	1.11	1.23	0.1
測定値 学級規範の均一性	4.52	6.62	2.1	5.59	7.13	1.5	8.67	7.70	▲1.0	4.03	4.37	0.3	4.93	7.07	2.1
学級規範得点	889	782	▲106.1	815	840	25.7	808	660	▲148.2	744	694	▲19.8	905	720	▲181.8

表3　3学年シグナルⅡの結果推移

シグナルⅡ結果　201X. 5.－11.

【学級行動特性（学級規範得点）】

設問	肯定的回答率%														
	3年生														
	3-1			3-2			3-3			3-4			3-5		
	5月	11月	比較	5月	11月	比較	5月	11月	比較	5月	11月	比較	5月	11月	比較
1　明るい雰囲気にしてくれる人が多い	85.3	91.2	5.9	91.2	100.0	8.8	69.7	46.9	▲22.8	100	97	▲3.0	96.9	100.0	3.1
2　思いやりのある人が多い	82.4	76.5	▲5.9	88.2	97.1	8.8	90.9	75.0	▲15.9	100	97	▲3.0	87.5	90.6	3.1
3　行事や学級の活動に積極的な学級	50.0	52.9	2.9	82.4	100.0	17.6	84.8	45.5	▲39.1	100	100	0.0	96.9	100.0	3.1
4　学級の問題は話し合いで解決する	58.8	85.3	26.5	82.4	91.2	8.8	72.7	57.6	▲15.2	90.9	90.9	0.0	90.6	96.9	6.3
5　みんなは担任とよく話す	85.3	88.2	2.9	67.6	82.4	14.7	90.9	84.8	▲6.1	90.9	90.9	0.0	96.9	96.9	0.0
6　先生の指示がなくても行動できる	44.1	41.2	▲2.9	76.5	73.5	▲2.9	78.8	78.8	0.0	90.9	81.8	▲9.1	75.0	87.5	12.5
7　自由に発言できる雰囲気がある	70.6	70.6	0.0	82.4	94.1	11.8	87.9	66.7	▲21.2	97.0	90.9	▲6.1	87.5	100.0	12.5
8　リーダーはみんなをまとめている	82.4	82.4	0.0	85.3	100.0	14.7	93.9	72.7	▲21.2	100	94	▲6.1	96.9	93.8	▲3.1
9　みんなはリーダーに協力的である	52.9	61.8	8.8	94.1	97.1	2.9	90.9	66.7	▲21.2	93.9	87.9	▲6.1	81.3	93.8	12.5
10　学級の仕事が一人一人決まっている	82.4	85.3	2.9	94.1	94.1	0.0	93.9	87.5	▲6.4	90.9	93.9	3.0	100	100	0.0
11　話し合いや活動には班で取り組む	91.2	100.0	8.8	94.1	100.0	5.9	97.0	93.8	▲3.2	93.9	97.0	3.0	96.9	96.9	0.0
12　授業態度はしっかりしている	29.4	70.6	41.2	94.1	85.3	▲8.8	100	94	▲6.1	75.8	81.8	6.1	53.1	56.3	3.1
13　学級での仕事は進んで行う	58.8	58.8	0.0	73.5	91.2	17.6	87.9	84.8	▲3.0	87.9	87.9	0.0	84.4	93.8	9.4
14　あいさつを進んでしている	52.9	35.3	▲17.6	79.4	88.2	8.8	84.8	69.7	▲15.2	81.8	72.7	▲9.1	96.9	96.9	0.0
15　掃除は一生懸命取り組んでいる	64.7	73.5	8.8	79.4	88.2	8.8	84.8	69.7	▲15.2	78.8	75.8	▲3.0	62.5	71.9	9.4
16　時間を守っている	50.0	79.4	29.4	91.2	97.1	5.9	93.8	81.8	▲12.0	63.6	60.6	▲3.0	75.0	81.3	6.3
17　みんなで使うものは大切に扱っている	88.2	82.4	▲5.9	97.1	97.1	0.0	93.9	87.9	▲6.1	90.9	75.8	▲15.2	90.6	96.9	6.3
18　教室は整頓されている	88.2	64.7	▲23.5	88.2	91.2	2.9	84.8	37.5	▲47.3	81.8	27.3	▲54.5	90.6	84.4	▲6.3
測定値　規範強度	9.65	9.32	▲0.3	13.41	11.18	▲2.2	11.02	10.97	▲0.1	8.15	8.09	▲0.1	9.72	10.19	0.5
測定値　是認否認比	1.08	1.07	▲0.0	1.09	1.11	0.0	1.07	1.02	▲0.1	1.09	1.09	▲0.0	1.26	1.38	0.1
測定値　学級規範の均一性	4.37	6.26	1.9	3.23	4.84	1.6	4.89	5.97	1.1	7.35	6.52	▲0.8	7.56	8.90	1.3
測定値　学級規範得点	609	662	52.9	865	918	52.9	891	722	▲169.1	864	776	▲87.9	797	856	59.4

第Ⅱ部　児童教育学で育てたい能力とは

の5学級において、5月実施と11月実施を比較したところ、学級規範得点が下降した学級は4学級であった。生徒は振り返りシートの記述欄において、入学当初の緊張感が抜け、学校生活に「慣れ」が生じたことを述べている。また4名の担任は「8か月を経て級友の言動がより見えてきたことも一因」と述べている。項目別にみると1学年全体として大幅に下落しているのは、「掃除」「時間の規律」「教室整頓」であり、規範意識に関連の深い項目に集中している。唯一学級規範得点が上がり、ほとんどの設問で肯定的回答率が向上した1-2の要因について担任は、「規範の高い小集団が学級のリーダー的役割を担い、それが集団全体として受け入れている」と分析している。1-5に関しては、学級規範得点が「-184.8」と大幅に下がったが、そもそも5月の調査において、905ポイントという高得点であったこと、11月においても720ポイントという高得点を維持していることを鑑みると大きな問題はない。注目すべきは1-3である。学級規範得点の下落幅が大きく、しかも総得点660ポイントと低い数値である。項目別にみると、1学年全体が下落している項目に加え、さらに「行事・学級活動」「学級の問題解決」「自由な発言」「授業態度」が見られる。これらの項目は学級全体および担任に対する不満の表れと捉えることができ、規範意識の下落の要因となっている。担任は、他学級と比較し、掃除や学活、集会への移動など、いつも時間に遅れること、授業に締まりがないことなどが気になり、注意の連続から反発され、生徒との意思疎通が図れず、空回りしている現状を省察している。

　次に3学年であるが、[表3]で示すように、どの学級も学級規範得点において5月11月とも高得点は保持しており、落ち着いた学校生活を送っていることがわかる。その中でも2学級が上昇、2学級が下落となっている。とりわけ下落傾向が目立つのが3-3である。項目別にみると「行事・学級活動」「学級の問題解決」「自由な発言」「掃除」「教室整頓」の下落が見られる。担任は「年度当初のがんばるぞという生徒の意気込みをうまく消化させられず、マインドダウンさせてしまった」と述べ、特に秋に開催された合唱コンクールでの不本意な取組が大きな要因であると省察している。

　1学年と3学年の結果から、奇しくも両3組の担任が学級経営に苦労している様子が見られる。「年度当初の期待→葛藤→困難→失望」のプロセスが垣間見える。学年全体が下落している項目以外に、両3組に共通して見られる顕著な下落項目は、学級担任としての力量が問われる項目である。例えば「行事や学級の活動に積極的な学級」の項目は、具体的に当てはめると、合唱コンクール、文化祭、自然教室で

あり、学級の協働体制と自律的自主的活動が必要とされ、よりよい学級経営構築のために欠かせない重要な行事である。これらの成否が生徒の意欲に直結し、規範意識向上へとつながる。両3組では、これらの行事への取組が他学級と比較して満足度が低く、これらを通して変容・成長の域まで到達しなかったといえる。

③ まとめにかえて

1-3担任は講師を1年経験した新卒1年目の女性教師、3-3担任は新卒3年目の男性教師である。この若手教師の苦悶する学級経営を通し、スクールリーダーは学校経営上の課題として、次の3つに対しストラテジーを構築する必要がある。

まず1つ目は、両学級の半年の経過をみてもわかるように先輩教師の「学級経営を見て真似ろ」というスタンスだけでは育つに不十分ということである。特に初任者は授業を展開することだけで余裕がなく、生徒の心情や行事イベントの考え方・進め方まで気配りが及ばないことが多い。また、未熟な指導を補うために必要以上に生徒に厳しくなり、自由に発言できる雰囲気が徐々に薄れ、余裕のない窮屈な学級経営を行いがちである。スクールリーダーは組織的に若手教師の学級をフォローする体制を構築するべきで、とりわけ、学年集団としてのOJTの強化を図り、学年主任と中心としたミドルリーダー層の役割意識をもたせ、下落傾向の強い「学級担任としての力量が問われる項目」のフォローを中心に、指導の責任および力量の向上を図るようにするべきである。

2つ目として、シグナルⅡの[調査2]を通して、どの生徒がどのような不満や葛藤を抱えているのか、個人解答を分析し、個別に対応できる環境を整えてあげることである。学級規範得点といっても、約30名の個別解答の総量であり、対応策の構築には、個々の生徒の心情に寄り添うことが重要である。したがって、担任一人で悩むのではなく、同僚性の中で、多くの意見を交わし、解決策を検討する「場」と「時」を設定することである。学級の問題は学年の問題であり、学校の問題そのものであるというスクールリーダーの姿勢と気概が求められる。

3つ目として、若手教師が学級経営に失敗したり、落ち度を残したりすることを受容し許容できるスクールリーダーであるべきである。上述した[調査2]の結果は、あくまで絶対評価としてのものであり、相対的に他学級と比較するものではない。もしスクールリーダーが、学級規範得点をランキング意識でとらえるならば、担任

に隠蔽的な空気感が出る可能性があり、[調査2]はまったく意味をなさなくなってくる。目的は、学級の弱点を見つけ出し（check）、その改善のための手立てを同僚性によって構築し（plan）、実践し（do）、再評価・再構築（check&plan）していくところにある。したがって、担任の自己開示の上で、風通しのいい学校風土を構築していくことが肝要である。それはスクールリーダーが、担任の学級経営上の「痛み」を自分のことと感じ、その改善を通し学校経営を進めていくという姿勢に他ならない。

注

(1) 水本徳明（2006）「スクールマネジメントの理論」『スクールマネジメント』篠原清昭編著、ミネルヴァ書房、p.31。

(2) 改正学校教育法第21条「学校内外における社会的活動を促進し（略）規範意識、公正な判断力並びに公共の精神に基づき主体的に社会の形成に参画し、その発展に寄与する態度を養うこと」と定めている。また、生徒指導提要（文科省）「生徒指導をめぐる多様な問題状況を受けて（略）すべての学校種を通しての規範意識の醸成をめざす生徒指導体制の在り方と児童生徒の実態に即した実践可能な方策を構築していく」と必要不可欠な課題としている。

(3) 千葉市教育センター（2012）「達人に学ぶ学級経営力」宮坂印刷、pp.16-45。

(4) 「シグナルⅡ」とは≪Substitution of Individual Group Norm Assisted by Link≫の略で、「インターネットとのリンクにより個々の集団規範が置き換えられたもの」という意味である。千葉市教育センターが平成10・11年度に進めた「子どもの規範意識に関する研究」を土台に、千葉市内の子ども172学級、5,375人のデータを取り調査1，2の「標準値」を定めた。「シグナルⅡ」はこの数値に基づいて各学級で行った測定結果と比較し、学級の規範状況をよりわかりやすく可視化したものである。

(5) 平成11年度「子どもの規範意識に関する研究」の「他者規範」により、個人が学級をどう見ているかという設問を集めたことを基本として、平成23年度千葉市教育センター「教師力に関する研究Ⅱ」において、指導主事および研究協力員計33名によって再検討した結果の18設問である。

(6) [表1]中＊の印があるもので、その基準は「学級を規範的行動から見たときの理想の学級としての度合い」とし、設問番号2,3,6,9,12,13,15,16,17,18となる。

第17章③

震災後の学校教育の変遷

澤井　史郎

はじめに

　震災は人間が作り出してきたあらゆるものの弱点をことごとく探し出し、容赦なく破壊して去って行く。16000名を超える尊い命が失われた東日本大震災においてもそれは例外ではなかった。ある町では世界に誇る防潮堤をいとも簡単に津波が乗り越え甚大な被害を出した。ある漁村では津波は絶対に来ないという言い伝えがあったので、地震の後に海を見に行った人々が津波に巻き込まれ多くの命が犠牲になった。災害の後には復旧と復興という作業が残った。しかし、現在でも遅々として進んでいない状況にある。福島県に至っては福島第一原子力発電所の事故が復興を一層遅らせている要因になっている。また、今回の震災では「想定外」という言葉がよく使われてきた。実に便利な言葉である。ある意味においては責任を回避することのできる言葉である。教育の現場でも74名の尊い命が奪われた大川小学校に代表されるように「想定外」なことが多々発生した。

　震災から4年と半年が経過しようとしている。その間、教育の現場では震災によって露呈された想定外の弱点を補うためにどのような教育活動が必要だったのか。そして成果はあったのか。この2点について私が勤務していた2つの学校での実践を報告する。

① 震災後のいわき市の学校の現状

　東日本大震災以後、いわき市の多くの小・中・高校が避難所になった。私が当時勤務していたいわき市立湯本第二中学校も避難所になり、避難してこられた方々と5月22日までの74日間にわたって寝起きをともにした。学校は震災直後から一刻も早く正常な学校生活を取り戻すために着々とその準備ができるはずだった。しかし、福島第一原子力発電所の事故で避難してきた児童・生徒の受け入れや、放射線の影響に不安を感じていわき市を離れる子どもたちの転出手続きが毎日のように行われ、更には先生方の人事（その年の人事異動は8月に実施された）等も重なり、4月6日の入学式以降も混乱は続いた。現在でも帰宅困難地域や避難指示解除地域の小・中学校の1部はいわき市内に仮校舎を建設して授業を行っている。

② 避難所としての学校の役割

　東日本大震災以後、避難所としての学校の重要性が見直されている。各学校では、避難所になった場合を想定して万全の準備をしておく必要があると思う。そして避難所の役割や運営方法についても十分に理解しておく必要がある。
　昨年の夏、東京都の高校生と先生方に避難所に対するイメージを尋ねる機会に恵まれた。予想はしていたが「汚い、プライバシーが守れない、眠れない、不便」といった様々な印象が返ってきた。被災した皆さんを避難所に迎えた当時、確かにそうしたことに耐えなければ状況にあったのは事実だ。しかし、私たち職員は避難所を「自立するための鋭気と体力を養う場所」にしたいと考え、次のようなことを実践した。

(1) 健康を維持するために避難者の生活場所を体育館から教室へ移動した。
(2) 集団生活をより楽しいものにするために最低限のルールを作った。
(3) 自治会長を互選して自治組織を結成し、調理班や健康管理班、清掃班、運搬班など必要な係を決めた。
(4) 一人一役を基本に看護師の方には健康管理、美容師の方には散髪、コンピュータが操作できる方には避難所の名簿作成や必要な情報発信、指圧師の方には

毎日の健康体操など、避難者の得意分野を生かした役割分担を担ってもらうようにした。子供たちには新聞配り、1日2回の喫茶店運営、各教室を訪れてお年寄りの話し相手になるという1番重要な仕事があった。

(5) 部屋長会議は、毎朝開催しその日の行事の確認や意見交換等について話し合い意思疎通を図った。

(6) 避難所での生活の仕方をなるべく普段のものに近づけたり、犠牲者や祖先を供養するための簡易の仏壇をつくったりして、避難者の皆さんが継承してきた文化を尊重し少しでも避難者の気持ちが和らぐように配慮した。

新学期になると、生徒と避難者の皆さんとの共同生活が始まった。生徒たちは、教室を移動する際には必ず避難者の皆さんの住居の前を通る。否応なしに生々しい光景を目にする。最初は違和感を持っていた生徒もいたが、時が経つにつれて避難者の皆さんと会話をしたり、一緒に支援物資を運んだり、震災当時の話を聞いたりする姿が見られるようになった。現実に目を向けさせ、協力し合うことの大切さを学ぶという意味では、これ以上の生きた教育はなかったように思う。

③ 私たち教員が学んだこと

避難所運営において一番困ったことは、先生方の「まじめさ」である。避難所は次に何が起きるか予想がつかない場所である。突然、炊き出しのボランティア訪問があったり、視察があったりと、とにかく予定を立てても変更を余儀なくされることが多い。ところが、先生方は突然の変更を極端に嫌う。「えっ、またですか」最初は苦情の連続であった。

しかし、突然やってくるボランティアの方々の活動一つ一つが、避難者の皆さんばかりでなく生徒たちにとっても生きる力の源になることを先生方が実感し始めると、素早く対応するようになった。私たち教員が避難所運営を通して学んだ一番貴重なこと、それは「臨機応変」に対応することであった。このことはその後の教育活動の随所に生かされていったように思う。

5月を迎える頃には仮設住宅や借り上げ住宅に移動する方々も多くなり、5月22日の朝に最後まで避難所に残っていらっしゃった自治会長さんを見送って、74日間にわたる避難所としての役割を終えた。

④ ボランティアを通しての成長

　震災後、一刻も早く学校を通常の教育活動ができる状態に戻すことが最重要課題であった。しかし、私はそれだけでは足りないと思った。震災を経験した生徒たちは、将来はいわき市の復興の担い手になるのだ。生徒たちには、自分たちの街は自分たちで復興させようとする意欲、自分の考えを持ち相手に伝えたり納得させたりできるコミュニケーション力、困っている人たちの為に役に立つことをしようとする心など、身につけさせなければならない力が沢山あった。そう思ったときに考えついたのは、生徒と一緒にボランティア活動をすることであった。

　最初に行ったボランティア活動は、震災が起きた年の夏休みに東京都の中野駅で、福島物産展案内のチラシを通行人に配るというものだった。16人の生徒が、最初は小さい声で「お願いします」と言いながら目の前を通る人たちにチラシを配っていたのを覚えている。見るに堪えかねた若い教師が「がんばっぺー！いわき」を連呼し初めた。それに誘発されたのか脅されたのか、1人、また1人と声を張り上げていった。

　翌日には地元の中学生高校生徒との交流会があった。本校ではボランティアを募るときには全員に呼びかけ、希望した生徒は全員参加させることにしていたので中には人前で話をするのが苦手な生徒たちも含まれていた。ところが本番になると、どの生徒も福島の置かれている現状や震災のときの様子、ボランティアをする理由などについて、自分の言葉で、しかも説得力のある言葉で話し始めた。驚きと同時に、この子たちだったら必ずいわきの未来を託せる人間に成長すると確信した瞬間でもあった。

　次に行ったのは、日本語がほとんど話せないアメリカ人とアイスランド人チームが行う炊き出しの手伝いであった。作業をし始めた生徒が開口一番「先生、何を言っているのかわからない。通訳してください」。しめしめと思いながら「私は英語を話せないから、通訳はできないよ。自分で考えてね」。しばらく様子を見ていると、片言の英語とジェスチャーで何とか互いの意思を通じ合わせたり、黙って作業を真似して手伝ったり、思いが通じなくて困ってはいるのだろうが楽しそうに活動している生徒たちがいた。

　帰り際に感想を尋ねた。「先生、英語ってやはり必要なんですね。英語をもっと

勉強しようかな」との返答。学校で習ったことが役に立つことを実感した彼ら。その後の学習意欲に変化が現れたのは言うまでもない。

　その後も仮設住宅での炊き出しの手伝い、復興イベントの手伝い、地域のイベントへの参加と様々なボランティアを経験させた。1年後には、彼らは自分たちで敬老会や仮設住宅訪問などのボランティアを企画し、実行するようになっていた。そして、自分たちの街は自分たちの力で復興させようという話し合いをしたり、学校生活をよりよくするための話し合いをしたりと、その成長にはめざましいものがあった。

　なぜ、これほどまでに成長できたのか。気づいたことが1つある。彼らは、常に同じ志を持つ大人のボランティアの方々と共に働き、色々な話をしていたことである。福沢諭吉は実学をとても重んじた。今考えれば、生徒たちはまさに実学を学んでいたように思うのである。

 新しい指導と評価

　定期試験が終わって先生方が答案用紙に点数をつけているときのことだった。国語の担当の先生から相談を受けた。
　その時の国語の問題と国語担当教員との会話は次のようなものだった。
【問題】
『しあわせはいつもじぶんのこころがきめる』（相田みつを）と言う言葉がありますが、それについてあなたの考えを書きなさい。
【生徒の解答】
　相田さんの考えは間違っていると思います。なぜなら僕たちは、両親の愛情や色々な人たちからの思いやりや親切心によって支えられているおかげで幸せな生活ができているからです。だから自分だけで幸せになっているなんて考えてはいけないと思うからです。
【国語担当教員との会話】
「校長先生、この生徒の解答なのですけれども、確かに正解とはかけ離れていますが私には、0点はつけられないのです。」「で、先生はどうしたいのですか。」「本来であれば、文意を正確に把握していないので、点数はやれないのですが部分点を付けようと思います。」わざと意地悪な次のような質問を投げかけました。「誤答なのだから部分点はなくても良いと思うのですが....」「校長先生のおっしゃることは

もっともなのですが、彼は、震災後、特に校長先生が赴任してからは生徒の先頭に立ってボランティア活動をしてきた生徒なのでこのような解答を出してきたのだと思うのです。私は、彼のこの気持ちを大切にしてやりたいと思うのです。」「分かりました。その生徒の気持ちをよく聞いてやってください。点数については、先生にお任せします」放課後になってこの教員とまた話をしました。「先生、その後どうなりました。」「校長先生、10点満点中8点を与えることにしました。理由は確かに解答は間違っていますが、文章はしっかり書けているし、話をしているうちに彼の思いが十分に伝わってきたのです。そして何よりも彼の国語やボランティアに対する意欲を失わせたくはなかったからです。」私は、生徒にも話を聞きました。「君は、答案を返してもらったときにどんな印象を受けましたか。」「正直言ってびっくりしました。まさか点数をもらえるとは思っていませんでした。」「そうですか。これから君はどのような生き方をしたいですか。」「僕は、受験生なので今度は問題文をよく読んで答えを出したいと思います。でも校長先生、僕はこれからも街作りのために自分にできるボランティア活動を続けていきたいという気持ちの変わりはないのです。」

　被災地での一番の急務は、復興を担う人材の育成である。そしてこの鍵を握っているのはまさに学校教育である。しかし、その一方で教育が細ってきていることが指摘されている。このことは日本が今まで行ってきた生徒の学力を効率の良い点数化することで評価してきた教育行政に限界がきていることを意味している。正答率を上げることに教育が偏ると教師の研修は教育の本質的な部分が理解されないままに表面的な方法論が中心になってしまい深い研究ができなくなっていく。そのようなことを考えている中で2013年4月にいわき市立勿来第二中学校に赴任した。そこで私たちが取り組んだのは次のスローガンと4つの重点目標のもと、私たちの生徒を評価する視点を変えていくことであった。

【グローバル化が進展進む社会で生きていく力を身につけた生徒の育成】
①自分の未来を自分で切り拓く力を身につけた生徒を育成すること
②批判的態度で話を聞き、自分の考えを持ち、聞き手に説明したり、説得したりできる生徒を育成すること
③互いに多様性の良さを認め合い、互いに伸ばすことができる生徒を育成すること
④地域社会に貢献できる生徒を育成すること

これらの４つの重点目標は、すべて数値では評価できないものである。そこで評価の目的を「生徒の意欲を伸ばすために行う」と定義し、多田孝志が提唱する「対話型学習」を取り入れながら実践してきた。

　上述の国語教師の答案用紙に対する評価は、まさにこの2年間私たちが取り組んできた成果であった。

第17章④

小学校の理科教育とICT活用指導力

北澤　武

① 21世紀型能力から見た教員に求められるICT活用の授業実践

　現代社会において、グローバルな経済や社会の発展のためにICT（Information and Communication Technology）の活用は必要不可欠になっている。これに関連して、「情報リテラシー」「ICTリテラシー」のスキルが21世紀型能力として定義されている（三宅、2014）。昨今の学校では、コンピュータやインターネット、電子黒板、教材提示装置（書画カメラ）などのICTのインフラが整備されてきた。そのため、教員や児童生徒がこれらを利用しながら学習を行えるようになってきている。ICTを活用した学習を行うことで、児童生徒の「情報リテラシー」や「ICTリテラシー」のスキル向上が期待できる。

　我が国の学習指導要領では、ICTを活用した授業を実践することが謳われている。例えば、小学校学習指導要領（文部科学省、2009）を見てみると、「第1章 総則」「第4 指導計画の作成等に当たって配慮すべき事項」2.（9）に、「各教科等の指導に当たっては、児童がコンピュータや情報通信ネットワークなどの情報手段に慣れ親しみ、コンピュータで文字を入力するなどの基本的な操作や情報モラルを身に付け、適切に活用できるようにするための学習活動を充実するとともに、これらの情報手段に加え視聴覚教材や教育機器などの教材・教具の適切な活用を図ること」と

記されている。したがって、教員はどの教科等においてもICTを活用した指導が実践できる必要がある。

　学びのイノベーション事業実証研究報告書では、ICTを活用した教育効果について報告している（文部科学省、2014a）。具体的な効果として、1)「コンピュータを使った授業は分かりやすい」と認識する児童生徒の割合が多くなる、2) 児童生徒のICT活用スキルが向上する、3) ICTを活用した授業は、児童生徒の「意欲を高めること」「理解を高めること」「思考を深めたり広げたりすること」「表現や技能を高めること」に効果的であると感じる教員の割合が多くなる、4)「授業中にICTを活用して指導する能力」「児童生徒のICT活用を指導する能力」「教材研究・指導の準備・評価などにICTを活用する能力」などの教員のICT活用指導力が向上する、5) 標準学力検査（CRT）の結果を経年で全国の状況と比較すると、低い評定の出現率が減少傾向になる、6) 70%以上の児童生徒が「もっと多くの授業で、デジタル教科書を使った勉強をしたいと思う」ことが示唆された。

　そこで、教員が従来の授業にICTを取り入れ、これを上手く活用した授業を展開することで、児童の学習意欲や理解により良い影響を与えると期待できる。しかしながら、教員のICT活用指導力の現状を見てみると、全体的に年々上昇傾向にあるものの、都道府県によってばらつきが見られ、「授業中にICTを活用して指導する能力」「児童のICT活用を指導する能力」があると認識する教員の割合が低いことが課題となっている（文部科学省、2014b）。

② 教員養成系教育学部のICT活用指導力の実態

　昨今、教員のICT活用指導力をチェックする指標として、「教材研究・指導の準備・評価などに ICT を活用する能力」「授業中に ICT を活用して指導する能力」「児童の ICT 活用を指導する能力」「情報モラルなどを指導する能力」「校務に ICT を活用する能力」の5つに分類された「教員のICT活用指導力の基準（チェックリスト）（文部科学省、2007）」が用いられることが多い。

　教員のICT活用指導力を向上させるためには、教員養成の段階からICT活用指導力を身に付けさせることが考えられる（文部科学省、2014a）。竹野ら（2011）や森下（2014）は、教育学部生のICT活用指導力の実態を把握するために、教員のICT活用指導力の基準（チェックリスト）を用いた調査を行った。この結果、教材

研究・指導の準備・評価などにICTを活用する能力のうち、「教育効果をあげるには、どの場面にどのようにしてコンピュータやインターネットなどを利用すればよいかを計画することができる」の項目、及び、授業中にICTを活用して指導する能力のうち、「児童・生徒一人一人に課題意識をもたせるために、コンピュータや提示装置などを活用して資料などを効果的に提示することができる」の項目について、肯定的な回答を示した教育学部生の割合は半数以下であることが分かった。さらに、「児童のICT活用を指導する能力」や「校務にICTを活用する能力」についても肯定的な回答が低い傾向であることが分かった。

　これらの結果から、教員養成の段階において、学生に教育効果をあげるようなICT活用の場面について理解させたり、児童・生徒一人一人に課題意識をもたせるために、コンピュータや提示装置などを実際に活用しながら資料などを効果的に提示したりするような直接体験が必要である。

③　初等教科教育法(理科)におけるICT活用を導入した模擬授業の試み

　筆者は、2014年度の目白大学の初等教科教育法（理科）の授業において、小学校理科の基礎・基本の知識を定着させながら、実験や観察など理科特有の指導力を高めるという目標に加えて、教員のICT活用指導力を向上させることを目指した模擬授業の実践を試みた。以下、その詳細について述べる。

（1）導入

　北澤・藤谷（2013）は、目白大学の学生を対象に、理数科教育における電子黒板を活用した授業実践の動機づけとなる要因の分析を行った。これによると、電子黒板を活用した授業を行おうとする意欲を向上させるためには、「ICTを活用した実践的技能」「子どもの学びと指導力の向上」「情報教育の指導」「授業の準備・進行」「学習内容」「コミュニケーションと情報発信」「ICTを活用した最先端の教育実践」の7つに着目させることが重視されている。

　そこで、初等教科教育法（理科）の初回の授業では、1) 書画カメラ、2) タブレットPCの2つのICT機器を準備し、これを自由に活用できる環境を構築した。タブレットPCは4人に1台程度を準備し、デジタル教科書を閲覧できる環境を整えた（写真1）。さらに、Wi-Fiによる無線接続で、タブレットPCからインターネットにアク

写真1　タブレットPCの活用

図1　NHK for Schoolの画面

セスできるようにした。学生には、書画カメラを使用させたり、デジタル教科書やインターネット上のNHK for School（図1）を自由に閲覧させたりした。その後、「授業の準備・進行」「学習内容」「ICTを活用した最先端の教育実践」などについて、ICTの直接体験から感じたことや学んだことなどを発表し合った。

　第2回目の講義では、ICTを活用した小学校理科の授業動画を学生に閲覧させた。授業動画は、学年や単元が異なるものをいくつか準備した。複数の動画を視聴させた後、ICTを活用した小学校理科の授業について、感じたことや学んだことなどを相互に議論させた。

（2）ICT活用を意識した模擬授業の実施

　一人あたり、30〜40分程度の模擬授業を計画させた。学年や単元は、学生が好むものを自由に選択させた。ただし、「数分でも良いので、ICTを活用すること」を必須条件とした。さらに、模擬授業の学習指導案には、通常の準備品に加えて、使用するICT機器を記述されるとともに、本時の流れにはICT機器を使用する場面や児童・教師の活動について書くように指示した。

（3）ICTを活用した模擬授業の分類

　上述した条件で、小学校理科の模擬授業を計画させた結果、学生は以下のようなICTを活用した模擬授業を実施した。
　①教員によるICT活用
　教員役の学生が児童役の学生に分かりやすく説明するために、ICTを活用した授業が見られた。具体的には、1) 書画カメラを活用した演示（写真2）、2) NHK for Schoolなどのクリップ動画を投影した説明（写真3）、3) プレゼンテーションソフ

写真 2
書画カメラで説明（教員役）

写真 3
クリップ動画などでの説明

写真 4
プレゼンテーションソフトでの説明

写真 5
書画カメラでの説明（児童役）

写真 6
タブレット PC の活用

トを活用した説明（写真4）が行われた。

②児童によるICT活用

児童役の学生が教員役の学生や他の児童役の学生に分かりやすく説明したり、児童役の学生間で情報を共有・整理したりするためにICTを活用する授業が見られた。具体的には、1）書画カメラを活用した児童による発表（写真5）、2）タブレットPCを活用した野外の植物の撮影とその記録のまとめ、発表（写真6）が行われた。

④ 展望と課題

ICTを活用した模擬授業の実践を行った結果、学生から「忘れていた理科の実験結果や知らなかった事実を知ることができた。また、効果的な使用方法を私なりに考えることができた。理科は使い方によってものすごい効果がうまれるということを認識するとともに、実際の現場に行っても使用したいと思った。」などの意見が出された。今後、「本時の学習目標を達成するためにICTが上手く活用なされていたか」などの観点で、模擬授業後に相互評価を行う機会を増やすことが必要であろう。これにより、学生は小学校理科で指導すべき内容を理解しながら、児童の学習意欲や理解に、より良い影響を与えるようなICT活用を意識した授業計画と実践ができるようになるのではないかと期待できる。

参考文献

- 北澤武、藤谷哲（2013）「理数科教育における電子黒板を活用した授業実践の動機づけとなる要因の分析」『人と教育』目白大学教育研究所所報、第7号、pp.54-59。
- 三宅なほみ（監訳）、P. グリフィン、B. マクゴー、E. ケア（編集）、益川弘如、望月俊男（翻訳）（2014）『21世紀型スキル：学びと評価の新たなかたち』、北大路書房。
- 文部科学省（2007）教員のICT活用指導力の基準（チェックリスト）．(http://www.mext.go.jp/a_menu/shotou/zyouhou/1296901.htm 2015年3月16日確認)
- 文部科学省（2009）『小学校学習指導要領 第4版―平成20年3月告示』、東京書籍。
- 文部科学省（2014a）「学びのイノベーション事業実証研究報告書」(http://www.mext.go.jp/b_menu/shingi/chousa/shougai/030/toushin/1346501.htm 2015年3月16日確認)。
- 文部科学省（2014b）「平成25年度 学校における教育の情報化の実態等に関する調査結果」（概要）平成26年9月．(http://www.mext.go.jp/a_menu/shotou/zyouhou/__icsFiles/afieldfile/2014/09/25/1350411_01.pdf 2015年3月16日確認)。

・森下孟（2014）「教員養成学部生における ICT 活用指導力の現状と課題」『鹿児島大学教育学部教育実践研究紀要』23 号、pp.201-208。
・NHK for School（http://www.nhk.or.jp/school/　2015 年 3 月 16 日確認）。
・竹野英敏、谷田親彦、紅林秀治、上野耕史（2011）「教育学部所属大学生の ICT 活用指導力の実態と関連要因」『日本教育工学会論文誌』35(2)、pp.147-155。

第III部
目白大学人間学部
児童教育学科の記録

2014年公開講座「教育の多様性」
目白大学人間学部児童教育学科の活動
目白大学人間学部児童教育学科の歩み
目白大学人間学部児童教育学科の教育を受けて
　　　　　　　―一期・二期・三期生の記録―

2014年公開講座「教育の多様性」

 緒言　　　　　　　　　　　　　　　　　　　　　　　　　　　　　　多田孝志

　目白大学人間学部児童教育学科は、毎年公開講座を開催し、学校教育だけではなく幅広い児童教育を巡る課題について、さまざまな立場の有識者に問題提起や提言をしてきた。2013年度には、「平和・文化・ことばを考える」をテーマとし、目白大学の学生、またさまざまな大学の学生による平和に関する詩の朗読をした。後半ではパネルトークも設定し、鋭い感性と社会を洞察する視点をもつ登壇者とともに「平和・文化・ことば」について自由闊達な語り合いをし、平和や文化・ことばとは、多様な構成要素を含む概念であることを明らかにした。

　そこで、2014年には「教育の多様性」をテーマに公開講座を開催した。教育をめぐる状況は、大きく変化している。多文化共生社会が現実化し、不確実性の時代・マニュアル化できない時代が到来している。一方、教師や教育関係者は、変化の状況を自覚しつつ、どのように対応し、どんな教育を推進すべきかについて戸惑い、悩み、混乱しているのが現状である。

　この現状を直視し、2014年度の公開講座では、教育実践に関わるさまざまな活動を行っている方々に登壇いただき、多様化時代の教育のあり方について論議し、そこから、21世紀に教育の方向を模索した。

<参考>

　「多様性」は現代の社会を読み解く重要なキーワードである。2001年、ユネスコは「文化の多様性に関する世界宣言」が示したが、その条文には、第1条：人類の共有遺産としての文化の多様性、第2条 文化的多様性から文化的多元主義へ 、第3条：発展の要因としての文化の多様性、第4条：文化の多様性を保証する権利が明記されている。
　公開講座に関わりに深い第3条には、次の文章が記されている。

　第3条 発展の1要素としての文化的多様性
　文化的多様性は、すべての人に開かれている選択肢の幅を広げるものである。文化的多様性は、単に経済成長という観点からだけ理解すべきではなく、より充実した知的・感情的・道徳的・精神的生活を達成するための手段として理解すべき、発展のための基本要素の1つである。出典：文化審議会文化政策部会 文化多様性に関する作業部会『文化審議会文化政策部会 文化多様性に関する作業部会 報告 - 文化多様性に関する基本的な考え方について』平成16年9月9日

写真　公開講座「教育の多様性」の登壇者の意見に熱心に聞き入る学生たち

（写真撮影：田尻信壹）

各パネリストの意見・全体総括

横田和子

2014年11月、目白大学児童教育学科公開講座として「教育の多様性」と題したシンポジウムが開かれた。

登壇者：新井淑則先生（埼玉県長瀞町立長瀞中学校教諭）
　　　　庄崎真紀先生（立川ろう学校教諭）
　　　　長谷川信之先生（千葉県船橋市立葛飾中学校教諭）
　　　　新村恵美先生（目白大学非常勤講師／NGOシャプラニール）
　　　　永田佳之先生（聖心女子大学文学部教授）

以下はその記録である。

【全盲先生からのメッセージ】新井淑則先生

（新井先生は、盲導犬リルと一緒に登壇。いきなり太宰治『走れメロス』の冒頭部分を暗誦しはじめる。その後ホワイトボードに、学校名と名前を書く。）

結構ちゃんと（メロスを）覚えているでしょう、私は中学生に国語を教えています。説明が面倒なので全盲といってしまうのですが、わずかに光がみえる程度の障害です。学校で盲導犬を連れているのは私だけで、ドラマになってしまいました。私をモデルとしたドラマ『チャレンジド』を見た人はいますか（笑）。

点字の教科書もありますが、私は中途障害なので点字を読むのは遅いです。授業はひとりではできないので、チームティーチングになります。模範となって読もうとすると覚えてしまうものです。それで授業に臨みます。音声入力ソフトでテスト問題を作ったり、ペアの先生に採点をしてもらったりして、なんとかやっています。

私は大学卒業後すぐに教員となりました。小さい頃からの憧れだった教師になって4年目、結婚して2年目で網膜剥離となりました。手術して一旦回復しましたが同じ症状を繰り返しました。養護学校へ転勤せざるを得ず、その後勤務を続けながら手術を繰り返したのですが、34歳で全盲となりました。

半年間、家にこもりました。このまま死んでしまおう、生きていても仕方ないと、子供もいたのに死ぬことばかり考えていました。按摩やマッサージの仕事も考えま

したが、その気にはなれませんでした。そんなとき、視覚障害をもちながら高校で物理を教えていた先生に出会い、あなたもできるよ、といわれました。それなら、とリハビリを始めました。白杖を使っての歩行訓練、点字訓練、音声ソフトを使う訓練など、泊まり込みで1年近く訓練を続けました。

それまでは好きなサッカーもできない、車もバイクにも乗れない、本も新聞も読めない、家族の顔も子供の顔さえも見えない、できないことを数える生活でした。ところがリハビリを始めて、点字で本を読めた、メールが打てた、白い杖を使ってコンビニまで行けた、といつのまにかできることを数えるようになっていた。大きな変化でした。見えないことは変わらない。けれど自分は180度変化していた。家の中でも、それまでは俺の気持ちは誰もわかってくれないと孤立していましたが、リハビリ施設でいろいろな人に出会い障害を共有し、孤独から解放されました。そして初めて、もしかしたら自分も教師に戻れるんじゃないか、中学に戻りたいという気持ちになっていきました。

その後、教育委員会に交渉をはじめました。大変でした。前例がないと頑として認めてもらえませんでしたが、粘り強く交渉を続け、養護学校へ復職し、更に10年間の交渉の末、今の勤務先に戻ることができました。これは多くの人に支えられて勝ち取った成果で、ひとりで勝ち取ったものではありません。そして今年、希望が通り、22年ぶりにクラス担任になりました。文化祭、体育祭、合唱コンクールをクラスと共有できました。

学校は社会の縮図です。いろんなひとがいて学校、社会は成り立っています。そのなかに障害がある子どもが、先生がいてもいいじゃないか、そのなかで思いやりの心、ひとりひとりの違いを認め合う心が育つのです。

【いろんな『ことば』で表そう】　庄崎真紀先生

私は、耳の聞こえない子ども達と一緒に勉強しています。補聴器は使うのですが、自然に音がはいってこないので、音のかわりに視覚的なイメージを用いることを重視しています。図1から、みなさんはどんなイメージを持ちますか？

（会場から「みかん」「太陽」「国旗」「梅干し」「ピエロ」「あめ」「草原に日が昇る」「情熱」「さくらんぼ」などの回答）

小学生で28個でてきました。耳の聞こえない子供達

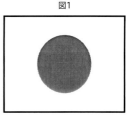

図1

からは、この図から、りんご・トマト・上履き・夕焼け・鼻血・うさぎの目・唇・丸付けの赤など、たくさんのことばが出てきました。先ほど太陽という意見がありましたが、ヨーロッパの子供は太陽を黄色で描きます。アフリカではオレンジで描く子供も見たことがあります。文化や経験の違いによって、いろいろなイメージがでてきます。

　私は毎年、東南アジアで補聴器のセミナーをやっています。タイの先生達は、難しそうな顔をして静かにしているけれど、実は聞いていない、ということもあります。ミャンマーの先生達は、熱心ですが絶対発言しません。国民性かもしれません。フィリピンの先生達は、まるで小学生のようなノリで、積極的です。なぜなんだろうと思ったら、フィリピンのピザヤ語では、「話す」を、「トーク」や「スピーク」ではなく、「ディスカス」で表すのです。これは通訳さんの間違いではなく、ピザヤ語では先生とわいわい相談しながら、話し合いながら勉強するのです。これも文化の違いだと思います。

　耳の聞こえない子ども達は、声以外の方法で伝えるということをよくします。そこで皆さんにも、声を使わずに伝えるというゲームを体験してもらいます。

　ゲーム①　例：私の好きな（嫌いな）食べ物は（　　）です。
　（会場、学生らが参加。カレーやラーメンなど）

　ここまで、身振り、手振り、表情などを用いたゲームをしてみました。他にもクレーン（腕をひっぱっていくこと）など、ノンバーバル・コミュニケーションにも多くの要素があります。それに対して手話や指文字は言語になりますが、今日はみんなでノンバーバル・コミュニケーションを体験してみたいと思います。

　ゲーム②　（庄崎先生が動かす人差し指を、自分のからだに見立てて、先生の指の動きの通りにからだを動かす。）

　たった指一本でも気持ちが通じ合えることがわかっていただけたらと思います。みなさんが先生になったとき、「いろんなことば」があり、「いろんなきもち」があり、「いろんなこども」がいるということを前提にしていただけたら、と思います。

【子供たちと作り上げた創作劇『お友達契約書』】長谷川信之先生

　公立中学の演劇部顧問をして26年目になります。今日は、いじめをテーマにした劇づくりについてお話しします。スタートは去年の夏休みでした。冬の大会に創作劇でチャレンジすることに決めましたが、テーマはいじめという重たいものになりました。そこで、基本的なコンセプトを3つ設定しました。①現代のいじめをリアルに再現すること、②実現可能ないじめの解決策を提案すること、③演劇部からいじめを排除すること、です。

　制作初期は小グループで寸劇をつくり、軽いいじめから重たいいじめまでを並べ、ストーリーを検討しました。平行して、現代のいじめについての実態討論を繰り返しました。登場人物は主人公サキ、親友ミズホ、いじめの中心人物スズカ、スズカに同調する生徒5人、葛藤する生徒4人、教員、掃除のおばさん、サキの母と妹、看護師を設定しました。

　ストーリーは、以下の通りです。サキとミズホはお友達契約書を交わした親友です。中学に入ってからサキはスズカから執拗ないじめにあいます。サキは自殺を試み、それを知ったミズホはついに立ち上がりますが、今度はミズホがいじめのターゲットになってしまいます…。

　①の現代のいじめの特徴として、ネット上、LINE上でのいじめがあげられます。現実の世界で、いじめに疑問を持ちながらも相談がしづらかったり、個人の勇気が出しづらかったり、希薄な人間関係のなかで集団に依存したり、自立できずに悩んでいる子ども達の姿を描こうとしました。

　②の実現可能な解決策としては、ネット環境は避けられない以上、ネットのなかに救いを求めようとしました。ネットのなかにも善と悪が同居していると考え、つらい想いをしているひとがSOSを送り、それに対して応援メッセージを送れるようなホームページがあれば、つらい想いをしているひとを支える手だてになるのではと考え、劇中に仮想のホームページを設定しました。

　制作中期、キャストにある異変が起こりました。見ているだけでもこわくなるシーンが続いたあと、いじめる側のキャストが「先生、ぼくつらいです」といってきたのです。練習をしていると、いじめる側のほうがつらかったのです。それで、練習の最後には落語を聞き、笑って練習を終わるようにしました。

　スズカの心の闇をどのように示すか、議論を重ねましたが結論が出ませんでした。中途半端な設定では薄っぺらな演劇になってしまう。スズカの闇を匂わす次のよう

な台詞があります。

「学校なんてペットショップのようなものよ。正義のヒーローにでもなったつもり？（中略）この世の中は、強い者だけが生き残れる社会じゃないんですか、弱い人間なんてみんな死んじゃえばいい」

更に、たくさんの応援メッセージに支えられて、死を思いとどまったミズホが最後に語る台詞です。

「紙切れだけのお友達契約書なんか要らない。サキやみんなの気持ち、十分わかるから。わたし、いじめになんか負けない。ひとりでも、生きていけるから」

サキとミズホがチャムグループを脱し、ピアグループへと成長する姿を描き、ミズホの自立への決意とともに演じました。

昨年12月、関東大会出場の切符を手にしました。ラストは、予め他校から書いてもらった応援メッセージを流し、今回の劇をみていじめに対して行動したいと思ったひとは、その場に立ってもらうようお願いしておくというエンディングにしました。観客は傍観者ではなく当事者である、という解決策を示し、本番ではほとんどの人が立ち上がり、高い評価を得ました。

しかし後日、そのエンディングに対し疑問の声を頂きました。そこでエンディングについての検討を重ねました。クライマックス、スズカにお友達契約書を破られたミズホがスズカをびんたします。いじめのターゲットがかわり、スズカがミズホの髪を切るというシーンがあります。そのとき、ミズホにクラスメートの名前、最後に「サキ」と叫ばせたらどうか、という案が出ました。しかし、名前を呼ばれた男子が、名前まで呼ばれたら、役であっても、僕は止めに入っちゃいますよ、といいだしました。本来、4人の生徒が、葛藤しながらも、怖くて止めに入れないという設定です。

ところがその後、いじめはよくないと感じたひとは最後に立って下さいと呼びかけながら、劇のなかでは勇気をもって行動できるひとがいないなんて、矛盾じゃないか、という意見がでました。討論の結果、たとえそのとき行動を起こせなくても、想いがあればいつか行動を起こせるだろう、個人差はあるが、ひとりひとりに想いを届けることができればよしとすべき、という結論に至りました。結果、関東大会ではラストはそのまま見てもらうことにしました。来月の全国大会で最後の上演があります。1年4ヶ月の取り組みを経て、生涯忘れられない作品になると思われます。

社会からいじめはなくならないかもしれないし、エスカレートしていくかもしれないが、いじめに対抗する勢力も確実に育っているというまぎれもない事実を、子

ども達と確認しあいました。

【『心揺すぶられる経験』と想像力と】新村恵美先生
....

　私は国際協力NGOの職員としてネパールとバングラデシュの農村開発、ストリートチルドレンの支援に携わってきました。東京の事務所に勤めていましたが、ある年の春休み、中高生10人を連れて、バングラデシュにスタディツアーに行く機会を得ました。

　バングラデシュに着くとすぐに民族衣装を買い、それを着て最初は農村に行きました。帰国前日、首都ダッカのスラムを訪れました。訪れたスラムは沼地の上にありました。沼地の上に竹の棒がはりめぐらされていて、通路は狭く、家がひしめきあうように立っています。下は水。その上にビニールや果物の皮、紙くずなどが落ちていて、最初水だとはわからないほどでした。スラムの中を歩いて回り、来た道を帰ろうとしたとき、メリメリ、バキッという音とともにキャーという悲鳴が聞こえました。ツアーのメンバーがふたり、水中に落ちてしまったのです。あっというまの出来事でした。

　ひとりの中学生は腰まで水につかったところをスラムの人たちに助けられ、ひとりの高校生は頭まで水に浸かったところを、やはりスラムの人たちに助けられました。私も気が動転していました。高校生を助け上げ、周囲を見渡すと人だかりができていました。その輪の中心に、先に助けられた中学生の子が座っています。そのときはっとしたんです。すごく和やかな雰囲気で、笑い声さえしています。周りにはたくさんの人がいて、どこからかバケツで組んできた水を彼女にかけて、洗ってくれていたのでした。石けんもあるわよ、と声をかけるひと、大丈夫大丈夫、と慰めるように語りかけてくれるひと。起こった状況とは裏腹に、とてもあたたかい光景でした。ふたりのことが気になったので、人々にお礼をいって、その場をたちさりました。

　二人にケガがなかったことは幸いでした。医師にみてもらい、この日はツアーの最終日でしたので、その夜はみんなで、そのときの出来事や私の慌てぶりなどを話し、お腹を抱えて笑いました。しかし、ひとしきり笑ったあと、私たちは気づきました。沼地に落っこちてしまった学生を真っ先に助けてくれたのは、スラムの人たちでした。国際協力と思って出かけていったが、スラムの厳しい状況に生きる人々に、助けられたのは私たちだったのです。月並みな表現ですが、異文化、貧困とか関係なく、そこには対等な人間がいるだけだった、ということを、中高生は自分たちのこ

とばで語り始めました。それから私たちは更に考えました。スラムの下の水は真っ黒で、たくさんのゴミが浮き、あらゆる汚水が流れ込んでいました。ばい菌も発生しているでしょう。あのひとたちは、病気になったとき医者にいけるの？　雨期になったら水かさはもっと増えるはずで、家はどうなるんだろう？　そんなふうにスラムの人たちの厳しい生活条件が思い浮かびました。ツアーの参加者の多くは、こんなことをよくいっていました。

「貧しい人たちは思い詰めたような顔をしていると思っていた。でもみんなやさしくて笑顔がかわいくて、感動した。」

大切な気づきです。多文化共生・多様性を受容する社会は、そこからはじまる、と思います。ただ、笑顔は彼らの暮らしの一面に過ぎません。私たちがしなければならないのは、笑顔の向こう側にある現実、厳しさを想像すること、伝えていくことです。

人は皆平等、といいます。しかし現状として差別・貧困、性別や障害の有無によって、社会的に弱い立場に置かれる人々がいます。ハンディキャップのあるひとが、ないひとの何倍も努力を強いられるのが現状です。たとえば、同じ学校へ行くといっても、貧困家庭であれば、両親が世話をしてくれなければ、学校へ行くための身支度をする・学用品をそろえる・朝ご飯を食べる、それだけでも大変なことです。車いすを使うひとであれば、エレベーターのある学校へ行くために遠くの学校に通う、介助を頼むなど、やはり多くの努力を強いられていることが想像できます。ハンディキャップは社会の側が埋めていかなければならないのです。

最後にスピヴァクのことばを紹介します。「目の前に、自分のことば、主張が聞いてもらえない、声をあげられない、と感じている人がいたら、それが聞き届けられるような道を開くことが必要です」。インド国籍の彼女は、インドやバングラデシュの農村で、識字教育や被差別家庭の子供への教育などに尽力してきました。彼女は、声をあげても聞き届けられない、抵抗しても抵抗とみなされない、声を上げる力を奪われてしまう社会的弱者について、社会基盤を作り、声の聞き届けられる社会を作らなければいけないと主張しています。また、公民権運動の父、キング牧師はこんなことを言っています。

「最大の悲劇は、悪人の圧制や残酷さではなく、善人の沈黙である」。

差別やいじめは残酷なことです。しかしもっと残酷なことは、身近なところに差別やいじめがあることに気づいていながら、自分は関係ないからと何もいわないこと。すぐ隣に、心の中で助けを求めているひとがいる。それなのにそのことに気づ

第Ⅲ部　目白大学人間学部児童教育学科の記録　　345

かない、あるいは気づいているのに知らないふりをする、それが一番残酷なことではないでしょうか。

【総括】永田佳之先生

4人のみなさんの話を聴いて、改めて「教師ってなんだろう」ということを考えました。4人の共通点は何なのでしょうか。

ひとつには「深い問い」ということが挙げられるのではないでしょうか。4人の先生方は、いつも問いとともに人生を歩んでいらっしゃる。教師の仕事は答えを提供する仕事だと思われがちですし、学校のなかではそういう場面も多いのが現実です。しかし、この4人の先生方は、答えのない問いをしっかり受け止めて歩んでいらっしゃいます。

この「深い問い」と共に歩むということの大切さを、私に教えてくれた方に、ダライ・ラマ法王がいます。2011年の震災のあと、私の勤める大学の学生もたくさんの問いに向き合うことになりました。たくさんの人が死んだ。自分は生き残った。人はなぜ生きるのか？　なぜ人は人を助けるのか？といったような問いです。最高学府である大学は、私も含め誰もその問いに応えられないという状況があり、無力さを感じた年でもありました。こうした問いに対し、答えに導いてくれる人として浮かんだのが法王でした。私がユネスコの仕事を通して、偶々ダライ・ラマ法王の妹と縁が生まれました。そのおかげで、私は学生達とダライ・ラマ法王をお訪ねすることになりました。

学生達の問いは、「ボランティアって何？—東北に行ってるけど、何か納得がいかない。偽善と何が違うの？」「教育って何？」など、答えのないものばかりでした。教育原理の教科書には、人格のナントカとか、世界市民がナントカとか、書いてあります。が、法王の答えはこうでした。

「世の中には、表層にあるものと深い次元にあるものの二つがある。その二つに距離があるために、世の中には戦争が起こり、悲劇が生まれる。だがその距離を縮めることが教育の役割である。その距離がなくなることはないが、縮めるために、私は毎朝3時半に起きて祈っている」と。

法王は問いに直接答えるわけではありませんが、更に深い問いに学生を導いてくれました。この「深い問いに寄り添う＝伴走する」ということが、教師には求められているのではないでしょうか。今、教育学ではスキルというのが大変はやっていますから、今後スキルに長けた先生が増えていくでしょうが、本当に求められてい

る先生は、答えのない問い、深い問いに、その存在で応える先生ではないかと思うのです。

　そして、4人の先生方の共通項をもう一つ挙げます。それは「自己変容」です。私は九州の水俣に定期的に訪れるようにしています。ご存知の通り、工場から流された水銀を魚が摂取し、その魚を食べた猫や人間が被害をうけたのが水俣病です。なぜこんなことになってしまったのでしょうか。今までの価値観は、経済＞社会＞環境という順番で、経済が大手を振っていて、環境の占める割合が小さかった。これを環境＞社会＞経済へと逆転させること、これからの教師はそのことを意識していかなくてはいけません。その方法はたくさんありますが、ユネスコが提唱するのが、ESD（持続可能な開発のための教育）です。その世界大会が名古屋で行われました。ESDの言い出しっぺは日本ですが、会議には千人以上、125カ国の人々が集いました。そこでロードマップや宣言文も作られました。宣言文には「私たちは変化の担い手として、子ども・教師を捉える」ということばが入りました。未来を創るのは、他ならぬ子ども・教師だということが、世界的な宣言に盛り込まれたのです。

　今の教育は、問題を起こしている自分たちがいて、無気力になり、持続不可能な地域社会を創っている、という状況ですが、教育を通して問題を解決できる、問題解決をしている自分を実感し、自信・自尊感情が生まれ、持続可能な社会が生まれるといういい循環も生まれています。その循環を作り出すのがESDを含めた教育なのです。教育も捨てたものではない、と思います。

　4人の先生方は、自己変容をされていらっしゃいます。他者変容の前にまず、自己変容があります。皆さんが自身のハードルを乗り越え、他者を変える前に自分を変えている。その姿を前に子ども達・生徒達が変わる、学校も変わり、地域も変わるという循環が生まれています。社会を変えたければまずは自分が変わること、それを、私は水俣の患者さんである杉本さんのことば「ひとさまは変えられないから、自分が変わる」から教えられました。大変なご苦労をされた方ですが、他者に対して、自分の病気の引き金となった企業に対してさえも、杉本さんはひとさま、として最大のリスペクトを払っています。まずは自分が変わる、という姿勢は、大変本質的なことだと思います。

　今日のテーマは多様性ですが、学校は一元的な価値観が強い。多様性をなかなか認められないのが明治以降、学制以降の日本の学校システムの課題です。今は少しづつでも、いろんなニーズ、いろんな選択が生まれようとはしていて、日本の教育界も変わろうとしている。けれども苦しんでいる人もまだまだたくさんいる。私自身、不登校の子ども支援に20年かかわってきましたが、マイノリティ、社会的弱

者のことを忘れてはならないと思います。新村先生のお話にスピヴァクのことばがあった。目の前に自分のことばが届けられないひとがいたら、それを届けられるように道を開くことが必要だというお話があったが、今日の登壇者はその道を自ら切り拓いてきた方々だと思う。だからとても説得力があったと思います。最後に、先生になろうがなるまいが、教育に関わっていくだろうみなさんに神学者のラインフォールド・ニーバーの詩を紹介します。

　　主よ、次のものを与えたまえ。
　　変えられないものを受け入れる心の冷静さを。
　　変えられるものを、変えていく勇気を。
　　変えられるものと、変えられないものを、峻別する叡智を与えたまえ。

　変えられるものと変えられないもの。世の中にはそのふたつしかない。震災のように巨大な変えられないものもある。私たちが抱えている自由と不自由というものがある。そうしたものを、教育のなかでどのように考えていくかが、多様性を考えるときのヒントになると思います。

目白大学人間学部児童教育学科の活動

渡邉　はるか

　児童教育学科では、創設以来、「現場性」、「身体性」、「共創型対話」等をキーワードとした様々な教育活動を行ってきた。授業を基本とし、履修者を中心とした活動、多種多様な専門性を有するゼミを基本とした活動、学科行事として実行委員や主催ゼミを中心に各学年又は全学年で取り組む活動、有志を中心とした活動等、様々である。こうした活動の一つひとつが、学生を成長させる機会となっており、児童教育学科が目指す学生像を具現化することに繋がっている。本稿では学生指導を通して関わった児童教育学科の活動を整理しながら、各教育活動の意義を再考する。

 ## 授業を基本とした活動

　児童教育学科創設以来の伝統となっている行事に桐和祭で行う「学習発表会」がある。これは1年生の必修科目である「コミュニケーション論」をベースとした取組である。コミュニケーション論の授業では、講義や演習を通して、「コミュニケーション」を体感しながら学ぶ。毎回の授業で身につけた知識やスキルを実践しながら、さらに磨いていくのが、この授業の最大の特徴でもあるグループ・プレゼンテーションである。学生たちは7名程度でグループを形成し、「地球の未来を考える」という大きなテーマをもとにした協同学習を行う。各グループでさらに具体的なテー

マを設定し、現地調査やインタビュー等を通して、課題を追究していく。このプロセスには、多くの学びがある。

　グループの中には、意見の違いから衝突する者がいる。思い通りに進まないことに苛立つ者がいる。意見はあるが、何もできずに、じっと我慢する者がいる。多種多様なメンバーが集まることで、それぞれのグループが様々な課題にぶつかるのである。グループの課題を解決するのはメンバー自身である。私は3年間、学習発表会の学生指導を担当した中で、多くの学生の姿を見てきた。そして多くの学生と語り合ってきた。そこで私は毎年、同じ光景に出会うのである。それは、学生たちが悩み、もがく中で、しだいに共通の目標に向かって共創型対話をはじめることである。メンバー一人ひとりが真剣に向き合った時、対話が生まれる。実は、このプロセスにはグループメンバー以外にもたくさんの人が関与している。授業担当者、授業サポートの教員、他のグループの仲間たち、先輩である。児童教育学科の学びには、授業の枠をこえて、人と人が交わり、学びを醸成させていく体制が整っている。その一例が学習発表会のサポーター制度である。

　学習発表会は児童教育学科の伝統行事であり、一種の通過儀礼でもある。児童教育学科の全学生が、1年次に向き合い、乗り越えたものである。先輩から受け継ぐことが学びを深めることに役立つと考えられる。そこで2014年度は、これまであった先輩学生による非公式的なサポートを整備した。サポーターとなる学生を募り、希望した2年生21名を10グループに配置し、テーマ設定、研究方法の検討、発表までの間、個別のサポートをしてもらうことにした。2年生にはサポート記録をつけてもらい、サポート会議で各グループの情報共有を行うことで、サポート学生を支える体制も整えた。2年生は、自分たちが経験したことを踏まえながら後輩を指導することで、1年目とは異なる学びをすることができたと考える。当事者であった時は気づかなかったグループメンバーの様々な葛藤と成長にはじめて気づくことができた学生がいる。他者の視点をもつことで全体が見えてきたのである。1年生にとっては、第3者の視点を得ることで、視野を広げることにもつながった。時には先輩の指摘に納得がいかず、何度も話し合いをしたグループもある。そうすることで議論が深まり、自分たちの発表へと進化したのである。多くの人が学びに関わることで、一人では決して学ぶことができない学びができる。これは児童教育学科が重視する学びの特徴の一つである。

ゼミを基本とした活動

　児童教育学科では様々な専門性を有する教員のもとで、ゼミ活動が行われている。これまでに被災地の学校訪問、農業体験（多田孝志教授）、タイ・スタディーツアー（中山博夫教授）、ショートムービー制作（佐藤仁美専任講師）等、現場性と身体性を重視した活動を行ってきた。中でもゼミを超えた学び、交流の機会として、音楽演奏会（小林恭子専任講師）、スポーツ大会（雪吹誠准教授）がある。企画や運営は主催するゼミ生が中心であるが、学科の全学生に参加を呼びかけており、学年をこえた学びと交流の機会となっている。

　小林恭子専任講師のゼミでは、学内でコンサートを開催し、毎年、クリスマスの時期にはトーンチャイムの美しい音色をキャンパスに響かせてくれている。卒業研究や期末レポートに追われる学生たちに癒しを与えると同時に普段はなかなか知ることができないゼミ活動を知る機会ともなっている。音楽に触れることを通して、豊かな感性を育てることにも貢献している。

　雪吹誠准教授のゼミでは、年に数回、スポーツ大会を企画し、学年をこえてスポーツを通じた交流の機会を作っている。時には教員も参加し、ともに汗を流し、熱い時間を共有する。全力で競技に挑む、力いっぱい応援する姿は、何事も本気で取り組み、直向きで一生懸命に立ち向かい、仲間への思いやりにあふれる児童教育学科の学生像を象徴している。

　こうしたゼミを中心とした様々な活動は、普段のゼミで学ぶ各専門分野の理論や研究の基礎と深くつながっており、学びを深めるのに役立っている。

実行委員を中心とした学生参加型の学科行事

　児童教育学科の全学生が一同に会する機会が年度末集会である。年度の終わりに、学生・教員が皆、盛装して集まり、多様な分野で活躍されているゲストを迎えた講演会、学年毎の合唱、学業・人物ともに優秀な者への表彰式、学年をこえた交流会を行っている。この会の目的は、新たな知との出会い、仲間との交流、社会人としてのマナーを身につけることである。この大規模な学科行事を企画・運営するのが、学生による実行委員会である。実行委員の学生は何度もミーティングを重ね、リハー

サルを重ね、本番にのぞむのである。

　2014年度、他2名の教員とともに、私は年度末集会実行委員会の学生指導を担当し、準備から当日の運営までの約3カ月間を学生と過ごした。これまでも様々な活動において実行委員の学生指導をしたことがあるが、毎回経験することは同じである。ミーティングに参加しない学生、メールの返信がこない学生、指示しないと動けない学生と出会うことだ。率先して「実行委員をやりたい」というやる気はあるのだが、行動が伴っていない。自分が置かれている立場を理解し、的確な状況判断をして自ら考える力は、まだ十分に育っていない。そんな学生たちが、短期間の間に大きく変化・成長する姿を何度も目の当たりにしてきた。それは本物を経験することによる。社会に出れば当たり前に求められるマナーや礼儀が、学生生活においては曖昧となり、寛容されていることがある。学生たちは実行委員の仕事を通じて、仲間内のマナーは外では通用しないことを知る。小さな世界からひとつ大きな世界へと足を踏み出すのである。

　また自ら責任をもち、仕事をこなすことは、学生たちに自信を与える。自分の存在を他者に認められる経験、自分で自分自身を認める経験が自己肯定感を育てる。こうした自己肯定感は、実行委員の学生だけではなく、当日、参加者として集会に出席した学生たちの中にも芽生える。おそらく多くの学生たちは、仲間の姿から目に見えない影の努力をイメージしながら、集会を楽しんでいる。堂々とした歌声、表彰式での拍手、和やかな場の雰囲気作り、どれも参加者一人ひとりの協力なくして成り立たないものばかりである。みんなが創りあげる年度末集会であることを実感する。お客様ではなく、自身も一員であるという感覚は、終わった後、「参加して良かった」、「楽しかった」と感じた学生の自己効力感を高めるのである。

　2014年10月26日、児童教育学科は、兼ねてからの構想だったある取組を実現させた。それは徒歩で山手線を1周するという挑戦「心・和・感　山手ウォークラリー」である。この挑戦は、学生たちに胆力、協同、仲間との語り合い、限界への挑戦等、多様な体験をさせる為に生まれた。挑戦の幕開けは、2014年5月5日にはじまる。雪吹誠准教授のゼミ生とともに、予行と下見を兼ねた山手線1周ウォーキングを行った。事前に準備した地図を頼りにチェックポイントを検討しながら、所要時間を計測し、安全確認を行い、実際に10月に歩くルートを作成するために東京駅を朝8時に出発した。神田周りと有楽町周りの二手に分かれて、約12時間かけて完歩した。この体験をベースとし、10月の学科総出での一大行事への準備が始まったのである。ゼミ生たちは連日、遅くまで準備を行い、入念な計画のもとで本番を迎えた。当日

は、児童教育学科の全教員が協働し、チェックポイントに立ち、あるいは学生とともに歩いた。

　私は予行に続き、学生たちと一緒に歩いた。歩きはじめてすぐに、色々な学生の顔が見えてきた。普段の教室ではリーダーシップを発揮し、みんなの中心となり場を盛り上げる学生が、この日は仲間に励まされながら、どうにか歩いている。そうかと思えば、普段は控えめな学生が先頭に立ち、みんなを引き連れて歩いている。いつもとは違う仲間の姿と出会うことは、固定化しがちな人間関係に良い刺激を与えるきっかけにもなったようだ。

　また参加した学生の誰もが感じたであろうことは「仲間の存在」である。当日、歩いたグループは1年生から4年生までの縦割りのメンバーである。日常的な関わりは殆どない学生たちもいた。そのような中で、ゴールした後に多くの学生が語ってくれた言葉に「一緒に歩いた仲間がいたから達成できた」という言葉がある。一人では諦めていたかもしれないが、仲間の存在が支えとなったのである。またチェックポイントで待っている教員、一緒に歩いた教員の姿に励まされ、モチベーションを維持できたという言葉も聞かれた。まさに参加したみんなの存在がお互いに支え合ったのである。

 ## 有志による活動

　児童教育学科では、学生たちの主体的な学びを支え、さらに発展させる活動を行っている。その一つに学科新聞委員会がある。有志の学生が集まり、取材、記事作成、編集、発行まで一連の取組を行っている。これまでに延べ15名の学生が委員をつとめた。週1回のミーティングは学年をこえた情報交換の場ともなっており、学びを共有する機会となっている。児童教育学科では、魅力的な授業や行事をたくさん行っており、学生は様々な学びをしている。学科新聞は、その学びを伝え、深めるツールとなることを期待している。直接、経験したことではないが、他者の視点を通した学びを自身の学びとつなげていくことで深い学びができる。

　その他、2014年度は学習発表会の装飾を有志により取り組んだ。1年前、「地球の未来を考える」をテーマとし、発表を経験した2年生に呼びかけ、re-use project teamを結成した。身近な資源であるペットボトルを活用したアート作品の制作、展示を通して、1年生の発表に華を添えた。普段、有志による活動には積

極的に参加しない学生も多く参加し、活躍してくれた。多様な活動をすることで、それぞれの学生が活躍できる場をつくることにもつながった。児童教育学科には魅力ある学生たちがたくさんいる。それぞれの学生の良さを引き出す活動が重要である。様々な学生との出会いが児童教育学科の教育活動の発展につながっており、循環型の学びのシステムを形成するのに役立っている。

目白大学人間学部児童教育学科の歩み

中山　博夫

　平成27年度で児童教育学科は、開設から7年目の年を迎えた。学科のこれまでの歩みを記録する。学内組織名、職位等は当時のものであることをお断りしておく。

学科設置準備

　平成20年1月、目白大学人間学部に児童教育学科を設置する動きが、スタートした。多田孝志教授を委員長として、羽田紘一教授、中山博夫准教授、高野成彦准教授、藤谷哲専任講師を委員として、児童教育学科設置準備委員会が活動を開始したのである。

　中山委員と資格支援センターの担当者は、すぐさま他大学の設置条件の調査に入った。昭和女子大学、東京家政大学、白梅学園大学を訪問し、小学校教職課程を持った学科の設置申請やそのために必要な施設についてのヒアリングを行った。何回も会議が開かれ、どのような学科を設置するのかについて議論が繰り返された。小学校教職課程を持つ学科を設置しようとするのだが、附属小学校を持たない大学であることがネックになっていた。議論の末、小学校教職課程をオプションとした児童教育の全般を守備範囲とした学科を立ち上げようということが決定した。「児童の発達」「児童の文化」「児童と社会」「児童と学校」「児童の福祉」の5つの分野を守備範囲とする学科を創設することにしたのである。

5つの分野には、小学校教員の免許状取得のために必要な科目が散りばめられており、それらの科目の単位修得と、卒業要件外の各教科教育法や教育実習の単位修得によって、小学校教員免許状を取得できるようにしようという計画である。教育実習については、「教育実習Ⅰ」「教育実習Ⅱ」「教育実習Ⅲ」が用意された。「教育実習Ⅰ」とは、2年次に中野区の小学校において実施する観察実習である。「教育実習Ⅱ」は介護等体験である。「教育実習Ⅲ」は、小学校教員免許状取得のための本実習である。

　児童教育学科の特色は、「児童の発達」「児童の文化」「児童と社会」「児童と学校」「児童の福祉」の5つの分野から総合的な児童理解を深める資質・能力・態度を持つ人材の育成を希求することにあった。そして、臨床知を伴い高い実践力を備えた人材の養成を目指すことが、その特色であった。

　平成21年度申請、つまり平成21年度開設を目指して、凄まじい準備が始まった。多田委員長が設置趣旨・学科の理念・特色について執筆し、中山委員が教育課程について執筆、高野委員・藤谷委員が履修モデルと進路予想について執筆して、「目白大学人間学部児童教育学科設置認可申請書」を完成させた。それは、平成21年4月であった。何と3ヶ月ほどで申請準備をしてしまったのである。設置認可申請書だけ作成すればよいのではなく、それに付随した膨大な書類を事務局は作成しなければならない。これは、当時の佐藤弘毅学長のイニシアチブ、多田委員長の情熱、事務局の山内りえ子さんの事務能力がなければ不可能であったことだと思う。

　児童教育学科の設置認可申請の許可が下り、平成21年度より児童教育学科が開設されることになった。学科の英語表記は、"Department of Childhood Education and Welfare"に決定した。

【平成 21 年度】

　多田教授を学科長として、羽田教授、小林福太郎教授、藤谷准教授、高野准教授、本田容子専任講師（実習担当）、田村友里江助手をスタッフとして設置初年度が始まった。入学者は55名であった。定員は50名であるので定員は充足しているのだが、それは第1希望者だけではなく、他学科で不合格になった第2希望者も含めた数である。その年のフレッシュマンセミナーは熱海で、2泊3日で行われた。児童養護施設見学や海浜観察などのプログラムも組まれた。

　学科の教育課程について説明したい。基幹科目が7科目ある。「人間学の基礎」「教育学」「教育原理」「教育心理学」「児童文化概論」「コミュニケーション論」「児

童福祉論」である。「人間学の基礎」は、人間学部4学科のオムニバス科目である。それら基幹科目は1年次に開講される。以後の学びの基盤としての位置づけなのである。5分野については、平成21年度には以下の科目が開講された。「児童の発達」の分野では、「児童の生活技術」「わらべ歌と児童の発達」「児童と自然・科学」である。次の「児童の文化」の分野では、「児童文学論」「演劇・人形劇の世界」「児童文化と癒し」である。そして「児童と社会」の分野では、「社会教育概論」「遊びと人間関係」「地球市民教育論」である。「児童と学校」の分野では、「学校論」「教育相談の理論と方法」「生徒指導・進路指導の理論と方法」である。5つめの「児童の福祉」の分野では、「家族の心理」「特別支援教育論」「ソーシャルワークの理論と方法」である。

　多田教授の担当する「コミュニケーション論」では、グループスピーチに取り組んだ。地球環境についてリサーチしたことを、数人のグループで聞き手を意識したスピーチを行うのである。その成果は毎年10月に開催される新宿キャンパス大学祭である桐和祭で発表された。寸劇、フロア参加型等のさまざまな発表方式が駆使され、桐和祭での発表会が行われた。この発表会は、その後の学科の伝統行事になっていった。

　また、年度末には学生の実行委員が主体となった年度末集会が開催された。この集会は、スーツやドレスを着用する公的な雰囲気を持った学科行事である。2部構成であり、第1部では講演や学生合唱、1年間頑張って学生を称揚するための表彰が行われた。学生表彰は、学生投票によって決定された。第1回の講演の講師は、社会学部地域社会学科の松本逸也教授である。松本教授は、新聞社に勤務し世界中を飛び回って報道活動されてきた方である。第2部では立食パーティーである。ここでは、学科教員よる合唱も披露された。年度末集会は、多田学科長の、広い視野を持ち公的な場での振る舞いを身に付けた学生を育てたいという熱い思いから始められたものである。この年度末集会も学科の伝統行事になっていった。

　この時期に、「現場性」と「身体性」、一人ひとりが学生を見守る等の学科の基本理念が確立した。

【平成 22 年度】

　平成21年度のスタッフに加え、中山博夫教授、塩澤雄一教授、渡辺厚美専任講師、雪吹誠専任講師、佐藤仁美専任講師も学科教育推進の中核を担うことになった。入学者は61名である。この年から第1希望の学生だけで、目標人数を確保できるよう

になった。

この年度にカリキュラムに加わった科目は、以下の通りである。「児童の発達」の分野では、「児童とスポーツ」「体育」「造形遊びと児童の発達」「対話の人間関係論」である。次の「児童の文化」の分野では、「絵本の世界」「音楽」「音楽実技」「図画工作」「児童と造形実技」である。そして「児童と社会」の分野では、「地域ネットワーク論」「社会体育論」「社会」「教育の制度と経営」である。「児童と学校」の分野では、「教育方法論」「国語」「算数」「理科」である。最後の「児童の福祉」の分野では、「レクリエーションの理論と方法」「カウンセリング入門」「生活」「家庭」である。

この年度の年度末集会は、太平洋をヨットで渡った冒険家の講演を聴くことができた。学生の視野がさらに広がったことと思う。

この年度の末には、学科の重鎮であった羽田教授と、渡辺厚美専任講師が退職された。

【平成 23 年度】

学科のスタッフに小林恭子専任講師、山本礼二専任講師（実習担当）を迎えた。入学者は66名に増加した。

学科開設3年目に加わった科目は、以下の通りである。「児童の発達」の分野では、「児童画の世界」「生涯発達心理学」「道徳教育」である。次の「児童の文化」の分野では、「玩具と遊具」「児童とマンガ」「児童と英語」である。そして「児童と社会」の分野では、「リーダーシップ論」「情報科学技術と社会」「特別活動の理論と方法」である。「児童と学校」の分野では、「教育課程論」「総合演習」「小学校英語活動の理論と方法」である。5つめの「児童の福祉」の分野では、「児童の人権と福祉」「障害児の心理と援助」「ソーシャルワークの方法」である。

この年度から「児童教育学専門セミナー」、つまり3年次ゼミが始まった。また、年度末には高野准教授と本田専任講師、田村助手が退職された。

【平成 24 年度】

学科のスタッフに、坂本泰雅専任講師、渡邉はるか助教、福井夏海助手を新たに迎えた。入学者は59名であった。学科は完成年度を迎え、1年次から4年次までのすべて学年に学生が在籍するようになった。

この年度から「児童教育学特別セミナー」、すなわち4年次ゼミが始まった。また、

カリキュラム改訂が検討され新カリキュラムが作成された。そして年度途中で塩澤教授が退職され、東京都葛飾区教育委員会の教育長に就任された。

この年度に児童教育学科は、初めての卒業生をだした。37名の学生が教員採用試験を受験し、21名が1次試験を合格した。そして、13名が2次試験も合格し、平成25年度から小学校の教壇に立つことができた。また、大手銀行等の一般企業への就職者もあった。

【平成25年度】

山本専任講師の職位が教授になり、小林昌美専任講師（実習担当）が着任した。入学者は62名であった。教員採用試験では29名中20名が1次試験を突破し、18名（期限付き2名を含む）が2次試験合格を果たし、正規教員として活躍している。また、希望者のほとんどが臨時任用教員等として教壇に立っている。国立大学大学院に進学した者もあった。

10月1日付けで佐藤郡衛教授（現学長）が、本学に副学長として着任し児童教育学科に在籍するようになった。

【平成26年度】

学科のスタッフに、田尻信壹教授と横田和子専任講師（実習担当）を新たに迎えた。小林昌美専任講師が特任教授、雪吹専任講師が准教授になり、渡邉はるか助教が秋学期より専任講師になった。入学者は67名であった。

この年度から新カリキュラムがスタートした。基幹科目には、「感性と表現概論」「社会規範とマナー」「アート・コミュニケーションの理論と方法」「児童の人権と福祉」「日本文化論」が加わった。「児童福祉論」は、「児童支援概論」として衣替えした。そして「発達と支援」「多文化共生」「感性と表現」「教育現場と実践」「学校教育」の5分野と、4年次に履修する「発展科目」が設定された。

また、学科行事として「心・和・感」（山手線一周ウォークラリー）が始まった。東京駅を出発して約40キロもの道のりを歩き通すことは、たいへんに辛いものである。だが、学生に大きな達成感と充実感を与える行事である。

教員採用試験では31中25名が1次試験を突破し、15名が2次試験で合格し、平成27年度から小学校の教壇に立っている。

年度途中に坂本専任講師と福井助手が退職し、福井助手の後任として江川あゆみ助手が着任した。

人間学部児童教育学科の今後の道は平坦なものではないかもしれない。だが、学科教員の団結によって、本学科の特色である自由な雰囲気と創造の重視を守り、学科がさらに発展するであろうことを確信している。

目白大学人間学部児童教育学科の教育を受けて
― 一期・二期・三期生の記録 ―

渡邉　はるか

　2014年1月31日（土）、1期生から3期生までの卒業生6名と児童教育学科長が児童教育学科で過ごした4年間を振り返る座談会を実施した。これは当時の想いから、時を経た今、あらためて感じる想いまで、約2時間に渡り語り合った記録である。

＜座談会構成メンバー＞
一期生：金子　哲也
　学生時代は多田ゼミに所属。児童教育学科1期生同窓会代表。卒業後は、東京都の教員として活躍。
一期生：友野　菜穂子
　学生時代は小林福太郎ゼミに所属。卒業後は、民間の学童保育でチーフキッズコーチとして活躍。
二期生：川上　茜
　学生時代は中山ゼミに所属。卒業後は、産業パソコンや半導体を扱う企業で営業アシスタントとして活躍。
二期生：河南　華
　学生時代は、雪吹ゼミに所属。ラクロス部。卒業後は、横浜市の教員として活躍。
三期生：飯野　駿
　学生時代は多田ゼミに所属。卒業後は、埼玉県の教員となる予定（座談会、当時）。

三期生：後藤　真奈

　学生時代は小林恭子ゼミに所属。卒業後は、美容関連の仕事に就く予定（座談会、当時）。

人間学部長・児童教育学科長：多田　孝志

　専門は対話論。

児童教育学科専任講師：渡邉　はるか

　専門は障害科学。司会・進行を担当。

渡邉：皆さん、様々な期待や希望を胸に児童教育学科へ入学したことだと思います。まずは入学当時を振り返り、当時の想いを聞かせてください。

友野：元々、小学校の頃から子ども会のジュニアリーダーズクラブのボランティア活動をしていて、ずっと子どもと関わる仕事がしたいと思っていました。児童教育学科は、できたばかりの学科で、どんなことができるのかなという興味がありました。保育士や幼稚園教諭にも関心があり、まだどれになるかを決めていなかったので教員だけではなく幅広い分野で子どもと関わる仕事をしたいという気持ちで入学しました。

金子：小学校の頃からずっと児童館に通っていて、友野さんと一緒で子どもと関わることが普通であった生活を送っていました。中学・高校になるにつれて、色々と視野が広がっていき、学校に行けない子やトラブルを起こしてしまう子どもたちをどうにかしてあげたいなという気持ちが出てきました。小さい子どもたちに「学校は楽しい場所なんだよ」と教えてあげられたらいいなと思い、教育関係の大学に行きたいと思うようになりました。

　他の大学も受験したけど、面談をした時、一番真剣に私の話を聴いてくれた大学が目白大学でした。人間性をみてくれるところだなと思い、入学できたら良いなと思いました。

多田：2人の話は創設期を象徴する話ですね。児童教育学科は教員養成だけではない、児童教育に関わる色々なことをやってよい学科にしようとしていました。二つ目は学生の多様な可能性を伸ばす大学でありたいということです。色々な子がいて良い、それがむしろ目白大学の良さであるということを受け止めてくれたことが嬉しいですね。

飯野：この大学に行きたいと決めるまでは、自分のやりたいことやなりたいものと関連するのが剣道しかありませんでした。今までずっと剣道に頼っていて、このま

写真1　多田教授（右から4人目）、渡邉専任講師（左から3人目）と卒業生諸君
（2014年1月31日の座談会）

ま一生、剣道をやっていきたいという思いを、これだけで良いのかと悩んでいました。進路を決める時期に、監督がぼそっと「お前みたいな奴が小学校の先生になってくれたら嬉しいな」と言ったのです。その時、普段はあまり話す先生ではなかったので、すごく衝撃的でした。その時、先生と語ったのですが、先生は一人ひとりのことをよく見ていて、こんな期待されていない自分にも、すぐに選手になれるとかではなく、10年後とか、もっとかかってもいいから、その先の期待をしてくれる人が先生というものなのかなと感じました。自分を認めてくれた先生の言葉を信じて進んでみても良いのかなと思いました。

　目白大学を選んだのは、ただ教育を学ぶよりも、色々な人たちと出会える学校でもまれたり、いい意味で流されたりした方が、剣道しか見えていない自分を客観的に見られるようになるかなと思ったからです。

後藤：教育学科を選んだのは、小学校、中学校、高校時代の各時代の先生方に「先生に向いているのでは」と言われた経験があったからです。実はあまり子どもが得意じゃないから無理だろうと思ったのですが、苦手なことだから逆に学んでみようと思い、入学しました。教職は途中でやめたので、きちんとした実習は行っていませんが、卒業研究で子どもと関わることがあり、目白大学に来なかったら経験でき

なかったなと思いました。

多田：一、二期生が入ってきた頃の大きな目標は、言葉は悪いかもしれないけれど、劣等感や負け犬根性の払拭でした。当時は、第一志望の名立たる大学ではなく、後発である目白大学に入ってきた学生が多かった。だからみんなの中にある劣等感を払拭し、持っている良さを出させることをしたいと思っていました。実際、目白大学にきたからこそ、ぐっと伸びる学生と出会うことができました。それが、一、二期生の良さだったと思いますが、いかがでしょうか。

河南：私はまさに多田先生が仰ったような感じで入ってきました。中学の頃から小学校の先生になりたいと思って、大学は教員免許を取れるところを探して色々と受けました。最初は「大丈夫かな」、「本当に先生になれるのかな」と色々考えたのですが、４年間通って、「私はここに行かなきゃいけなかったんだ」という運命というか、これで良かったなと思えた４年間だったので、来て良かったと今は思っています。

川上：私は小さい時から子どもが好きで、最初は子どもと関わる仕事に就きたいと考えていました。同じ敷地内の目白研心高校に通っていたので、自分にとって身近な大学でした。だから目白大学へ行くのは自然な流れでした。

　子ども学科と児童教育学科と迷っていましたが、オープンキャンパスで先生たちと話をした時に「教員が第一志望じゃなくても良い」と言ってくれたことや模擬授業や実習が充実していて、私は人前に立つことが苦手だから、そのことに自信をつけたいと思ったのが大きいです。

渡邉：児童教育学科での４年間の学びの中で、特に印象に残っているエピソードについて、お話してもらいたいと思います。

飯野：二つあります。本音でしゃべろうと思うので言いますが、入学したばかりの頃、がっかりしたことがあります。みんなには申し訳ないのですが、先生と話した時や入学する前のフォローアップとかで、少人数だし、目標を持ったみんなと頑張っていけるという期待があった中、授業が始まって１週間もしない内に、何というか、雰囲気があまり良くないというか……。自分がいた剣道の環境から考えると、先生や先輩が前に立っているのに「はじめます」と言わないと始める体制にならないことや話が聞けない人に「何で……」という思いがありました。

　二つ目は、1年次の５月頃に多田先生のコミュニケーション論で、はじめてのグループワークの時に、じゃんけんでリーダーになったことです。「嫌だな」、「自分よりハキハキしている子とかがいるのに何で自分なのだろう」と思いました。そん

な中、自分よりもできる色々な子たちとぶつかったり、無視されたり、反論されたりしながらも、最後にはみんなで頑張ったと言いたいと思って、いつも夜遅くまで残って悩んでいました。その遠回りみたいだったことが、今思ってみれば、「人対人」という自分自身の課題であり、結果的に、あのころの自分をここまで連れてきてくれたという印象が残っています。

渡邉：コミュニケーション論では色々な学生が、飯野君みたいに悩みとか葛藤があってぶつかりあっていますよね。私はその中に直接、入っている訳ではないけれど、３年間色々な学生を見ていると、一人では絶対に学べなかった学びがそこにはたくさんあるのだな、と感じています。多田先生がコミュニケーション論の授業で目指してやりたいことを学生たちは着実に学んでいるのだなと思っています。

多田：児童教育学科のポリシーの一つは、多様や異質との出会いが良いものを生み出すというところまで、みんなが高まってほしいという気持ちがあります。授業者側としては、混乱や悩みがあるだろうことはわかっています。でもそれを乗り越えたところに何かがある。枠を決めた学びも大事だけど、そうではない学びがある。

　グローバル時代の中で、多文化共生の社会の中で、どういう力をもった子どもたちをつくるかといった時に、みんな自身がぐちゃぐちゃな中で苦労したりする経験をもつことが、それをできる教員であったり、児童教育の中で社会人になっていくに違いないと思っています。

河南：大学の中で一番楽しかったのは、はじめは嫌々出ていたスポーツフェスティバルです。児童教育学科は全員で参加することになっていて、最初は面倒くさいなと思っていたけど毎年出ていました。最後、ドッジボールで女子はすごく練習して優勝候補のグループだったのに初戦敗退してしまいました。その後は男子にかけて、すごく応援して、見事優勝した時に男女みんなでハグした想い出があります。どんな小さなことでもみんなで一生懸命になれる仲間だったなと思います。

　個人的には雪吹先生の体育の鉄棒や跳び箱の授業で、できないと単位がもらえないというのがあって、夏休み３カ月くらいかけて鉄棒を練習したことが今でも印象に残っています。この前、鉄棒の授業をした時に、子どもも同じようにできないのですよね。先生も大学生の時に練習してできるようになったからできるよと子どもに言ってあげられる経験ができたことは良かったと思います。

渡邉：身をもって語れる体験は子どもたちの心にも響きますよね。

金子：３年生の時、多田先生と合宿で新潟の限界集落に行きました。そこで稲刈り体験をして、ただ座って勉強することと実際にやってみることは全然違うのだなと

感じました。やることにより学びが深まるのだなと感じました。そこで箕輪先生というおじいさん先生と出会って、夜、講義をしていただきました。一番心に残っていることは、「学ぶは真似ることだ」という言葉です。はじめは全く意味がわかりませんでした。そこでは、そのまま終わって帰ってきたのですが、ずっとその言葉が残っていました。

　ある時、多田先生と会話をしていた中で、言葉かけでやんちゃだった子どもが動いたとか行動が変わったとかいうのがあり、自分も真似すればできるのではないか、と思ったのです。1時間や2時間とただ勉強するだけではなくて、24時間どんなところでも学ぶ機会がある、良いと思ったことを真似すれば自分の勉強になると思うようになりました。そこから興味ないことや人でも興味をもって、この人から何か1個良いところを見つけようという考え方に変わって。そうすると自然と子どもたちとも接し方が変わってきました。あの場では、箕輪先生には答えを聞きませんでしたが、今では自分の教育の原点かなと思います。今、子どもたちから学ぶことがたくさんあります。

多田：児童教育学科の理念の一つに私が「現場性と身体性」と呼び続けているものがあります。人間の能力は何かというと、単なる受験の知力ではなく、何かを感じる心やそのことから学ぼうとする、何かをやろうとする力、つまり感覚や意志というものが大事です。私はずっと児童教育学科の学生たちは素晴らしい良いものを持っていると信じて止まなかったです。「稲を刈って見たら、遠くで見ている時とは違う」、「みんなで体を動かしてみたら、友だちの良さがわかった」とかそういうことを「現場性と身体性」という言葉で表しているのです。それは今でもずっと理念になっています。だから現場にたくさん行きますよね。

渡邉：「学ぶとは真似る」ということに対して疑問に思って追究したから、自分なりの答えを見つけたのですよね。そのままどこかに置いておいたら、単なる通過点に過ぎないものを深く追究していく力というものを児童教育学科の色々な学びの中で、みんなが自然と身につけていったのではないだろうかと思います。

後藤：飯野君と似ているのですが、私も入学したばかりの頃、まわりの子を見ると、この人たちは本当に先生になりたい人なの？と思ってしまいました。高校時代の友だちの方が大人っぽくて、子ども心を忘れていないみんなにびっくりしました。大学に入ってからは、私もちょっとしたことで熱中でき、良い意味で童心をよみがえさせられました。嫌だなと思っていた子も、良いところがたくさん見えて、自分も色々学べたなと思います。社会にでると、それこそ色々な人がいるので、今

ここで出会えて良かったなと思います。

友野：私も気持ち的には飯野さんと後藤さんに近いタイプだったので、入った時から回りの人たちにびっくりしました。こんな場所で学ぶのか、という感覚で卒業近くまで過ごしてしまいました。田舎の小さな町の小さな小学校を出て、高校までみんな一緒というような中、地域としてもみんなで協力して当たり前に育ちました。だから色々な人にびっくりしました。この小さな学科の中でも本当に多種多様な人がいるのだなということが一番の印象ですね。

　特に印象に残っているのは雪吹先生の体育で、みんなで長縄を跳ぶ授業です。協調性の無さの真骨頂というか。本当に、今でもなかなか達成できないと聞いていますが、私の代は30回という目標を達成できませんでした。10回は跳ぼうと言って、10回で終わったぐらいでした。これを経験して今の自分がいる、色々な人がいることを学べたと思います。今、実際に子どもと関わる中で身をもって子どもに伝えられるかなと思います。

渡邊：金子君にとって、長縄の印象はどうでしたか。

金子：友野さんが思うような子がいるのはしょうがないと思っていたから、その場が楽しくなるようにと、裏で頑張っている縄を回している人にも声をかけてあげなくてはいけないとか、色々と思っていました。結局、みんなで達成しようというよりも、みんなと仲良く楽しめるようにしていました。引っかかってしまう子は自分から言えないから、大丈夫と声をかけたり。何だか学級と似ているなと思いました。例えば荒れている子がいて、切り離してしまったら担任としては違うと思ったから、全体の雰囲気が悪くならないように気をつかっていました。

多田：これは児童教育学科の全体意識というものですね。小さな学科だから全員を知っていますよね。大きな学科と違って、どんな子でも仲間にしないといけない。それが人間形成としては良かったですよね。

川上：私は雪吹先生の保健体育の模擬授業が一番印象に残っています。体育をやる人が多い中、保健は少なくて嫌だなと思っていたら、保健をやることになってしまいました。45分間も人前に立つことが嫌でした。でも家で、一人でイメージトレーニングをしたりして、本番を迎えました。本番はみんなとても協力してくれて45分間を必死でやりました。今振り返ってみると、45分間も人前でしゃべることが無かったので、それが今の自分にとっては自信につながったものだと思います。

友野：私は今でもみんなの模擬授業の指導案を残していて、仕事のアイデアに使わせてもらったりしています。

第Ⅲ部　目白大学人間学部児童教育学科の記録　　367

渡邉：学生時代の学びが今でも仕事に活かされていることは驚きですね。みなさんの授業の想い出エピソードを聴くと、雪吹先生の授業がたくさん出てきましたね。

多田：雪吹先生の授業は体をつかって、ある種の辛さを伴うから印象が深いと思います。逆に座学の中で学んだことはどうでしょうか。

飯野：座学は正直言うと、体を使ったり、みんなで動いたりするのと違って、「よし！やるぞ！」という気持ちにはなりにくいかもしれないですが、大学1年からボランティアに行くようになって、座学の時は、先生のことをよく見るようになりました。「もし自分が先生の立場だったら、今どんなことを考えているのかな……」とかをよく考えていました。内容が残っているというよりも、その時の先生の表情だったり、反応だったり、先生は教える技術がいくらあっても、子どもたちの心が振り向いてくれた時に、もっとその先生の良さが出るんだなということは座学で感じました。

多田：望月先生の教育学や中山先生の教育哲学と同じように教科教育法でも基本の理念を語っているはずです。印象としてはやったことが出てきやすいけれど、どの先生もきちんと語っているはずです。もしノートが残っていれば、何かに困ったり、高みを求めた時には、手がかりになるはずです。現場性と身体性を重視しながら理論も大切にしているのです。

渡邉：児童教育学科における学びが社会に出てからどのように活かされていますか。あるいはどのように活かしていきたいと考えますか。

金子：3年生の時、稲刈り体験をしてから「体験が大事だ」と思い、学生のうちに色々なことと出会いたいと思っていました。信頼関係の築き方やコミュニケーションの取り方など学ぶ場はたくさんあったけれど、実際にする場は授業には少なくて、授業を休んでボランティアに行くことを先生方に相談しました。学生の本分は授業で学ぶことだと言われましたが、多田先生に相談したら行ってきなさいと言ってくれました。普段は会えないような子たちと体でぶつかりあいながら過ごすと、学んだことは勉強にはなったけど、まだ活かすことはできていない、これが活かせないと学校では使えないなと思って、そこでまた自分で考えるようになりました。学びがあって、それを自分で使って経験することではじめて自分のものになるということがわかりました。教員1年目から、子どもたちと信頼関係を築くことができ、仲の良いクラスだねと評価していただけたのは、そのおかげだと思っています。

河南：この1年は活かそうとか考える暇もなく、毎日バタバタとして終わりそうで

す。でも、観察実習や授業見学で色々な先生の授業や学級経営を見たので、それは活かせるなとは思っていますが、まだ全然です。先ほど座学の話が出ましたが、羽田先生の授業を思い出しました。今、自分の学級でも活用していけると思うので、ノートを読み返してみたいと思っています。ぜひ来年度に活かしたいです。

後藤：コミュニケーション論や学生生活の中での人との関わり合いが、接客業で活かせるなと思っています。人と話す時の言葉遣い、例えば多田先生の話は聴こうと思えるのですよね。そう思わせる力や技術があって、接客に限らず、人生を楽しく歩む為にも活かしたいと思います。

多田：物事には何でもある種の段階があって、その先に高いものがあるのです。でも大抵の場合、その先にいく前に跳ね返ってしまう。先ほど「授業に出るのが良いか」と言ったけれど、学校の授業には出た方が良いに決まっています。でも授業には出ないけど、そこに大きな学びや感動があったら、規則に抑えられてやらないより、場合によっては勇気をもってやぶって、その先に行っても良いと思うのですよね。

　人に話す時は、How toといった技術ではなく、形だけではない心で語ることが大事だと思います。その人の立場にたってみる、推察、イメージ力が大事です。

川上：私は今の仕事で活かせていると思うことが二つあります。一つは、人前に立つことや話すことに自信を持てたことです。今は営業アシスタントなので外で人前に立つことは少ないですが、部署内の報告の時など堂々と振る舞えるようになったと思います。二つ目は、全体を見てまわりに気を配ることです。教育実習ではクラス全体を見ながら、子どもたち一人ひとりを見て、それぞれの立場にたって考えたりしました。今は頼まれた仕事だけではなく、ここまでやったら営業さんが楽かなとか相手の立場に立って考えたり、気を配ったりすることをしています。

渡邉：まさに先ほど、多田先生の言葉にあったイメージするということですね。

友野：今、自分がいる環境にも色々な子どもたちがいます。大学の時に友だちに対してうまく伝わらない、どう言えば伝わるかなという経験があって、今は相手が子どもになったけれど、この子にはどういう言い方をしたら良いのか、理解してもらえるのかということを日々、考えながらやっています。

　大学の頃を思い出すと、みんながよく言っていた印象に残っているフレーズや言葉は、人の惹きつけた方のヒントとなっています。こういうことをすれば、言えば、子どもはこう反応してくれるだろうなということを考えながらやっています。

渡邉：大学生活の色々なところにヒントというか、材料がたくさんあるということ

ですよね。

飯野：私がしたいなと思うことは、褒めること、認めることです。

　1年生の頃、授業が終わった後の感想シートを書くのがすごく遅くて、ある時、次の授業が始まっても書き終わらなくて、休み時間に塩澤先生のところに行ったことがあります。そうしたら、「一生懸命に言葉を返してくれるのは、飯野君の良いところだよ」と言ってくれました。「遅い」と怒られると思っていたところで、褒めることができる先生って恰好良いなと思いました。

　羽田先生は授業中に自分が書いているノートを見て、「駿、良い字を書くな〜」と言ってくれて、その一言で、自分の字が見られていたという驚きと、もっと良い字を書きたいなという思いがそこから出てきて、すごく嬉しくて。授業の時に、みんなに見せてくれて褒めてくれて、恥ずかしかったけれど、先生は、私に自信をつけさせようとしてくれていたように感じました。

　体育は本当にできなくて、みんなの前で練習するのも恥ずかしくて、みんなが帰った後に必死で練習しました。たまに雪吹先生が通って、見てくれていて、授業でできた時に、「頑張ったな」と言ってくれて。嬉しかったです。

　ピアノもこの大学に来るまで触ったことすらなかったけれど、とにかく必死で練習しました。発表会の時に恭子先生が、「練習しましたね」と声をかけてくれた時も嬉しかったです。

　大学に入るまでは、叱られたり、欠点を言われたりして、それをただ潰すような努力ばかりに力を入れてきたけれど、大学に入ってから褒められて。はじめは「えっ」と思ったけれど、「じゃあこういうところは直そう」と自分で思うようになっていきました。だからきっと、子どもに限らず、誰にでも良いなと思うことは、「褒める」というか……。心の中でその子のよさを認めて「受け止める」ということを、今度は自分が先生となって、していきたいと考えています。

多田：急に褒められても嬉しくないですよね。わからなきゃできないことです。わかるには体験が必要です。自分が嬉しかったり、辛かったりした体験が褒める力を高めるのです。教育に介在する「褒める」では、本当にその子の良さを認めてあげることが必要なのです。あとは期待される、当てにされるということも大切ですね。

渡邉：今後の児童教育学科に対する期待、「こんな児童教育学科であってほしい」という皆さんの願いを聞かせてください。

飯野：私は「貫」です。この学科は色々な先生がいて、それぞれの先生方が理想を

持っていて、学生たちは、その先生の姿や理想に響感して目指す方向を拓いていく雰囲気があるなと思っています。先生方がいて、今の学科や学生があると思うので、それぞれの先生がキャラクターを貫いてほしいのと、「現場性と身体性」や「聴く」という児童教育学科の、伸びしろある基本を貫いていってほしいなと思います。

後藤：「心」を豊かにしてほしいなと思っています。それは、先生になるからというだけではなく、その人自身の人生を楽しんでほしいなと思うからです。

河南：「つながり」です。私は横のつながりだけでなく、先輩や後輩とも接する機会が多くありました。先生方の研究室にも色々なところに行って話をしました。縦のつながりも横のつながりを大事にしてほしいと思います。

川上：私は「色々な道」です。もっとこの学科の先生方が色々な道に進むことを受け入れてほしいなと思います。実際、小学校教諭になる人がメインだと思いますが、私のように全く子どもと関係ない仕事に就く人もいると思います。もっと先生方が教員以外の道に対する考え方を受け入れてほしいと思います。

金子：私は、「貪欲」です。教員になってわかったのですが、自分の考えがあって学ぶのは良いけれど、ただ教えてもらうのは何の記憶にも残らないし役に立たないのだなと思って。教員採用試験を目指して合格した人と自分の理想に向かって合格した人では1年目でグンと差が出る。毎日、その日を乗り切る授業ではなく、想いを持って授業するのでは子どもたちの反応が変わってくる。その為には4年間で学ぶことはあまりにも少なすぎる。少しでも自分の理想の為に貪欲に学ばないといけないし、学んでほしいです。

友野：「学んで伝える」ことです。それぞれ学んだことが色々あると思いますが、大学を出て社会の中でアウトプットできるような人を育ててほしいなと思います。学んだものを表現できる力をつけてもらいたいと思います。

渡邊：自分自身の「色々な心」と学生生活の中で向き合ってほしいなと思っています。自分のまわりの友だちや先生といった他者の心とも向き合うことが、自分自身を成長させてくれるなということを日々の学生との関わりの中で感じています。これからも続けていきたいと思っています。

多田：「高みを求める」ということを思っています。長い人生の途上で、色々な人と出会い、色々な場所を訪れました。その度に自分が思っていた心の部分がまだ至らないな、すごい人がいるなということに気がつきます。アフリカのマサイ族の若者が出世の道をやめて学校を作った理由を聴くと、民族の誇りを取り戻したいと話

していました。崇高な気持ちを持っている者がこの世にはいるのだなという思いになりました。ブラジルの奥地を旅した時、娘が病気になり、名もなきおばさんたちが面倒を見てくれました。そういう人と出会った時に社会的地位ではなく、本当に良い人がいるのだと思いましたね。

　ある小学校の先生が、「私が生涯で出会った素晴らしいところは、アラスカです」と言うのです。８月の下旬から９月の上旬にかけて、見渡す限りのツンドラ地帯が真っ赤に染まる時期があるのです。私は見に行き、こんなに素晴らしいところがあるのか、こんなにも感動する場所があるのかと思いました。

　常に高みを目指していく自分を意識した時に人生は幸せになると思うのです。それは決して大きなことでなくて良いのです。娘の為に氷を持ってきてくれたあのおばさんたちの中に高みがあるのです。

あとがき

　2015年2月22日（日）那覇の料理店の一室で、宮古島・沖縄本島への卒業旅行の振り返りが行われていた。

　学生たちが一人ひとり立ち上がり、過ぎし日々について語り始めた。その言葉を聴きながら、学生たちへの自らの理解の浅さと、彼らと真摯に深く対話することの大切さ感じていた。

　一見、怜悧に見えた女子学生が、感性の希薄を自覚する自分が教職に就くことへの不安を語った。いつも磊落に振る舞い、周囲を笑わせる言動をしていた学生の心に、就職が決定しない自己への苛立ちと、恥ずかしさが渦巻いていたことを知った。教職への夢と、それをもたらしてくれた学生時代の思い出を述べる学生、一方、採用試験に通らず、心に、自己肯定感の喪失と焦りがあったと話す学生、教職への思いをもちながら他の職を目指す心の揺れを語った学生もいた。リーダーとしての辛苦と、その思いを支えてくれた仲間たちへの感謝を述べたゼミ長、ゼミに安易に馴染まなかった自分への誇りと寂しさを語る学生もいた。卒業旅行直前に有名百貨店への就職が内定した女子学生がいた。みんなが心配していただけに、その報告に歓声が沸き起こった。祖母の病で参加できなかった仲間への思いが折にふれ語られた。

　実は，この学生たちの語りの場に居合わせた人がいた。稀代の授業づくりの名手として知られる畏友善元幸夫先生である。善元先生は、長年小学校教師を勤め、やがて大学講師となった。児童書、歴史書の作家でもある。宮古島・那覇の卒業旅行は善元先生の同行・支援によるものであった。4月上旬、善元先生はわざわざ、「話すから対話力へ、そして語りの世界へ」と題する文章を寄稿してくださった。以下はその抜粋である。

　ゼミ旅行の「総括会」はこんなふうに始まった！「沖縄は楽しいですね。」「先生、今日財布忘れちゃったんで……」と軽い会話が飛び交った。やがて、多田先生の提

案でこの旅行の振り返りをするということになった。学生たちは素直に感想を語った。学生たちの話は私の想像をこえはじめた。卒業を前に、学生時代そのものを語りはじめたのだ。

学生のひとりは「自分はいつもコンプレックスを持っていた」と語った。採用試験に落ちたが自分は教師に関心がまだある。また、このゼミが、ゼミの仲間が好きであったともいった。やがて他の学生も語りはじめる。学生たちはゼミの仲間から話された言葉に真剣に聴き入っていた。ある学生は自分が異端者でいたという。ゼミの空気が自分に合わない、そう思いつつ参加をしてきた。その思いを彼は真摯に話す。全体が緊張に包まれた。涙、言葉の表現と感覚（涙）を合わせて彼は表現した。ほんとの自分を語らざるを得ない、いや語りたかったのであろう。そこには、その場に立ち会った者のみがわかる緊張感があった。

学生たちは次々と語った。私は今までにこんな緊張に満ちた話は聞いたことがなかった。予定があり中途退出しようと考えていたが、どうしても席を離れることができなかった。一体これは何であろうか、私は考えてみた。対話が新たな思い、新たな可能性を引き出しているのである。これは「対話から語り」へだと思った。はじめに感覚、思いがある。そして次に話しとなっていく。ここには対話がある。次々と話す学生は前の話を受けながら自らの学生時代を振り返っている。しかも聞いているうちに彼らは「話から語り」になっているのである。つまり対話を経て、学生たちは自らを語っている。言葉に自分の生き方をきちっとふたをして責任を持ち語っているのである。言葉を命がけで語っているのである。

私はこのような学生の語りを聞くのは初めてである。言葉が重い、言葉が生きている。息をのむような気迫に満ちた時間を持つことができた。

＊「話」は「雑談する、おしゃべりをする」、さらには反古にするという意味もある。その語源は、「話」の右側の字体は神への祈りの言葉（口）を刀（千）で削り取るという意味で、神への誓いを反故にするのである。＊「語」は「かたる、おはなしをする」、さらにははなした言葉を守るという意味もある。その語源は、「語」の右側の字体は神への祈りの言葉（口）を五は祈りの言葉を上からふたをするという意味で、神への誓いギュッとふたをして守るという意味がある。（善元注記）

対話型授業について、多田先生は著書でこう述べている。「対話力を高める学習、（それは）子どもたちは学ぶこと、仲間と協働することの実感」「「対話を活用した

学習は、子どもたちの自己の内面にある思い発想、感想を表現します」「そのプロセスで多様な人と『かかわる・つながる』良さを実感できること」と。このことが、いま眼前に展開されていた。

「感覚から話し対話、そして一人一人の語り」ここに私は多田対話の原点、神髄を見た、多田先生の対話力は確かなものとして私に届いた。

「あとがき」の項で、些かの羞恥心を持ちつつこのことを記すのは、本著に記された全論考を読み終え、そこに通底していることは、「児童教育の基本は児童理解にある」ことに気付かされたからである。

子どもたちは多様である。子どもたち（児童・生徒・学生）の内面にはさまざまな思いが生起する。また子どもたちの背景も多様である。こうした内面と外面の多様性にみちた子どもたちを深く理解することは難しい。

問題は教師をはじめとする大人が、子どもたちを理解していると思い込んでしまうことにある。子どもたちは、大人たちの態度・意向を本能的に感じ取り、それに合わせたり、あるいは警戒したりして本音をださない。私たちは子どもたち（児童・生徒・学生）を見ているようで実はよく分かっていないことをいつも自戒すべきであろう。

つくづく思うのは、寄り添うこと、「真摯に対話すること、聴き合う関係を構築する」ことの大切さである。十分な理解はできなくても、寄り添うことはできる。ある方向に強引に導くことは、ときには人生の先達の役割であろう。しかし、その前提としての子どもを理解するための謙虚な対応がやはり必要なのではなかろうか。

宮古島の3日間は、晴天に恵まれ、海は碧く、青く、透明にして輝いていた。その時空を過ごした若者たちが、最後の夜、大学時代を振り返り、感極まり、思わず、涙と共に語った言葉に、子どもたち（児童・生徒・学生）を理解することの基本を改めて知った思いがした。

思えば、児童教育学科に集った先生方との出会いは、「対話」そのものであった。さまざまな専門領域をもち、人生体験を過ごしてきた仲間たちと、聴き合う、愉悦を共有する日々であった。

「対話」は児童教育学科の活動の基本であった。月2回の学科会では、教務関係、学習方法、学科行事、教育実習、入試対策、進路対策等について論議した。学生指導が常に重視され、一人ひとりの学生の状況を報告し合い、対応策を検討して

きた。折に触れて，各人の研究や調査の成果も報告された。年度の活動評価のため一日研修会では8時間も論議した。毎年の年度末の宿泊研修会では、学科の「未来構想」を全員で語り合ってきた。教師と一人ひとりの学生たちとの個人面談の頻繁さは本学科の特色であったろう。どの研究室でも学生が教師と語り合う姿がみられた。

幸運なことは多彩な非常勤講師の先生方の支援である。本著に示されたように、児童教育とは高遠な内容を包含する領域である。絵本の世界、多文化共生教育、発達理論、障害児教育、児童文化、動物との共生、外国語教育、情報教育、学校経営、災害時の学校、教育現場の求める教師像等の非常勤講師の先生方の幅広い専門性が、本学科の教育内容を拡充している。またそうした先生方との対話は、教職員自身の思考を深め、視野を拡大する契機となった。

児童教育学科の教育現場には、心地よい時空がたえず周囲に漂っていた。そうした関わりが構築できたことは、そこに集いきた人々の誇りであり、自信となったように思える。この本書は、そうした関係性の結晶として世に送り出す目白大学人間学部児童教育学科の理論・実践の叡智の集大成である。

本著には、児童教育学科に参集した人々に研究論文執筆の機会を設定することを意図した側面もあった。しかし論考を読了すると、執筆してくださった方々の専門的教養の深さと実践・研究者しての潜在能力の高さに気付かされ、本学科の未来への希望をもった。

本書は、目白大学学術図書助成金により刊行できた。ご支援頂いた目白学園の関係者各位、また巻頭言を記してくださった佐藤郡衛学長に深甚なる敬意と謝意を表したいと思う。

学科の仲間ではあるが、緻密かつ誠実な編纂作業により、多彩な内容を網羅した論考を児童教育学の先駆的な文献にまとめてくださった編集委員長田尻信壹先生、編集委員の雪吹誠・横田和子先生のご尽力にも感謝したい。佐藤仁美先生に装丁・装画を担当頂けたことは幸運であった。末筆になったが、三恵社の木全俊輔氏には、出版向けての日程調整、体裁の整備、推敲等について懇切なご尽力を賜った。ありがとうございました。

4月1日　学科会のあと、児童教育学科の教職員が、近郊の哲学堂公園に花見に出かけた。八分咲きの桜花のもと、座し、呑み、語り合った。夕暮れが迫る頃、一陣の風が宴席をかすめた、ふと、仲間たちを見回し、一瞬、時がとまったような思

いがした。

　少し体調がすぐれず大学に残った若い先生はどうしているかと気にかかった。

2015年　春の早朝
柴犬龍之介との散歩を前に

　　　　　　　　　　　　　　　　　　　　　　　　　　　多田　孝志

編集後記

　2014年5月、目白大学人間学部児童教育学科長（兼人間学部長）の多田孝志先生から、児童教育学科の教育の歩みと教員の研究成果をまとめて、一冊の図書として刊行することが提案されました。学科内に編集委員会が組織され、執筆には現職教職員（常勤・非常勤）ばかりでなく前教員や卒業生にも協力頂きました。そして、ここに380頁に及ぶ『未来を拓く児童教育学—現場性・共生・感性—』を刊行することができました。

　装丁・装画は本学科の佐藤仁美先生にお願いしました。表紙に描かれた豊かに茂った大木には、学園のシンボルであるキャンパスの森がイメージされています。そして、児童教育学科を巣立った卒業生たちの、学校、地域社会、教育に関わる様々な分野での活躍の様子を象徴しています。

　本書は、目白大学学術図書助成金により刊行できました。出版事情の厳しい昨今、本書がこのように刊行できたのも、学長の佐藤郡衛先生を始めとした目白学園の関係者の皆様のご支援のお陰です。また、三恵社の木全俊輔氏には、本書の企画の段階から的確な指摘とご助言を頂きました。心からお礼を申し上げます。

　2016年3月をもって、多田孝志先生が目白大学をご退職されます。先生は、児童教育学科の立ち上げから現在まで、学科長として学科の発展にご尽力頂きました。本書の刊行は先生への学科全員の思いによるものでした。先生に心よりの敬意と感謝の念を表します。

　2015年10月

目白大学人間学部児童教育学科
図書編集委員会

■執筆者一覧（50音順）

青木　一　目白大学非常勤講師・信州大学准教授［第17章②］

浅野志津子　目白大学非常勤講師［第3章①］

○雪吹　誠　目白大学准教授［第Ⅱ部「発達と支援」緒言、第1章］

岩坂泰子　奈良教育大学特任講師［第6章］

宇田川光雄　目白大学非常勤講師・日本レクリエーション協会理事［第9章②］

江川あゆみ　目白大学助手［第9章③］

枝元香菜子　目白大学助教［第3章③］

北澤　武　目白大学非常勤講師・東京学芸大学准教授［第17章④］

栗原浪絵　目白大学・昭和女子大学非常勤講師　［第17章①］

小林恭子　目白大学専任講師［第Ⅱ部「感性と表現」緒言、第7章］

小林昌美　目白大学教授［第11章］

小室哲範　目白大学非常勤講師・前村山市教育委員会学校教育相談員［第3章②］

佐藤仁美　目白大学専任講師［第8章］

澤井史郎　目白大学非常勤講師・福島県公立中学校元校長［第17章③］

塩澤雄一　葛飾区教育長・元目白大学教授［第16章］

島本洋介　目白大学非常勤講師・ドッグセラピスト［第13章②］

○田尻信壹　目白大学教授［第2章、第Ⅱ部「教育現場と実践」緒言、第12章、後記］

多田孝志　目白大学教授・人間学部長・児童教育学科長［第1章、第10章、第Ⅲ部緒言、あとがき］

田部俊充　目白大学非常勤講師・日本女子大学教授［第15章］

中山博夫　目白大学教授［第Ⅱ部「多文化共生」緒言、第4章、第Ⅲ部児童教育学科の歩み］

新村恵美　目白大学非常勤講師［第13章①］

仁志田華子　目白大学非常勤講師・立教小学校英語サポーター・米国児童司書［第13章③］

藤谷　哲　目白大学准教授［第5章］

宮地敏子　目白大学・大妻女子大学非常勤講師・元洗足学園短期大学教授［第9章①］

山本礼二　目白大学教授［第Ⅱ部学校教育］緒言、第14章］

○横田和子　目白大学専任講師［第6章・第Ⅲ部公開講座の記録］

渡邉はるか　目白大学専任講師［第2章、第Ⅲ部児童教育学科の活動、一期・第二期・三期の記録］

＊○は本書の図書編集委員

未来を拓く児童教育学
―現場性・共生・感性―

2015 年 12 月 23 日　初版発行

編　　　者	目白大学人間学部児童教育学科
装丁・装画	佐藤仁美
定　　　価	本体価格 3000 円＋税
発　行　所	株式会社　三恵社
	〒462-0056 愛知県名古屋市北区中丸町 2-24-1
	TEL 052-915-5211　FAX 052-915-5019
	URL http://www.sankeisha.com

本書を無断で複写・複製することを禁じます。　乱丁・落丁の場合はお取替えいたします。
©2015 Mejiro University　　ISBN 978-4-86487-439-7 C3037 ¥3000E